DEEP LEARNING IN PRACTICE

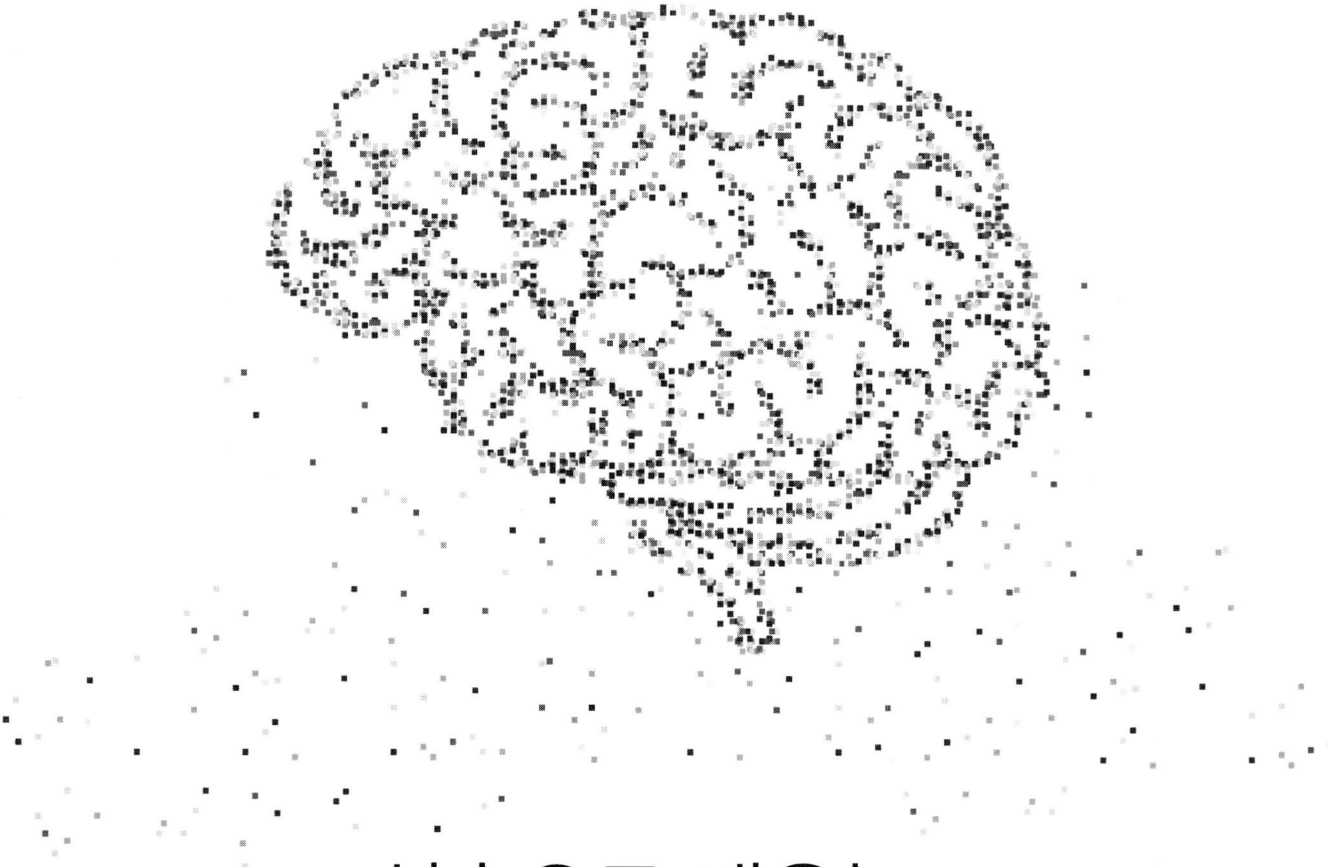

실습으로 배우는
딥러닝

김병만 · 이종열 · 문창배 저

도서출판 홍릉

저자소개

김병만 bmkim@kumoh.ac.kr

현) 금오공과대학교 컴퓨터소프트웨어공학과 교수
서울대 컴퓨터공학과 졸업
KAIST 전산학과 박사
UC Irvine 박사 후 연수
2005년 콜로라도주립대학 연구교수

주요강의
C++ 프로그래밍, 컴퓨터보안, 인공지능, C#,
자바 기반 웹프로그래밍

주요저서
C# 2008 비주얼 프로그래밍 (카오스북)
임베디드 모바일 프로그래밍 (한티미디어)
자바만 잡아도 (카오스북)
파이썬만 잡아도 (카오스북)

이종열

현) 금오공과대학교 컴퓨터소프트웨어공학과 강사
금오공과대학교 소프트웨어공학과 박사과정수료

주요강의
소프트웨어공학, 윈도우즈프로그래밍, 웹프로그래밍

문창배

현) 금오공과대학교 ICT융합특성화센터 연구교수
금오공과대학교 소프트웨어공학과 박사
2013~2014 영풍전자(주) 선임연구원

주요강의
창의자율과제, 프로그래밍실습, C# 프로그래밍, 프로젝트 지도

실습으로 배우는 딥러닝

인 쇄: 2020년 1월 10일 초판 1쇄
발 행: 2020년 1월 20일 초판 1쇄

저자와의
협의하에
인지생략

저 자: 김병만 · 이종열 · 문창배
발행인: 송 준
발행처: 도서출판 홍릉
주 소: 01093 서울시 강북구 인수봉로 50길 10
등 록: 1976년 10월 21일 제5-66호

전 화: 02-999-2274~5, 903-7037
팩 스: 02-905-6729
e-mail: hongpub@hongpub.co.kr
http://www.hongpub.co.kr
ISBN: 979-11-5600-721-0(93000)

정 가: 29,000원

목차

Contents

4장 텐서플로우(TensorFlow)

5장 심층 신경망(DNN : Deep Neural Network)

6장 CNN(Convolutional Neural Network)

부록

Chapter

1

딥러닝 소개

1. 4차 산업혁명과 인공지능
2. 인공지능과 머신러닝 그리고 딥러닝
3. 머신러닝 및 딥러닝 제품과 서비스들
4. 머신러닝과 학습 데이터
5. 머신러닝 방법 분류

이번 장에서는 언론을 통해 자주 언급되고 있는 4차 산업혁명과 인공지능과의 관계 그리고 인공지능과 머신러닝 그리고 딥러닝의 관계를 살펴보고, 딥러닝이 실제 생활에서 어떻게 활용되고 있는지와, 머신러닝에 대한 기본 개념과 용어들에 대해서 살펴본다.

1.1 4차 산업혁명과 인공지능

4차 산업혁명이라는 단어를 뉴스나 언론을 통해 접한 것이 2~3년 전인 것 같은데, 벌써 우리 생활 깊숙한 곳까지 파고들어 자리를 잡고 있다. 4차 산업혁명이라는 단어는 2016년 다보스포럼에서 처음 사용되어졌는데, 1차, 2차, 3차 산업혁명이 기술혁신을 통해 기존 사회의 근간을 변화시킨 것처럼 4차 산업혁명 역시 4차 산업기술 혁신을 통해 우리의 생활을 변화시키고 있다. 4차 산업시대에는 서로 자원을 공유하는 공유경제, 고용의 다양성, 다품종 소량 생산체계로의 제조공정 변화, 물류의 변화 등 우리가 생각하는 것 이상으로 패러다임의 변화가 가속화되고 있다.

4차 산업혁명시대를 단적으로 표현하면 기술혁신이 끊임없이 일어나는 시대이다. 하나의 기술이나 제품이 시장을 지배하는 것이 아니라 계속해서 새로운 기술이나 제품이 나타나서 시장과 사회를 변화시키는 것이다. 기존 기술과 제품뿐만 아니라 사고까지도 융합해서 창조하는 것이다. 없는 것을 만들어 내는 것이 아니라 기존 것들을 융합하여 새로운 제품, 서비스 등을 만들어 내는 것이다. 따라서 4차 산업혁명 기술은 하나가 아니다. 과거 1차, 2차, 3차 산업혁명을 이끌었던 기술들이 증기기관, 전기에너지, 정보기술 등 특정 기술에 한정되었던 것과는 다르게 4차 산업 기술은 인공지능, 사물인터넷, 빅데이터, 로봇공학, 정보통신기술 등 다양하다. 4차 산업 기술은 단순히 하나의 기술로 존재하는 것이 아니라 인공지능과 사물인터넷이 결합되어 새로운 기술 또는 제품을 만들어 내고, 자동차와 통신 그리고 인공지능이 만나 자율주행 자동차를 만들어 내는 등 기술, 시스템, 프로세스 등이 유기적으로 연계하여 새로운 기술을 만들어 낸다.

4차 산업혁명 기술의 핵심 기술 중 하나인 인공지능 기술은 최근에 나온 기술이 아니라 컴퓨터 학문 분야 초창기부터 존재하던 기술이다. 인공지능은 인간의 지능(문제 해결, 학습, 사고, 언어 능력 등을 포함하는 인간의 총체적 능력)을 일부 모방하여 컴퓨터로 구현한 것이라 할 수 있

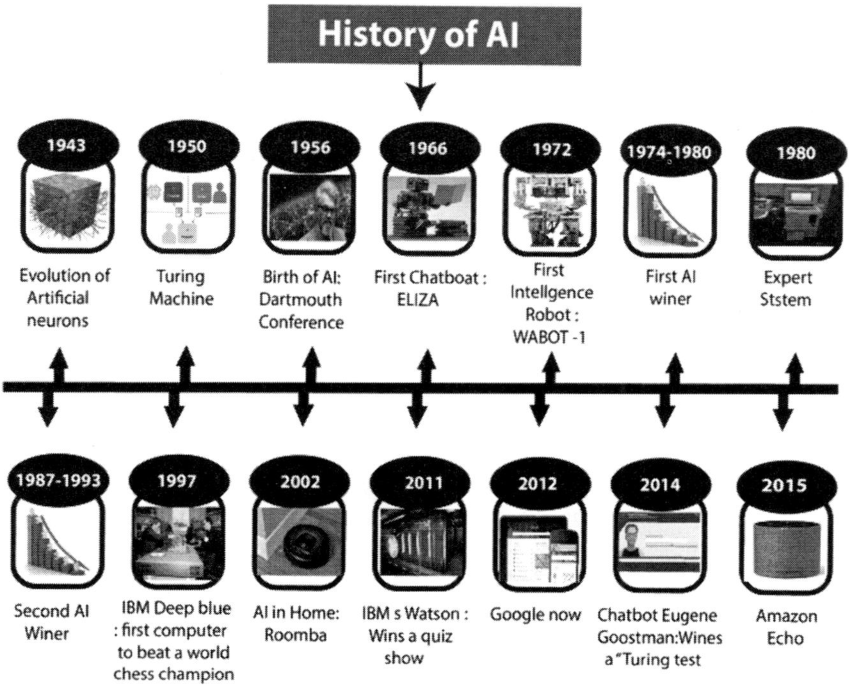

그림 1.1. AI의 역사

출처 : https://www.javatpoint.com/history-of-artificial-intelligence

다. 인간과 비슷하게 동작하는 기계나 소프트웨어를 만들고자 하는 노력은 1940년 초반에 시작이 되었고, 1950년에는 컴퓨터학 창시자이면서 수학자이고 암호 해독가인 앨랜 튜링(Alan Turing)이 지능 판별법인 Turing Test를 제안하였다.

Turing Test는 사람이 관찰하여 컴퓨터(또는 프로그램)가 진짜 인간처럼 보이게 하는데 성공한다면 확실히 그것은 지능적이라고 판단하는 방법이다. 그 과정은 아래 그림에서 보는 바와 같이 질의자 하나와 응답자 둘을 준비하고 그들 사이에는 상대방을 볼 수 없도록 칸막이를 한다. 응답자 중 하나는 컴퓨터이고 나머지는 인간으로 어느 쪽이 컴퓨터인지는 모른다. 응답은 키보드로만 이루어지고 질의자가 여러 질문을 하면서 사람인지 컴퓨터인지 판별하게 된다. 만약 어느 쪽이 컴퓨터인지 판별할 수 없다면 컴퓨터는 시험을 통과하게 된다. 2014년 6월 영국왕립학회가 실시한 튜링 테스트에서 영국의 레딩대학교가 개발한 컴퓨터 프로그램 '유진 구스트만(Eugene Goostman)'이 처음으로 테스트를 통과했다는 보도가 있었다. 심사위원 가운데 33%가 진짜 인간이라고 판단하였다. 하지만 판단 시간이

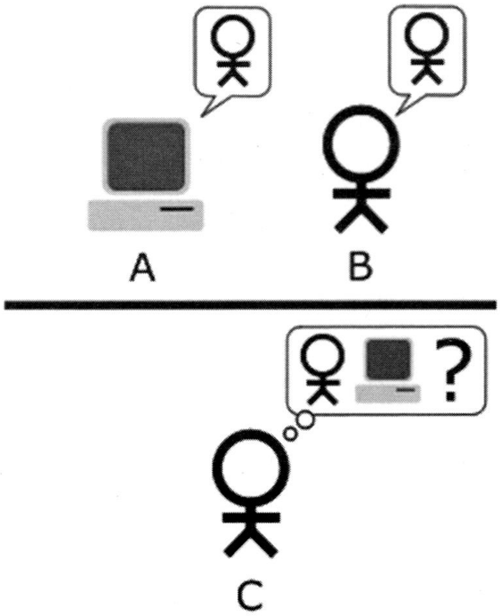

그림 1.2. 튜링 테스트
출처 : https://ko.wikipedia.org/wiki/튜링_테스트

너무 짧았다는 비판과 함께 테스트 통과를 위한 꼼수를 부렸다는 비판이 있었다.

1956년에 개최된 다트머스 커퍼런스(Dartmouth Conference)에서 존 매카시(John Marthy)에 의해 인공지능(Artificial Intelligence)라는 용어가 처음 사용되었다. 이 학술회의에 매카시 외에도 컴퓨터 분야의 선구자들인 민스키(Minsky), 사이몬(Simon), 뉴웰(Newell) 등이 참여했는데, 이들은 이후 각각 스탠포드와 카네기 멜론, MIT 대학에서 인공지능 연구 그룹을 창설하여 인공지능의 발전에 기여하였다. 초창기 인공지능 발전에 기여한 사건이 있었는데, 바로 레비 체스 챌린지(Levy Chess Challenge) 이다. 1968년 매카시는 당시 세계 체스 2인자였던 레비와의 체스게임에서 진 후, 자신은 레비를 이길 수 없지만 적어도 10년 내에 레비를 이길 수 있는 수준의 컴퓨터 프로그램이 만들어질 수 있을 거라고 예언하고, 250파운드의 내기를 하였다. 그 후 전세계적으로 인공지능에 종사하는 학자들이 매카시의 편에 합류하여 연구를 시작하였다. 1978년 내기가 시작된 지 10년째 되던 해 레비는 미국 노스웨스트 대학의 Chess4.7과 6차전을 치렀는데, 첫 번째 시합은 비기고, 두 번째, 세 번째, 다섯 번째, 여섯 번째 레비가 이기고 네 번째에서 패했다. 최종 승자는 레비였지만 이 챌린지를 통해 컴퓨터 프로그램은 인간과 선전을 펼칠 수 있는 수준이 되었다.

1966년 MIT의 교수인 조셉 와이젠바움(Joseph Weizenbaum)이 환자와 대화하면서 심리치료사의 역할을 수행할 수 있는 프로그램인 엘리자(Eliza : http://www.manifestation.com/neurotoys/eliza.php3)를 개발하였는데, 실제로 종합병원에서 사람들을 대상으로 시험한 결과 다수가 자신이 대화한 상대가 컴퓨터라는 것을 알지 못했다고 한다. 하지만 이 프로그램도 단순히 질문의 글을 주어와 동사만 바꾸어 단순히 반복하는 형태라서 넌센스의 대답을 하는 경우도 발생하였다. 이후에도 엘리자와 같은 채팅봇에 대한 개발 및 연구가 지속되어 왔는데, 2004년 9월 19일 열린 인공지능 경진대회에서 미국인 발명가 리처드 왈러스가 개발한 채팅로봇 프로그램 앨리스(Alice)가 우승하였다. 뢰브너 대회로 불리는 이 경진대회는 미국인 자선사업가 허프 뢰브너가 1990년에 제정한 후, 해마다 경쟁에 참여한 인공지능 프로그램들 중 가장 인간에 가까운 프로그램을 골라 시상한다. 사이트(https://www.chatbots.org/chatbot/a.l.i.c.e/)에 접속하여 한 번 대화를 시도해 보기 바란다.

1973년 두 발로 걷는 최초의 휴머노이드 '와봇 1'(WABOT-1)이 일본 와세다 대학교 가토 이치로 교수팀에 의해 개발되었고, 1984년에는 악보를 읽고 파이프 오르간 페달을 밟으며 건반을 칠 수 있는 '와봇 2'(WABOT-2)가 개발되었다. 하지만 이 두 로봇은 걸을 수는 있으나 아주 부자연스러웠고, 지능 수준도 낮았다. 휴머노이드의 획기적 발전은 1996년 일본의 혼다사가 발표한 'P-2'로부터 시작되었다. 이 로봇은 이전 로봇과 달리

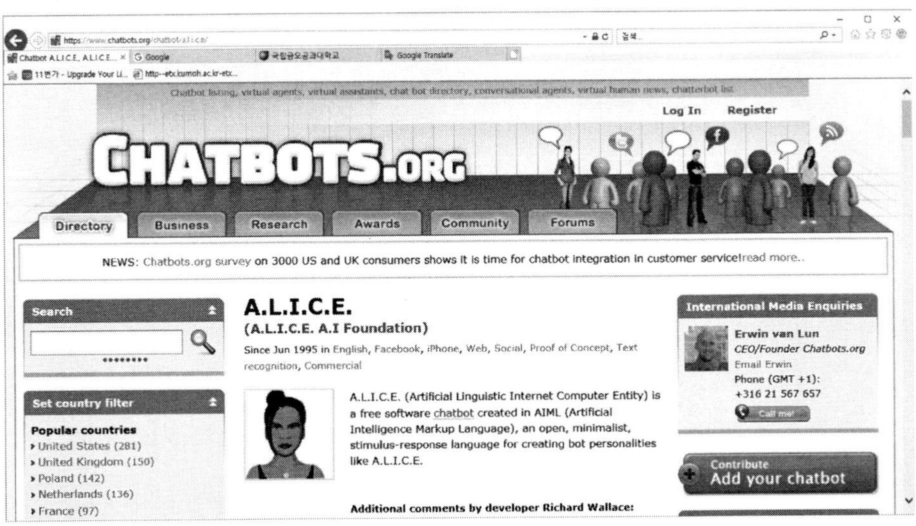

그림 1.3. 휴보
출처 : https://namu.wiki/w/휴보

전력시스템, 모터 드라이버, 컴퓨터 비전(vision) 등을 내장하고 있었는데, 이후부터 내장형 자율 휴머노이드 로봇 시대가 열렸다. 'P-2'는 이전과 비교할 수 없는 인간 친화적 외모를 지녔고, 층계 오르내리기, 옆걸음, 곡선보행 등 부드러운 관절운동과 동적인 이족보행(두 발로 걷는 것)을 시연할 수 있었다. 한국의 최초의 휴머노이드 로봇은 '센토'로 머리는 사람, 몸통은 말이었다. 이 로봇은 어린이 지능 정도의 지능을 가지고 있으며, 1kg정도의 물건을 들 수 있었다. 우리나라의 최초의 사람 몸통을 한 로봇은 가사용 로봇으로 사용되었던 KAIST에서 개발한 '야미'이며, 2004년에 최초로 두발로 걷는 '휴보'가 개발됐다. 휴보(HUBO)란 휴머노이드(Humanoid)와 로봇(Robot)의 합성어로, 한국과학기술원(KAIST)에서 개발한 인간형 로봇이다.

존 매카시 및 마빈 민스키 등에 의해 주도되었던 인공지능 1차 전성기(1950년 후반~1960년 초반)는 70년 중반에 들어서면서 1차 침체기를 맞게 된다. 1차 전성기의 인공지능 분야는 범용문제 해결 방식(하나의 방식으로 모든 문제를 해결)으로 문제를 해결하려고 하였는데, 모든 문제를 동일한 방식으로 해결기가 어렵기 때문에 이 방식으로는 실제로 쓸모 있는 인공지능 제품이나 서비스를 만들기가 어려웠다. 간단한 문제는 풀 수는 있지만 진정한 인공지능이라고 부르기는 어려웠다. 한마디로 여건 미성숙과 과잉 기대로 인공지능은 1차 침체기를 맞게 되었다.

1차 침체기 이후 인공지능은 1980년대 초반에 들어 제2의 전성기를 맞이하게 되는데, 이때에는 범용문제 해결 방식 대신에 특정 분야의 전문지식을 활용하는 '전문가 시스템'이 주를 이루었다. 전문가(예: 의사)의 지식을 데이터베이스화, 즉 지식베이스를 구축하여 인간 전문가처럼 판단하고 처리할 수 있는 시스템들을 구축하여 실제로 여러 분야에서 쓸만한 결과들을 도출하였다. 하지만 얼마 지나지 않아 연구자들은 이러한 방식의 한계점을 느끼게 되었다. 지식 전문가가 직접 정해진 규칙에 따라 지식을 입력해야 할 뿐 아니라, 거의 모든 것을 다 미리 지식베이스화해야 하는 문제점과 지식베이스에 수천만, 수억개 지식이 쌓임에 따라 모순이 발생하거나 일관되지 않는 결과를 초래하는 문제점 등이 발생하였다. 특히, 인간의 시각 처리나 청각 분야를 지식베이스화하는 것은 더 어려운 문제였다.

1980년대 후반부터 1990년대 초반에 이루는 인공지능 2차 침체기는 1997년 인간과의 체스 대결을 통해 새로운 돌파구를 마련하였다. IBM의 '딥블루'(Deep-Blue)가 그 당시 세계 체스 최고수인 러시아의 카스파로프(Garry Kasparov)를 2승3무1패로 이긴 것이다. '딥블루'는 슈퍼컴퓨터 32대를 연결하고 체스 전용 확장 프로세서를 512개나 탑재한 컴퓨터로 '딥블루'는 엄밀히 말하자면 수많은 체스 기보를 빈틈없이 기억시켜 놓은 고차원의 프로그램이었다. 이를 기점으로 1990년대 중반 이후 하드웨어 기술이 발달하고 학습에 사용할 데이터들이 많이 축적되면서 인공지능 연구는 미리 습득한 지식을 활용하는 것이 아닌 기계 스스로 데이터를 통해 지식(패턴)을 찾아내는 방식으로 진화했다. 이러한 머신러닝이 인공지능 분야의 핵심 기술로 꾸준히 연구되어 오던 중, 다른 방법에 밀려 그다지 주목을 받지 못했던 인공신경망 분야에 돌파구가 마련되는데, 바로 딥러닝(Deep Learning) 기술에 의해서다. 딥러닝은 2006년에 캐나다 제프리 힌트 교수가 발표한 학습 방법으로 기계 스스로가 다계층의 신경망 구조를 통해 인간이 알려주지 않은 데이터의 특징까지 스스로 추출해낸다. 아직 10여년 밖에 되지 않았지만 짧은 기간에 인공지능을 대표하는 핵심 기술로 자리 잡았다.

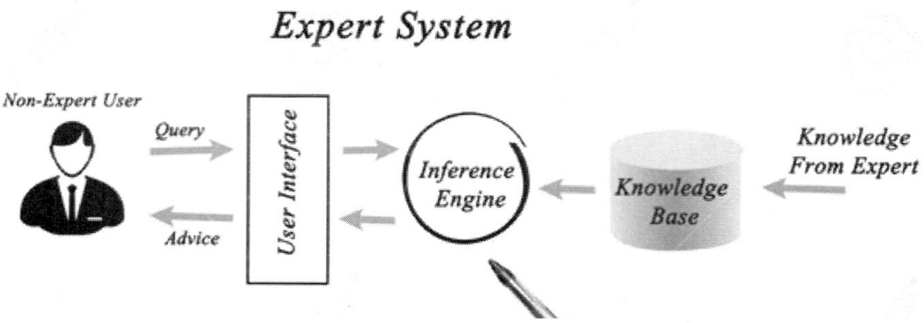

그림 1.4. 전문가 시스템

출처 : https://kr.123rf.com/photo_57233572_전문가_시스템_다이어그램.html

2011년에는 딥블루의 업그레이드 버전인 인공지능 '왓슨'(Watson : IBM에서 개발한 자연어 형식으로 된 질문들에 답할 수 있는 인공지능 컴퓨터 시스템)은 미국 퀴즈 쇼 제퍼디에 참가하여 금액 기준 사상 최대 우승자인 브레드 러터와 가장 긴 챔피언십(74번 연속 승리)의 기록 보유자 켄 제닝스와 대결에서 최종 승리하였다. 왓슨은 4 테라바이트 디스크 공간의 200,000,000 페이지의 구조화/비구조화된 콘텐츠를 이용한 것으로 알려져 있다. 2012년에는 구글의 인공지능이 1000만 장의 화상 데이터에서 스스로 고양이 이미지를 인식해 보여주는 사건도 있었으며, 2016년에는 알파고(AlphaGo)와 이세돌 9단과의 세기적인 바둑 맞대결에서 알파고가 4승 1패로 승리하는 세기적인 사건도 있었다. 이

그림 1.5. 미국 퀴즈 쇼 '제퍼디'

출처 : http://www.bloter.net/files/2011/02/Jeopardy_watson_500.jpg

런 저런 모양으로 현재 공지능은 지금 3번째 중흥기를 맞이하고 있다.

1.2 인공지능과 머신러닝 그리고 딥러닝

요즘 들어 다시 중흥기를 맞고 있는 인공지능과 딥러닝 사이에는 어떤 관련이 있는 것일까? 이를 위해 먼저 인공지능 관련 분야를 살펴보자. 인공지능 분야를 나누는 기준도 다양하고 시간에 따라 변하지만 Dejoux & Leon에 따른 분류에 의하며 아래 그림과 같다. 그림에서 보는 바와 같이 인공지능의 한 분야로 머신러닝 분야가 있고, 여러 머신러닝 기술 중에 딥러닝 기술이 있음을 알 수 있다.

인공지능 분야에서 중요한 요소는 '학습(러닝)'이다. 기계로 하여금 인간이 갖고 있는 학습 능력을 구현하고자 하는 것이 바로 머신러닝 또는 기계학습이다. 머신러닝은 경험

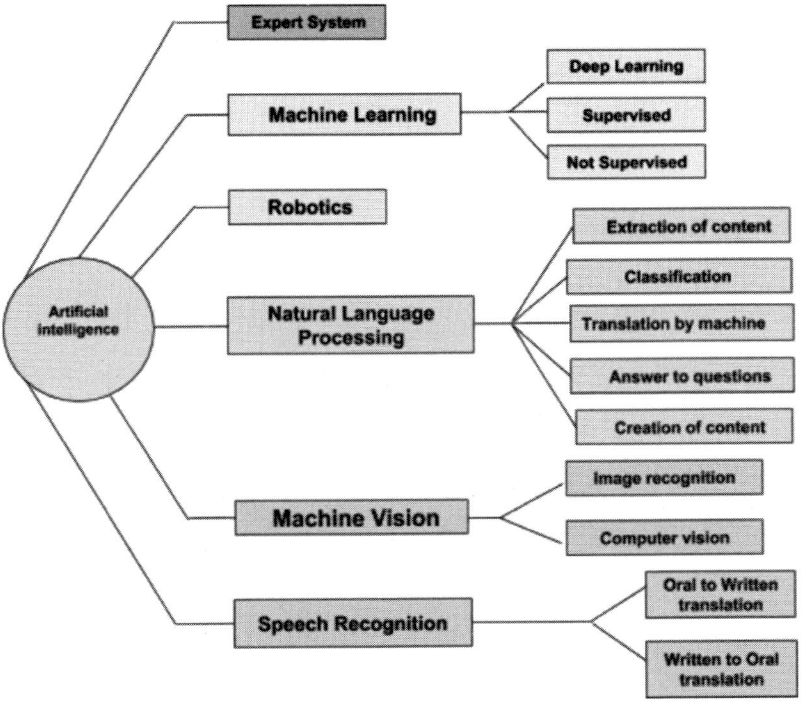

그림 1.6. AI 분류체계

출처 : https://www.resesrchgate.net/figure/AI-functions-Dejoux-Leon-2018-p-188_fig1_332082521

(experience)을 통해 특정 작업(task)의 성능(performance)을 향상시키는 역할을 한다. 머신러닝은 다수의 사건 또는 사례로부터 그들의 추세 또는 패턴을 파악하고, 이를 기반으로 판단을 내리는데, 이러한 점 때문에 '패턴인식(Pattern Recognition)'이라고도 불린다. 1959년 아서 사무엘(Arthur Samuel)은 "일일이 코드로 명시하지 않아도 데이터로부터 학습하여 실행할 수 있도록 하는 알고리즘을 개발하는 연구 분야"라고 정의하였다. 일예로, 프로그래머가 스팸 메일과 비스팸 메일을 구별할 수 있는 코드를 작성하는 대신에 스팸 메일들과 그렇지 않은 메일들을 제시해 주면, 머신 러닝 기법을 사용하여 판별 규칙을 학습하게 되고, 그리고 이 학습된 규칙을 이용하여 새로운 메일의 스팸 여부를 판단할 수 있게 된다.

머신러닝 이전의 전통적인 인공지능은 다양한 상황들에 대해 인간이 정해준 규칙에 의해 판단하는 논리 기계와 유사하다고 볼 수 있다. 하지만 현실에서는 워낙 다양한 요인들에 의해 발생하고 또 일반적인 규칙으로는 설명할 수 없는 예외 상황들도 종종 발생한다. 그러다 보니 실제 문제에 적용하는 데 어려움이 있다. 머신러닝은 실제 데이터들로부터 그 데이터들을 최대한 설명할 수 있는 또는 그 데이터들을 최대한 재현할 수 있는 모델을 자동으로 생성하는 데 초점을 둔다. 쉽게 얘기하면 기존 기계학습을 사용하지 않는 인공지능 시스템에서는 사람이 직접 시스템 동작 모델을 기술해 주어야 하지만, 기계학습을 이용하는 시스템에서는 기존의 실제 운영 데이터로부터 이런 모델을 자동으로 생성해 주는 것으로 보면 된다.

일기를 예측하는 시스템을 예로 살펴보자. 일기 예보를 위한 수학적 모델이 있으면 이를 활용하면 되는데, 문제는 단순한 수학적 모델로는 실세계에 적용하기가 곤란하다. 왜냐하면 날씨에 영향을 미치는 요소들이 다양하고, 그 변화량이 시대에 따라 달라지기 때문에 이를 아우를 수 있는 모델을 찾아내기가 쉽지 않기 때문이다. 전문가들에게도 어려운데, 일반인들에게는 두 말할 필요가 없다. 그런데, 과거의 날씨 데이터(환경 데이터 값들과 날씨)가 있다면 일반인도 머신러닝 기법을 적용시켜 주어진 데이터를 아우르는 일반 모델을 찾아낼 수가 있다. 이처럼 머신러닝 기반 시스템들은 기존 데이터로부터 패턴을 찾아내고 이 패턴(또는 모델)을 기반으로 새로운 질문에 답을 하는 형태인데, 그 성능은 데이터의 양과 질에 크게 의존한다. 그러기에 무엇보다 예측에 필요한 양질의 데이터를 수집하는 것이 중요하다. 이것이 바로 구글과 같은 기업이 사용자 데이터 수집에 사활을 걸고 있는 이유이기도 하다.

머신러닝은 학습 시 목표치를 같이 제시하느냐 그렇지 않느냐에 따라 지도학습(supervised learning)과 비지도 학습(unsupervised learning)으로 분류되는데, 딥러닝은 지도학습의 일종으로 기존 인공신경망(artificial neural network)의 진화된 기술이다. 이들에 대한 자세한 내용은 뒷부분을 참고하기 바란다. 인공신경망 기술은 인간의 뉴런과 시냅스 원리를 모방한 것인데, 그 기본 개념은 1950년대 제안되어 사용되어 오다가 XOR 같은 단순한 문제도 해결할 수 없다는 어느 수학자의 증명으로 인해 인공신경망은 깊은 암흑기로 접어들게 되었다. 그 후 1980년대 초에 새로운 신경망 구조가 제안되고, 더 나은 학습 방법이 개발됨에 따라 인공신경망에 대한 관심이 되살아나게 되었다. 그러나 1990년대에는 SVM과 같은 강력한 대체 기계 학습 기술이 더 나은 결과와 보다 강력한 이론적 토대를 제공함으로써 많은 연구자들이 새로운 학습 방법에 관심을 갖게 되고, 그래서 인공신경망은 자연스럽게 다시 침체기를 맞게 되었다.

그러다가 최근 들어, 신경망을 학습시키는 데 사용할 수 있는 엄청난 양의 데이터가 발생하고, 무어의 법칙에 의한 지속적인 CPU 개선과 게임 산업으로 인한 GPU의 대중화로 컴퓨팅 파워가 증가하고, 학습 알고리즘도 약간 개선되고(약간이긴 하지만 실제로는 엄청난 효과를 야기), 이론적인 약점이 해소되는 등 인공신경망을 적용할 수 있는 환경이 상당히 개선되었다. 이런 환경 조성과 함께 몇몇 실용적인 응용에 인공신경망(정확히는 딥러닝 기술)이 성공을 보임으로써 학문적으로나 산업적으로나 사회적으로 많은 관심을 받게 되었다.

보통 기존 신경망은 뉴런 층들이 2~3층 정도 되는데, 딥러닝에서 사용하는 인공신경망은 이보다 훨씬 깊은 층을 사용하며, 또한 모든 딥러닝 시스템이 그렇지는 않지만 이미지 처리와 관련된 대부분 딥러닝 시스템들은 신경망 앞단에 이미지 특징을 자동으로 추출하는 층들이 붙게 된다. 이로 인해 층이 상당히 깊어지게 되고, 당연히 층이 매우 깊어짐으로 인해 기존 신경망에서 발생하지 않았던 문제(학습 시)들이 발생한다. 딥러닝에서 사용하는 깊은 인공신경망(DNN: Deep Neural Network)에서는 이러한 문제들을 해결할 수 있는 방법들을 사용한다.

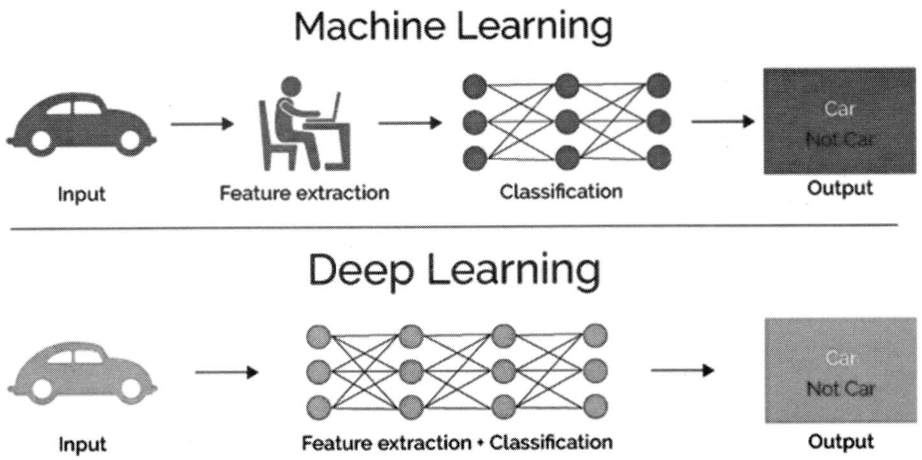

그림 1.7. 머신러닝과 딥러닝

출처 : https://blog.victoriaholt.co.uk/2018/09/ai-art-of-possible.html

한마디로 인공지능, 머신러닝, 딥러닝의 관계를 그림으로 요약하면 아래 그림과 같다. 인공지능은 인간처럼 행동할 수 있는 일부 능력을 갖는 프로그램을, 머신러닝은 인공지능 프로그램 중 프로그래머의 명시적인 판단 모델 없이 스스로 판단 모델을 생성하여 사용하는 프로그램을, 딥러닝은 머신러닝 프로그램 중 깊은 인공신경망을 사용하여 판단 모델을 생성하는 프로그램이라 할 수 있다.

1.3 머신러닝 및 딥러닝 제품과 서비스들

사회가 발전하면 할수록 소프트웨어는 지능화할 수밖에 없는데, 최근 들어 4차 산업혁명과 맞물려 많은 인공지능 제품 특히 딥러닝 제품들과 서비스들이 제공되고 있다. 그러한 시스템 또는 서비스들을 살펴봄으로써 인공지능 특히 머신러닝의 활용도와 그 전망을 알 수 있을 것이다. 앞에서 인공지능의 역사를 설명하면서 몇몇 인공지능 시스템에 대해서 소개를 하였기에 그런 시스템이나 제품은 제외하기로 한다. 아래에 소개한 응용 외에 다른 응용들에 대해서 알고 싶으면 '알아두면 쓸데 있는 신기한 인공지능 50선'사이트 (https://www.bloter.net/archives/289626)를 참고하기 바란다.

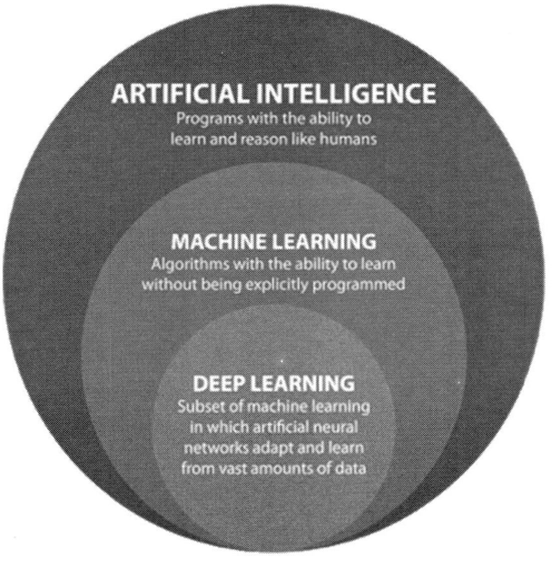

그림 1.8. 인공지능, 머신러닝, 딥러닝의 관계

출처 : https://blog.victoriaholt.co.uk/2018/09/ai-art-of-possible.html

▌자율주행 자동차

자율주행의 개념은 1960년대에 벤츠를 중심으로 제안되었고, 1970년대 중후반부터 초보적인 수준의 연구가 시작되었다. 초기에는 아무런 장애 요소가 없는 시험 주행장에서 중앙선이나 차선을 넘지 않는 수준이었으나, 1990년대 들어 컴퓨터의 인식 기술 분야가

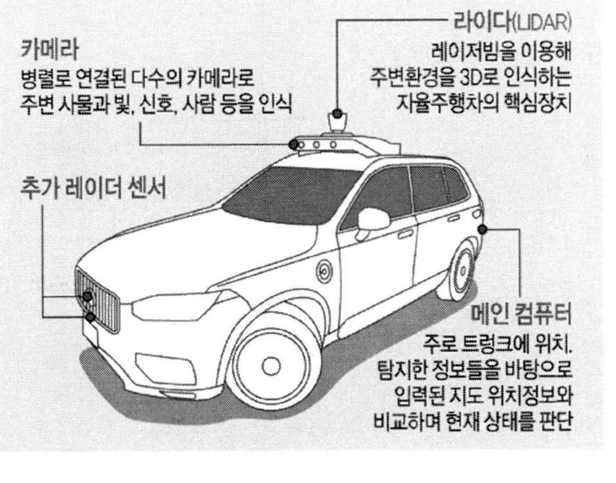

그림 1.9. 우버 자율주행차 개요

출처 : 연합뉴스, 김영은 인턴기자, 2018. 03. 20

크게 발전하면서 장애물이 개입되는 자율주행 분야가 본격적으로 연구되기 시작되었다. 주변 사물들을 인식하는 데 딥러닝 기술이 사용된다.

▌생체 인식 시스템

생체 인식은 하나 이상의 고유한 신체적, 행동적 형질에 기반하여 사람을 인식하는 방식을 두루 가리키는데, 바이오메트릭스(Biometrics), 생체 인증, 바이오 인증 등 다양한 용어로 사용된다. 생체 인식에 쓰이는 신체적 특성으로는 지문, 홍채, 얼굴, 정맥 등이 있으며, 행동적 특성으로는 목소리, 서명 등이 있다. 생체 인식에 다양한 딥러닝 기법들이 사용된다.

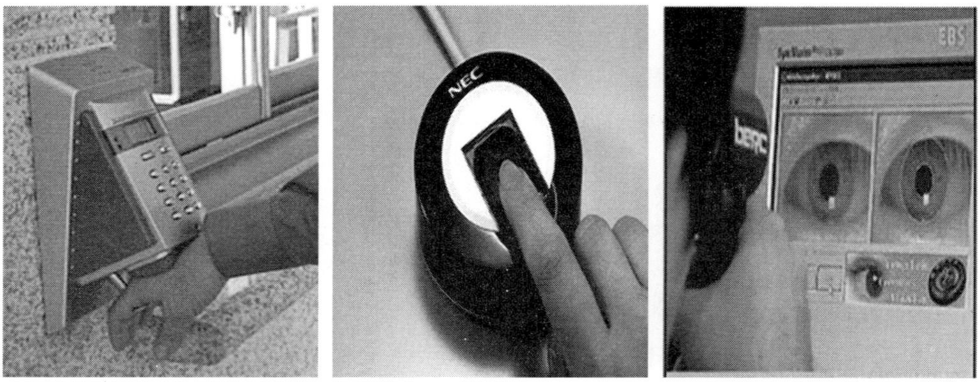

그림 1.10. 생체 인식 시스템의 종류들

▌음성인식 기반의 개인 비서

지능형 개인비서는 사용자와 소통하며 정보 또는 서비스를 맞춤형으로 제공하는 소프트웨어를 의미한다. 2014년에 출시된 아마존 에코를 선두로, 2016년에는 구글의 구글 어시스턴트를 기반으로 구글 홈 서비스를, 2017년에는 애플이 시리를 기반으로 한 홈팟 서비스를 출시했다. 현재 국내에서도 SK텔레콤의 누구, KT의 기가지니, 네이버의 웨이브, 카카오의 카카오미니 등의 스마트 스피커 제품들이 있다. 핸드폰 기반의 개인 비서 서비스로 삼성전자의 빅스비, LG전자의 Q보이스, 네이버의 라온, 챗봇 기반의 문비서 등이 개발 및 서비스 되고 있다. 지능형 개인 비서를 위해서는 음성인식 기술 및 문장 분

그림 1.11. 아마존 에코, 구글 홈, 애플 홈팟

석 기술이 필요한데, 이 때 딥러닝 기능이 사용된다.

흑백 사진을 컬러로

일본 와세다대학 팀이 딥러닝 기술을 사진의 영역에 적용해 흑백 사진을 컬러 사진으로 바꾸는 기술을 개발했다. 컴퓨터가 흑백 사진이 해 질 녘에 촬영됐다는 정보와 사진을 찍은 곳이 햇살을 받은 해변이라는 정보를 뽑아내면, 이 둘을 결합해 석양이 깔린 해변 색깔을 재현하는 식이다. 이런 식으로 구름 낀 하늘색이나 사진 속 인물의 촬영 당시 얼굴색도 알고리즘이 찾아낸다.

(a) Colorado National Park, 1941 (b) Textile Mill, June 1937 (c) Berry Field, June 1909 (d) Hamilton, 1936

그림 1.12. 흑백 사진을 컬러 사진으로 바꾸는 기술
출처 : http://asadal.bloter.net/18940#jp-carousel-18943

▌반려동물 장난감

반려동물의 장난감에도 딥러닝 기술이 적용되고 있다. 국내 스타트업 기업이 만든 '고미볼'이 그것이다. '고미볼'은 여러 기능을 가지고 있는데, 먼저 스스로 주행하는 자율 주행 기능이다. 단순히 여기저기 굴러다니기만 하는 것이 아니고, 딥러닝을 통해 반려동물이 좋아하는 패턴을 찾아내고, 쫓아오는 반려동물로부터 끊임없이 달아난다. 두 번째로 반려동물이 '고미볼'을 물었을 때 '고미볼'은 LED 조명을 발사하고 진동한다. 조명이 12가지 패턴으로 빛나고 물때마다 진동이 오니 반려동물들은 지루할 틈 없이 '고미볼'을 쫓게 된다.

그림 1.13. 반려동물 장난감(고미볼)
출처 : https://m.blog.naver.com/tech-plus/221220154616

▌인공지능 CCTV

CCTV에도 인공지능 딥러닝 기술이 적용되고 있다. 그 중의 하나가 인공지능 스타트업 회사인 마인드셋이 개발한 '마인드아이'이다. '마인드아이'는 실시간으로 동영상을 촬영하여 원하는 상황이나 물체를 확인하는 기능을 CCTV에 적용한 것으로 기존에 비해 사람이나 사물을 찾는 시간이 훨씬 절약된다. 특히 동영상을 통해 실시간으로 사물을 인식하는 기술은 고화질의 비디오와 슈퍼 컴퓨터가 필요했지만, 마인드셋의 AI 기술을 적용한 '마인드아이'는 일반 컴퓨터와 기존 스마트폰의 카메라도 사물과 사람을 인식하고 측정할 수 있다.

그림 1.14. 인공지능 CCTV
출처 : http://www.datanet.co.kr/news/articleView.html?idxno=108179

시각장애인을 위한 인공지능 서비스

보통 시각장애인들은 스마트폰 같은 최신 기기도 사용하기 어려울 것이라는 편견을 갖고 있다. 하지만 이런 편견을 허물고 시각장애인들에게 다양한 편리함을 가져다 줄 기술로 인공지능 기술이 떠오르고 있다. 그러한 서비스 중의 하나가 2017년 마이크로소프트사가 시각장애인을 위해 출시한 모바일 애플리케이션인 '씨잉AI'(Seeing AI)다. 이 앱의 가

그림 1.15. 시각 장애인을 위한 인공지능 서비스
출처 : http://techm.kr/bbs/board.php?bo_table=article&wr_id=5473

장 큰 특징은 AI가 카메라를 통해 인식한 사실을 시각장애인 사용자에게 음성으로 설명해 준다는 데 있다. 시각장애인에게 주변 환경, 인물, 사물, 텍스트, 이미지 등을 설명해 주고, 사람을 카메라로 비추면 성별, 나이, 행동, 감정 등을 분석해 알려준다. 또한 메뉴를 찍으면 메뉴를 읽어 주기도 한다.

심정지 예측

전세계 환자 1천명 중 5명 꼴로 심정지가 발생한다. 심정지를 미리 알아낼 수 있다면 사고 예방에 효과적일 것이다. 2017년 7월 세계 최초로 인공지능을 통해 심정지 환자를 찾아내는 프로그램인 '이지스'(AEGIS)를 심장전문병원 메디플렉스 세종병원에서 도입했다. '이지스'는 인공지능 및 의료영상 스타트업 뷰노코리아와 세종병원이 공동 개발한 인공지능 프로그램으로, 병원이 가진 심장질환 빅데이터를 딥러닝을 통해 얻은 모델을 가지고 심정지를 발생 24시간 전에 예측한다. '이지스'는 실시간으로 입원 환자의 호흡수, 심장박동수, 산소포화도, 혈압 등의 생체 신호를 입력받고 위험 징후가 포착되면 전자의무기록(EMR) 시스템에 알려준다.

그림 1.16. 심정지 예측 시스템

출처 : http://www.docdocdoc.co.kr/news/articleView.html?idxno=1047311

▌졸음 운전 예측

고속도로 교통사고 중 사고율이 가장 높은 졸음 운전을 미리 예방하기 위하여 많은 기술이 개발 되었고, 또한 새로운 기술들을 개발하기 위한 다양한 연구들이 진행되고 있다. 운전자 졸음 여부를 감지하는 기술에는 자동차 앞 유리에 장착된 카메라로 주행 중 차선을 실시간 감지하여 차선 이탈 정도와 운전자의 핸들 조작 정도로 운전자의 졸음을 예측하는 기술, 자동차 내부 카메라를 이용하여 눈꺼풀의 감김 정도로부터 졸음을 예측하는 기술, 얼굴의 위치와 고개의 끄덕거림 횟수 등으로 운전자의 졸음을 예측하는 기술, 그리고 뇌파를 측정하여 졸음을 예측하는 기술들이 있다.

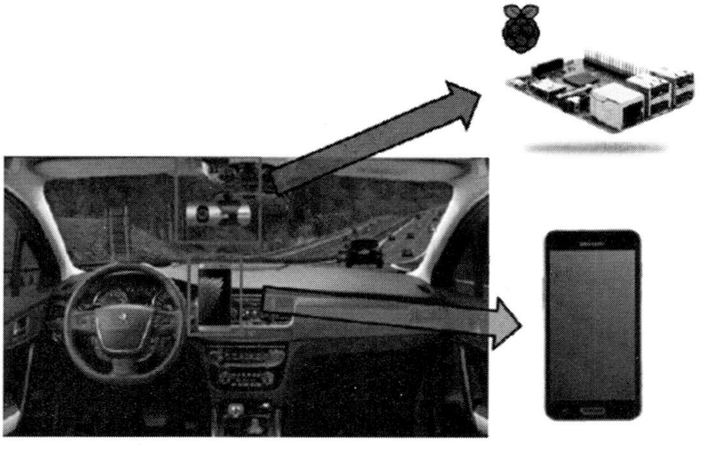

그림 1.17. 졸음 운전 예측 시스템
출처 : http://www.ntrexgo.com/archives/35324

▌오디오로부터 립싱크 생성하기

워싱턴 대학교의 연구진이 음성에 맞춰 입술을 움직이는 알고리즘을 개발, 즉 음악 프로그램에서 말하던 '립싱크'기술을 개발하였다. 이 알고리즘은 음성에 맞는 입술 모양을 만드는 게 핵심인데, 여기에 딥러닝 기술이 사용된다. 현재 음성에 맞는 입 모양을 얻은 후 실제 사람의 모습을 입혀 이미지로 만들 수 있고, 이를 전체 오디오에 적용하여 동영상을 얻을 수 있다.

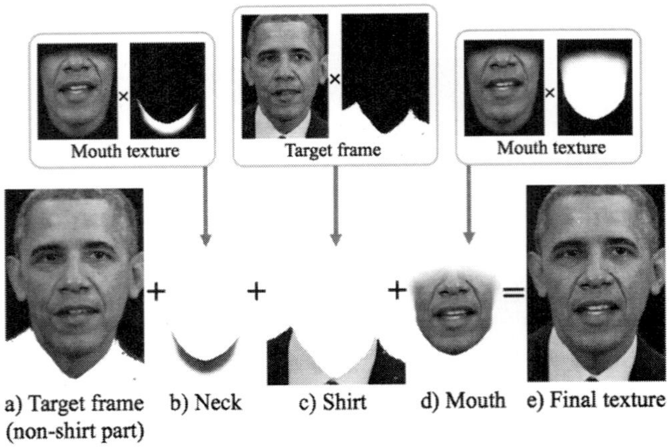

그림 1.18. '립싱크'기술

출처 : https://post.naver.com/viewer/postView.nhn?volumeNo=8627561&memberNo=24166660

아래 그림의 왼쪽은 원본 동영상 이미지이며, 오른쪽은 원본 동영상의 오디오에 워싱턴 대학교의 립싱크 기술을 적용하여 얻은 이미지이다.

그림 1.19. 원본 동영상(오른쪽)과 립싱크 기술을 적용하여 얻은 이미지(왼쪽)

출처 : https://post.naver.com/viewer/postView.nhn?volumeNo=8627561&memberNo=24166660

▌번역기

딥러닝 기술이 유용하고 활발히 사용되는 분야가 자연어 처리 분야이다. 딥러닝 기술을 자연어 처리에 적용하여 상당한 성과들을 얻고 있고, 일상에서 유용하게 사용하고 있다. 그 대표적인 것이 번역기이다. 우리가 자주 사용하는 구글 번역기, 네이버의 파파고 등

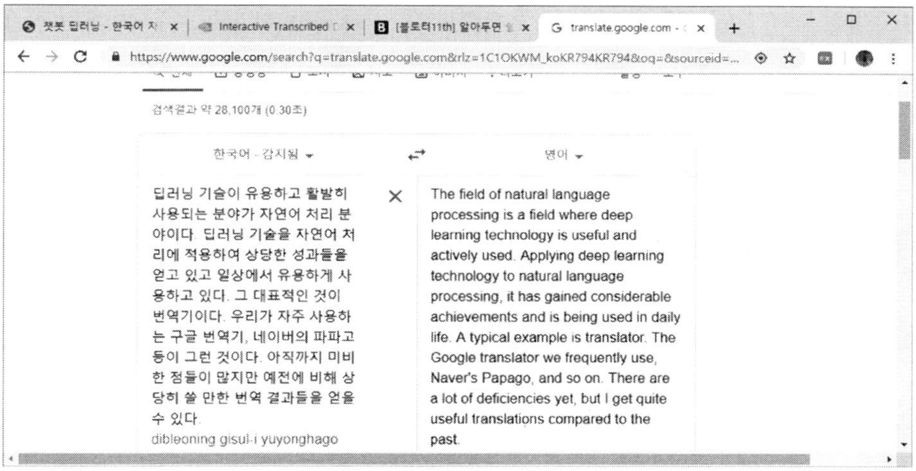

그림 1.20. 구글번역기 사용 예

이 그런 것이다. 아직까지 미비한 점들이 많지만 예전에 비해 상당히 쓸 만한 번역 결과들을 얻을 수 있다.

▌스마트 금융

금융권에서도 머신러닝을 활용하여 신용평가 모델을 개발하거나, 신용카드사 사기를 방지하기 위해 머신러닝을 도입하는 등 데이터의 숨겨진 의미를 파악하고 미래를 예측해야하는 곳에 머신러닝이 활용되고 있다. 특히 이상거래 탐지 시스템(FDS : Fraud Detection

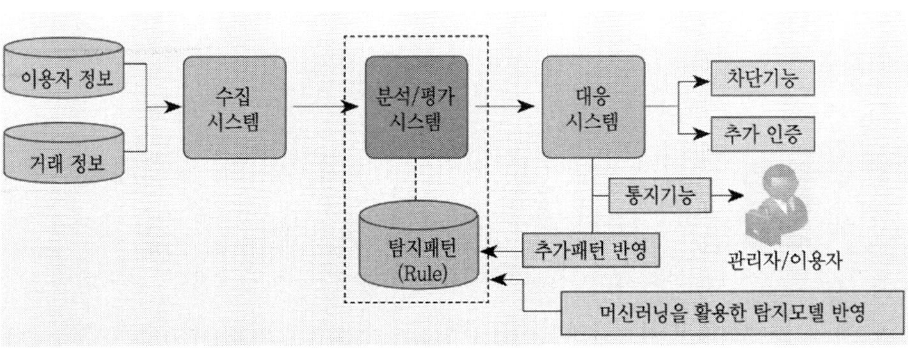

그림 1.21. FDS에서 분석 및 탐지 기능의 범위와 머신러닝

출처 : https://www.fsec.or.kr/common/proc/fsec/bbs/42/fileDownLoad/746.do

System)에서 머신러닝을 활용하여 현재 진행 중인 거래의 위험도와 특정 거래의 발생 가능성을 예측하고 있다. FDS의 고효율을 위해 페이팔(PayPal)에서는 이상거래를 판별하는 데 딥러닝을 적용하였다.

1.4 머신러닝과 학습 데이터

딥러닝을 학습하기에 앞서, 학습과 관련된 내용, 특히 머신러닝의 의미와 학습 데이터의 중요성 그리고 학습과 관련된 기본 내용들을 살펴본다.

학습 데이터

머신러닝의 핵심은 주어진 예로부터 일반적인 규칙이나 패턴을 학습할 수 있는 일반화(generalization) 능력이라 할 수 있다. 그런데 이러한 일반화 능력은 학습용으로 주어진 데이터에 많은 영향을 받게 된다. 예를 들어, 어떤 회사 제품의 불량에 영향을 주는 요소가 a와 b가 있고, 두 요소 중 한 값이 음수인 경우 불량인데, 만약 아래와 같은 학습 데이터가 주어진다면

a	b	불량여부
−3.1	4.5	불량
−1.0	2.0	불량
3.5	1.0	정상
2.1	3.2	정상

학습된 규칙은 a가 음수이면 불량이라고 판단할 수 있다. 하지만, 좀 더 다양한 학습 데이터가 제공된다면 상황은 달라질 수 있다. 예를 들어, 아래와 같이 학습 데이터가 주어지면 a가 음수이면 불량이라는 규칙 대신에 a나 b 중 하나가 음수이면 불량이라는 규칙을 학습하게 될 것이다. 이처럼 머신 러닝에서는 사용되는 학습 데이터가 전체 데이터를 대표하지 못하면 학습을 통해 얻은 결과는 편향될 수밖에 없다. 이처럼 학습 데이터

는 머신러닝에 있어 아주 중요한 역할을 하기 때문에 머신 러닝 적용에 앞서 적절한 학습 데이터 확보를 위해 노력해야 한다.

a	b	불량여부
-3.1	4.5	불량
-1.0	2.0	불량
5.4	-1.6	불량
-6.7	-3.3	불량
3.5	1.0	정상
2.1	3.2	정상

또한, 현장에서 획득한 데이터들에는 오류나 잡음 심지어 특이값(outlier) 들이 포함될 수 있으며, 이를 그대로 학습 데이터로 쓸 경우 데이터에 내재되어 있는 패턴이나 규칙이 제대로 학습되지 않을 수 있다. 데이터에 내재된 잡음을 완전히 제거할 수는 없지만, 특이값 검출 방법을 사용하여 특이값을 갖는 학습 샘플을 무시하거나 수정한다든지, 아니면 일부 값이 주어지지 않는 학습 샘플에 대해 평균값으로 치환하든, 아니면 그 샘플을 무시하든 일련의 데이터 정제 과정을 거쳐야 한다.

대부분의 학습 알고리즘들은 제대로 동작하기 위해서 많은 학습 데이터들을 필요로 한다. 심지어 아주 간단한 문제에 대해서도 몇 천 개의 학습 샘플들이 필요하며, 이미지나 음성 인식과 같은 복잡한 문제에 대해서는 수백만 개의 학습 샘플들을 필요로 한다. 학습 알고리즘에 따라 성능이 달라지기도 하지만 학습 데이터의 크기에 따라 성능이 많이 달라질 수 있기 때문에 학습 알고리즘 선택과 더불어 학습 데이터 확보에도 많은 노력을 기울여야 한다.

학습 데이터와 학습 알고리즘

같은 학습 데이터가 주어지더라도 학습 방법에 따라 그 결과가 달라질 수가 있는데, 예를 들어, 불량 데이터 (x) 와 정상 데이터 (0) 가 아래와 같다고 할 경우, 만약 이 두 종류의 데이터를 분리하는 선형식을 찾는 머신 러닝 알고리즘을 사용한다면 결코 좋을 결과

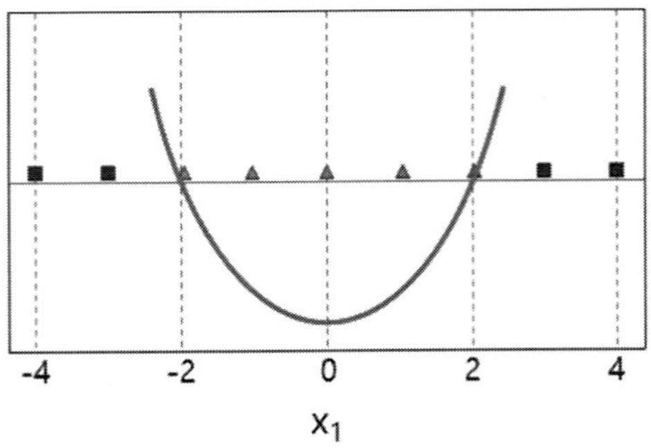

를 얻을 수 없을 것이다. 하지만 다항식(polynomial)을 찾는 머신러닝 알고리즘이라면 좋은 결과를 얻을 수 있다. 이처럼 같은 학습 데이터라도 학습 알고리즘에 따라 그 성능의 차이가 많이 날 수 있다. 학습 데이터의 특성을 잘 알고 있다면 그에 맞는 학습 알고리즘을 선택해서 학습하면 좋지만 많은 경우 그 데이터의 특성을 알 수 없는 경우가 많다. 이런 경우는 다양한 학습 알고리즘을 적용하면서 성능이 좋은 것을 선택할 수밖에 없다.

기존 알고리즘과 학습 알고리즘

기존 알고리즘과 학습 알고리즘의 차이점을 위의 예를 이용하여 살펴보기로 하자. 기존 알고리즘에서는 먼저 데이터 분석가가 아래의 데이터를 분석하여 그 규칙을 찾게 된다. 예를 들어, "a와 b 모두가 양수인 경우만 정상이고 그렇지 않은 경우는 불량이다"라는 분석 결과를 얻었다고 하자. 그러면 프로그래머가 그 분석 결과에 따라 판단할 수 있도록 아래와 같이 프로그래밍하게 될 것이다.

```
a = input("a의 값 ?")
b = input("b의 값 ?")

if a > 0 and b > 0 : print("정상")
else: print("불량")
```

학습 알고리즘을 사용하여 불량 판별 프로그램을 작성한다면 과연 어떻게 될까? 이 경우에는 데이터 분석가에게 규칙을 찾아 달라고 부탁할 필요 없이 학습 알고리즘에 의해 그 판별 모델을 생성하고, 그 모델을 이용하여 입력된 데이터의 불량 여부를 판별하게 될 것이다. 아래의 코드에서 read_train_data_input 함수는 학습 데이터에서 입력, 즉 위의 예인 경우, a와 b의 값을 읽어 들이는 함수이며, DecisionTreeClassifier는 의사 결정 트리를 기반으로 분류기 생성을 위한 클래스이다. 코드에서 보는 바와 같이 데이터 분석을 위해, 즉 데이터 규칙을 파악하기 위해 단순히 DecisionTreeClassifier 객체를 생성한 후, 학습 데이터만 지정한 후 분류기 객체의 fit() 메서드를 호출해 주고 있다. 또한, 학습된 모델을 사용하여 새로운 데이터에 적용할 경우는 새로운 데이터를 패러미터로 지정한 후 분류기 객체의 predict() 메서드를 호출해 주기만 하면 된다.

```
// 학습 단계
train_data_input = read_train_data_input()
train_data_target = read_train_data_target()
classifier = DecisionTreeClassifier()
classifier.fit(train_data_input, train_data_target)

// 예측 단계
a = input("a의 값 ?")
b = input("b의 값 ?")
y = classifier.predict([[a, b]])
print(y)
```

학습 알고리즘을 사용할 경우에는 먼저 학습 데이터를 이용하여 일반적인 판별 모델을 생성하여야 하는데 위 코드 중 "학습 단계"라고 표시된 부분이 그런 역할을 담당한다. 일반적 모델이 만들어 진 후에는 그 모델을 실제 데이터에 적용하여 불량 여부를 판단하게 되는데 "예측 단계"가 그런 역할을 담당한다.

언뜻 보면 학습 알고리즘을 사용하는 경우가 더 코딩 양도 많고 복잡해서 별 이득이 없어 보인다. 하지만 위에서 사용한 예는 단순한 예라서 그렇지 실세계의 문제에 적용됐을 때는 그렇지 않다. 기존의 방식으로 프로그래밍할 수 없을 수도 있고, 프로그래밍할 수 있더라도 엄청 복잡할 수도 있다. 또한 기존 알고리즘인 경우는 데이터 분석을 누군가가 해주어야만 진행이 될 수 있다. 그 분석가가 그 분야의 전문가일 수도 있고 어떤 경우는 프로그래머 자신일 수도 있다. 프로그래머 자신이 그 분야의 전문가여서 혼자 분석도 하고 프로그램도 할 수 있으면 좋겠지만 많은 경우 그렇지 못하다.

분석 전문가가 프로그래머가 아닐 경우, 프로그래머는 분석 전문가에 의존할 수밖에 없다. 분석 전문가가 분석한 결과가 한 번에 옳게 분석해 낸다면 그나마 다행이지만 실제 환경 하에서는 여러 번의 시행착오를 거치게 된다. 분석 결과를 실제 환경에서 생성되는 데이터에 적용해 보고 성능이 좋지 않으면 다시 분석해서 수정된 규칙을 찾는 과정을 여러 번 반복하게 되고 이에 따라 개발 기간이 길어질 수밖에 없다. 개발 시간도 문제이지만 분석 전문가에 지불되는 비용도 만만치 않게 된다.

만약, 프로그래머가 인공지능의 학습 알고리즘의 원리와 그 구현 방법을 알고 있다면 분석 자체를 타인에게 의존하지 않고 자동으로 할 수 있게 된다. 굳이 데이터를 분석한다고 머리 아플 필요도 없고, 개발 기간과 개발 비용도 상당히 절약할 수 있게 된다. 이전에는 학습 알고리즘을 개발하기가 그리 용이하지 않았으나, 요즘에는 대량의 데이터로부터 빠른 속도로 학습할 수 있는 많은 라이브러리들이 제공되어 이들의 사용법만 조금 배우면 쉽게 현장에 적용할 수 있다.

환경이 바뀌어 기존의 규칙이 잘 적용되지 않는 상황이 발생할 수도 있다. 이런 경우에도 학습 알고리즘을 활용하면 보다 쉽게 새로운 환경에 적응할 수 있다. 단, 그동안 운영하면서 쌓인 데이터가 잘 관리되고 있어야 한다. 이런 경우, 그동안 새로이 쌓인 데이터에 동일한 학습 알고리즘을 적용시켜 새로운 모델을 만들기만 하면 된다. 즉 프로그램 자체는 거의 변경할 필요 없이 학습 데이터만 바꾸어 돌리면 된다. 기존 프로그래밍 방식대로 코딩한다면 기존 프로그램의 많은 부분을 수정해야 할 수도 있다.

▌학습 데이터와 특징 벡터

머신러닝에 있어 학습 데이터는 여러 학습 샘플(또는 인스턴스)로 구성이 되며 한 학습 샘플은 학습 대상과 경우에 따라 그 대상의 레이블(목표치 또는 클래스)로 구성이 된다. 그리고 학습 대상은 관련된 여러 특징(feature)들로 표현이 되는데, 한 특징은 학습 대상의 개별적인 측정 가능한 속성 또는 특성에 대응된다. 예를 들어, 부동산 가격 예측 시스템을 구축한다고 할 때, 기존 부동산 거래 내역들을 학습 데이터로 사용할 수 있다. 한 부동산을 표현하는 여러 요소들, 예를 들어, 지역, 크기, 집 유형, 평균 시세 등으로 표현할 수 있을 터인데, 이러한 요소들 각각이 특징에 해당한다. 특징은 카테코리(예 : "상", "중", "하") 값을 갖는 경우도 있지만, 보통 수치로 표현이 되며 카테코리 값도 수치로 변환 가능하기 때문에 한 학습 샘플은 여러 특징 값, 즉 특징 벡터(feature vector)로 표현할 수 있다. 그래서 한 학습 샘플은 특정 부동산 특징 벡터와 그 부동산의 실거래 가격으로 구성이 된다.

특징들이 많으면 많을수록 학습 성능이 좋아질 것 같은데, 어떠한 특징들은 학습에 방해가 되어 그렇지 않다. 따라서 문제에 적합한 특징들을 선별 (selection)하거나 기존 특징들을 조합 및 변형하여 새로운 특징을 추출(extraction)하는 것이 학습 성능에 중요한 역할을 하게 된다. 그동안 여러 특징 중에서 유용한 특징들을 선별하거나 기존 특징들로부터 새로운 특징을 추출하는 방법에 대한 많은 연구들이 주로 이미지 처리 분야에서 진행되어 왔었다. 그런데, 최근 핫 이슈가 되는 딥러닝 기술에서는 단지 이미지를 학습 데이터로 주면 필요한 특징 선별 및 추출 과정을 학습을 통해서 이루어지게 된다. 예전에는 학습 데이터를 구축하기 위해 어떤 특징들을 사용할지에 많은 시간과 노력을 들였는데, 이제는 일부 분야이긴 하지만 그런 걱정을 할 필요가 없어졌다.

테스팅과 교차검증

학습이 제대로 이루어졌는지를 어떻게 평가할까? 학습된 결과를 곧바로 실전에 투입하여 그 성능을 모니터링하면 되지 않을까? 하지만 이러한 방법은 좀 위험스럽고 현명하지 못한 방법이다. 좀 더 나은 방법은 수집한 데이터를 학습 셋(train set)과 테스트 셋(test set)으로 나눈 후 학습은 학습 셋만을 이용하여 진행하고 학습이 끝난 후 테스트 셋을 사용하여 그 성능을 평가해 보는 것이다. 학습 셋과 테스트 셋의 비율은 보통 80:20이다.

그런데 보통 테스트 셋을 사용하여 성능을 측정할 경우, 성능이 좋지 않으면 다시 하이퍼패러미터(hyperparameter)를 수정하여 학습 셋에 대해 재학습하고 다시 평가하는 과정을 반복하게 된다. 하이퍼패러미터는 모델 패러미터(예를 들어, 선형 모델인 경우 기울기와 y절편)가 아닌 학습 알고리즘 자체의 패러미터를 의미한다. 학습 알고리즘 마다 변경 가능한 값, 즉 하이퍼패러미터가 있어 이 패러미터에 따라 구해지는 최적의 모델 패러미터가 달라진다. 이렇게 하다보면 테스트 셋에 적응된, 즉 테스트 셋에 대해서 좋은 결과를 보이는 모델을 얻게 되는데, 이것 역시 객관적이지 않아 실제 환경에서 동일한 성능을 보장할 수 없다.

그러면 어떻게 해야 하나? 테스트 셋은 단 한 번의 최종 성능 평가용으로만 사용하고 대신에 학습 셋을 이용하여 교차검증 (cross validation)을 실시하는 것이다. 교차검증은 학습 셋을 여러 묶음 (fold)으로 나눈 후 그 중 한 묶음을 성능 평가용으로 사용하고 나머지 묶음들은 학습용으로 사용한다. 각 묶음이 한 번씩 평가용으로 사용될 수 있도록 이 과정을 반복하고 성능은 이들의 평균을 사용한다. 예를 들어, 5-묶음 교차검증 (5-fold cross validation)을 할 경우, 학습 셋을 5개의 묶음으로 나누고, 먼저 2, 3, 4, 5번째 묶음을 이용하여 학습하고, 그 학습된 결과를 첫 번째 묶음에 대해 적용하여 첫 번째 성능을 얻는다. 그 다음 1, 3, 4, 5 번째 묶음을 이용하여 학습하고, 그 학습된 결과를 두 번째 묶음에 대해 적용하여 두 번째 성능을 얻는다. 동일한 방법으로 세 번째 성능, 네 번째 성능, 다섯 번째 성능을 얻은 후 이 다섯 번의 평균을 교차검증의 최종 성능으로 사용하면 된다. 하이퍼패러미터들을 바꾸면서 교차검증 성능이 좋은 하이퍼패러미터 조합을 찾아 그 조합을 이용하여 전체 학습 셋에 대한 모델 패러미터를 찾으면 된다. 그리고 그 학습된 모델을 테스트 셋에 적용하여 최종 성능을 얻으면 된다. 수집한 데이터가 많지 않아 학습 셋과 테스트 셋으로 분리하기가 곤란할 경우는, 분리하지 말고 전체 데이터에 대해 교차검증을 실시하면 된다.

과적합(overfitting)과 과소적합(underfitting)

학습 결과, 즉 학습된 모델을 학습 셋에 적용하면 성능이 일반적으로 좋아진다. 왜냐하면 학습 모델 자체가 학습 데이터에 잘 들어맞도록 학습이 되었기 때문이다. 같은 학습된 모델을 테스트 셋에 적용하면 제대로 학습이 되었을 경우, 학습 셋에 대한 성능과 비슷하거나 좀 미치지 못하는 성능을 보이게 된다. 그런데 가끔 테스트 셋 성능이 학습 셋 성능에 비해 훨씬 성능이 떨어지는 경우가 있는데, 이런 현상을 과적합이라 한다. 이는 학습 모델이 학습 데이터에 너무 딱 맞게 학습되어 학습 데이터와 약간 다른 새로운 데이터가 주어졌을 경우 제대로 처리되지 않게 되는 것이다.

과적합은 학습 데이터에 내재된 패턴의 복잡도보다 더 복잡한 모델, 예를 들어, 선형 모델이면 충분한데 비선형 모델을 사용하거나 학습 데이터가 전체 데이터를 대표하지 못해 발생할 수 있다. 따라서 과적합이 발생할 경우는 학습 데이터를 증가시켜 전체 데이터를 대표할 수 있도록 하거나, 모델을 단순한 모델로 바꾸어 학습해 보면 된다. 아니면 학습 반복 횟수에 따른 성능을 모니터링한 후 최대 성능을 보이는 반복 횟수까지 학습하지 않고, 그보다 어느 정도 앞선 횟수만큼만 반복하면 된다. 이렇게 하면 주어진 학습 데이터에 덜 피팅된 모델을 얻을 수 있다.

과적합과는 반대로 데이터에 내재된 패턴은 복잡한데, 학습에 사용한 모델은 그보다 덜 복잡할 경우, 원초적으로 학습 데이터에 내재된 패턴이나 규칙을 학습할 수 없어 테스트 셋에 대한 성능과 학습 셋에 대한 성능이 좋지 못할 수 있다. 이런 현상을 과소적합이라 한다. 이런 현상은 학습 데이터에 노이즈가 많거나 특징이 좋지 않아 발생할 수도 있다. 이런 경우는 데이터 정제 과정을 거치거나 특징 선별 및 추출 과정을 거쳐 새로운 학습 데이터를 구축해야 한다.

1.5 머신러닝 방법 분류

머신러닝 시스템 또는 머신러닝 알고리즘은 여러 방법으로 분류 가능하다. 학습 시 사람의 감독(supervision)이 필요한지와 그 형태에 따라 지도학습(supervised learning), 비지도학습(unspervised learning), 준지도학습(semisupervised learning), 강화학습(reinforcement learning)으로 나누어 볼 수 있으며, 학습 데이터 제공 방법에 따라 온라인(online) 학습과 배치(batch) 학습으로 나누어 볼 수 있다. 또한 학습 데이터로부터 일반적인 모델(패턴)을 생성하느냐 그렇지 않으냐에 따라 사례 기반(instance-based) 학습과 모델 기반(model-based) 학습으로 나누어 볼 수 있다.

지도학습

x 좌표 값과 y 좌표 값을 이용하여 그 분면을 판단하는 프로그램을 작성한다고 하자. 기존 프로그래밍으로 하면 간단히 해결할 수 있지만 학습 알고리즘을 사용하여 작성한다고 하자. 그러면 먼저 학습 데이터를 구성해야 할 터인데, 아래와 같이 각 분면에 해당하는 (x, y) 값들과 그 값의 분면 값으로 구성이 될 것이다. 보통 이처럼 학습 데이터는 두 부분, 즉 입력 필드들과 출력 필드로 구성이 되는데, 현 예의 경우 입력 필드들은 x값과 y값이고 출력 필드는 분면 값이 된다. 출력 필드를 타겟(target)이라고도 한다. 학습 시 입

력필드의 값과 출력 필드의 값 모두를 제시하고 학습시키는 방법이 지도학습이다. 즉 입력 값들이 주어졌을 때 그에 대응되는 출력 값이 나오도록 학습시키는 방법이다.

x	y	분면	x	y	분면
3	2	1	2	5	1
–3	4	2	–5	6	2
–2	–3	3	–6	–5	3
4	–4	4	5	–2	4

지도학습은 두 가지 형태로 나누어지는데, 하나는 분류(classification)이고, 다른 하나는 회귀분석(regression)이다. 분류는 데이터 그룹(이를 클래스(class)라 함)을 미리 정해 놓고, 그룹의 정해지지 않은 입력 데이터가 어떤 그룹, 즉 클래스에 속하는지를 판별하는 방법이다. 위의 예처럼 분류인 경우 학습 데이터는 입력 필드의 값과 그에 대응되는 클래스로 구성이 된다. 학습 데이터를 이용하여 학습을 하면 분류 모델이 만들어 지고, 이 모델을 이용하여 새로운 입력에 대한 클래스를 판별할 수 있다. 학습된 모델에 학습에 사용한 입력 값을 주면 보통 그 결과가 좋을 수밖에 없다. 그래서 분류 성능을 판단할 때는 학습에 사용되지 않는 데이터이면서 그 클래스를 알고 있는 데이터들을 사용하여 평가하게 된다.

회귀분석도 분류와 마찬가지로 입력 값들과 그에 대한 출력 값을 주어서 학습하는데, 차이점은 출력 값이 몇 개의 값으로 한정이 되지 않는다는 것이다. 즉 분류의 경우는 학습된 모델에 미지의 입력 값을 주면 위의 예인 경우는 반드시 1,2,3,4 중 하나의 값을 출력하지만, 회귀분석인 경우는 이 이외의 값도 출력이 될 수 있다. 즉 회귀분석인 경우 학습된 모델에 학습에 사용된 입력 값을 주면 학습 시 주어진 출력이 그대로 나오는 것이 아니라 그에 근접한 값이 출력되게 된다.

어떻게 보면 회귀분석은 학습 입력 값이 주어졌을 때 주어진 출력 값에 가까운 값을 출력하는 함수(회귀분석에서는 이것이 모델임)를 학습하는 것으로 이해하면 된다. 그리고 분류는 데이터들을 클래스로 분리하는 함수를 학습하는 것으로 이해하면 된다. 입력 (x) 값 하나와 출력 (y) 값 하나로 구성된 간단한 예를 통해 분류와 회귀분석의 차이점을 살펴보도록 한다.

분류인 경우는 먼저 클래스를 정의해야 하는데, 여기서는 양수(P), 음수(N) 두 개로 나눈다고 하자. 그러면 학습 데이터는 아래와 같이 구성해야 할 것이다.

x	-6	-5	-2	6	7	9
y	N	N	N	P	P	P

이 학습 데이터를 사용하여 학습한다는 것은 아래 그림처럼 결국 음수와 양수를 나누는 식을 찾는 것으로 생각할 수 있다. 그리고 학습에 사용되지 않은 입력 값을 주면 그 수식을 기준으로 그 값보다 크면 P 클래스로, 작으면 N 클래스로 판단하는 것으로 생각하면 된다.

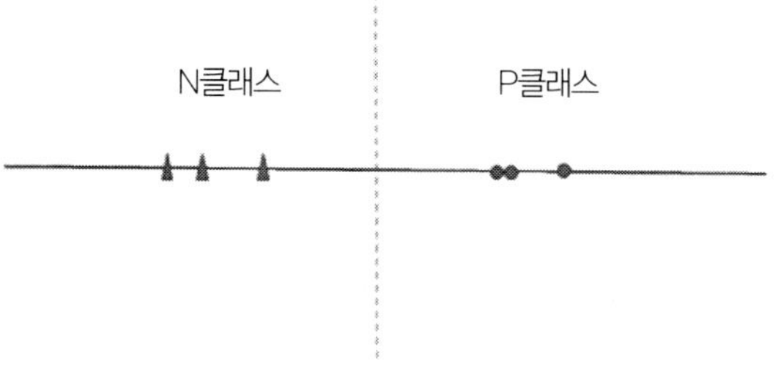

회귀분석을 같은 입력 데이터에 적용한다면 학습 데이터는 아래와 같이 구성될 것이다. 표에서 보는 것처럼 출력 값이 클래스가 아니라 x가 주어졌을 때 실제 출력되어야 하는 값임을 알 수 있다.

x	-6	-5	-2	6	7	9
y	-6	-4	-4	8	6	9

이 데이터를 이용하여 학습한다는 것은 아래 그림처럼 입력 값과 출력 값이 이차원 좌표 상의 한 점에 대응되므로, 결국 각 점을 지나는 근접 식을 찾는 것으로 생각할 수 있다. 실제로는 이 예처럼 근접식이 간단한 일차식으로 표현되는 것은 아님을 참고하기 바란다. 고차원 식일 수도 있고 비선형 식일 수도 있다.

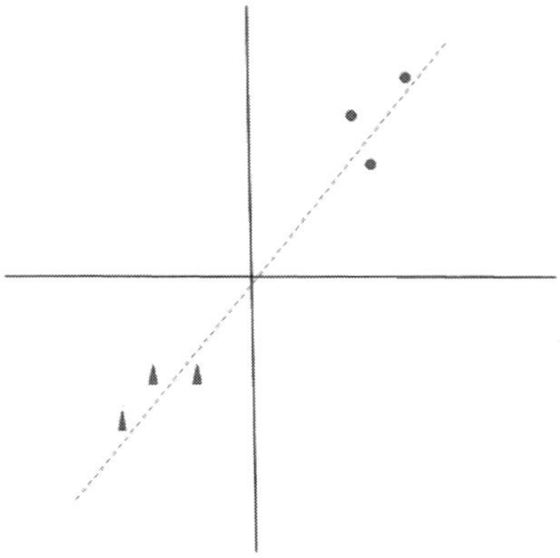

지도학습 알고리즘에는 k-Nearest Neighbors, Linear Regression, Logistic Regression, Support Vector Machines (SVMs), Decision Trees, Random Forests, Neural Networks 등 다양한 알고리즘들이 있으며, 이 중 많은 알고리즘은 분류용과 회귀분석용으로 모두 사용할 수 있다. 이 교재의 주제인 딥러닝은 Neural Networks을 발전시킨 방법들이라고 생각하면 되고 이에 대한 자세한 내용은 후반부에 다루기로 한다.

비지도학습

비지도 학습은 입력 필드만을 이용하여 학습하는 방법이다. 즉, 위의 분면을 판단하는 예에서 분면 필드가 없는 형태로 학습 데이터가 구성되고 이들만 이용하여 학습하게 된다. 입력이 주어졌을 때 출력으로 무엇이 나와야 하는지를 지정해 주지 않기 때문에 비지도 학습이라 한다. 비지도 학습에서는 학습한다는 의미는 출력 필드가 없기 때문에 입력 값과 출력 값 사이의 관련 함수 (또는 수식)를 찾는 것이 아니다. 그러면 도대체 뭐를 학습한다는 것인가?

x	y	x	y
3	2	2	5
–3	4	–5	6
–2	–3	–6	–5
4	–4	5	–2

비지도 학습에는 여러 형태가 있는데 이 중의 하나가 클러스터링(clustering)이다. 이 방법에서는 데이터들을 유사한 그룹으로 자동으로 묶어주게 된다. 그룹의 수는 학습 방법에 따라 자동으로 결정될 수도 있고 아니면 사전에 지정해 주어야 할 수도 있다. 클러스터링 알고리즘에는 k-Means, Hierarchical Cluster Analysis (HCA), Expectation Maximization 방법 등이 있다. k-Means 방법이 구현이 용이하면서 성능이 좋기 때문에 많이 사용된다. 위의 학습 데이터에 그룹 수 2로 해서 k-Means 클러스터링 알고리즘을 적용한다면 아래와 같이 왼쪽 4개의 데이터가 한 그룹, 오른쪽 4개의 데이터가 또 한 그룹으로 묶여질 것이다.

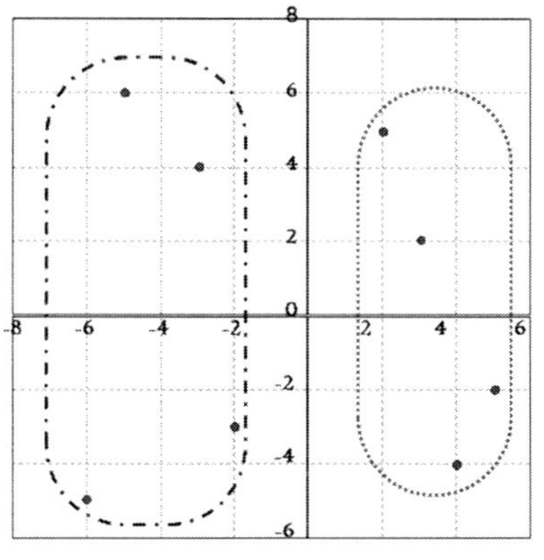

만약 그룹의 수를 4로 해서 클러스터링을 한다면 아마도 아래와 같이 그룹핑될 것이다.

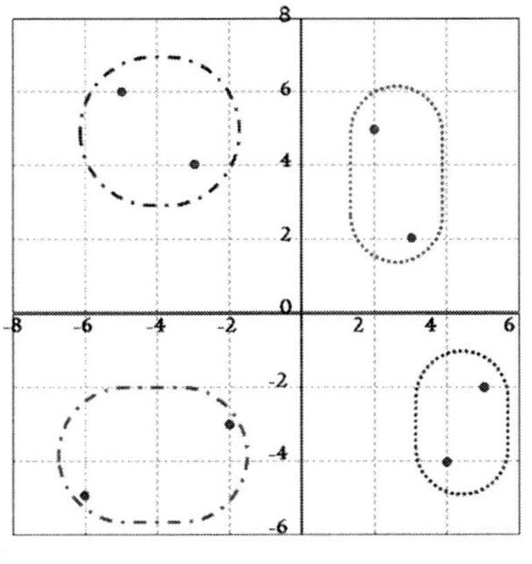

비지도 학습의 또 다른 형태가 차원 축소인데, 이는 학습 대상을 표현하는 특징 벡터의 차원을 줄이는 것을 의미한다. 학습에서 다루고자 하는 대상, 예를 들어 얼굴 인식에서는 얼굴 이미지, 음성 인식에서는 음성, 불량 판별 시스템에서는 제품 등을 학습한다고 할 경우, 특징 및 특징 추출 부분에서 설명한 바와 같이 그 대상을 특징 벡터로 표현하게 된다. 예를 들어, 앞 불량 판별 예제에서는 입력 값을 a와 b 값, 즉 2차원 벡터로 표현하였다. 얼굴 이미지를 10개의 특징을 사용하여 표현할 수도 있고, 20차원으로 표현할 수도 있다. 일반적으로는 더 많은 특징들을 사용하면 더 좋은 성능을 얻을 수 있을 것 같은데, 특징 선별이 안 좋은 경우, 특징들 간의 간섭으로 인해 더 성능이 안 좋아질 수가 있다. 또한 특징의 개수가 많아지면 학습 속도도 많이 느려지게 된다. 이런 경우, 기존 특징들을 재구성해서 함축되고 간섭이 적은 형태의 축소된 특징 벡터로 변환하는 특징 차원 축소를 행하게 된다.

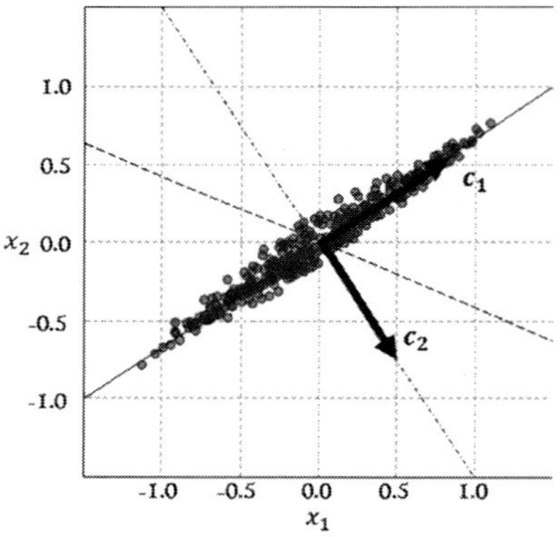

특징 축소 알고리즘은 학습 속도를 높이는 목적 외에 데이터를 시각화(visualization)할 목적으로도 아주 유용하다. 특징 축소 알고리즘에는 주성분 분석(Principal Component Analysis : PCA), Locally-Linear Embedding (LLE), t-distributed Stochastic Neighbor Embedding (t-SNE) 등이 있는데, 이 중 가장 대표적인 알고리즘이 PCA 이다. PCA는 훈련 세트에서 가장 큰 분산을 설명하는 축을 식별하고, 이어 첫 번째 축과 직교하면서 또한 가장 큰 분산을 보이는 두 번째 축을 찾는다. 이어 이전 축들과 모두 직각인 세 번째 축과 네 번째 축, 다섯 번째 축 등을 찾게 된다. 이렇게 원하는 차원의 개수의 축을 찾게 되는데, 각 축의 단위 벡터를 주성분이라 하며 원래의 특징 벡터들은 이 주성분들로 구성된 초평면으로 투영(projection)함으로써 축소 벡터를 얻게 된다. 앞의 그림은 3차원 학습 데이터에 대한 주성분들을 보여주고 있다. c1이 제1 주성분이고, c2가 제2 주성분이다. 그리고 이 두 성분에 수직인 나머지 직선이 제3 주성분이다. 만약 3차원 데이터를 2차원으로 변환하고 싶으며 학습 데이터를 주성분 c1과 c2에 의해 구성되는 평면상으로 투영하여 2차원 벡터로 변환하면 된다.

비지도 학습의 또 다른 유형은 연관 규칙(association rule) 학습으로, 주어진 거래 데이터들로부터 연관 규칙들을 자동으로 생성하는 방법이다. 데이터 마이닝 기법으로 빅 데이터 분석에도 많이 사용되는 방법이다. 대표적 알고리즘에는 Apriori와 Eclat 등이 있다. 예를 들어 아래와 같은 거래가 있을 때, 거래 내역만을 분석하여 유용한 구매 패턴을 분석할 수 있는데, 데이터를 분석해 보면 egg를 산 사람은 모두 milk와 bread를 샀음을 알 수 있다. egg를 구입한 거래는 9개의 거래 중 1번과 8번 거래이며, 이 경우 모두 milk와 bread를 샀음을 확인할 수 있다. 이처럼 거래 항목들 간의 연관 관계와 그 확신도를 같이 계산해 주는 것이 연관 규칙 학습 또는 마이닝이다. 확신도는 그 연관 규칙이 학습 데이터들과 얼마나 일치하는지를 나타내는 척도로(규칙과 일치하는 거래의 수) / (규칙의 조건부를 만족하는 전체 거래 수)로 계산이 된다. "egg -> milk, bread"라는 연관 규칙은 규칙의 조건부를 만족하는 전체 거래 수가 2이고 규칙과 일치하는 거래의 수 또한 2이므로 100%의 확신도를 갖게 된다. 아래의 오른쪽 그림은 왼쪽 거래들을 연관 분석했을 시 나올 수 있는 대표적인 연관 규칙 중 몇 개를 나열한 것이다.

TID	Product
1	MILK, BREAD, EGGS
2	BREAD, SUGAR
3	BREAD, CEREAL
4	MILK, BREAD, SUGAR
5	MILK, CEREAL
6	BREAD, CEREAL
7	MILK, CEREAL
8	MILK, BREAD, CEREAL, EGGS
9	MILK, BREAD, CEREAL

Milk, Bread => Eggs : conf=2/4 = 50%
Milk, Eggs => Bread : conf=2/2 = 100%
Bread, Eggs => Milk : conf=2/2 = 100%
Eggs => Milk, Bread : conf=2/2 = 100%

▌준지도(semisupervised) 학습

지도 학습에서 사용되는 학습 데이터, 즉 입력과 그 타겟이 같이 주어진 형태의 학습 데이터를 레이블된 학습 데이터라 하고, 비지도 학습에서 사용되는 데이터, 즉 입력값들로만 구성된 데이터를 레이블되지 않은 학습 데이터라고 한다. 준지도 학습은 레이블 학습 데이터와 레이블되지 않는 학습 데이터를 같이 사용하여 학습하는 방법을 일컫는다. 실제 환경에서는 생성되는 데이터는 엄청 많은데 비해 각각에 대해 레이블(타겟 값)을 부여하는 작업이 여의치 않아 레이블되지 않는 학습 데이터가 레이블된 학습 데이터 보다 훨씬 많다.

대부분의 준지도 학습 알고리즘은 지도 학습 알고리즘과 비지도 학습 알고리즘을 결합한 형태인데, 그 중 대표적인 방법이 Deep Belief Networks(DBNs)이다. Deep Belief Networks도 딥러닝을 위한 뉴럴 네트워크의 한 종류로 아래 그림과 같이 restricted Boltzmann machines(RBMs)이 스택처럼 쌓여 있는 형태이다. 이 알고리즘에서는 먼저 레이블 되지 않는 학습 데이터를 이용하여 RBM들을 순서대로 개별 학습시킨 후 전체를 레이블된 데이터를 이용하여 다시 학습시킨다.

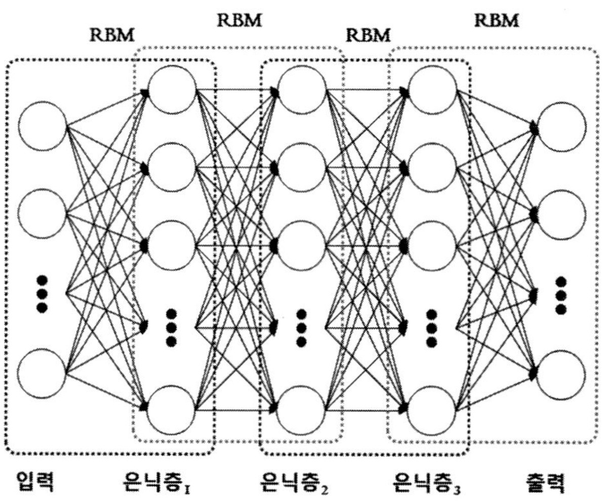

강화(reinforcement) 학습

행동심리학에서 영감을 받아 만들어진 학습 방법으로, 어떤 환경 안에서 정의된 에이전트가 현재의 상태를 인식하여, 선택 가능한 행동들 중 보상을 최대화하는 행동 혹은 행동 순서를 선택하도록 학습하는 방법이다. 즉, 잘한 행동에 대해 칭찬 받고 잘못한 행동에 대해 벌을 받은 경험을 통해 자신의 지식을 키워나가는 학습법이다. 여러 번의 실패와 성공 경험을 쌓으며 주어진 문제를 잘 해결할 수 있는 know-how를 습득하게 되는 방식이다. 강화 학습에서는 행동에 대한 포상(reward)이 수치 값으로 주어지고 이러한 포상들의 합이 최대가 되는 방향으로 일련의 행동들이 결정된다. 이러한 학습 방법은 바둑 게임처럼 게임 승리라는 목표가 있고, 이를 위해 자기 순서 마다 돌을 두는 작업을 반복해야 하는, 즉 주어진 목표가 있고 그 목표를 이루기 위해 반복적인 행동을 해야 하는 문제에 적합한 것으로 주로 게임, 제어, 다중 에이전트 시스템 등에서 사용된다.

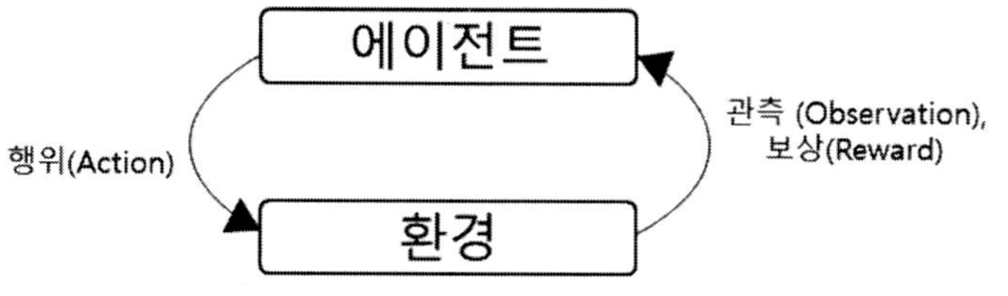

강화 학습은 위 그림처럼 에이전트가 있고 현 환경의 상태(상황)에 맞는 행위를 함으로써 환경의 상태가 변하게 되고 그 결과로 포상이 주어지는 과정을 반복하게 된다. 단, 행위를 결정할 때 현 상태만 고려하고 이전 상태는 고려하지 않는다. 따라서 강화 학습은 현 상황에 맞는 의사(행위)를 결정하는 문제로 수학적으로 Markov Decision Process로 볼 수 있다. 즉, 현재 상태에 의해서만 다음 상태가 결정되며, 현재 상태에 이르기까지의 과정은 전혀 고려할 필요가 없는 의사 결정 문제로 해석할 수 있다.

강화 학습도 보상이 주어지기 때문에 일종의 지도학습으로 생각할 수 있는데, 그렇지 않다. 바둑 게임을 예로 그 차이점을 살펴보자. 지도학습 방법으로도 주어진 상태에서 어떤 행위를 해야 하는지를 학습할 수 있다. 예를 들어, 바둑 게임인 경우, 입력은 바둑판의 상태이고 레이블은 다음에 돌을 둘 위치로 해서 학습을 시킬 수 있다. 이럴 경우, 동일 입력에 대해 동일 레이블이 나오도록 학습 데이터를 구축해야 하지만 쉽지가 않다. 비록 동일 상태이지만 플레이어에 따라 돌을 두는 위치가 달라질 수 있고 그에 따라 승패가 달라질 수 있다. 게임 승패에 따른 보상이 고려되어야 하는데 그렇지 못하다.

강화 학습은 5-튜플 (S, A, P, R, γ)에 의해 정의되는데, 즉 일련의 상태 S와 일련의 행동 A, 상태 전이 확률 P, 보상 함수 R : S ×A → $\mathfrak{R}$, 그리고 시간이 지날수록 보상의 가치를 떨어뜨려 앞 쪽에 발생한 행위에 대한 보상을 상대적으로 키워주는 감쇄 요인(discount factor) γ으로 표현되는데, 결국 강화 학습은 예상되는 보상의 총액을 최대화되도록 상태에서 동작으로 매핑하는 정책 함수(policy function) π : S → A 함수를 학습하는 것이다.

일단 5-튜플로 정의되면 Bellman 수식을 사용하여 최적의 정책을 찾을 수 있다. 이 때 상태 전이 확률 P와 보상 함수 R은 주어진다고 가정하고 문제를 풀게 되는데, 실제 환경에서는 그렇지 않을 수 있기 때문에 이러한 경우는 학습 데이터를 통해 상태 전이 확률 P와 보상 함수 R을 추정하여야 한다. 바둑 게임의 경우, S는 바둑판 상태들, A는 돌을 둘 수 있는 위치들, 그리고 γ는 0과 1 (1 미포함) 사이의 시스템 정의 상수로 표현할 수 있다. 그러면 상태 전이 확률 P와 보상 함수 R은 어떻게 처리해야 할까? P는 학습 데이터를 분석해서 특정 상태에서 특정 위치에 돌을 둘 확률을 계산하면 되고, R은 학습에 사용되는 게임이 마지막에 승리하면 그 승리에 관여한 모든 행위에 보상 1을, 그렇지 않으면 0을 부여하는 보상 함수로 추정하여 사용하면 된다.

일괄(Batch) 학습 vs 온라인(Online) 학습

학습을 구분하는 다른 방법은 학습 데이터 전체를 사용해야 하느냐 그렇지 않으냐에 따라 일괄 학습과 온라인 학습으로 나누어 볼 수 있다. 일괄 학습은 점진적(incrementally)이지 않고 모든 데이터를 이용하여 학습하는 방법이다. 새로운 학습 데이터가 주어졌을 경우, 기존 학습 결과 위에 이 데이터만 이용하여 추가로 학습하는 방법이 점진적으로 학습하는 방법이다. 따라서 일괄 학습에서는 추가적인 학습 데이터를 이용하여 재학습할 시 추가 데이터뿐만 아니라 기존 학습 데이터도 같이 이용하여 학습하게 된다. 이런 이유로 일괄 학습은 많은 시간과 컴퓨팅 자원이 필요하게 되며 , 그래서 대부분 오프라인 방식으로 진행이 된다.

반면에 온라인 학습에서는 개별 학습 데이터나 미니 배치(mini-batch) (개별 학습 데이터의 작은 묶음) 단위로 학습 데이터를 제공하고 이에 대해서 점진적으로 학습하는 방식이다. 온라인 학습은 주식 가격처럼 학습 데이터가 지속적으로 제공되고, 그 데이터에 신속하게 반응할 필요가 있는 시스템에 유익하다. 또한 온라인 학습은 온라인으로 학습 데이터가 제공되지 않지만 메인 메모리로는 한꺼번에 처리하기 곤란한 대용량의 학습 데이터를 처리하는 경우에도 유용하게 사용할 수 있다. 전체 학습 데이터를 메모리에 맞는 크기로 나누어 점진적으로 학습케 함으로써 메인 메모리의 크기를 훨씬 넘는 학습 데이터를 처리할 수 있다. 이 경우에는 학습은 보통 오프라인 상태에서 이루어지고 기존 시스템을 학습된 결과로 대체하는 방법을 사용하기 때문에 온라인 학습이라기보다는 점진적 학습이라고 봐야 할 것이다.

온라인 학습에서는 기존 학습 결과 위에 새로운 학습 데이터를 반영하는 것이기 때문에 새 학습 데이터의 변화를 얼마나 기존 결과에 반영할 것인가를 결정짓는 학습율(learning rate)이 중요한 요인이 된다. 학습율이 높으면, 즉 새 데이터의 변화 반영률이 크면 이전 학습 결과가 적게 반영되어 새 데이터에 빠르게 적응이 되게 되고, 반대로 학습율이 낮으면 이전 학습 결과가 많이 반영되어 새 데이터에 느리게 적응하게 된다. 또한 온라인 학습의 경우 좋지 않는 데이터가 학습 데이터로 주어지면 시스템 성능이 점차적으로 나빠지게 되는데, 이러한 문제를 해결하려면 시스템 성능을 지속적으로 감시하다가 성능 저하가 감지되면 학습을 중지시키거나 학습 데이터를 모니터링하면서 비정상적 데이터를 제외시킬 필요성이 있다.

대부분의 경우, 온라인 학습이 계산 시간이 빠르며 공간적으로도 효율적이지만 일관 학습만큼의 학습 정확률을 보장하지 못한다. 따라서 예측 속도가 중요한 응용인 경우는 정확도와 속도 간의 절충이 필요하다. 특히, 요즘처럼 실시간으로 빅데이터 처리가 요구되는 상황에서는 어느 정도의 정확도를 희생하면서 속도를 높일 필요가 있다. 즉, 이런 경우는 일괄 학습 보다는 온라인 학습을 먼저 고려해 볼 필요가 있다. 기존 학습 알고리즘 중 Logistic Regression, Decision Trees, k-Nearest Neighbours, Support Vector Machines, Deep Belief Networks 등이 일괄 학습 알고리즘이며, Stochastic Gradient

Decent, Perceptron, Passive–Aggressive 등이 온라인 학습 알고리즘에 해당한다.

▌인스턴스 기반(instance-based) 학습 vs 모델 기반(model-based) 학습

인스턴스 기반이냐 모델 기반이냐를 구분 짓는 것은 학습 데이터로부터 일반적인 모델을 구축하여 이 모델을 기반으로 새 데이터에 대해 예측하느냐에 있다. 모델을 구축하면 모델 기반이고 그렇지 않으면 인스턴스 기반이다. 인스턴스 기반 학습에서는 학습 데이터 자체를 이용하여 새 데이터에 대한 예측을 하게 된다. 인스턴스 기반의 대표적 알고리즘으로 k–인접 이웃 (k-Nearest Neighbours) 알고리즘이 있는데, 이는 주어진 입력 데이터 x에 대해 학습 데이터 중에서 가장 유사한 (또는 근접한) 데이터들을 k개 선택한 후 이들의 값을 종합하여 입력 데이터 x의 출력값을 결정한다. 이 알고리즘은 회귀 분석용으로도 사용할 수 있고 분류용으로도 사용할 수 있다.

지도학습 부분에서 사용한 4사분면 학습 데이터를 이용하여 k–인접 이웃 알고리즘이 어떻게 동작하는지 살펴보자. 새로운 데이터 (2, 2)가 주어졌을 때 어떻게 학습 데이터를 이용하여 그 해당 분면을 판단하는지 보자. 데이터 간의 유사도는 두 점 사이의 거리에 반비례하도록 아래의 수식을 이용한다고 가정한다. 학습 데이터의 각 점과 (2, 2)의 유사도를 계산하면 아래의 표와 같다.

$$\mathrm{sim}((x, y), (x', y')) = \frac{1}{\sqrt{(x - x')\,(y - y')^2}}$$

x	y	분면	유사도	x	y	분면	유사도
3	2	1	1	2	5	1	0.333
–3	4	2	0.186	–5	6	2	0.124
–2	–3	3	0.156	–6	–5	3	0.094
4	–4	4	0.158	5	–2	4	0.2

만약 k를 3으로 한다면, 즉 가장 근사한 3개의 인스턴스를 이용한다면, (3, 2), (2, 5), (5, −2) 세 점이 선택되고, 각 점이 속한 분면을 보면 1, 1, 4임을 알 수 있다. 다수결의 원칙에 따라 (2,2)의 분면을 결정하게 되면 1분면으로 결정된다.

모델 기반에서는 학습 데이터 자체, 즉 인스턴스들을 그대로 이용하는 것이 아니라 학습 인스턴스들에 잘 들어맞는 모델을 구축하여 활용하게 된다. 모델 기반에서는 먼저 모델의 유형(예: 선형 모델, 결정트리 모델, 인공신경망 모델 등)을 결정한 후 모델 패러미터의 값을 결정하여야 하는데, 어떤 패러미터가 더 좋은지를 판별하기 위해 성능 평가 함수(utility 또는 cost)를 정의하게 된다. 유틸리티 함수는 주어진 패러미터가 얼마나 좋은지를 나타내는 함수이고, 비용 함수는 반대로 주어진 패러미터가 얼마나 나쁜 함수인지를 나타내는 함수이다. 보통 선형 회귀 분석에서는 목표치와 예측치가 얼마나 차이가 나는지를 나타내는 비용함수를 사용하며, 이 비용 함수를 최소로 하는 패러미터를 찾아가도록 학습하게 된다.

앞에서 사용했던 아래의 학습 데이터에 앞에 설명한 내용을 적용해 보자. 먼저, 모델 유형은 간단한 선형 모델을 사용하기로 하자. 그러면 구하고자 하는 모델은 아래와 같은 선형식으로 표현이 될 것이다.

$$y = ax + b$$

x	−6	−5	−2	6	7	9
y	−6	−4	−4	8	6	9

그러면 결국 학습한다는 것은 학습 데이터에 맞는 패러미터 a와 b를 찾는 것으로 해석할 수 있다. 이를 위해 비용 함수로 아래와 같은 평균제곱 오차(Mean Squared Error : MSE)를 사용하기로 한다.

$$MSE = \frac{1}{n}\sum_{i=1}^{n}(y_i - \overline{y}_i)^2$$, 여기서 y_i는 목표치를, $\overline{y}_i$는 예측치를 의미

패러미터의 값에 따라 예측치가 달라지고 이로 인해 비용함수의 값도 달라진다. 아래의 표는 3개의 다른 패러미터 값을 사용할 경우의 예측치와 비용함수 값을 나타낸 것이다.

패러미터	예측치						MSE
a=3, b=2	–16	–13	–4	20	23	29	169
a=–1, b=1	7	6	3	–5	–6	–8	153.3
a=1, b=0	–6	–5	–2	6	7	9	1.7

위 표에 보는 바와 같이 패러미터에 따라 비용 함수의 값이 달라지며 학습 데이터에 맞는 패러미터일수록 그 값이 현저히 줄어드는 것을 알 수 있다.

학습 데이터에 최적인 패러미터는 학습 알고리즘에 의해 자동으로 찾게 되는데, 그 자세한 내용들은 다른 문헌을 참고하기 바란다. 학습이 끝나고 나면 최적의 패러미터가 결정되고 이 패러미터를 이용하여 새로운 데이터에 대한 예측을 하게 된다. 여기서는 a=1, b=0가 최적이라고 가정하자. 그러면 x의 값으로 2가 주어지면 학습된 모델에 따라 예측값은 2가 된다.

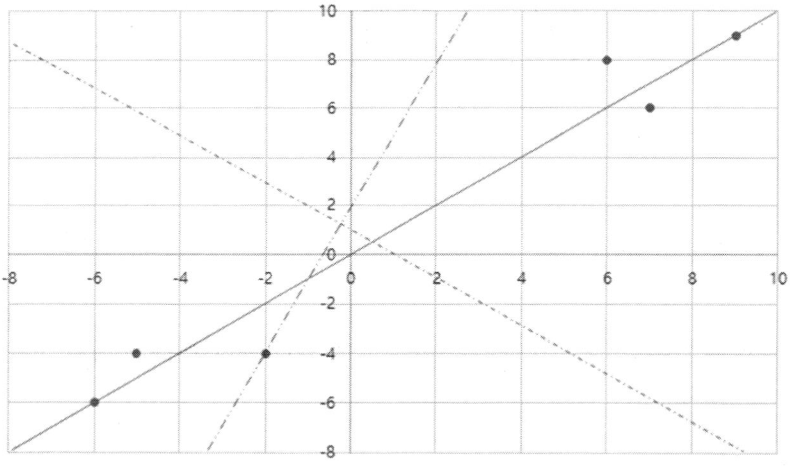

1장. 연습문제

- **다음 물음에 답하시오.**

1. 다음 설명 중 올바르지 않는 것은 ?

   (1) 4차 산업혁명 시대에는 하나의 기술이나 제품이 시장을 지배하는 것이 아니라 계속해서 새로운 기술이나 제품이 나타나서 시장과 사회를 변화시킨다.

   (2) 4차 산업혁명은 4차 산업기술 혁신을 통해 우리의 생활을 변화시키는 것이다.

   (3) 4차 산업혁명 시대에는 특정 기술이나 제품이 시장을 지배하는데, 그 기술이 인공지능이다.

   (4) 4차 산업 기술은 단순히 하나의 기술로 존재하는 것이 아니라 여러 기술들이 유기적으로 연계하여 새로운 기술을 재탄생 시킨다.

2. 다음 중 기계나 소프트웨어가 지능을 가졌는지를 테스트할 수 있는 방법은 ?

   (1) 헬만 테스트 (2) 지능 테스트 (3) 튜닝 테스트 (4) 호환성 테스트

3. 다음 설명 중 올바르지 않는 것은 ?

   (1) 레비 체스 챌린지가 초창기 인공지능 발전에 기여했다.

   (2) 레비 체스 챌린지를 주도한 사람은 민스키이다.

   (3) 레비 체스 챌린지의 최종 우승자는 사람인 레비였다.

   (4) 레비 체스 챌린지를 통해 컴퓨터 프로그램은 인간과 선전을 펼칠 수 있는 수준이 되었다.

4. 머신러닝은 감독자의 유무에 따라 분류할 수 있는데, 이 분류에 따르지 않는 것은 ?

   (1) 모델 기반 학습 (2) 지도 학습 (3) 비지도 학습 (4) 준지도학습

5. 학습 방법 중 모델을 구축하지 않고 기존의 비슷한 예제 (또는 사례)를 이용하여 분류나 예측을 하는 방법은 ?

   (1) 준지도 학습 (2) 강화 학습 (3) 인스턴스 기반 학습 (4) 모델 기반 학습

6. 유가를 예측하는 프로그램을 작성하고자 한다. 학습 방법 중 어떤 방법을 활용하는 것이 좋은가?

   (1) 강화 학습 (2) 비지도 학습 (3) regression (4) classification

7. 다음 방법 중 학습 데이터의 레이블을 지정해 주어야 하는 것은 ?

(1) k-NN (2) k-means (3) PCA (4) Apriori

8. 다음 방법 중 학습 데이터를 자동으로 유사한 그룹으로 묶어 주는 것은 ?

(1) k-NN (2) k-means (3) PCA (4) Apriori

9. 로봇이 걸어가는 프로그램을 작성하고자 한다. 적당한 학습 방법은 ?

(1) 준지도 학습 (2) 강화 학습 (3) 인스턴스 기반 학습 (4) 모델 기반 학습

10. 다음 설명 중 틀린 것은 ?

(1) 배치 학습은 모든 학습 데이터를 이용하여 학습하기 때문에 시간이 오래 걸리고 메모리 공간이 많이 필요하다.

(2) 배치학습을 사용할 경우 새로이 추가된 학습 데이터만 추가로 학습하면 된다.

(3) 온라인 학습은 개별 학습 데이터나 미니 배치를 학습 데이터로 사용한다.

(4) 온라인 학습은 지속적으로 새로운 데이터를 받아들여 그 데이터에 맞게 신속하게 반응하고자 하는 시스템에 적합하다.

11. 다음 설명 중 틀린 것은 ?

(1) 모델 기반 학습에서는 학습 데이터를 이용하여 모델을 구축하고 이 모델을 이용하여 새로운 데이터에 대해 예측하거나 판별하게 된다.

(2) 모델 기반 학습에서는 모델 패러미터에 따라서도 성능이 달라진다.

(3) 모델의 성능을 판단하기 위해 성능 측정을 하는데, 그 용도로 비용함수 (cost function)를 사용하기도 한다.

(4) 비용 함수는 현재의 모델 패러미터가 얼마나 좋은지를 계산하는 함수이다.

12. 다음 설명 중 틀린 것은 ?

(1) 학습을 위한 데이터가 너무 적으면 전체 데이터를 대표하지 못해서 오버피팅될 가능성이 높아진다.

(2) 샘플링 방법이 잘못되어도 학습 데이터가 전체 데이터의 특징을 제대로 반영하지 못할 수도 있다.

(3) 학습 시에는 사용할 특징 (feature)이 중요한데, 기존의 특징 중 유용한 특징을 선별하는 과정을 특징 추출 (feature extraction)이라 한다.

(4) 학습 데이터에 노이즈나 이상 데이터가 포함되어 있으면 데이터의 패턴을 감지하기가 어렵다.

13. 다음 설명 중 틀린 것은 ?

(1) 일반화 (generalization), 즉 학습이 잘되었는지를 검사하기 위해서는 수집 데이터를 학습용과 테스트용으로 분리하는 것이 좋다.

(2) 학습용과 테스트용의 비율은 50 대 50이 이상적이다.

(3) 일반화 오류는 테스트용 데이터를 이용하여 측정한다.

(4) 학습용 데이터를 이용한 성능은 좋은데 테스트용 데이터를 이용한 성능이 좋지 않을 경우 오버피팅 가능성이 높다.

- **다음 ( )에 적합한 내용을 채우시오.**

(1) 1966년 MIT의 교수인 조셉 와이젠바움이 환자와 대화하면서 심리치료사의 역할을 수행할 수 있는 프로그램인 ( )를 개발하였다.

(2) 우리 나라에서는 2004년에 최초로 두 발로 걷는 로봇 ( )가 개발되었다.

(3) 인공지능은 1980년대 초반에 들어 제2의 전성기를 맞이하게 되는데, 이때에는 특정 분야의 전문지식을 활용하는 ( )이 주를 이루었다.

(4) 머신러닝의 핵심은 ( ) 능력으로 이러한 능력은 학습용으로 주어진 데이터에 많은 영향을 받게 된다.

(5) 데이터에 내재된 잡음을 완전히 제거할 수는 없지만, 일련의 데이터 ( ) 과정을 거쳐야 한다.

(6) 같은 학습 데이터라도 ( )에 따라 그 성능의 차이가 많이 날 수 있다.

(7) 머신러닝에 있어 학습 데이터는 여러 ( )로 구성이 되며, 한 학습 샘플은 학습 대상과 경우에 따라 그 대상의 ( )로 구성이 된다.

(8) 학습 대상은 관련된 여러 ( )들로 표현이 되는데, 한 ( )은 학습 대상의 개별적인 측정 가능한 속성 또는 특성에 대응된다.

(9) 문제에 적합한 특징들을 ( )하거나 기존 특징들을 조합 및 변형하여 새로운 특징을 ( )하는 것이 학습 성능에 중요한 역할을 하게 된다.

(10) 비지도 학습에는 여러 형태가 있는데 이 중의 하나가 ( )으로, 데이터들을 유사한 그룹으로 자동으로 묶어주게 된다.

(11) 기존 특징들을 재구성해서 함축되고 간섭이 적은 형태의 축소된 특징 벡터로 변환하는 ( )를 행하게 된다.

(12) ( ) 학습은 행동심리학에서 영감을 받아 만들어진 학습 방법으로, 어떤 환경 안에서 정의된 에이전트가 현재의 상태를 인식하여, 선택 가능한 행동들 중 보상을 최대화하는 행동 혹은 행동 순서를 선택하도록 학습하는 방법이다.

- **다음 물음에 o, x로 답하시오.**

(1) 학습의 질은 학습 데이터에 크게 영향을 받지 않고 학습 알고리즘에 의해 결정된다.

(2) 요즘에는 대량의 데이터로부터 빠른 속도로 학습할 수 있는 많은 라이브러리들이 제공되어 이들의 사용법만 조금 배우면 쉽게 현장에 적용할 수 있다.

(3) 학습 샘플은 여러 특징 값으로 구성되는데, 각 특징은 수치 값이어야 한다.

(4) 특징들이 많으면 많을수록 학습 성능이 좋아진다.

(5) 딥러닝 기술에서는 단지 이미지를 학습 데이터로 주면 필요한 특징 선별 및 추출 과정을 학습을 통해서 이루어지게 된다.

(6) 수집한 데이터가 많지 않아 학습 셋과 테스트 셋으로 분리하기가 곤란할 경우에도 전체 데이터를 학습 셋과 테스트 셋으로 분리한 후 학습 셋에 대해 교차 검증을 실시해야 한다.

(7) Neural networks은 분류용과 회귀분석용으로 모두 사용할 수 있다.

(8) 회귀 분석 문제인 경우는 출력 값이 정해진 값 중의 하나이다.

(9) 일반적으로는 더 많은 특징들을 사용하면 더 좋은 성능을 얻을 수 있을 것 같은데, 특징 선별이 안 좋은 경우, 특징들간의 간섭으로 인해 더 성능이 안 좋아질 수가 있다.

(10) 준지도 학습은 주어진 목표가 있고 그 목표를 이루기 위해 반복적인 행동을 해야 하는 문제에 적합한 것으로 주로 게임, 제어, 다중 에이전트 시스템 등에서 사용된다.

(11) 학습율이 높으면, 즉 새 데이터의 변화 반영률이 크면 이전 학습 결과가 적게 반영되어 새 데이터에 빠르게 적응이 된다.

- **다음 물음에 답하시오.**

(1) 인공지능이 1차 침체기를 맞게 된 주원인은 무엇인가 ?

(2) 인공지능과 머신러닝 그리고 딥러닝 사이의 관계를 간략히 설명하시오.

(3) 기존 인공신경망과 딥러닝에서 사용하는 인공신경망과의 차이점은 ?

(4) 교차 검증이란 무엇이며, 왜 필요한가 ?

(5) 과적합이란 무엇이며, 이 경우에 대한 해결책 한 가지를 제시하시오.

(6) PCA 란 무엇이며 언제 왜 적용하는가 ?

(7) Deep Belief Networks (DBNs) 란 ?

Chapter

2

데이터 전처리 (preprocessing)

딥러닝을 이해하기 위해서는 먼저 머신러닝에 대한 기본 개념을 이해해야 한다. 이를 위해 먼저 인공신경망을 이용한 기존 머신러닝 방법에 대해서 살펴 볼 것이다. 이해를 높이기 위해 중간 중간에 실습을 병행할 터인데, 실습을 하기 위해서 먼저 학습 데이터를 구축하고, 구축된 학습 데이터를 학습에 맞게 전처리하는 과정이 필요하다. 이번 장에서는 그러한 것들을 살펴본다.

2.1 학습 데이터 구축하기

자체 학습 데이터 구축

자체 학습 데이터를 파일로 작성할 경우 CSV 파일 형식으로 저장하면 pandas 라이브러리에서 제공하는 함수를 이용하여 여러 작업들을 할 수 있는 장점이 있다. CSV(Comma-Separated Values)는 값들을 쉼표(,)로 구분하여 저장하는 텍스트 데이터 및 텍스트 파일의 저장 형식 중 하나이다. 따라서, 자체적으로 학습 데이터를 구축할 경우에는 학습 샘플이 입력 특징 값들과 그 레이블 값으로 구성되므로 그들을 콤마로 분리하여 저장해 주면 된다.

먼저, 간단한 회귀 분석용 학습 데이터를 작성하는 예를 보자. 이해를 돕기 위해 아래와 같은 1차식에 의해 만들어지는 데이터를 학습 데이터로 쓴다고 가정하자. 아래의 식에서 e 는 노이즈 항이다.

$$z = 3 * x + 2 * y + 4 + e$$

아래의 코드는 위 식에 따라 100개의 샘플 데이터를 생성한 후 이를 CSV 형식으로 저장하는 파이썬 코드이다. 파일 이름을 인수로 create_learning_data 함수를 호출하면 된다. 아래의 예제에서는 numpy 라이브러리의 random 모듈의 랜덤 관련 함수들을 이용하여 데이터를 생성하고 있다. 100개의 x와 y 값을 얻기 위해 rand 함수를 이용하여 [0,1] 사이의 랜덤 값 100개를 생성한 후 50을 곱해 [0, 50] 사이의 100개의 값을 얻고 있다. 그리고 위 식에 x와 y 값을 대입하여 100개의 z의 값을 얻고 있다. 이 때 노이즈를 추가하기 위해 randn 함수를 이용하여 [−1,1] 사이의 정규 분포를 따르는 랜덤 값을 추가한다.

Numpy 라이브러리에서는 랜덤 시드값을 정해주지 않으면 매번 다른 시퀀스로 랜덤 값이 생성되므로 아래의 코드에서는 언제 실행하든 동일 시퀀스의 랜덤값이 생성되도록 시드값을 지정해 주었다. 그리고 x값 하나, y값 하나 그리고 z의 값 하나를 튜플 형태로 묶기 위해 zip 함수를 사용하였다.

```
import os
import numpy as np

def create_learning_data(file_name):
    f = open(file_name, "w")
    f.write("x,y,z") # 헤더 작성

    np.random.seed(30)
    x = 50 * np.random.rand(100) # [0, 50] 사이의 100개의 랜덤 생성
    y = 50 * np.random.rand(100) # [0, 50] 사이의 100개의 랜덤 생성
    z = 3*x + 2*y + 4 + np.random.randn(100)

    for v1, v2, v3 in zip(x, y, z):
        f.write(str(v1) + "," + str(v2) + "," + str(v3) + "")

    f.close()
```

▌예제 학습 데이터 다운로드

학습에 있어 데이터는 앞에서 언급했듯이 아주 중요하다. 아무리 좋은 학습 알고리즘을 사용하더라도 학습 데이터가 시원치 않으면 학습 결과도 좋을 수가 없다. 그러므로 학습 기능을 이용하고자 할 경우는 사전에 좋은 학습 데이터를 얻기 위해 노력해야 한다. 그런데 다행히 다양한 도메인에서 여러 공개 데이터 셋을 제공하고 있어 학습 기능을 배우고자 하는 사람들에게 많은 도움을 주고 있다. 대표적 데이터 셋 저장소는 아래의 표와 같다.

사이트명	URL	비고
UCI	https://archive.ics.uci.edu/ml/index.html	
KEEL	http://sci2s.ugr.es/keel/datasets.php	
OpenML	https://www.openml.org/	
Kaggle public datasets	https://www.kaggle.com/datasets	
Quandl	https://www.quandl.com	
Amazon's AWS	http://aws.amazon.com/fr/datasets/	
Wikipedia	https://goo.gl/SJHN2k	
UCR	http://timeseriesclassification.com/	Time Series Data
Deep Learning	http://deeplearning.net/datasets/	Deep Learning Data
AI WiKi	https://skymind.ai/wiki/open-datasets	Deep Learning Data
Extended MNIST	https://www.kaggle.com/crawford/emnist	Deep Learning Data
HealthData.gov	https://healthdata.gov/	Health Data
nature.com	https://www.nature.com/sdata/policies/repositories	Scientific Data

사이트에 따라 다운로드 파일 형식이 다를 수가 있는데, 예를 들어 OpenML인 경우는 ARFF, CSV, JSON, XML, RDF 형식으로 데이터를 다운로드 받을 수 있도록 해준다. CSV 형식을 지원해 준다면 그 형식으로 다운로드 받은 후 그 파일을 pandas 모듈의 read_csv 함수를 통해서 메모리로 읽어 들이면 된다. 만약 CSV 파일을 지원하지 않는다면 지원 형식 중 하나로 다운로드 받은 후 이를 CSV로 변환한 후 pandas 모듈의 read_csv 함수를 통해서 메모리로 읽어 들이면 된다.

데이터를 다운로드 받는 기능은 urllib.request 모듈의 urlretrieve 함수를 이용하면 된다. 이 함수는 첫 번째 인수로 다운로드할 데이터 파일의 url을, 두 번째 인수로 다운로드한 파일을 저장할 파일 이름 (절대 경로명 또는 상대 경로명)을 지정해 주면 된다. 현 작업 디렉토리 밑에 특정 이름의 서브디렉토리에 저장할 수 있게 함수화하면 다음과 같다.

```
import os
from six.moves import urllib

def download_data(url, dir_name, file_name):
    if not os.path.isdir(dir_name):
        os.makedirs(dir_name)
    file_path = os.path.join(dir_name,file_name)
    urllib.request.urlretrieve(url, file_path)
```

위 함수를 이용하여 iris 데이터를 현 작업 디렉토리의 "datasets/iris" 하위 디렉토리에 "iris.csv"파일명으로 다운로드하려면 아래와 같이 작성하면 된다.

```
dir_name = "datasets/iris"
file_name = "iris.csv"
download_data("https://www.openml.org/data/get_csv/61/dataset_61_iris.arff",
              dir_name, file_name )
```

OpenML에서 다른 데이터를 다운로드 받을 경우, 그에 대응되는 url은 OpenML 사이트에서 원하는 데이터를 찾아 들어간 후 html 문서의 소스 코드를 보면 찾을 수 있다. 아래 그림은 iris 데이터 다운로드 페이지와 그 소스코드를 보여주고 있다. 소스코드 부분에서

CSV로 찾으면 위의 url과 동일한 문자열을 찾을 수 있을 것이다. 이런 방법으로 다른 데이터에 대한 url을 찾으면 된다.

경우에 따라 다운로드할 파일이 tar 압축되어 있는 경우가 있다. 이 때 위의 download_data 함수를 이용하여 원하는 위치에 tar 파일을 저장한 후에 아래의 함수를 적용시켜 압축을 해제하면 된다.

```
import tarfile

def extract_all_from_tarfile(file_name):
    tar_file = tarfile.open(file_name)
    tar_file.extractall(path=file_name)
    tar_file.close()
```

2.2 학습 데이터 메모리 로드 및 살펴보기

CSV 형식으로 작성된 학습 데이터를 메모리로 읽어 들일 때는 상대 경로 파일명이나 절대 경로 파일명을 인수로 해서 pandas 모듈의 read_csv 함수를 이용하면 된다. 이 함수의 결과로 DataFrame 타입의 객체가 넘어 오는데, 이 객체에는 데이터의 특성을 파악할 수 있는 다양한 메서드들을 제공한다. 이 중 일부만 예제를 통해 살펴보기로 한다. 먼저 앞서 정의한 create_learning_data 함수를 호출하여 학습 데이터를 생성토록 한다.

```
import pandas as pd

create_learning_data("sample1")
my_data = pd.read_csv("sample1")
```

학습 데이터를 메모리로 읽어 들인 후, 학습 데이터를 간략히 살펴볼 필요성이 있다. 이런 경우, pandas 라이브러리의 메서드들을 활용하면 된다. info() 메서드는 데이터에 대한 간략한 정보-전체 행수(학습 샘플 수), 각 필드(특징)의 타입과 null이 아닌 데이터 개수 등-를 제공한다. my_data에 info 메서드를 적용하면 다음 화면과 같은 정보를 얻을 수 있다.

```
my_data.info()
```

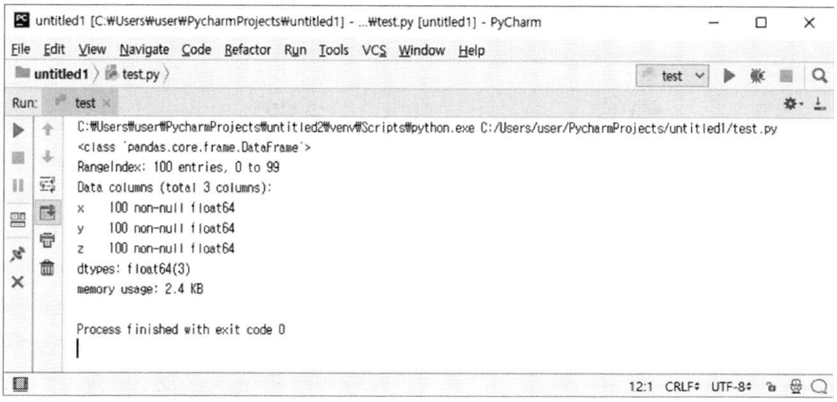

head() 메서드는 앞 5개의 학습 샘플 데이터를 제공한다.

```
heads = my_data.head()
print(heads)
```

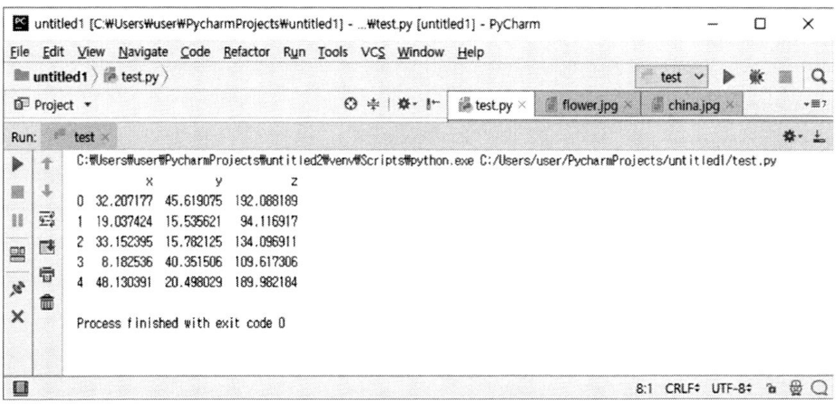

tail() 메서드는 끝 5개의 학습 샘플 데이터를 제공한다.

```
tails = my_data.tail()
print(tails)
```

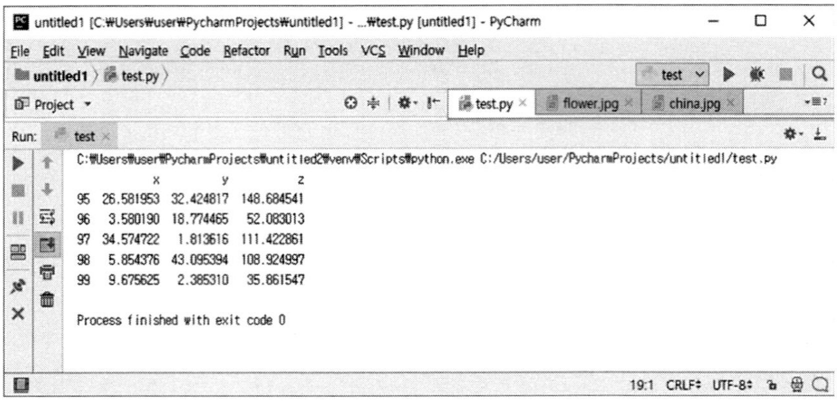

describe() 메서드는 각 필드의 평균, 표준편차, min 값, 1/4분위 값, 2/4분위 값, 3/4분위 값, max 값을 제공한다.

```
desc = my_data.describe()
print(desc)
```

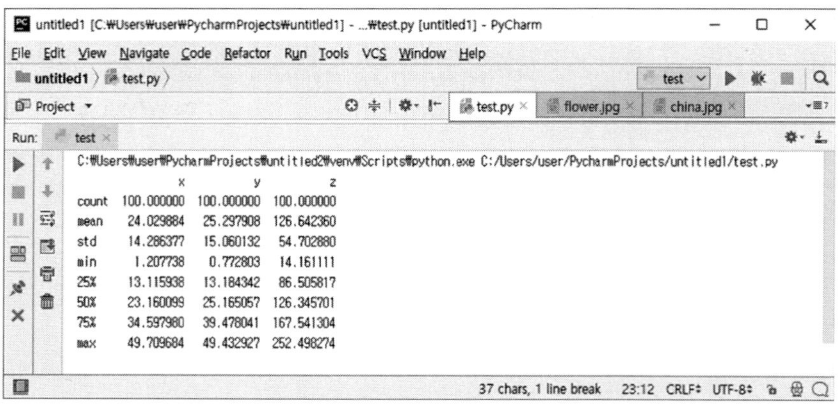

hist() 메서드는 한 필드 또는 여러 필드들의 히스토그램을 보여준다. 데이터를 분석할 때 종종 그 안에 있는 특정 수치 필드의 분포를 빠르게 이해하고자 하는 경우가 있다. 이때 많이 사용하는 방법 중 하나가 히스토그램을 사용하는 것이다. 히스토그램은 수치 필드 내의 값을 빈(bins)으로 나누고, 각 빈에 속하는 데이터의 수를 카운트한다. 이러한 카운트 값을 시각화함으로써 필드 내에서 값의 분포를 즉각적이고 직관적으로 파악할 수 있다. hist 메서드 호출 시 bins 인자로 빈의 개수를, layout 인자를 통해 필드들을 배치 형태를, 그리고 전체 크기를 인치 단위로 지정해 주면 된다. hist 메서드를 호출하면 결과가 그래픽 버퍼에만 출력이 되고 화면으로는 출력이 되지 않는다. 따라서 화면으로 출력이 되도록 matplotlib 라이브러리의 pyplot 모듈의 show 함수를 호출해 주어야 한다.

```
import matplotlib.pyplot as plt
my_data.hist(bins=50, layout=(1,3), figsize=(10,3))
plt.show()
```

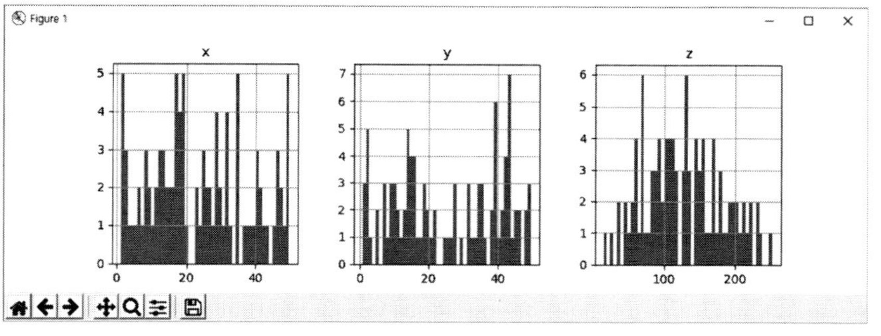

특정 필드만 보고자 할 경우는 column 인자를 사용하면 된다.

```
import matplotlib.pyplot as plt
my_data.hist(bins=50, column="z")
plt.show()
```

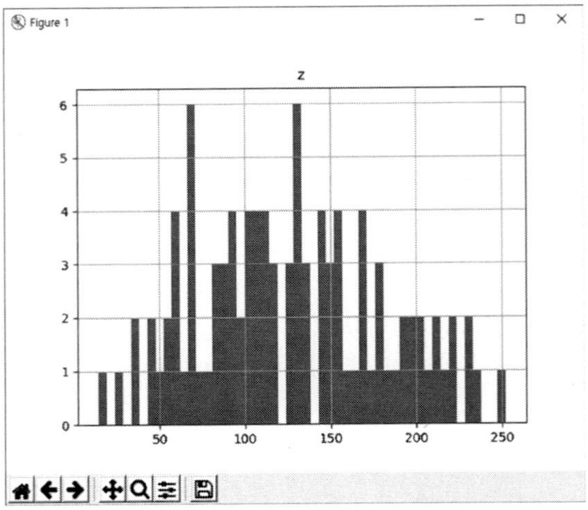

plot() 메서드는 데이터를 시각화하는 기능, 즉 다양한 형태의 그래프 출력 기능을 제공한다. plot() 메서드도 hist 메서드와 마찬가지로 결과가 그래픽 버퍼에만 출력이 되고 화면으로는 출력이 되지 않는다. 따라서 화면으로 출력이 되도록 matplotlib 라이브러리의 pyplot 모듈의 show 함수를 호출해 주어야 한다.

```
import matplotlib.pyplot as plt
my_data.plot(kind="scatter", x ='x', y='z') # 데이터를 분산 형태로 표시
plt.show()
```

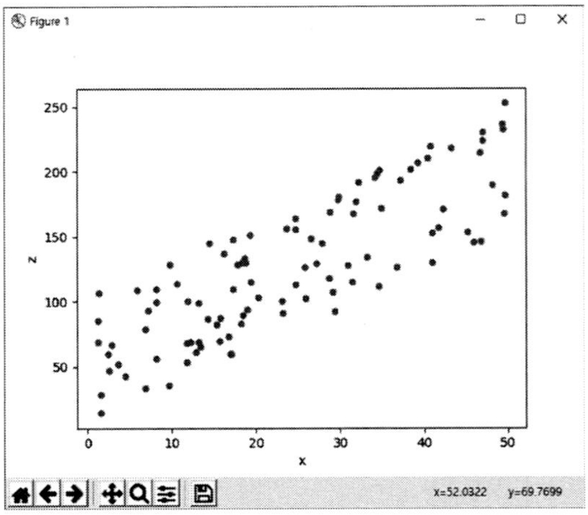

2.3 데이터 분리

메모리로 읽어 들인 데이터를 입력 부분과 출력 부분으로 분리할 필요성도 있고, 학습 데이터와 테스트 데이터로 분리할 필요성도 있다. 먼저, 데이터를 입력 부분과 출력 부분으로 분리하는 방법을 살펴본다.

데이터의 입력 필드와 출력 필드 분리

지도 학습용 학습 데이터는 입력 필드들(입력 벡터에 대응)과 출력 필드(레이블에 대응)로 구성이 되는데, 경우에 따라 입력 필드들과 출력 필드가 별도의 파일로 제공되기도 하지만 많은 경우, 같은 파일 내에 제공이 된다. 이런 경우는 학습 데이터를 메모리로 읽어 들인 후 입력 필드와 출력 필드를 분리해야 한다. 이때 Pandas DataFrame의 drop 메서드와 Pandas Series의 copy 메서드를 이용하면 된다. 앞에서 다운로드한 iris 데이터를 이용하여 그 예를 살펴보자. 만약 iris 데이터가 현 작업 데렉토리의 'datasets/iris' 하위 디렉토리에 없으면 앞에서 정의한 download_data 함수를 이용하여 다운로드하기 바란다.

먼저, 데이터의 형태를 확인하기 위해 다음과 같은 코드를 실행해 보자.

```
import pandas as pd

my_data = pd.read_csv("datasets/iris/iris.csv")
print(my_data)
```

그러면 다음과 같은 결과를 얻을 수 있다. 첫 번째 열은 학습 데이터의 일부가 아니라 편의상 출력하는 일련번호이며 2~6번째 열까지가 학습 데이터이다. 이중 입력은 2~5번째 열이며 6번째 열이 출력이다.

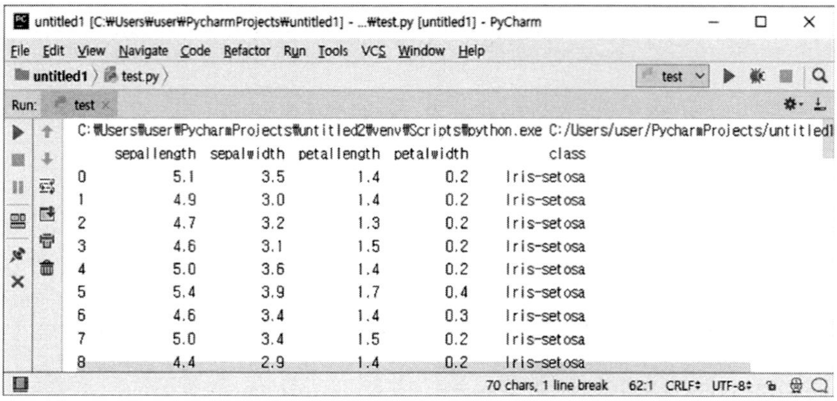

입력 열들과 출력 열을 분리하기 위해 원 DataFrame 객체에서 인덱서를 사용하여 'class' 열만 선택한 후 이를 복사해서 my_data_label로 저장하고, 원 DataFrame 객체에서 drop 메서드를 이용하여 'class'열만 제거된 새로운 DataFrame 객체를 얻은 후 이를 my_data_inputs에 저장하면 된다. drop 메소드의 인수 중 axis는 제거할 대상이 행인지 열인지를 결정하는 것으로 1이면 열을 의미한다.

```
import pandas as pd

my_data = pd.read_csv("datasets/iris/iris.csv")
my_data_label = my_data['class'].copy()
my_data_inputs = my_data.drop('class', axis = 1)
```

학습 데이터의 입력과 출력을 분리하는 또 다른 방법은 sklearn.datasets 모듈의 학습 데이터 적재 함수를 이용하는 것이다. sklearn.datasets 모듈은 표준 데이터 셋들을 제공하고 이들을 메모리로 읽어 들일 수 있는 함수들을 제공한다.

load_boston()	보스톤 집가격 데이터셋 (회귀분석용)을 메모리로 로딩하고 그 결과를 반환
load_iris()	iris 데이터셋 (클래스 분류용)을 메모리로 로딩하고 그 결과를 반환
load_diabetes()	당뇨병 데이터셋 (회귀분석용)을 메모리로 로딩하고 그 결과를 반환
load_digits()	디지트 데이터셋 (클래스 분류용)을 메모리로 로딩하고 그 결과를 반환
load_linnerud()	linnerud 데이터셋 (다변량 회귀 분석용)을 메모리로 로딩하고 그 결과를 반환
load_wine()	와인 데이터셋 (클래스 분류용)을 메모리로 로딩하고 그 결과를 반환
load_breast_cancer()	유방암 위스콘신 데이터셋 (클래스 분류용)을 메모리로 로딩하고 그 결과를 반환

Scikit은 또한 크리에이티브 커먼즈 라이센스 하에 발행한 몇 가지 샘플 JPEG 이미지를 제공하는데, 아래의 함수를 사용하여 메모리로 읽어 들일 수 있다.

load_sample_images()	이미지 전체를 로딩하고 그 결과를 반환
load_sample_image(image_name)	특정 이미지만 로딩하고 그 결과를 반환

mldata.org(http://mldata.org/)는 머신러닝 데이터를 위한 공개 저장소인데, 이곳에 있는 데이터 셋들도 sklearn.datasets.fetch_mldata 함수를 이용하여 메모리로 읽어 들일 수 있다. 읽을 데이터 셋 이름과 저장할 위치를 인수로 넘겨주면 되는데, 아래의 예는 'iris'데이터 셋을 현 작업 디렉토리의 'datasets/iris2' 밑으로 저장하고 그 데이터를 iris 변수에 저장하게 된다.

```
from sklearn.datasets.mldata import fetch_mldata
iris = fetch_mldata('iris', data_home='datasets/iris2')
```

load_xxx 함수를 사용하든 fetch_mldata를 사용하든 그 결과로 반환되는 것은 DataFrame 객체가 아니라 Bunch 객체이다. 이 객체는 키(key)들을 도트 표기법을 사용하여 속성처럼 접근할 수 있도록 해주는 단순 딕셔너리 객체이다. 따라서 먼저 반환 객체에서 제공되는 키들을 파악한 후 그 키를 이용하여 필요한 데이터들을 접근하면 되는데, 보통 입력 벡터와 레이블을 별도의 키로 제공한다. 예를 들어, iris 데이터를 fetch_mldata 함수를 통해 읽어 들인 후, 그 결과에 keys() 메서드를 적용하면, 그림과 같이 네 개의 키를 얻을 수 있다.

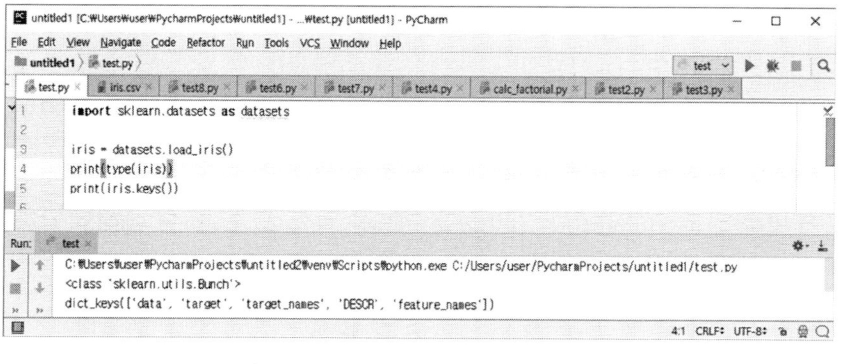

iris 데이터 셋에 대한 네 개의 키 중 'DESCR'는 데이터에 대한 설명문을 접근할 수 있는 키를, 'COL_NAMES'는 입력 필드들의 이름을 접근할 수 있는 키를, 'target'은 출력 필드의 값을 접근할 수 있는 키를, 'data'는 입력 벡터를 접근할 수 있는 키를 의미한다. 따라서 만약 입력 벡터들과 레이블을 별도로 얻고 싶으면 아래와 같이 기술하면 된다.

```
iris_inputs = iris.data
iris_labels = iris.target
```

그런데 모든 로딩 함수가 같은 키를 제공하는 것은 아니다. 아래처럼 load_sample_images 함수를 통해 데이터를 로딩할 경우 반환되는 객체는 Bunch 객체이지만 그 키를 조사해 보면 'images', 'filenames', 'DESCR' 세 가지 키만 제공함을 알 수 있다. 따라서 이 데이터에 대해서는 iris 데이터처럼 data 속성과 target 속성을 접근할 수 없다.

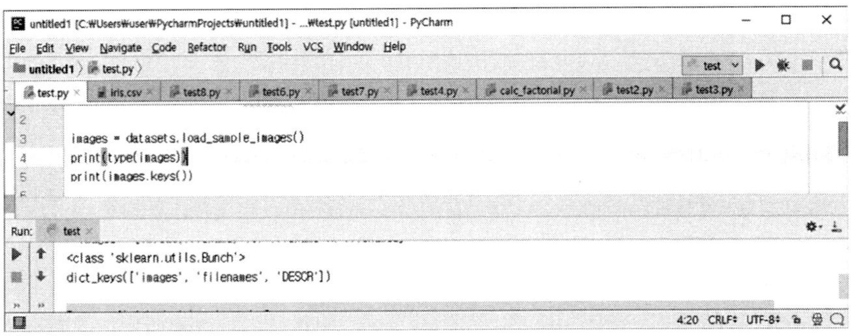

▌학습 데이터와 테스트 데이터 분리하기

학습 결과의 과적합 여부를 판단하기 위해 학습 전에 미리 학습 데이터 셋과 테스트 셋을 분리할 필요가 있는데, 보통 80 대 20의 비율로 분리를 한다. 분리에 앞서 데이터를 무작위로 섞을 필요가 있는데, 이때 실제 데이터를 섞기 보다는 데이터 인덱스를 섞은 후 비율에 맞추어 분리하면 된다. 분리하는 코드를 함수로 작성하면 아래와 같다.

```
import numpy as np
def split_learning_data(data, train_ratio):
  shuffled_idxs = np.random.permutation(len(data))
  train_size = int(len(data) * train_ratio)
```

```
    train_idxs = shuffled_idxs[:train_size]
    test_idxs = shuffled_idxs[train_size:]
    return data.iloc[train_idxs], data.iloc[test_idxs]
```

위 함수는 전체 학습 데이터 (DataFrame 타입)의 data와 학습 셋 비율 train_ratio를 인자로 받아, 전체 데이터의 크기만큼 숫자에 대해 섞기(permutation)를 실시한다. 예를 들어, permutation(10)이면 [0, 1, 2 ,3, 4, 5, 6, 7, 8, 9]를 무작위로 섞어 [1, 7, 4, 3, 0, 9, 2, 5, 8, 6]와 같은 뒤섞인 숫자 배열을 만들게 된다. 그러므로 shuffled_idxs 변수에는 뒤섞인 인덱스 배열이 저장되게 된다. 그리고 학습 셋의 크기를 구한 후 인덱스 배열에서 학습 셋의 크기만큼 슬라이싱한다. 이렇게 하면 학습 셋으로 사용할 데이터의 인덱스들을 얻게 된다. 인덱스 배열에서 나머지 부분, 즉 train_size에서부터 끝까지를 슬라이싱하면 테스트 데이터로 사용할 데이터의 인덱스들을 얻게 된다. 이렇게 얻은 인덱스 리스트를 DataFrame의 iloc 인덱서(indexer)를 이용하여 해당 위치의 데이터들을 얻으면 된다. iloc 인덱서는 아래 예제처럼 인덱스 리스트를 이용하여 해당 위치의 값들을 넘겨준다.

```
df = pd.DataFrame(np.arange(10, 20))
print(df) # [10, 11, 12, 13, 14, 15, 16, 17, 18, 19]
parts = df.iloc[[3, 5, 7]]
print(parts) # [13, 15, 17]
```

위에 정의된 함수를 이용하여 학습 셋과 테스트 셋을 80:20 비율로 분리하려면 아래와 같이 호출해 주면 된다.

```
train_set, test_set = split_learning_data(my_data, 0.8)
```

좀 더 간단히 학습 셋과 테스트 셋을 분리하는 방법은 sklearn.model_selection 모듈의 train_test_split 함수를 사용하는 것이다. 첫 번째 인자로 데이터 객체를, test_size 또는 train_size 인자로 테스트 셋의 비율 (0과 1사이) 또는 학습 셋의 비율을, 그리고 random_state 인자로 랜덤 seed 값을 지정해 주면 된다. 랜덤 seed 값을 지정해 주어야 실행시킬 때마다 동일한 학습 셋과 테스트 셋을 얻을 수 있음을 주의하기 바란다.

```
from sklearn.model_selection import train_test_split
train_set, test_set = train_test_split(my_data, train_size = 0.8, random_
state = 30)
```

그런데, 위의 방법으로 학습 셋과 테스트 셋을 분리하면 완전 무작위로 분리되기 때문에 중요 데이터들이 학습 셋과 테스트 셋에 골고루 분산되지 않고 어느 한 곳에 몰려 있을 수가 있다. 이런 현상을 조금이라도 방지하려면 층별 샘플링(stratified sampling)을 하면 된다. 층별 샘플링은 데이터들을 특정 특징(또는 필드)으로 그룹, 즉 층(stratum)을 만든 후 각 층에서 정해진 비율로 선택한다. 일반적으로 층이 너무 많지 않아야 하며, 한 층에 속한 데이터들은 충분히 많도록 해야 한다. 층별 샘플링 형태로 학습 셋과 테스트 셋을 분리할 경우는 추가로 stratify 인자를 사용하여 층을 형성할 기준 값을 지정한 후 train_test_split 함수를 호출하면 된다.

앞에서 언급된 iris 데이터를 사용하여 층별 샘플링한 경우와 그렇지 않을 경우의 차이점을 살펴보자. 먼저 층별 샘플링을 하지 않는 경우의 데이터 분리 코드는 아래와 같다. 아래의 코드는 sklearn.datasets 모듈의 적재 함수를 사용하여 데이터를 읽어 들였기 때문에 입력과 출력이 분리되어 메모리에 적재되기 때문에 이에 맞는, 즉 입력 데이터와 출력 데이터 두 개를 인수로 하는 train_test_split 함수를 사용하였다.

```
from sklearn import datasets
from sklearn.model_selection import train_test_split
import numpy as np

iris = datasets.load_iris()

X = iris.data
y = iris.target

x_train, x_test, y_train, y_test = train_test_split(X, y, test_size=0.2,
random_state=0)
_, c_test = np.unique(y_test, return_counts=True)
_, c_train = np.unique(y_train, return_counts=True)
print(c_test)
print(c_train)
print(c_test/(c_train + c_test))
```

위 코드를 실행시켜 보면 아래와 같은 결과를 얻을 수 있다. 세 종류의 클래스가 있기 때문에 각 클래스 별로 출력이 된다. 첫 번째 출력은 테스트 셋 내의 각 클래스에 해당하는 데이터의 개수이며, 두 번째 출력은 학습 셋 내의 각 클래스에 해당하는 데이터의 개수이며, 세 번째 출력은 각 클래스별 테스트 셋과 학습 셋 비율이다. 전체 테스트 셋의 개수 30과 학습 셋의 개수 120으로 test_size로 지정한 0.2 비율이 유지되고 있다. 하지만 클래스별로 그 비율이 유지되고 있는지를 보면 그렇지 않음을 알 수 있다. 클래스 별 그 편차가 심함을 알 수 있다. 두 번째 클래스인 경우는 0.26인 반면 세 번째 클래스에 대해서는 0.12임을 알 수 있다.

```
[11 13  6]
[39 37 44]
[0.22 0.26 0.12]
```

위 코드 중에서 데이터를 분리하는 코드만 아래와 같이 변경한 후 실행시켜 보기 바란다.

```
x_train, x_test, y_train, y_test = train_test_split(X, y, test_size=0.2,
random_state=0, stratify=y)
```

실행시켜 보면 이번에는 아래와 같은 결과를 얻을 수 있다. 클래스별로도 정확히 비율이 지켜짐을 확인할 수 있다.

```
[10 10 10]
[40 40 40]
[0.2 0.2 0.2]
```

2.4 데이터 정제하기

학습 데이터에는 누락 값 (missing value)이 있거나 아니면 특이 값 (outlier) 등이 있을 수 있다. 또한 어떤 필드들은 수치가 아니라 카테고리 값 (여러 문자열 중 하나를 갖는 형태)인 경우가 있다. 어쨌든 이 부분에 대한 처리가 학습 전에 이루어져야 한다.

누락 값(missing value)

누락 값을 처리하는 방법은 1) 해당 학습 샘플들을 제거하거나, 2) 누락 값이 포함된 열 전체를 제거하거나, 3) 특정 값 (평균, 중간 값, 또는 0 등)으로 대체하는 것이다. 아래의 첫 번째는 your_data의 'xxx'열 값이 주어지지 않는 학습 샘플(행 또는 레코드)들을 제거하는 코드이며, 두 번째는 your_data의 'xxx'열 전체를 제거하는 코드이며, 세 번째는 your_data의 'xxx'열의 중간 값을 구하는 코드이고, 네 번째는 이 값으로 'xxx'열 값 중 누락 부분을 바꾸는 코드이다.

```
your_data = your_data.dropna(subset=["xxx"])
your_data  = your_data.drop("xxx", axis=1)
median = your_data["xxx"].median()
your_data  = your_data["xxx"].fillna(median)
```

위의 코드에서 train_set은 DataFrame 객체라고 가정해서 작성한 코드이다. 만약 train_set이 sklearn.datasets 모듈의 적재 함수 load_xxx 형태를 사용하여 얻은 경우는 그 타입이 numpy 모듈의 ndarray이기 때문에 위의 코드를 직접 적용할 수 없고, 아래처럼 DataFrame 타입으로 변환한 후 작업하여야 한다.

```
import pandas as pd
from sklearn import datasets

my_data = datasets.load_iris()

your_data = pd.DataFrame(my_data.data)
```

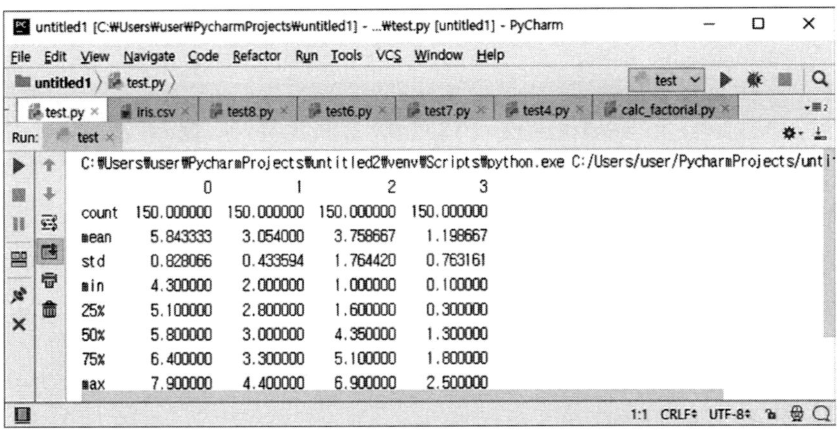

여기서, 주의할 것은 load_iris() 함수를 이용하여 데이터를 읽어 들였을 때 필드명이 다음과 같이 정수라는 것이다. 그래서 다음과 같이 필드를 지정해 주어야 한다.

```
median = your_data[0].median()
your_data  = your_data[0].fillna(median)
```

비정상치(abnormal value)

많은 응용 프로그램은 새로운 관측치가 기존 관측치와 동일한 분포에 속하는지 아니면 다른 것으로 간주되어야 하는지를 결정할 수 있어야 한다. 이러한 목적으로 비정상치 데이터를 검출하는 방법들이 제안되어 왔는데, 통계를 이용하는 방법과 학습을 이용하는 방법(신규성 검출(novelty detection)과 특이치 검출(outlier detection))이 있다.

◆ 평균 편차 이용 방법

데이터가 정규 분포를 따른다고 할 때, 아래의 그래프에서 보는 바와 같이 68% 가량의 데이터가 평균 (μ)으로부터 표준편차 (σ) 범위 내에 위치하며, 2*σ 범위 내에 있을 확률은 무려 95%에 이른다. 3*σ 범위 내에 있을 확률은 99.8%에 이른다. 이런 통계적 정보를 이용하여 2*σ 범위 밖이나 3*σ 범위 밖에 있는 데이터를 비정상치로 판단하는 방법이다.

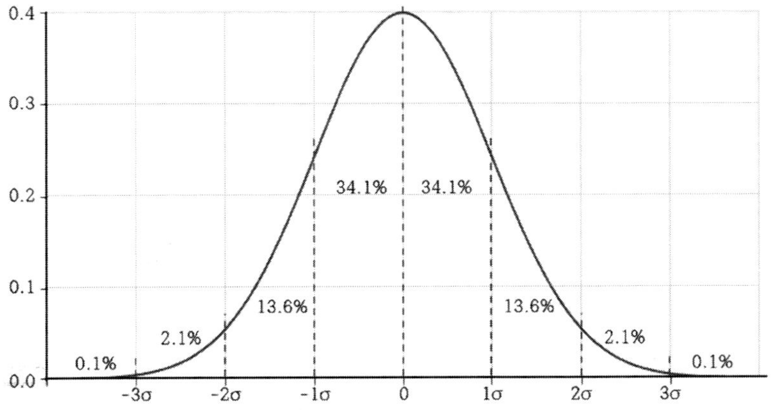

아래의 코드는 파이썬 코드를 사용하여 예제 데이터에 대해 2σ 범위 내의 데이터를 필터링하는 코드이다.

```
import numpy

arr = [10, 386, 479, 627, 20, 523, 482, 483, 542, 699, 535, 617, 577, 471, 615, 583,
441, 562, 563, 527, 453, 530, 433, 541, 585, 704, 443, 569, 430, 637, 331, 511, 552,
496, 484, 566, 554, 472, 335, 440, 579, 341, 545, 615, 548, 604, 439, 556, 442, 461,
624, 611, 444, 578, 405, 487, 490, 496, 398, 512, 422, 455, 449, 432, 607, 679, 434,
597, 639, 565, 415, 486, 668, 414, 665, 763, 557, 304, 404, 454, 689, 610, 483, 441,
657, 590, 492, 476, 437, 483, 529, 363, 711, 543]

elements = numpy.array(arr)

mean = numpy.mean(elements, axis=0)
sd = numpy.std(elements, axis=0)

final_list = [x for x in arr if (x > mean - 2 * sd)]
final_list = [x for x in final_list if (x < mean + 2 * sd)]
print(final_list)
```

◆ 신규성 검출

동일한 분포 내의 n 개의 관측치 데이터 세트에 하나 이상의 관측치를 추가할 경우, 새로운 관측치가 기존 관측치와 너무 달라 정상적인 관측치인가 즉, 동일한 분포에서 나온 것인지 의문을 가질 수도 있고, 아니면 반대로, 기존 관측치와 너무나 유사해 구별할 수 없을 수도 있다. 신규성 검출은 바로 이러한 의문들을 해결할 수 있는 방법이다.

일반적으로 신규성 검출 방법에서는 대략적이면서 초기 관측치들의 분포에 근접한 경계를 학습한 다음, 추가 관측치가 경계 내에 있으면 초기 관측치와 같은 모집단에서 나온 것으로 간주하고, 그렇지 않으면 비정상으로 간주하게 된다. 중요한 것은 초기 관측치에는 비정상 데이터가 없다는 가정 하에서 동작한다는 것이다. 단일 클래스 서포트 벡터 머신(Support Vector Machines : SVM)이 이러한 목적을 위해 제안되었고, Scikit-learn 라이브러리의 서포트 벡터 머신 모듈의 OneClassSVM 클래스로 구현되어 제공이 된다. 자세한 내용은 인터넷을 참고하기 바란다.

◆ 특이치 검출

특이치 검출은 신규성 검출과 유사한데, 핵심은 특이치(outliers)라고 불리는 일부 오염된 관측치를 정상적인 관측치와 분리하는 것이다. 신규성 검출인 경우는 주어진 초기 관측치, 즉 학습 데이터에 비정상 데이터가 없다는 가정 하에서 동작하지만, 특이치 검출인 경우는 그런 가정 없이 동작한다. 학습 데이터에 비정상 데이터도 존재할 수 있다는 가정 하에서 동작하기 때문에 오염된 관측치를 무시하고 나머지 관측치에 대한 분포 모델을 학습한 후, 이 모델에 따라 특이치 여부를 판별하게 된다. 여러 알고리즘들이 있으며, 각자의 방법에 따라 오류를 최소화하는 방향으로 학습 데이터를 이용하여 학습을 하게 되는데, 이 과정 중에 일부 학습 데이터는 비정상 데이터, 즉 특이치로 취급이 된다. 학습된 모델을 학습 데이터에 적용하게 되며, 학습 데이터의 특이치를 검출할 수 있고, 새로운 관측치에 적용하면 새로운 관측치의 특이치 여부를 알 수 있다.

타원형 봉투 피팅(Fitting an elliptic envelope)

이 방법은 정상 데이터가 알려진 분포(예 : 가우스 분포)에서 나온다고 가정하는 것이다. 이 가정 하에 데이터의 "모양"을 정의하고, 이 모양에서 많이 떨어진 관측치들을 특이치로 정의한다. Scikit-learn covariance 모듈의 EllipticEnvelope 클래스가 그런 기능을 제공하는데, 학습 데이터에 대한 견고한 즉, 특이치의 영향을 받지 않는 공분산 추정치를 얻고 이를 바탕으로 구한 마할라노비스(Mahalanobis) 거리를 이용하여 관측치의 특이성 정도를 측정하게 된다.

포리스트 고립화(Isolation Forest)

고차원 데이터 세트에서 특이치 검출을 수행하는 효율적인 방법 중 하나로 ensemble. IsolationForest 클래스에 의해 지원이 된다. 임의의 특징을 선택한 다음 선택한 특징의 최댓값과 최솟값 사이의 값 중 하나를 무작위로 선택하여 그 값을 기준으로 관측치들을 분리한다. 이러한 과정을 재귀적으로 실행하게 되며, 그 결과로 분할 트리를 얻을 수 있다. 이 트리를 기반으로 특정 관측치를 고립화하는 데 걸리는 분할 횟수, 즉 루트 노드에서부터 관측치 하나로만 구성된 단말 노드까지의 경로의 길이를 구할 수 있다. 이런 분할 트리를 여러 개 구할 수 있으며, 이 각 트리에 대한 각 관측치의 평균값을 구할 수 있다. 특이 관측치에 대해서는 이 값이 현저히 작아지는 특성이 있어 이를 이용하여 특이성 여부를 판단하게 된다.

◆ 로컬 특이성 팩터(Local Outlier Factor)

적당히 높은 차원의 데이터 세트에 특이치 검출을 수행하는 또 다른 효율적인 방법은 LOF(Local Outlier Factor) 알고리즘을 사용하는 것이다. Scikit-learn 라이브러리의 neighbors.LocalOutlierFactor 클래스에 의해 지원이 되는데, 이 알고리즘은 관측치의 비정상적인 정도를 반영하는 점수(LOF라 함)를 계산한다. 이 점수는 관측치의 이웃들에 대한 로컬 밀도 편차를 바탕으로 측정이 되며, 특이 관측치들은 이 밀도값이 현저히 낮아지는 특성이 있다. 이 특성을 이용하여 특이점을 검출하게 된다.

국부 밀도는 k개의 가장 가까운 이웃으로부터 얻어지며, 관측치의 LOF 스코어는 관측치의 k 최근 이웃들의 평균 로컬 밀도와 그 자신의 로컬 밀도의 비율로 계산이 된다. 정상적인 관측치는 이웃과 유사한 로컬 밀도를 갖지만, 비정상적인 관측치는 훨씬 더 작은 국소 밀도를 갖게 된다. 성능은 이웃 수 k에 따라서 달라지는데, 경험적으로 20인 경우 일반적으로 잘 작동하는 것으로 알려져 있으며 특이치 비율이 높은 학습 데이터인 경우는 그 값을 더 높게 설정하여야 한다.

▌비정상치 검출 라이브러리

Scikit-learn 라이브러리는 신규성 탐지와 특이치(outliers) 검출에 사용할 수 있는 기계 학습 도구 세트를 제공한다. 검출 방법에 대응되는 클래스로부터 객체(여기서는 estimator로 표시)를 생성한 후 fit 메서드를 사용하여 학습 데이터를 학습토록 하면 된다. 이때 학습 데이터는 비지도 학습 형태로 주어져야 한다.

```
estimator.fit(X_train)
```

학습이 되고나면 estimator는 신규치 또는 특이치를 검출할 수 있는 모델을 갖게 되며, 따라서 아래와 같이 새로운 관측치에 대해 predict 메서드를 적용하여 신규치 또는 특이치 여부를 판별하면 된다. 1이면 정상치이고, -1이면 비정상치이다.

```
estimator.predict(X_test)
```

간단한 예를 통하여 그 사용법을 살펴보자. 먼저 정상 데이터 셋과 특이 데이터 셋을 아래와 같이 구성한다.

```
n_samples = 500
outliers_fraction = 0.25
offset = 2

n_inliers = int((1. - outliers_fraction) * n_samples) # 정상 데이터 개수

np.random.seed(42) # 랜덤 데이터 생성을 위한 seed 값 설정
# 정상 데이터 생성 (분포가 다른 두 데이터 셋 생성)
input1 = 0.3 * np.random.randn(n_inliers // 2, 2) - offset
input2 = 0.3 * np.random.randn(n_inliers // 2, 2) + offset

# 두 데이터 셋 행으로 합침
inputs = np.r_[input1, input2]

n_outliers = int(outliers_fraction * n_samples) # 특이치 데이터 개수
# 특이 데이터 생성 및 추가
inputs = np.r_[inputs, np.random.uniform(low=-6, high=6, size=(n_outliers,
2))]

targets = np.ones(n_samples, dtype=int) # target 값을 모두 1로 설정
targets[-n_outliers:] = -1 # 특이치에 해당하는 부분의  target 값을 -1로 설
정
```

여기서, randn(d0, d1) 함수는 평균 0, 분산 1의 정규 분포에 따르는 d0 x d1 크기의 랜덤 배열을 반환하며, np.r_은 아래의 예처럼 인수로 주어진 배열을 행으로 합친 배열을 반환한다.

```
a= [[1,2], [3,4]]
b= [[5,6], [7,8]]
c = np.r_[a, b] # [[1,2], [3,4], [5,6], [7,8]]
d = np.c_[a, b] # [[1,2,5,6], [3,4,7,8]]
```

데이터가 준비되었으면 위에 설명한 방법에 대응되는 클래스들로부터 객체를 생성하여 학습토록 한다. OneClassSVM에서 프론티어(초기 관측치들의 분포에 근접한 경계)를 정의하려면 커널과 스칼라 매개 변수를 선택해야 한다. 커널은 일반적으로 RBF 커널을 사용하면 되는데, scikit-learn 구현의 기본 값으로 되어 있어 특별히 지정하지 않아도 된다.

OneClassSVM 생성 시 여백이라고도 하는 ν매개 변수를 지정해 주어야 하는데, 이 변수는 프론티어 밖에 존재하지만 정상치로 취급할 수 있는 여유분에 해당한다. 나머지 클래스에는 contamination 매개 변수를 지정할 수 있는데, 이 매개변수에 데이터에 포함된 비정상 데이터의 비율을 지정해 주면 된다. 아래의 예는 정확히 비정상 데이터의 비율을 알 수 있지만 실 데이터에서는 그 비율을 정확히 알 수 없기 때문에 추정치를 사용하거나 실험을 통해 좋은 성능을 보이는 값을 선택하여야 한다. IsolationForest 클래스에는 max_samples 매개변수를 통해 학습 셋 중 몇 개를 이용하여 학습할지를 지정하며, random_state 매개변수를 사용하여 사용할 랜덤 생성기를 지정한다. LocalOutlierFactor 클래스에서는 LOF 스코어를 계산 시 사용할 이웃 수를 n_neighbors 매개변수를 통해 지정한다. 주의할 것은 LocalOutlierFactor 클래스에는 predict 메서드가 제공되지 않아 fit_predict 메서드를 사용해야 한다.

```
import numpy as np
from sklearn import svm
#from sklearn.covariance import EllipticEnvelope
#from sklearn.ensemble import IsolationForest
#from sklearn.neighbors import LocalOutlierFactor

svm = svm.OneClassSVM(nu=0.95 * outliers_fraction + 0.05)
#covar = EllipticEnvelope(contamination=outliers_fraction)
#forest = IsolationForest(max_samples=n_samples, contamination = outliers_
fraction, #random_state=np.random.RandomState(40))
#lof = LocalOutlierFactor(n_neighbors=20, contamination=outliers_fraction)

svm.fit(inputs)
y_pred = svm.predict(inputs)
# covar.fit(inputs)
# y_pred = covar.predict(inputs)
# forest.fit(inputs)
# y_pred = forest.predict(inputs)
# y_pred = lof.fit_predict(X)

n_errors = [y_pred[i]==targets[i] for i in range(len(y_pred))].count(False)
print(n_errors)
```

특이치에 해당하는 학습 인스턴스는 제거하게 되는데, 아래처럼 예측 결과 리스트에서 True로 예측한 인스턴스들의 인덱스를 구한 후, 이를 이용하여 True인 인스턴스들만 선별하면 된다.

```
predict_result = [y_pred[i]==targets[i] for i in range(len(y_pred))]
inlier_indices = [i for i, e in enumerate(predict_result) if e==True ]
print(inputs.shape)
inputs = inputs[inlier_indices]
print(inputs.shape)
```

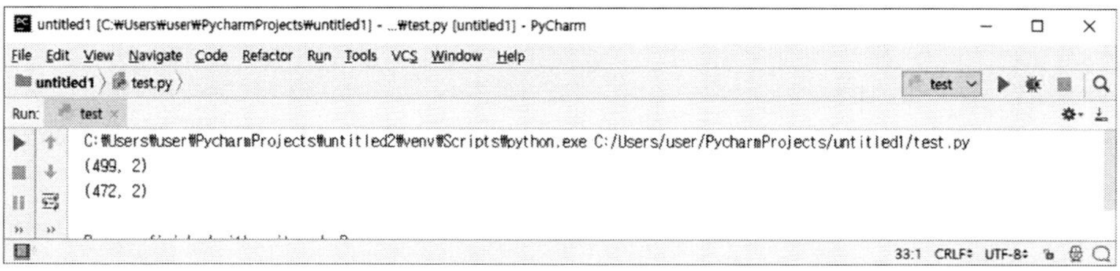

카테고리 데이터 인코딩

일부 학습 데이터에는 수치가 아닌 카테고리 데이터가 있는 경우가 있다. 대부분의 학습 알고리즘들은 수치 데이터를 기반으로 하기 때문에 문자열 형태의 카테고리 데이터를 수치로 변환해 주어야 한다. 가장 간단한 방법은 sklearn.preprocessing 모듈의 LabelEncoder 클래스를 이용하는 것이다. fit 메서드를 이용하여 주어진 데이터 내의 카테고리 값들을 대응되는 숫자로 매핑시키도록 학습한 후, transform 메서드를 이용하여 이 학습된 결과를 데이터에 적용하면 된다. fit_transform 메서드를 이용하여 한 번에 학습과 변환을 해도 된다. 또한, inverse_transform 메서드를 사용하여 숫자로 된 데이터를 역으로 카테고리 데이터로 변환할 수도 있다. 아래의 코드를 실행시키면 fit_transform 메서드에 의해 "a"는 0으로, "b"는 1로, "c"는 2로 변환이 되며, inverse_transform 메서드에 의해 0은 "a"로, 1은 "b"로, 2는 "c"로 변환된다.

```
from sklearn.preprocessing import LabelEncoder

encoder = LabelEncoder()
data = [“a”, “a”, “b”, “c”, “c”]
#encoder.fit(data)
#encoded_data = encoder.transform(data)
encoded_data = encoder.fit_transform(data)
print(encoded_data)
labeled_data = encoder.inverse_transform(encoded_data)
print(labeled_data)
```

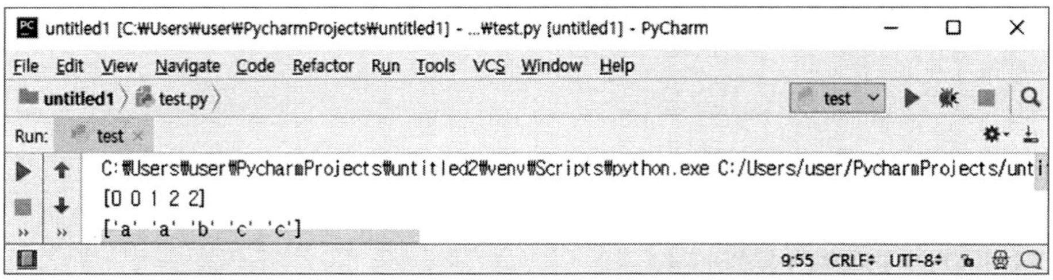

그런데, LabelEncoder처럼 카테고리 값을 숫자로 변환하면 숫자의 특성 상 값들 사이에 거리 개념이 존재하게 되어 원 데이터의 의미가 일부 손실되는 경우도 있다. 원 카테고리 값 사이에는 거리 개념이 없었으나 수치로 변환이 되면서 자연스럽게 거리 개념이 도입된다. 그래서 거리가 없는 형태로 수치 데이터로 바꿀 경우는 OneHotEncoder 클래스를 이용하면 된다. 이 클래스는 카테고리 데이터를 원핫 인코딩 (one-hot encoding) 방식으로 변환하게 되는데, 원핫 인코딩은 각 카테고리 값을 단위 벡터, 즉 하나만 1이고 나머지는 0인 형태로 변환한다. 아래 코드처럼 LabelEncoder에 의해 변환된 숫자 배열에 대해 OneHotEncoder를 적용하면 된다. 원핫 인코딩 값 사이는 거리가 모두 동일해서 값들 사이에 크거나 작거나 또는 가깝거나 멀거나 하지 않게 된다.

```
import sklearn.preprocessing as prp
import numpy as np

encoder = prp.LabelEncoder()
data = ["a","a","b","c","c"]
encoded_data = encoder.fit_transform(data)
encoder = prp.OneHotEncoder()
onehot_encoded_data = encoder.fit_transform(encoded_data.reshape(-1,1))
print(onehot_encoded_data.toarray())
```

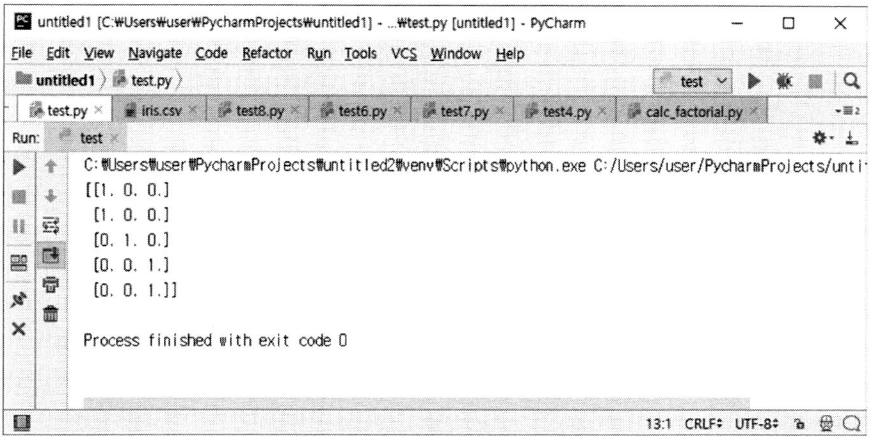

위 코드에서 원-핫-인코딩하기 위해 레이블 인코딩 결과, 즉 [0, 0, 1, 2, 2]를 [[0],[0],[1],[2],[2]]로 변환하여 주어야 하는데, 이를 위해 reshape(−1,1) 메서드를 사용하였으며, 그리고 원핫 인코딩 결과를 출력하기 위해 toarray() 메서드를 사용하였다.

▌스케일링

입력 데이터가 모두 수치 데이터로 이루어져 있다고 하더라도 그 스케일의 차이가 크면, 즉 필드들의 값이 범위가 크게 차이가 나면 학습이 제대로 이루어지지 않을 수 있다. 예를 들어, 어떤 학습 데이터가 가격 필드와 나이 필드를 포함하고 있고, 가격 필드는 0 ~

100,000,000 사이의 값을 갖고, 나이 필드는 0 ~ 100 사이의 값을 갖는다면 큰 범위의 값을 갖는 필드(또는 특징)에 편중되어 학습될 가능성이 높아지게 된다. 따라서, 이런 경우는 필드들을 동일한 스케일로 스케일 업 또는 다운을 시켜주어야 한다.

스케일링 하는 방법은 아래 수식처럼 해당 필드의 최솟값과 최댓값을 이용하여 0과 1사이로 변환해 주면 된다. 이러한 방법을 min-max 스케일링이라 한다. 여기서, x는 원래 값이며, x'은 스케일된 값이다. 최댓값을 대입하면 1이 나오고, 최솟값을 대입하면 0이 나오도록 되어 있다. 그 외의 값은 값의 위치에 따라 0과 1 사이의 값이 나온다.

$$x' = (x - \text{min}) / (\text{max} - \text{min})$$

간단해서, 직접 파이썬 코드로 작성해도 되지만, 변환해야 할 필드가 여러 개가 있을 경우, sklearn.preprocessing 모듈의 MinMaxScalar 메서드를 이용하면 된다.

```
from sklearn.preprocessing import MinMaxScaler
import numpy as np

my_data = np.array([10, 3, 56, 567, 30],dtype="float").reshape(-1, 1)
minmax_scaler = MinMaxScaler()
minmax_scaler.fit(my_data)
print(str(minmax_scaler.data_min_) + " ~ " + str(minmax_scaler.data_max_))
scaled_my_data = minmax_scaler.transform(my_data)
print(scaled_my_data)
```

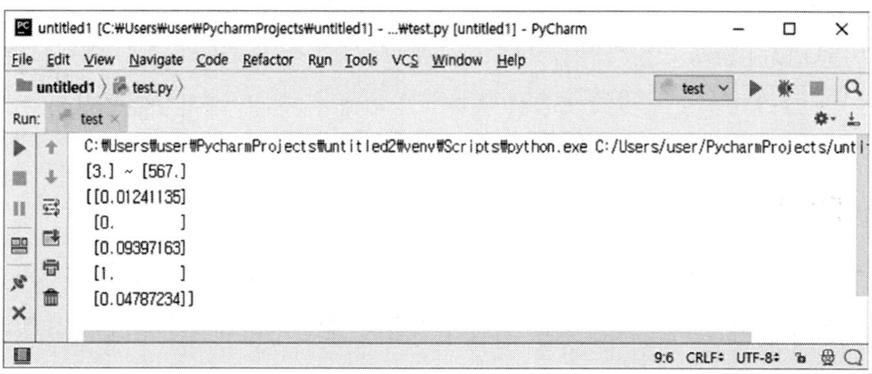

또 다른 스케일링 방법은 평균과 편차를 이용하는 표준 스케일링 (standardization scaling) 방법이다. 이 방법은 주어진 값에 평균을 뺀 후 편차로 나누어 주는 방법으로 변환하는 것이다. 이 방법도 직접 코딩할 수 있지만 sklearn.preprocessing 모듈에서 제공하는 StandardScaler 클래스를 이용하면 된다. 이 방법은 min-max 방법과 달리 그 변환 값의 범위가 한정되지 않는다. min-max 방법에서는 변환 값이 0과 1사이로 한정이 되지만 이 방법은 그렇지 않다. 이러한 특성이 특정 학습 알고리즘, 예를 들면, 보통 인공신경망 학습 알고리즘들은 입력 값이 0과 1 사이의 값일 것을 요구하는데, 이러한 학습 알고리즘을 사용할 경우는 이 방법을 적용할 수 없다. 반면에 이 방법은 min-max 방법에 비해 특이치에 덜 영향을 받는 장점이 있다. min-max 방법은 특이치에 의해 그 결과가 완전히 다르게 나오지만 이 방법은 평균과 편차를 사용하기 때문에 특이치에 상대적으로 덜 민감하다.

```
from sklearn.preprocessing import StandardScaler
import numpy as np

my_data = np.array([10, 3, 56, 567, 30],dtype="float").reshape(-1, 1)
scaler = StandardScaler(copy=True, with_mean=True, with_std=True)
scaler.fit(my_data)
print("평균", " : ", scaler.mean_)
print("편차", " : ", scaler.var_)
scaled_my_data = scaler.transform(my_data)
print(scaled_my_data)
```

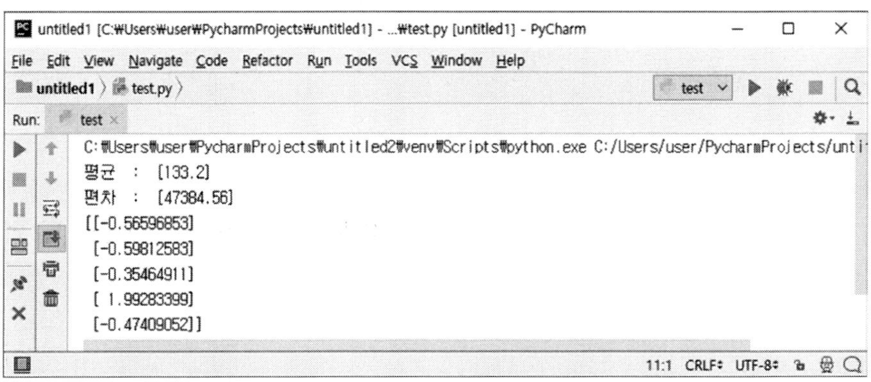

2.5 실제 데이터에 적용하기

앞에서 배운 데이터 정제와 관련된 내용들을 실 데이터에 적용해 보도록 하자. 사용할 데이터는 OpenML 사이트의 보스톤 집값 데이터 (Boston house-price data : "https://www.openml.org/data/get_csv/52643/boston.arff")로 앞에서 정의한 download_data 함수를 이용하여 로드할 수도 있고, 아니면 sklearn.datasets 모듈의 load_boston() 함수를 통하여 로드할 수도 있다.

보스톤 데이터의 개수는 506개이고, 특징(컬럼 또는 필드) 수는 14개이며, 누락 값은 없다. 14개의 특징은 아래와 같다.

특징	설명	타입
MEDV (traget)	소유주가 거주하는 주택의 중앙값. $1000 단위	숫자
ZN	25,000 평방 피트를 넘는 지역을 대상으로 한 거주지의 비율	숫자
INDUS	마을별 비영리 비즈니스 에이커의 비율	숫자
CHAS	Charles River 더미 변수 (강가 경계선이 있는 경우 1, 그렇지 않은 경우 0)	카테고리(2)
NOx	질소 산화물 농도	숫자
RM	평균 거주 용 객실 수	숫자
AGE	940년 이전에 건설된 소유자 점유 건축 비율	숫자
DIS	보스턴 고용 센터 5 곳까지의 가중 거리	숫자
RAD	방사형 고속도로에 대한 접근 인덱스	카테고리(9)
TAX	10,000 달러 당 전체 가치 재산세 비율	숫자
PTRATIO	마을별 학생 교사 비율	숫자
B	1000 * (BK – 0.63) ^ 2 여기서 Bk는 비율 마을에 의한 흑인의 비율	숫자
LSTAT	인구 중 하위 계층 비율	숫자
CRIM	인구 당 범죄율	숫자

먼저, load_boston() 함수를 이용하여 데이터를 적재한 후, 데이터의 형태를 한 번 확인해 보도록 하자.

```
import pandas as pd
from sklearn import datasets

boston = datasets.load_boston()
dfX = pd.DataFrame(boston.data, columns=boston.feature_names)
dfy = pd.DataFrame(boston.target, columns=["MEDV"])
df = pd.concat([dfX, dfy], axis=1)
print(df.head())
```

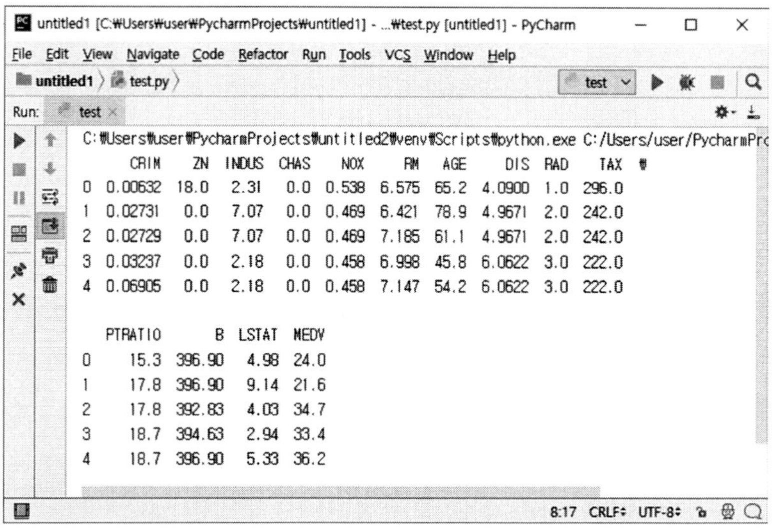

DataFrame 객체의 describe() 함수를 이용하여 값의 분포도 확인해 보자.

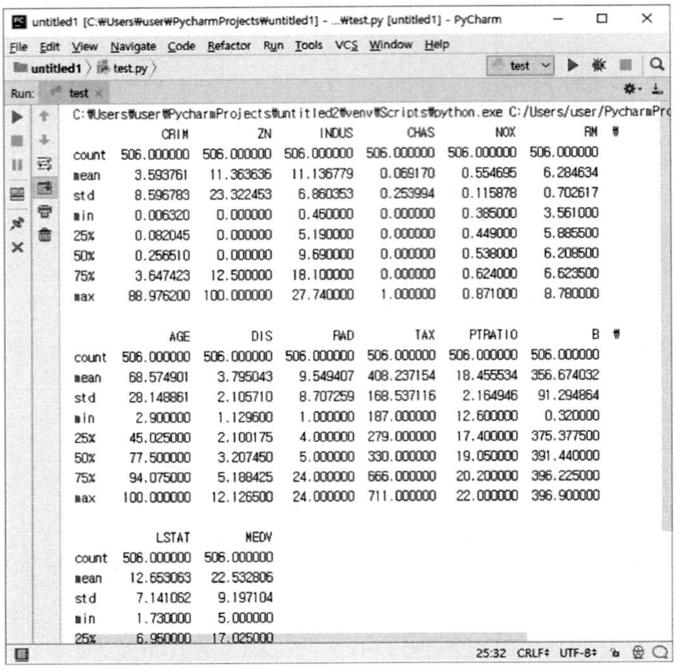

각 필드의 개수가 모두 506인 것으로 보아서 누락 값이 없음을 알 수 있다. 따라서, 굳이 이 데이터에 대해서는 누락 값 처리를 할 필요가 없지만 다른 데이터 처리 시를 위해 일부러 누락 값을 아래와 같이 만든 후 이를 처리해 보도록 하자. 아래의 코드는 두 번째 학습 인스턴스의 첫 번째 필드와 세 번째 인스턴스의 세 번째 필드 그리고 네 번째 인스턴스의 네 번째 필드 값을 누락 값, 즉 None으로 만드는 코드이다.

```
import pandas as pd
from sklearn import datasets

boston = datasets.load_boston()
boston.data[[1,2,3],[0,2,3]]= None

dfX = pd.DataFrame(boston.data, columns=boston.feature_names)
dfy = pd.DataFrame(boston.target, columns=["MEDV"])
df = pd.concat([dfX, dfy], axis=1)
print(df.head())
```

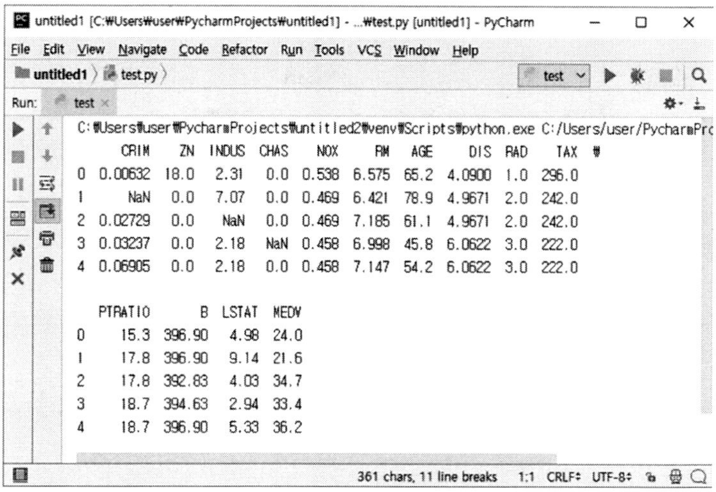

먼저, 수치 필드의 누락 부분을 그 필드의 중앙값으로 치환하도록 하자. 이를 위해 아래와 같이 수치 필드 목록을 구한다. 전체 필드 목록에서 카테고리 필드들을 제거하면 되는데, 리스트 객체 간의 차연산이 지원되지 않기 때문에 리스트를 셋 객체로 변환후 차연산을 적용하였다.

```
feature_names = list(boston.feature_names)
category_feature_names = ['CHAS', 'RAD']
numeric_feature_names = list(set(feature_names) - set(category_feature_
names))
```

수치 필드들에 대한 중앙값을 구한 후 그 값으로 누락 값들을 채워 넣도록 한다.

```
median = df[numeric_feature_names].median()
dfN  = df[numeric_feature_names].fillna(median)
```

카테고리 필드에 대한 누락 값은 필드의 다수 카테고리 값으로 치환하도록 하자. 이를 위해 카테고리 필드에서 다수 카테고리 값을 파악하는 방법을 살펴보자. pandas.core.series.Series 클래스의 value_counts() 메서드를 이용하면 아래와 같이 값과 그 카운트를 내림차순으로 파악할 수 있고, index를 이용하여 최대 빈도 값을 알 수 있다.

```
dfC = dfX[category_feature_names]
print(dfC['CHAS'].value_counts())
print("최대 빈도 값 : " + str((dfC['CHAS'].value_counts()).index[0]))
```

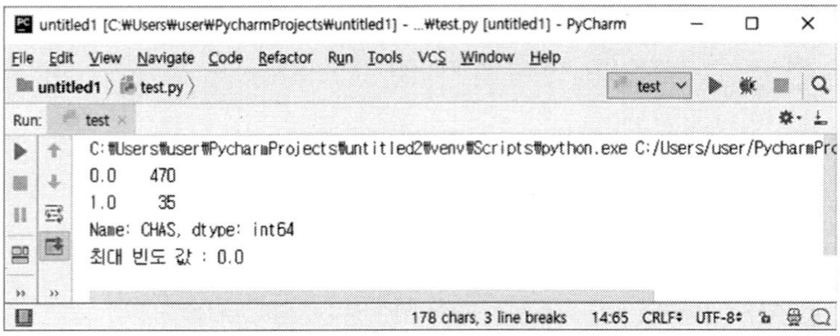

따라서, 모든 카테고리의 누락 값을 같은 방식으로 처리하려면 아래와 같이 반복처리해 주면 된다.

```
values =
for field in category_feature_names:
    val = dfC[field].value_counts().index[0]
    values.update(field:val)
dfC = dfC.fillna(values)

df =  pd.concat([dfN, dfC], axis=1)
print(df.head())
```

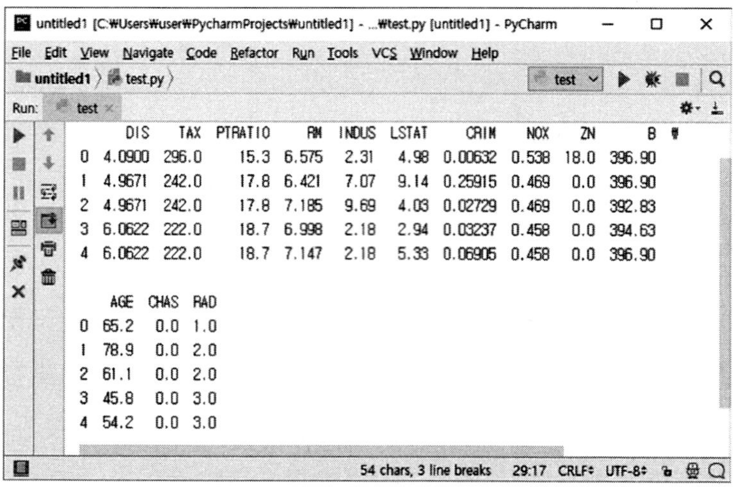

특이값이 데이터에 존재하는지 모르기 때문에 몇 개의 데이터에 필드의 최솟값보다 훨씬 작은 값이나 최댓값보다 큰 값으로 바꾸도록 하자. 이를 위해 describe() 메서드를 이용하여 필드들의 값의 범위를 파악토록 하자.

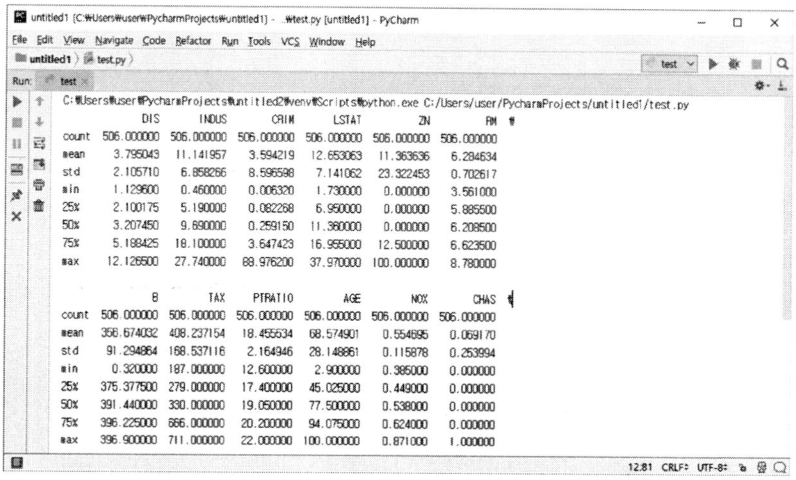

그런 다음, 아래와 같이 NOX 일부의 값을 최대치보다 훨씬 큰 값으로 치환토록 하자.

```
import pandas as pd
from sklearn import datasets

boston = datasets.load_boston()
boston.data[0, 4]= 2.1     # NOX 필드의 값 변경
boston.data[1, 9]= 0.01
boston.data[2, 4]= 1.9     # NOX 필드의 값 변경
boston.data[3, 9]= 0.12

dfX = pd.DataFrame(boston.data, columns=boston.feature_names)
```

비정상 데이터가 제대로 첨가되었는지를 확인하려면 아래와 같이 일부 변경된 입력 데이터와 타겟 데이터를 옆으로 덧붙인 후, DataFrame의 head() 메서드를 이용하여 앞 5개의 데이터 값을 확인해 보면 된다.

```
dfy = pd.DataFrame(boston.target, columns=["MEDV"])
df = pd.concat([dfX, dfy], axis=1)
print(df.head())
```

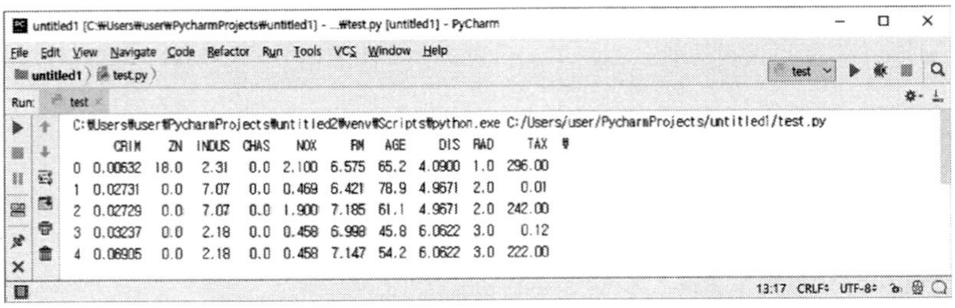

NOX 필드에 통계적 방법을 적용하여 특이치를 검출하기 위해, NOX 필드의 표준편차와 평균을 구한 후, 3σ 범위 내의 값만 뽑아 보았다. 전체 데이터 수 506개 중 3σ 범위 내의 값은 504개로 결국 2개가 특이치로 검출되었다. 우리가 NOX 필드의 2개 데이터 값을 일부러 최대치 보다 큰 값으로 변경한 것과 일치함을 알 수 있다.

```
from sklearn import datasets
import numpy

boston = datasets.load_boston()
boston.data[0, 4]= 2.1
boston.data[1, 9]= 0.01
boston.data[2, 4]= 1.9
boston.data[3, 9]= 0.12

mean = numpy.mean(boston.data[:,4], axis=0)
sd = numpy.std(boston.data[:,4], axis=0)

final_list = [x for x in boston.data[:,4] if (x > mean - 3 * sd)]
print(len(final_list))
final_list = [x for x in final_list if (x < mean + 3 * sd)]
print(final_list)
print(len(final_list))
```

이번에는 수치 필드들을 스케일링해 보자. 스케일링 방법은 min-max 방법을 사용토록 한다. 먼저, 보스톤 데이터 셋의 전체 필드에서 카테고리 필드를 제거해서 수치 필드들을 획득한 후, MinMaxScaler를 사용하여 스케일링을 적용하고, 이를 다시 카테고리 필드들과 합쳐 스케일된 학습 데이터를 완성한다. 그리고 스케일된 학습 데이터를 head 메소드로 출력해서 제대로 스케일링 되었는지를 확인해 본다. 확인 결과, 모든 수치 데이터들이 0과 1 사이의 값을 갖는 것을 확인할 수 있다.

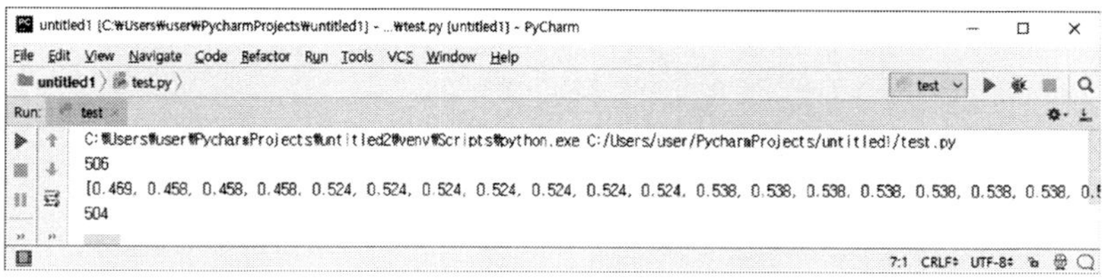


```
import pandas as pd
from sklearn import datasets
from sklearn.preprocessing import StandardScaler, MinMaxScaler

boston = datasets.load_boston()
dfX = pd.DataFrame(boston.data, columns=boston.feature_names)

feature_names = list(boston.feature_names)
category_feature_names = ['CHAS', 'RAD']
numeric_feature_names = list(set(feature_names) - set(category_feature_
names))

# 수치 데이터만 스케일링
scaler = MinMaxScaler()
scaler.fit(dfX[numeric_feature_names])
scaled_boston = scaler.transform(dfX[numeric_feature_names])

# 스케일된 수치 데이터와 범주 데이터 결합
scaled_df = pd.DataFrame(scaled_boston, columns=numeric_feature_names)
dfX = pd.concat([scaled_df, dfX[category_feature_names]], axis=1)
```

```
# 입력과 출력 결합
dfy = pd.DataFrame(boston.target, columns=["MEDV"])
df = pd.concat([dfX, dfy], axis=1)
print(df.head())
```

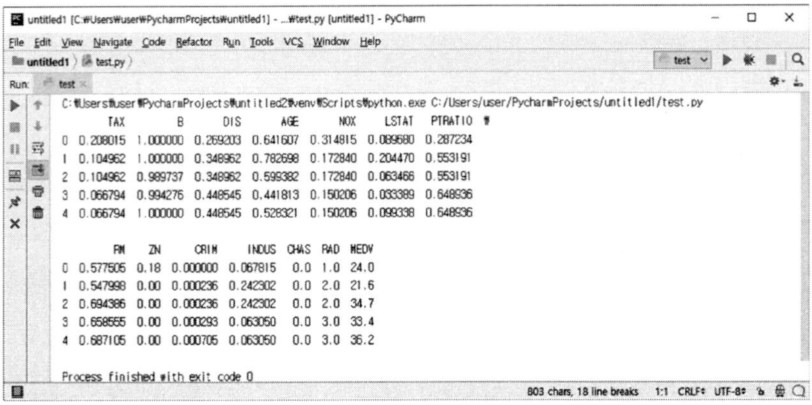

이번에는 카테고리 데이터를 수치 데이터로 변환해 보자. 카테고리 필드에 LabelEncoder를 적용하여 수치 데이터로 변환하고, 이어서 수치 데이터를 OneHotEncoder를 사용하여 원핫 인코딩한다. 모든 카테고리에 대해서 동일한 작업을 마친 후, 앞에서 스케일한 수치 필드들과 결합토록 한다. 새로이 만들어진 학습 데이터의 컬럼명을 출력해 보면 수치 필드들은 원래 이름대로 존재하지만, 카테고리 필드에 대해서는 다른 이름으로 그리고 형태도 다르게 바뀌어 있는 것을 볼 수 있다. 아래의 코드는 완전한 코드가 아니다. 앞의 코드에서 scaled_boston을 구하는 코드를 같이 추가해야 제대로 실행이 된다.

```
# 위에서 얻어진 스케일된 수치 데이터  scaled_boston 이용
import sklearn.preprocessing as prp

label_encoder = prp.LabelEncoder()
onehot_encoder = prp.OneHotEncoder()

dfC = pd.DataFrame()
for field in category_feature_names:
    encoded_data = label_encoder.fit_transform(dfX[field])
    onehot_encoded_data = onehot_encoder.fit_transform(encoded_data.values.reshape(-1,1))
    dfC = pd.concat([dfC, pd.DataFrame(onehot_encoded_data.toarray(), columns=[onehot_encoder.active_features_])], axis=1)

# 스케일된 수치 데이터와 인코딩된 범주 데이터 결합
scaled_df = pd.DataFrame(scaled_boston, columns=numeric_feature_names)
dfX = pd.concat([scaled_df, dfC], axis=1)

# 입력과 출력 결합
dfy = pd.DataFrame(boston.target, columns=["MEDV"])
df = pd.concat([dfX, dfy], axis=1)
print(df.columns) # print(df.head())
```

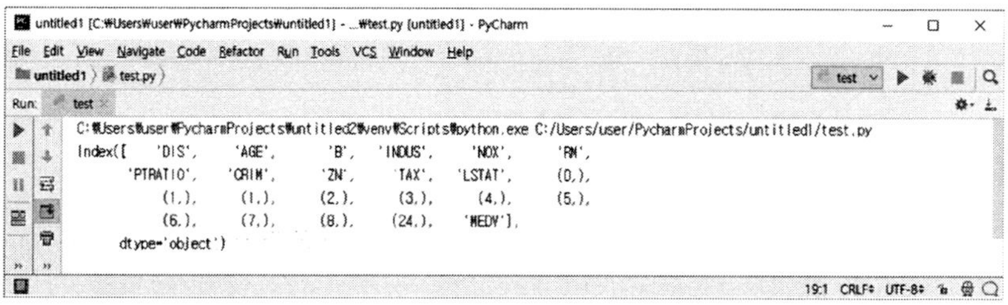

2장. 연습문제

• **다음 물음에 답하시오.**

1. 다음 중 문자열 데이터를 머신러닝에서 사용할 수 있도록 수치 값으로 변환하는 방법을 일컫는 용어는 ?

   (1) 누락값 처리　(2) 카테고리 데이터 인코딩　(3) 스케일링　(4) 특이치 검출

2. 다음 중 학습에 사용되는 여러 필드들의 값의 범위를 비슷하게 재조정해 주는 방법은 ?

   (1) 누락값 처리　(2) 카테고리 데이터 인코딩　(3) 스케일링　(4) 특이치 검출

3. 다음 중 비정상치 데이터를 검출하는 방법이 아닌 것은 ?

   (1) 특이치 검출　(2) 평균 편차 이용 방법　(3) 신규성 검출　(4) 최소-최대 방법

4. 학습 데이터 중 누락값 (missing value)를 처리하는 방법 중 합당하지 않는 것은 ?

   (1) 임의의 값으로 치환　(2) 해당 학습 샘플을 제거

   (3) 누락값이 포함된 열 전체 삭제　(4) 특정 값 (평균, 중간 값, 또는 0 등)으로 대체

• **다음 ( )에 적합한 내용을 채우시오.**

(1) CSV 형식으로 작성된 학습 데이터를 메모리로 읽어 들일 때는 상대 경로 파일명이나 절대 경로 파일명을 인수로 해서 pandas 모듈의 ( ) 함수를 이용하면 된다.

(2) 학습 데이터를 메모리로 읽어 들인 후, 데이터에 대한 간략한 정보 (학습 샘플 수, 각 필드의 타입과 null이 아닌 데이터 개수 등)를 파악할 경우, pandas 라이브러리의 ( ) 메서드들을 활용하면 된다.

(3) 학습 데이터의 앞 5개의 샘플을 보고자 할 경우, pandas 라이브러리의 ( ) 메서드들을 활용하면 된다.

(4) 학습 데이터의 입력 필드의 평균, 표준편차, min 값, 1/4분위 값, 2/4분위 값, 3/4분위 값, max 값 등을 파악하고자 할 경우는 pandas 라이브러리의 ( ) 메서드를 사용하면 된다.

(5) 학습 데이터의 입력 및 출력 필드들의 히스토그램을 보고자 할 경우는 pandas 라이브러리의 ( ) 메서드를 사용하면 된다.

(6) 학습 데이터를 시각화하고자 할 경우, 즉 다양한 형태의 그래프로 출력하고자 할 경우는 pandas 라이브러리의 ( ) 메서드를 사용하면 된다.

(7) 비정상치 데이터를 검출하는 방법들에는 ( ) 검출과 ( ) 검출이 있다.

(8) 문자열 형태의 카테고리 데이터를 수치로 변환 시, 가장 간단한 방법은 sklearn.preprocessing 모듈의 ( ) 클래스를 이용하는 것이다.

- **다음 물음에 O, X로 답하시오.**

(1) sklearn.datasets 모듈의 학습 데이터 적재 함수인 load_xxx 함수를 사용하여 학습 데이터를 읽어 들이면 그 결과는 DataFrame 객체 형태로 넘어온다.

(2) 모든 Bunch 객체에는 data 속성과 target 속성을 제공한다.

(3) 학습 데이터의 입력 필드들의 값이 범위가 크게 차이가 나면 학습이 제대로 이루어지지 않을 수 있다. 이런 경우 데이터 정제 과정을 거쳐야 한다.

(4) 포리스트 고립화 방법은 신규성 검출 방법 중 하나이다.

(5) LabelEncoder 클래스는 문자열 데이터를 이진 형태로 바꾸어 준다.

- **다음 물음에 답하시오.**

(1) sklearn.datasets 모듈의 학습 데이터 적재 함수인 load_iris 함수를 사용하여 읽어 들인 학습 데이터의 학습 셋과 테스트 셋을 분리하는 방법은 ?

(2) 층별 샘플링 (stratified sampling)이란 무엇이며, 왜 필요한가? 그리고 sklearn.model_selection 모듈의 train_test_split 함수를 이용 시 어떻게 구현할 수 있는지 설명하시오.

(3) 데이터가 정규 분포를 따른다는 가정 하에 평균과 편차를 이용하여 비정상치 데이터를 판단하는 방법을 기술하시오.

(4) 비정상치 검출 방법 중 특이치 (outlier) 검출과 신규성 검출 방법의 차이점을 설명하시오.

(5) 카테고리 값을 숫자로 변환하면 숫자의 특성 상 값들 사이에 거리 개념이 존재하게 되어 원 데이터의 의미가 일부 손실되는 경우가 발생할 수 있다. 이런 경우의 해결책은 ? 즉, 수치로 변환하면서 거리 개념이 없게 하려면 어떻게 해야 하나?

(6) 한 학습 데이터가 여러 필드들로 구성되고, 각 필드들의 값의 범위가 많이 다를 경우, 원 데이터를 그대로 학습에 사용 시 어떤 문제가 발생할 수 있는가 ? 그리고 그 문제점을 해결할 수 있는 방법은 ?

(7) 스케일링 방법 중 min-max 스케일링과 표준 스케일링 방법의 차이점은 ?

Chapter

3

인공신경망 (Artificial Neural Network)

1. 역사와 특징
2. 퍼셉트론 (Perceptron)
3. 다층 신경망 (Multi-Layer Perceptron)
4. 경사 하강법 (Gradient Descent)
5. 역전파 (Backpropagation) 알고리즘
6. Scikit-learn 라이브러리 이용 NN 구축하기

딥러닝에 대해 살펴보기 전에 그 근간이 되는 인공신경망에 대해서 살펴본다. 간단한 역사와 특징, 초기 신경망 모델인 퍼셉트론, 대표적 신경망 모델인 다층 신경망, 그리고 sklearn 라이브러리를 통한 신경망 구현 방법을 살펴본다.

3.1 역사와 특징

인공신경망(Artificial Neural Network : ANN) 혹은 신경망(Neural Network : NN)은 신경 생리학자인 워렌 매컬록(Warren McCulloch)과 수학자 월터 피트(Walter Pitts)에 의해 1943년에 처음 소개되었으며, 생물학적 뉴런이 동물 두뇌에서 어떻게 작동해서 명제 논리를 사용한 복잡한 계산을 수행하는 지를 모델링하기 위해 제안된 단순 계산 모델이다. 이후 1960년대까지 ANN의 성공은 사람들이 지적인 기계와 대화 할 것이라는 대폭적인 믿음을 이끌어 냈지만, 그 후 XOR 같은 단순한 문제도 해결할 수 없다는 어느 수학자의 증명으로 인해 ANN은 깊은 암흑기로 접어들게 되었다. 그 후 1980년대 초에 새로운 신경망 구조가 제안되고, 더 나은 학습 방법이 개발됨에 따라 ANN에 대한 관심이 되살아나게 되었다. 그러나 1990년대에는 SVM과 같은 강력한 대체 기계 학습 기술이 더 나은 결과와 보다 강력한 이론적 토대를 제공함으로써 많은 연구자들이 새로운 학습 방법에 관심을 갖게 되고, 그래서 ANN은 자연스럽게 다시 침체기를 맞게 되었다.

그러다가 최근 들어, 신경망을 학습시키는 데 사용할 수 있는 엄청난 양의 데이터가 발생하고, 무어의 법칙에 의한 지속적인 CPU 개선과 게임 산업으로 인한 GPU의 대중화로 컴퓨팅 파워가 증가하고, 학습 알고리즘도 약간 개선되고(약간이긴 하지만 실제로는 많은 엄청난 효과를 야기), 이론적인 약점, 예를 들어, 지역 최적화에 빠지는 문제도 실제로는 거의 발생하지 않으며, 발생하더라도 전역 최적에 가깝다는 게 밝혀지는 등 ANN을 적용할 수 있는 환경이 상당히 개선되었다. 이런 환경 조성과 함께 몇몇 실용적인 응용에 ANN(정확히는 딥러닝 기술)이 성공을 보임으로써 학문적으로나 산업적으로나 사회적으로 많은 관심을 받게 되었다.

ANN의 동작은 인간의 생물학적인 뉴런과 차이가 있지만 그것으로부터 영감을 얻어 만들어졌기에 간단히 그 구조를 보기로 하자. 인간의 뉴런은 아래 그림과 같은 구조로 되어 있다. 각 뉴런은 수상 돌기(dendrite)들을 통해 자신에게 주어지는 자극을 받아들이고,

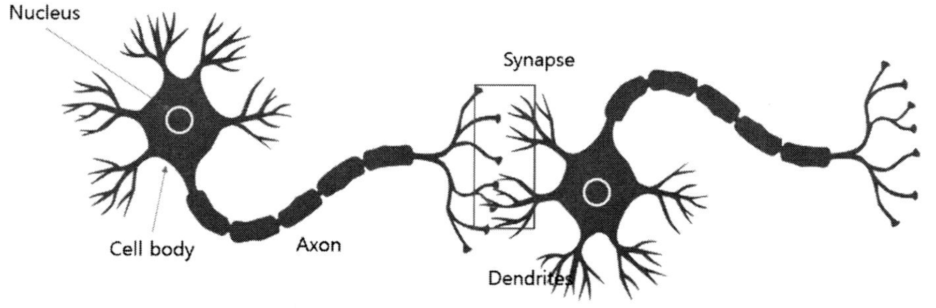

각 자극들은 신경 세포체(cell body)에서 합해진 후, 간단한 처리를 거쳐 축색(Axon)을 통해 그 결과(뉴런의 활성화 상태)가 다른 뉴런으로 전달이 된다. 축색의 끝에는 시냅스라는 구조가 있어 뉴런의 활성화 상태를 연결된 뉴런의 활동을 억제하거나 자극하는 전기적 효과로 변환하게 된다.

뉴런의 입력에는 억제성 입력이 있고, 흥분성 입력이 있어 억제 입력에 비해 충분히 큰 흥분성 입력을 받아야 뉴런이 활성화되고, 그 결과가 전기 스파이크로 변환되어 이웃 뉴런으로 전달된다. 학습은 하나의 뉴런이 다른 뉴런에 미치는 영향이 변경되도록 시냅스의 효과를 변경함으로써 발생한다. 우리 뇌에는 1,000,000,000,000 개의 뉴런이 들어 있고, 각 뉴런은 수천 개의 다른 뉴런들과 연결되어 있다. 각 뉴런의 기능은 단순하지만 방대한 뉴런들이 상호 연결되어 엄청난 기능들을 수행한다.

이런 생물학적 뉴런의 기능을 소프트웨어로 표현할 수 있는데, 이를 인공 뉴런(AN : Artificial Neuron)이라 한다. 인공 뉴런은 생물학적 뉴런과 마찬가지로 n개의 입력을 받고, 각각의 입력에 가중치를 곱한 후 이의 합을 구하고, 이 합에 간단한 함수를 적용하여 출

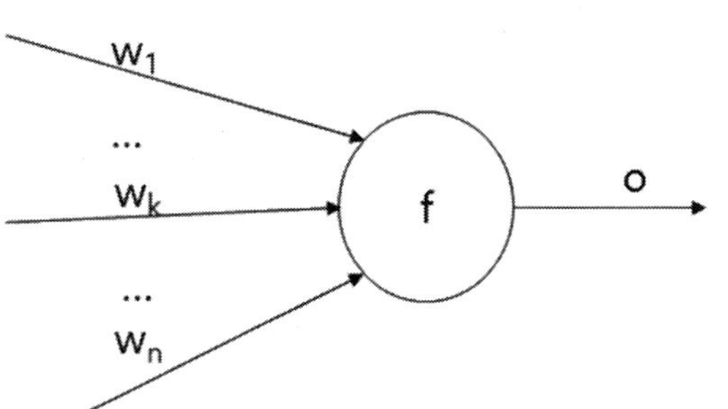

력 값을 만들어 낸다. 이 결과 값이 다시 다른 뉴런의 입력으로 전달이 된다. 입력과 가중치를 곱하는 것이 전달된 뉴런의 출력을 시냅스를 통해 전기적 신호로 바꾸는 것을 시뮬레이션한 것이고, 입력과 가중치를 곱한 후 이 값에 함수를 적용시키는 것은 세포체가 하는 일을 시뮬레이션 한 것이다.

신경망은 두 가지 모드로 동작하는데, 하나는 학습 모드이고, 다른 하나는 사용 모드 (또는 테스트 모드) 이다. 학습 모드에서는 입력으로 제시된 데이터의 특징, 즉 패턴을 학습하는 모드이며, 테스트 모드는 학습된 결과를 이용하여 새로운 데이터에 적용하는 모드이다. 학습한다는 것은 결국 주어진 데이터에 맞게 뉴런의 가중치들을 조정하는 것이다. 보통 학습으로 사용되는 데이터의 양이 많고, 입력 데이터에 맞는 가중치를 찾기 위해 같은 데이터를 갖고 여러 번 반복하기 때문에 학습 과정은 시간이 상당히 오래 걸린다. 테스트 모드에서는 정해진 가중치를 입력 데이터에 곱한 후 간단한 함수를 적용하는 것에 불과하기 때문에 빠른 시간 내에 결과가 출력된다.

3.2 퍼셉트론 (Perceptron)

퍼셉트론은 Frank Rosenblatt가 1957년에 발명한 가장 단순한 ANN 아키텍처 중 하나로, 워렌 매컬록과 월터 피트가 제안한 모델과는 약간 다른 인공 뉴런을 사용한다.

LTU(Linear Threshold Unit)라고 하는 이 뉴런은 이진 값 대신에 숫자를 사용하며, 각 입력 연

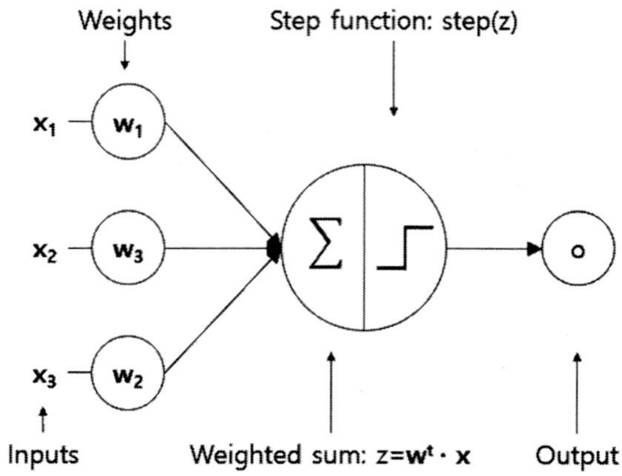

결은 가중치와 연관된다. 앞에서 설명한 인공 뉴런의 구조와 동일하다고 생각하면 된다. 단, LTU는 입력의 가중 합을 계산한 다음, 그 결과에 계단 함수를 적용하여 결과를 출력한다.

일반적으로 계단 함수로는 아래의 함수를 사용한다. 0보다 크거나 같으면 1, 그렇지 않으면 0인 heaviside 함수나 음수이면 −1, 0이면 0, 양수이면 1인 부호 함수를 사용한다.

$$h(z) = \begin{cases} 0 \text{ if } z < 0 \\ 0 \text{ if } z \geq 0 \end{cases} \quad \text{또는} \quad sgn(z) = \begin{cases} -1 \text{ if } z \leq 0 \\ 0 \text{ if } z = 0 \\ +1 \text{ if } z \geq 0 \end{cases}$$

퍼셉트론은 아래 그림과 같이 입력 층과 여러 개의 LTU로 구성된 단일 층으로 구성된다. 아래의 그림은 두 개의 입력을 받아 3개의 출력을 내는 퍼셉트론 구조로, 입력 뉴런은 특수한 뉴런으로 입력 값을 그대로 통과시키는 역할을 한다.

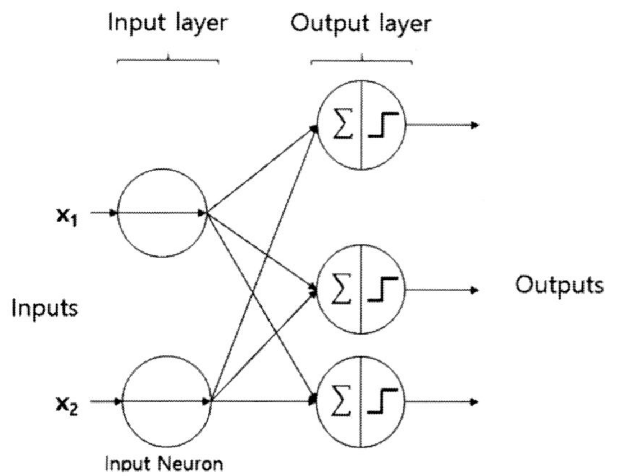

출력은 아래와 같이 바이어스를 고려하여 입력들의 가중치 합이 일정 임계치 이상이면 1이고, 그렇지 않으면 0이다.

$$\text{output} = \begin{cases} 1 \text{ if } w_1x_1 + w_2x_2 + \cdots + w_nx_n \geq \theta \\ 0 \ \textit{otherwise} \end{cases}$$

이를 재구성하면 다음과 같이 임계값 (θ)을 입력 값이 항상 1이고, 가중치가 $-\theta$인 입력 뉴런으로 표현할 수 있다. 이렇게 되면 학습 데이터에 내재된 바이어스를 자동으로 학습하게 된다. 이렇게 추가된 뉴런을 바이어스 뉴런이라 불리며, 바이어스 뉴런이 추가된 형태로 퍼셉트론을 재구성하면 아래와 같다.

$$\text{output} = \begin{cases} 1 \text{ if } w_1x_1 + w_2x_2 + \cdots + w_nx_n + (-\theta)(1) \geq 0 \\ 0 \quad otherwise \end{cases}$$

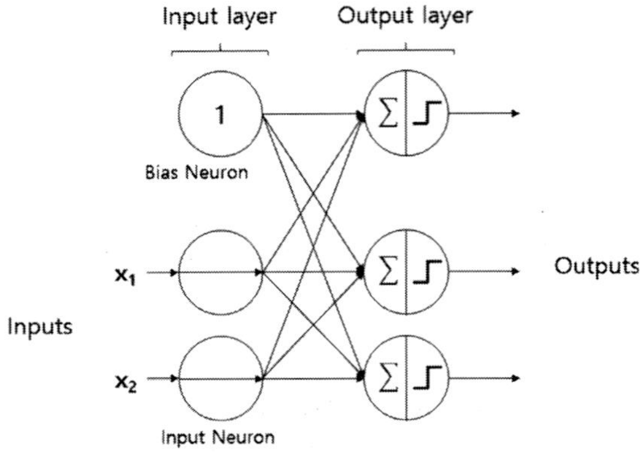

퍼셉트론은 아래의 학습 규칙을 사용하여 학습한다. 실제 출력과 목표치와의 차이, 즉 오차에 입력 값을 곱한 값만큼 변경시키면 된다. 오차가 음수이면 출력 값을 현재보다 작게 하기 위해 가중치를 감소시키고, 반대로 오차가 양수이면 출력 값을 현재보다 크게 하기 위해 가중치를 크게 해주게 된다. 그리고 오차와 입력 값을 곱한 값에 추가로 학습률을 곱하고 있는데, 이는 학습 속도를 제어하기 위함이다. 일반적으로 학습률이 너무 낮으면 알고리즘이 최적의 솔루션(지역 최적의 솔루션 포함)에 도달하지만 시간이 오래 걸리며, 반대로 너무 높으면 알고리즘이 발산하여 최적의 솔루션을 찾을 수가 없다. 학습률에 대한 한 가지 해결책은 초반에는 학습률을 크게해서 학습 속도가 빠르게 진행되게 하고, 점차 학습률을 줄여 끝으로 갈수록 천천히 변하도록 해주면 된다.

$$w_{i,j} = w_{i,j} \;\; + \eta(\hat{y}_j - y_j) \;\geq\; x_i$$

여기서, $w_{i,j}$는 i번째 입력 뉴런과 j번째 출력 뉴런 사이의 가중치를, $\hat{y}_j$은 j번째 출력 뉴런의 목표 값을, y_j는 j번째 출력 뉴런의 실제 출력 값을, η는 학습률을 나타낸다.

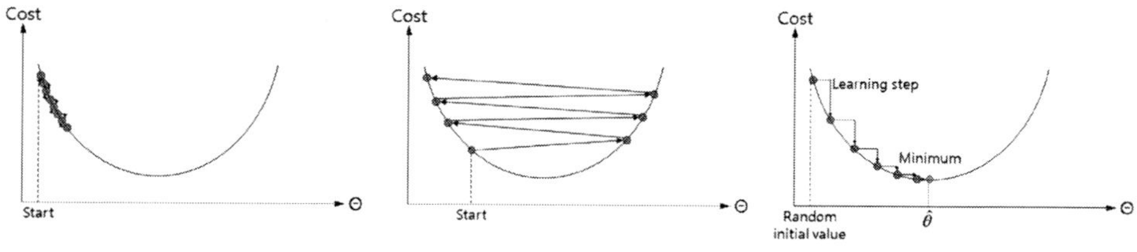

아래의 코드는 iris 데이터 셋에 퍼셉트론을 적용하는 코드이다. 먼저, 학습 데이터 전체를 사용하지 않고, 그 중 일부만 뽑아 사용하였다. iris 데이터 셋은 원래 4개의 입력 필드와 하나의 출력으로 구성되어 있다. 출력은 0, 1, 2 중 하나의 값을 갖는다. 아래의 코드에서처럼 먼저 4개의 입력 필드 모두를 사용하지 않고 3번째와 4번째 필드만 뽑아 사용하였으며, 출력도 원래 0인 출력은 1로, 나머지는 출력은 0으로 바꾸어 사용하였다. 이 변형된 데이터 셋에 퍼셉트론을 적용하기 위해 Scikit-Learn 라이브러리의 Perceptron 클래스를 사용하였다. 이 클래스는 단일 LTU 네트워크를 구현한 것이다. Perceptron 객체를 생성한 후, fit 메서드를 사용하여 학습하면 된다. 이때 학습 입력과 출력을 패러미터로 지정하면 된다. 그리고 학습이 끝난 후, 새로운 데이터에 대해서 적용할 경우는 predict 메서드를 사용하면 된다. 이때 테스트 하고자 하는 데이터를 패러미터로 지정해 주면 된다.

```
import numpy as np
from sklearn.datasets import load_iris
from sklearn.linear_model import Perceptron

iris = load_iris()
X = iris.data[:, (2, 3)]                    # petal length, petal width
y = (iris.target == 0).astype(np.int)       # Iris Setosa?
per_clf = Perceptron(random_state=42)
per_clf.fit(X, y)
y_pred = per_clf.predict([[2, 0.5]])
print(y_pred)
```

퍼셉트론은 학습 데이터만 주면 스스로 데이터의 패턴을 학습할 수 있다는 점 때문에 많

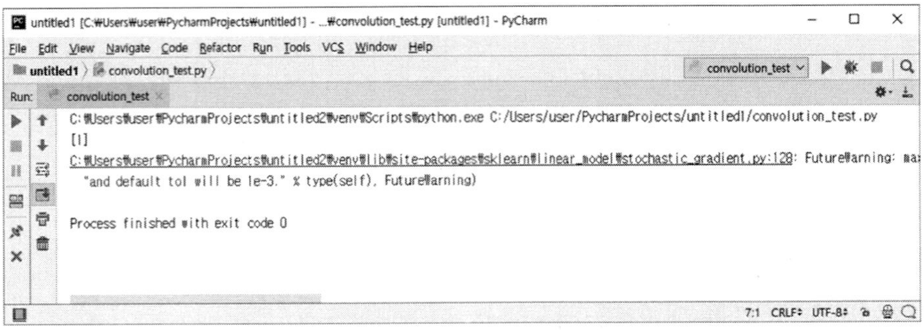

은 관심을 끌었지만, 그 관심은 그리 오래 지속되지 않았다. Marvin Minsky와 Seymour Papert가 1969년에 Perceptrons의 심각한 약점을 그들의 논문에서 증명하였기 때문이다. 그 이유를 AND 연산과 XOR 연산을 학습하는 예를 통해 살펴본다. AND와 XOR 연산을 학습하기 위한 퍼셉트론이 아래와 같이 구성되어 있다고 하자.

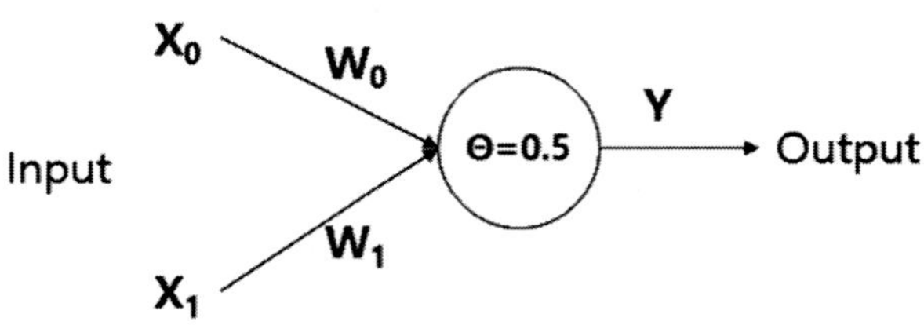

AND와 XOR를 학습하기 위한 학습 데이터는 당연히 아래의 표처럼 구성이 될 것이다.

AND			XOR		
x1	x2	Y	x1	x2	Y
0	0	0	0	0	0
0	1	0	0	1	1
1	0	0	1	0	1
1	1	1	1	1	0

AND 학습 데이터를 위의 퍼셉트론에 적용할 경우, 결국 아래의 조건을 만족하는 가중치를 찾아가게 될 것이다. 결국, 각각이 0.5보다 작으면서 그 합이 0.5보다 큰 두 수를 찾게 된다. 당연히 이 조건을 만족하는 두 수는 있기 때문에 학습이 가능하다.

$0 \times W_0 + 0 \times W_1 = 0 \quad < 0.5$

$0 \times W_0 + 1 \times W_1 = W_1 \quad < 0.5$

$1 \times W_0 + 0 \times W_1 = W_0 \quad < 0.5$

$1 \times W_0 + 1 \times W_1 = W_0 + W_1 \quad \geq 0.5$

XOR 학습 데이터에 대해서, 비슷하게 적용하면 결국 아래의 수식을 만족하는 W_0와 W_1을 찾는 게 학습이다. 하지만 이 수식을 만족하는 어떤 숫자도 존재하지 않음을 쉽게 알 수 있을 것이다. 그래서 퍼셉트론은 XOR 문제를 해결할 수 없다고 얘기할 수 있다.

$0 \times W_0 + 0 \times W_1 = 0 \quad < 0.5$

$0 \times W_0 + 1 \times W_1 = W_1 \quad \geq 0.5$

$1 \times W_0 + 0 \times W_1 = W_0 \quad \geq 0.5$

$1 \times W_0 + 1 \times W_1 = W_0 + W_1 \quad < 0.5$

위의 XOR 문제를 일반화 하면 퍼셉트론은 학습 데이터가 선형 분리 가능하면 학습을 할 수 있으나, 만약 학습 데이터가 XOR처럼 선형 분리가 불가능하면 제대로 학습할 수 없다.

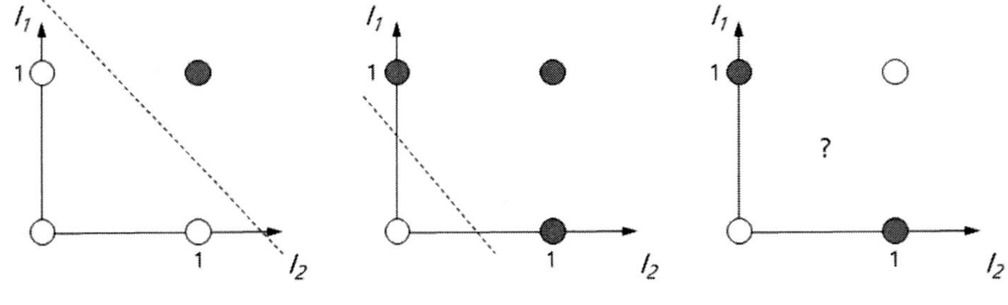

(a) I_1 and I_2 (b) I_1 or I_2 (c) I_1 xor I_2

3.3 다층 신경망 (Multi-Layer Perceptron : MLP)

다층 신경망은 말 그대로 여러 뉴런 층으로 구성이 되는 신경망이다. 퍼셉트론이 입력층과 출력층으로 구성된 반면에 이 두 층 사이에 하나 이상의 뉴런 층이 존재하는 신경망이다. 입력 층과 출력 층 사이의 뉴런 층을 은닉 층(hidden layer)라 한다. 출력 층을 제외한 모든 레이어는 바이어스 뉴런을 포함하고, 다음 뉴런 층에 완전히 연결된 형태이다.

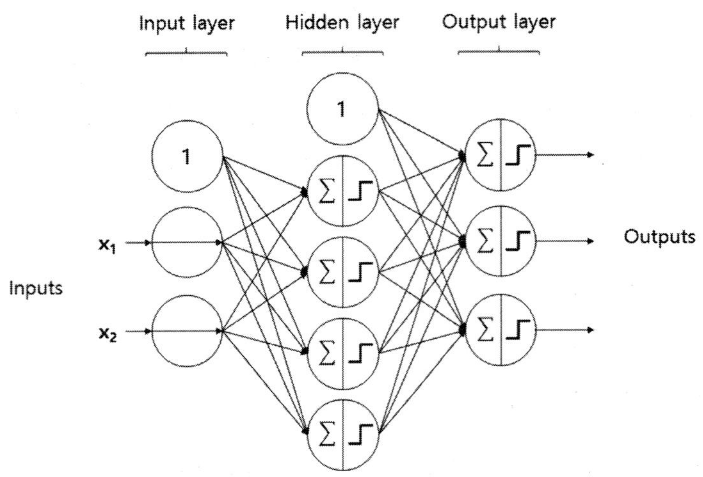

수년 동안 많은 연구자들이 MLP를 성공적으로 훈련시키는 방법을 찾기 위해 애써왔는데, 1986년에야 그 학습 알고리즘이 제안되었다. D. E. Rumelhart와 그 동료들이 제안한 역전파(backpropagation) 학습 알고리즘이 바로 그것이다. 지금에는 당연시 되는 것이지만 그 당시에는 아주 획기적인 방법이었다. 이 방법이 오늘날까지 계속되어 딥러닝에서도 사용이 된다. 그 대략적인 방법은 아래와 같다. 자세한 학습 방법은 뒷부분에서 다루도록 한다.

1) 각 학습 인스턴스에 대해 역전파 알고리즘은 먼저 예측(순방향 전달)을 수행하고 오류를 측정한다(순방향 단계).

2) 역순으로 각 뉴런 층을 통과하며 각 연결의 오류 기여도를 측정한다(역방향 단계).

3) 마지막으로 연결 가중치를 약간 조정하여 오류를 줄인다(Gradient Descent 단계).

이런 차이 외에 뉴런의 활성화 함수도 달라졌다. 활성화 함수는 뉴런의 모든 자극을 합한 후, 최종적인 출력을 결정하는 함수로, 퍼셉트론에서의 계단 함수가 바로 그것이다. MLP에서는 단계 함수 대신에 로지스틱(Logistic) 함수(시그모이드 함수는 Logistic 함수의 특수한 경우)를 사용한다.

$$\sigma(z) = 1/(1 = \exp(-z))$$

로지스틱 함수 외에 다른 활성화 함수를 사용할 수도 있는데, 그 대표적인 함수가 tanh 함수와 ReLU 함수이다.

$$\tanh(z) = 2\sigma(2z) - 1$$

$$Relu(z) = \max(0, z)$$

위 세 함수의 출력 형태와 그 미분 값은 아래 그림과 같은데, 로지스틱 함수와 tanh 함수는 그 모양이 비슷하며, 전 구간에서 미분 가능함을 알 수 있다. 학습 과정 중에 미분 값이 사용되므로 미분 가능 여부가 중요하다. 로지스틱 함수는 0과 1 사이의 출력 값을 갖으며, tanh 함수는 −1과 1 사이의 출력 값을 갖는다. ReLu는 이론적으로는 z = 0에서 미분할 수 없지만 실제로는 매우 잘 작동하며, 계산 속도가 빠르다는 이점이 있다. 그리고 가장 중요한 것은 최대 출력 값의 제한이 없다는 것이다. 양의 입력에 대해 선형적인 출력을 내준다. 이러한 특성이 딥러닝 시 문제가 되는 일부 문제를 해결하는 데 도움이 된다.

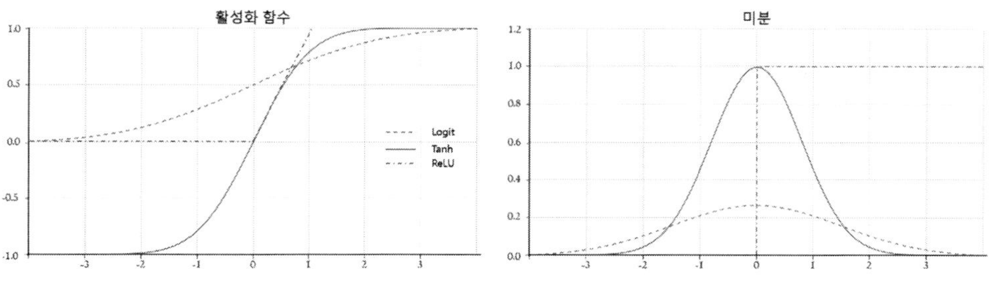

이진 분류의 경우 0과 1 사이의 출력 값을 얻기 위해 로지스틱 함수 $g(z) = 1 / (1 + e^{-z})$를 활성화 함수로 사용한다. 0.5를 임계값으로 하여 0.5보다 크거나 같은 출력 샘플은 양의 클래스로, 그렇지 않은 샘프들은 음의 클래스로 판별하면 된다. 세 개 이상의 클래스가 있는 경우는 로지스틱 함수를 사용하지 않고 softmax 함수를 사용한다. softmax 함수는 각 뉴런 출력별로 적용하는 것이 아니라 모든 뉴런 출력들을 같이 고려하여 아래와 같이 정규화 하는 함수이다. 예를 들어, 세 개의 클래스로 분류하는 문제인데, 어떤 입력에 대해 출력 뉴런들의 값이 0.1, 0.1, 0.3일 경우, sodtmax 함수를 적용하면 $e^{0.1}/(e^{0.1} + e^{0.1} + e^{0.3})$, $e^{0.1}/(e^{0.1} + e^{0.1} + e^{0.3})$, $e^{0.3}/(e^{0.1} + e^{0.1} + e^{0.3})$로 바뀌게 된다.

$$\widehat{P_k}(X) = \frac{\exp(O_k(X))}{\sum_{j=1}^{N} \exp(O_j(X))}$$

여기서, N은 클래스 개수이며, $O_k(X)$는 입력 X에 대한 k번째 출력 뉴런의 출력 값을, $\hat{p}_k(X)$는 k번째 출력 뉴런의 정규화된 값으로 입력 X가 클래스 k에 속할 확률을 나타낸다.

최신 MLP에는 아래 그림과 같이 활성화 함수와 softmax 함수를 같이 사용한다. 즉, 출력층에 활성화 함수를 적용하여 츨력 값을 얻은 후, 다시 이 값들에 대해 softmax를 적용시키는 방법을 사용한다. 참고로, 분류 문제가 아닌 회귀 분석 문제인 경우는 출력 층에 활성화 함수를 적용하지도 않으며, 당연히 softmax도 적용하지 않는다. 이는 출력 층에 대해서는 활성화 함수로 id 함수(입력을 그대로 출력으로 내줌)를 적용하는 것과 같다.

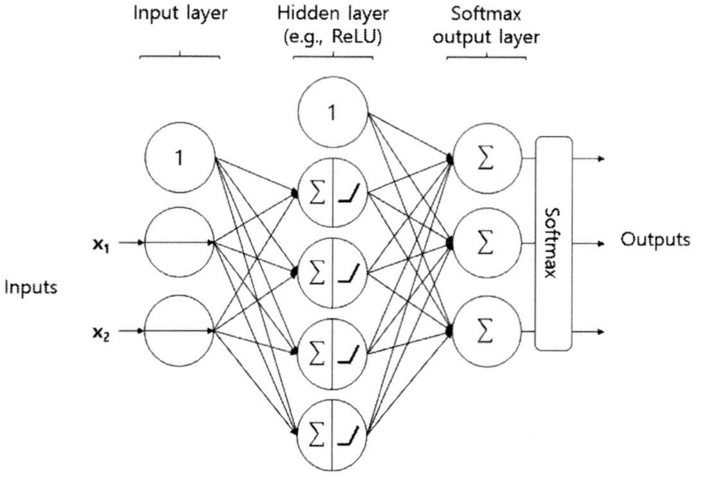

3.4 경사 하강법 (Gradient Descent)

매우 일반적인 최적화 알고리즘은 광범위한 문제에 대한 최적의 솔루션을 찾을 수 있게 해준다. 경사 하강법의 일반적인 개념은 비용 함수를 정의하고, 이 함수의 값을 최소화하기 위해 반복적으로 매개 변수를 조정하는 것이다. 매개 변수 벡터 θ를 무작위 값으로 채우는 것으로 시작(이것을 랜덤 초기화라고 함)하여 최소 수렴할 때까지 비용 함수(예 : MSE, 예측 오류)를 줄이려고 시도하면서, 한 번에 한 단계씩 단계적으로 개선해 나간다. 아래의 수식이 j 번째 매개 변수의 값을 갱신시키는 수식이다. 전체 비용 함수를 j 번째 매개 변수로 편미분한 값에 학습률을 곱하고, 그 결과 값만큼 현재 값에서 빼주면 된다.

$$\overline{\theta}_j = \theta_j - \eta \frac{\partial}{\alpha \theta_j} Cost(\theta)$$

경사 하강법의 이해를 돕기 위해 간단한 예 (매개 변수는 x 하나이며, 비용 함수는 Cost(x) = x*x)를 사용하여 적용해 보자. 이 예는 결국 x*x의 최솟값이 되는 x를 찾는 문제가 된다. 이미 우리는 답이 0이라는 것을 알고 있다. 하지만 경사 하강법을 통해 정말로 x가 0으로 바뀌어 가는 지를 확인해 보자. 먼저 x가 무작위로 5로 설정되었고, η는 0.2라고 하자. 그러면 위의 수식에 따라 x의 값이 아래와 같이 변경된다.

x1 = x0 – 0.2 * 2 * x0 = 5 – 0.2*2*5 = 5 – 2 = 3

x의 값이 5에서 3으로 바뀌었다. 다시 한 번 반복하면 x의 값이 아래와 같이 변하게 된다.

x2 = x1 – 0.2 * 2 * x1 = 3 – 0.2*2*3 = 3 – 1.2 = 1.8

다시 한 번 반복하면 x의 값이 1.8에서 1.08로 변한다.

x3 = x2 - 0.2 * 2 * x2 = 1.8 – 0.2*2*1.8 = 1.8 – 0.72 = 1.08

이처럼 횟수를 반복할수록 x의 값이 최적의 해인 0에 가깝게 변경된다. 경사 하강법의 중요한 매개 변수는 학습 속도를 결정지는 η의 값이다. 이 값이 너무 작으면, 알고리즘은 수렴하기 위해 많은 반복을 거쳐야 하며, 이로 인해 해를 찾는데 오랜 시간이 걸리게 된다. 이 값을 너무 크게 하면 수렴하지 않고 바운스하게 된다. η의 값을 1로 설정한 후 위의 과정을 반복하면 다음과 같이 x의 값이 변하게 될 것이다.

x1 = x0 – 1.0 * 2 * x0 = 5 – 1.0*2*5 = 5 – 10 = −5

x2 = x1 – 1.0 * 2 * x1 = −5 – 1.0*2*−5 = −5 + 10 = 5

x3 = x2 – 1.0 * 2 * x2 = 5 – 1.0*2*5 = 5 – 10 = −5

경사 하강법은 탐색 공간 내에 구멍, 산마루, 고원 등 불규칙한 지형이 있을 경우 최적의 해를 찾기가 어려우며, 패러미터들의 스케일이 일정하지 않을 경우도, 해를 찾는데 시간이 오래 걸릴 수 있다. 이런 경우는 전처리를 통해 스케일을 동일하게 맞추어 주면 된다.

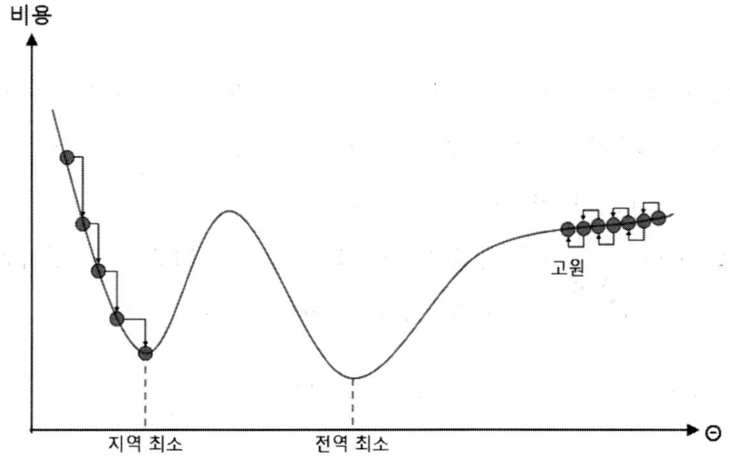

앞에서 언급한 바와 같이 학습은 결국 학습 오차를 최소화하는 뉴런들의 가중치를 찾는 문제로 볼 수 있다. 그래서 경사 하강법을 적용하여 학습을 할 수 있는데, 이때 학습 데이터를 어떻게 활용하느냐에 따라 학습 결과가 달라진다. 일괄 경사 하강법(batch gradient descent)은 매 학습 단계마다 전체 학습 세트를 사용하여 그라디언트를 계산하므로 학습 세트가 클 때 매우 느려지게 된다. 일괄 경사 하강법과 반대 축에 있는 방법이 스토케스틱 경사 하강법(stochastic gradient descent : SGD)이다. 이 방법에서는 매 학습 단계에서 학습 세트에서 무작위로 한 인스턴스를 선택하고, 그 인스턴스만을 기반으로 그라디언트를 계산한다. 그래서 알고리즘이 훨씬 빨라지고, 거대한 훈련 세트를 훈련할 수 있는 장점이 있다. 하지만 확률론적(즉, 랜덤) 성질로 인해, 일괄 경사 하강법 보다 훨씬 덜 규칙적이고, 부드럽게 최적의 해를 찾아 들어가지 못하고 최적의 해에 수렴하지 않게 되는 단점이 있다. 이 두 가지 방법의 중간에 있는 것이 미니 배치 경사 하강법(mini-batch gradient descent)이다. 매 학습 단계에서 미니 배치(mini-batch)라고 불리는 작은 랜덤 집합의 인스턴스에 대해 그라디언트를 계산한다. SGD보다 GPU를 사용할 때 행렬 연산의 하드웨어 최적화로 인해 성능이 향상된다는 장점이 있고, SGD보다 조금 더 최적의 해에 갈 수 있다는 장점이 있는 반면, 그것으로 인해 지역 최적에서 벗어나기가 더 어려울 수 있다.

3.5 역전파 (Backpropagation) 알고리즘

역전파 알고리즘은 순방향 패스 (forward pass)와 역방향 패스 (backward pass)로 구성이 된다. 순방향 패스에서는 현재의 연결 가중치를 기반으로 신경망의 실제 출력을 계산하는 과정이며, 역방향 패스에서는 목표치와 실제 출력을 이용하여 학습 오차를 계산하고, 이를 기반으로 각 뉴런 연결 가중치를 변경하는 과정이다. 바로 이 연결 가중치를 변경할 때 앞에서 설명한 경사 하강법을 사용한다. 그리고 경사 (그라디언트)를 계산할 때, 전체 학습 데이터를 사용할 수도 있고, 학습 데이타 중 한 인스턴스만 이용할 수도 있고, 몇 개의 인스턴스를 이용할 수도 있다.

역전파 알고리즘의 대략적 코드는 아래와 같다. 아래의 코드는 SGD를 기반으로 한 것이다. 즉 한 학습 인스턴스만을 이용하여 연결 가중치의 변화량을 계산하고 갱신하는 방법을 가정한 것이다. 배치 경사 하강법이나 미니 배치 경사 하강법을 사용할 경우는 해당 학습 인스턴스 각각에 대한 가중치 변화량을 계산한 후, 이의 평균을 계산하여 갱신하면 된다.

a) 각 뉴런의 연결 가중치를 무작위로 초기화 한다.

b) 학습 오류가 없거나 정해진 종료 조건을 만족할 때까지 아래 과정을 반복

b-1) 학습 데이터의 한 인스턴스를 선택한 후, 이를 입력 층에 제시한 후 순방향으로 진행하면서 각 뉴런들의 출력 값들을 계산한다. 이런 식으로 출력 층 뉴런들의 출력 값을 계산한다.

b-2) 출력층의 실제 출력과 목표치를 이용하여 학습 오차를 계산한다.

b-3) 출력 층에서 입력 층 방향으로 진행하면서 계산된 오차를 바탕으로 각 뉴런 연결치의 변화량을 계산한다.

b-4) 모든 뉴런의 연결 가중치 변화량 계산이 끝났으면 실제로 각 연결 가중치의 값을 갱신한다.

간단한 예를 통하여 연결 가중치가 어떻게 갱신되는지를 살펴본다. 예제 신경망의 구조와 초기 연결 가중치는 아래와 같다. 그리고 제시된 학습 인스턴스의 입력 값은 (0.15, 0.20)이며, 이 입력에 대응되는 목표 값은 (0.22, 0.88)이다.

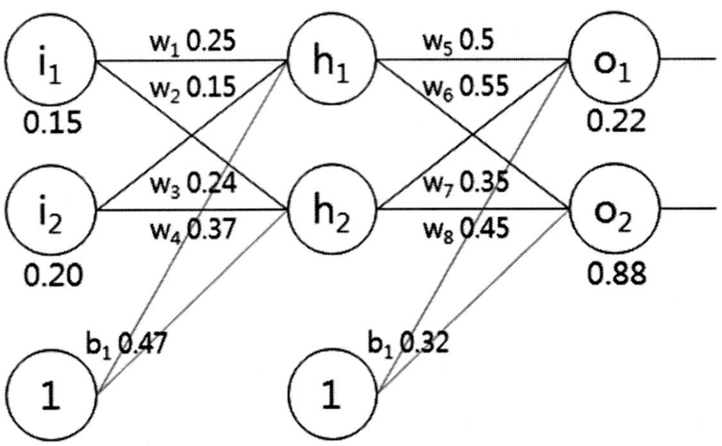

[순방향 계산]

입력 값에 대한 은닉 층 h_1뉴런의 전체 입력 값을 계산하고, 그 값에 활성화 함수를 적용하여 출력 값을 계산한다.

$$net_{h1} = w_1 \times i_1 + w_2 \times i_2 + b_1 \times 1$$
$$net_{h1} = 0.25 \times 0.15 + 0.15 \times 0.2 + 0.47 \times 1 = 0.5375$$
$$out_{h1} = \frac{1}{1+e^{-net_{h1}}} = \frac{1}{1+e^{-0.5375}} = 0.631230663$$

같은 과정을 은닉 층 h_2 뉴런에 대해서도 적용하여 그 출력 값을 계산한다.

$$out_{h2} = 0.641067406$$

출력 층 o_1뉴런의 전체 입력을 계산하고, 이 값에 활성화 함수를 적용하여 출력 값을 계산한다.

$$net_{o1} = w_5 \times out_{h1} + w_6 \times out_{h2} + b_2 \times 1$$
$$net_{o1} = 0.5 \times 0.631230663 + 0.55 \times 0.641067406 + 0.32 \times 1 = 0.988202405$$
$$out_{o1} = \frac{1}{1+e^{-net_{o1}}} = \frac{1}{1+e^{0.988202405}} = 0.728732717$$

같은 과정을 은닉 층 o_2 뉴런에 대해서도 적용하여 그 출력 값을 계산한다.

$$out_{o2} = 0.696230388$$

[역방향 계산]

연결 가중치들의 변화량을 계산하기 위해서는 먼저, 손실 함수 Etotal 를 정의해야 하는데, 이는 출력 뉴런 o_1 의 손실 값과 o_2 의 손실 값의 합으로 정의되며, 각 뉴런의 손실 값은 아래와 같다.

$$E_{total} = \frac{1}{2}(target_{o1} - out_{o1})^2 + \frac{1}{2}(target_{o2} - out_{o2})^2$$

이 손실 함수를 기반으로 출력 층에서부터 입력 층 방향으로 진행하면서 가중치들을 갱신해야 한다. 여기서는 먼저 w_5부터 갱신토록 한다. w_5의 새로운 값은 경사 하강법에 의해 아래와 같이 계산되어 진다.

$$w_5^+ = w_5 - \eta \times \frac{\partial E_{total}}{\partial w_5}$$

$\frac{\partial E_{total}}{\partial w_5}$ 을 직접 구하기가 힘들기 때문에 아래 그림처럼 연쇄 법칙을 적용하여 종속 변수들의 편미분의 곱으로 변환하여 계산한다.

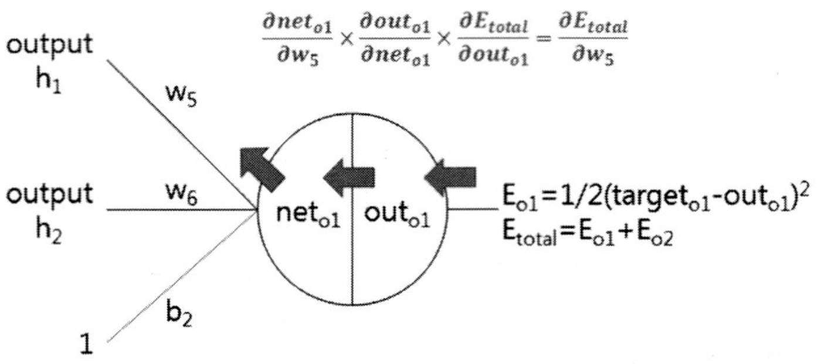

$$\frac{\partial E_{total}}{\partial w_5}=\frac{\partial E_{total}}{\partial out_{o1}}\times\frac{\partial out_{o1}}{\partial net_{\ o1}}\times\frac{\partial net_{\ o1}}{\partial w_5}$$

$$\frac{\partial E_{total}}{\partial out_{o1}}=2\times\frac{1}{2}(target_{o1}-out_{o1})^{2-1}\times-1+0$$

$$=-(target_{o1}-out_{o1})=-(0.22-0.728732717)=0.508732717$$

$$\frac{\partial out_{o1}}{\partial net_{\ o1}}=\frac{\partial(\frac{1}{1+e^{-net_{\ o1}}})}{\partial net_{\ o1}}=out_{o1}(1-out_{o1})$$

$$=0.728732717(1-0.728732717)=0.19768134$$

$$net_{\ o1}=w_5\times out_{h1}+w_6\times out_{h2}+b_2\times 1$$

$$\frac{\partial net_{\ o1}}{\partial w_5}=1\times out_{h1}\times w_5^{(1-1)}+0+0=out_{h1}=0.631230663$$

$$\therefore\ \frac{\partial E_{total}}{\partial w_5}=0.508732717\times 0.197681344\times 0.631230663=0.063480953$$

$$w_5^{+}=0.5-0.5\times 0.063480953=0.468259523$$

w_6, w_7, w_8에 대해서도 동일하게 적용시키면 아래와 같은 결과를 얻을 수 있다.

$$w_6^{+}=0.517764898$$

$$w_7^{+}=0.362266738$$

$$w_8^{+}=0.462457896$$

$$w_6^{+}=0.5-0.5\times 0.063480953=0.468259523$$

출력 층의 연결 가중치 갱신이 끝나면 은닉 층의 연결 가중치를 갱신하여야 한다. 먼저, w_1의 새로운 가중치부터 계산해 보자. 출력 층의 연결 가중치와 유사하게 $\frac{\partial E_{total}}{\partial w_1}$을 구해야 하고, 이를 구하기 위해 연쇄 법칙을 적용하면 아래 그림과 같이 재구성된다.

$$\frac{\partial E_{total}}{\partial w_1} = \frac{\partial E_{total}}{\partial out_{h1}} \times \frac{\partial out_{h1}}{\partial net_{h1}} \times \frac{\partial net_{h1}}{\partial w_1}$$

$$\frac{\partial E_{total}}{\partial out_{h1}} = \frac{\partial E_{o1}}{\partial out_{h1}} \times \frac{\partial E_{o2}}{\partial out_{h1}}$$

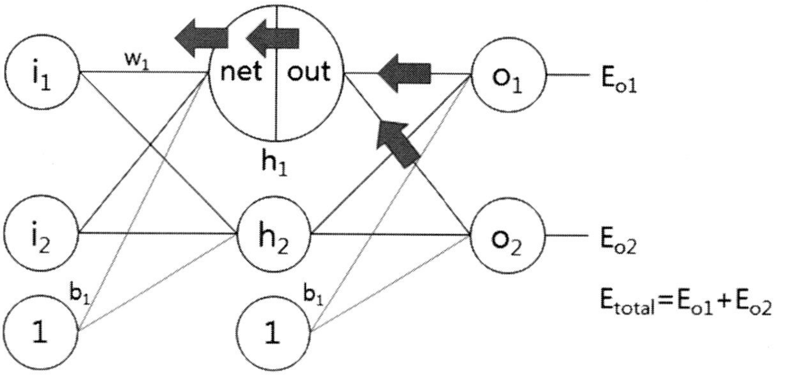

$\frac{\partial E_{o1}}{\partial out_{h1}}$은 아래와 같이 구하면 된다.

$$\frac{\partial E_{o1}}{\partial out_{h1}} = \frac{\partial E_{o1}}{\partial net_{o1}} \times \frac{\partial net_{o1}}{\partial out_{h1}}$$

$$\frac{\partial E_{o1}}{\partial net_{o1}} = \frac{\partial E_{o1}}{\partial out_{o1}} \times \frac{\partial out_{o1}}{\partial net_{o1}} = 0.508732717 \times 0.197681344 = 0.100566967$$

$$net_{o1} = w_5 \times out_{h1} + w_6 \times out_{h2} + b_2 \times 1$$

$$\frac{\partial net_{o1}}{\partial out_{h1}} = w_5 = 0.50$$

$$\therefore \frac{\partial E_{o1}}{\partial out_{h1}} = \frac{\partial E_{o1}}{\partial net_{o1}} \times \frac{\partial net_{o1}}{\partial out_{h1}} = 0.100566967 \times 0.50 = 0.050283484$$

동일하게 $\frac{\partial E_{o2}}{\partial out_{h1}}$도 구하면 된다.

$$\frac{\partial E_{o2}}{\partial out_{h1}} = -0.013603136$$

$\frac{\partial E_{o1}}{\partial out_{h1}}$과 $\frac{\partial E_{o2}}{\partial out_{h1}}$로부터 $\frac{\partial E_{total}}{\partial out_{h1}}$을 아래와 같이 구할 수 있다.

$$\frac{\partial E_{total}}{\partial out_{h1}} = \frac{\partial E_{o1}}{\partial out_{h1}} + \frac{\partial E_{o2}}{\partial out_{h1}} = 0.050283484 + -0.013603136 = 0.036680348$$

$\frac{\partial out_{h1}}{\partial net_{h1}}$는 다음과 같이 구할 수 있다.

$$out_{h1} = \frac{1}{1+e^{-net_{h1}}}$$

$$\frac{\partial out_{h1}}{\partial net_{h1}} = out_{h1}(1-out_{h1}) = 0.631230663(1-0.631230663) = 0.232778513$$

$\frac{\partial net_{h1}}{\partial w_1}$는 다음과 같이 구할 수 있다.

$$net_{h1} = w_1 \times i_1 + w_3 \times i_2 + b_1 \times 1$$

$$\frac{\partial net_{h1}}{\partial w_1} = i_1 = 0.15$$

위의 결과들을 이용하여 $\frac{\partial E_{total}}{\partial w_1}$을 구할 수 있고, 이를 이용하여 새로운 가중치를 또한 구할 수 있다.

$$\frac{\partial E_{total}}{\partial w_1} = \frac{\partial E_{total}}{\partial out_{h1}} \times \frac{\partial out_{h1}}{\partial net_{h1}} \times \frac{\partial net_{h1}}{\partial w_1}$$

$$= 0.036680348 \times 0.232778513 \times 0.15 = 0.00128076$$

$$w_1^+ = w_1 - \eta \times \frac{\partial E_{total}}{\partial w_1} = 0.25 - 0.5 \times 0.00128076 = 0.24935962$$

나머지 가중치에 대해서도 동일하게 적용하면 다음과 같은 새로운 가중치를 얻을 수 있다.

$w_2^+ = 0.149146160$

$w_3^+ = 0.239347285$

$w_4^+ = 0.369129714$

3.6 Scikit-learn 라이브러리 이용 NN 구축하기

Scikit–learn 라이브러리에는 다층신경망을 이용한 분류기 클래스 MLPClassifier를 제공한다. 그런데, 이 클래스는 큰 응용 프로그램을 위해 제안되지 않았으며, GPU를 지원하지도 않는다. 그래서 작은 규모의 학습 데이터를 학습할 때 사용된다. MLPClassifier로부터 객체 생성 시에 은닉 층의 개수와 각 은닉 층의 뉴런의 개수를 튜플 형태로 hidden_layer_sizes 패러미터를 통해 지정해 주면 된다. 예를 들어, 은닉 층이 두 개이고, 각각의 뉴런의 개수가 5와 2일 때, hidden_layer_sizes=(5,2)처럼 지정해 주면 된다.

MLPClassifier 객체가 생성된 후에는 fit 메서드를 통해 학습을 진행하면 된다. 이때, 학습을 위한 입력 데이터를 첫 번째 패러미터로, 그리고 타겟 데이터를 두 번째 패러미터로 지정해 주면 된다. 입력 데이터는 입력 인스턴스 수*특징 수 만큼의 float 값들로 구성되며, 타겟 데이터는 입력 인스턴스 수 만큼의 클래스 레이블들로 구성된다. 아래의 예제는 iris 데이터 셋에 다층신경망을 적용하여 그 성능을 파악하는 코드이다.

```
from sklearn.neural_network import MLPClassifier
import sklearn.datasets as datasets
from sklearn.model_selection import train_test_split
import numpy as np
from sklearn.metrics import accuracy_score

iris_dataset = datasets.load_iris()

x = iris_dataset.data
y = iris_dataset.target

x_train, x_test, y_train, y_test = train_test_split(x, y, test_size=0.2,
random_state=1)
classifier = MLPClassifier( hidden_layer_sizes=(5, 2), random_state=3)

classifier.fit(x_train, y_train)
predicted = classifier.predict(x_test)
print(predicted)
print(y_test)
print(accuracy_score(y_test, predicted))
```

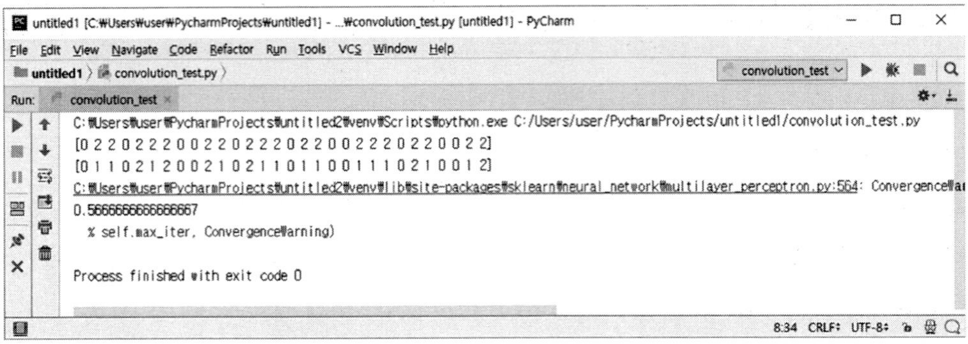

정확도가 57% 정도에 불과하다. 현재 기본 학습 반복 횟수는 200회이다. 만약 이 회수를 바꾸어 성능 테스트를 하고 싶다면, MLPClassifier 객체 생성 시에 max_iter 패러미터의 값으로 원하는 반복 횟수를 지정해 주면 된다. 여기서는 10000회로 바꾸어 위의 코드를 다시 실행하여, 그 성능 차이가 있는지 확인해 보자.

```
classifier = MLPClassifier( hidden_layer_sizes=(5, 2), max_iter= 10000,
random_state=1)
```

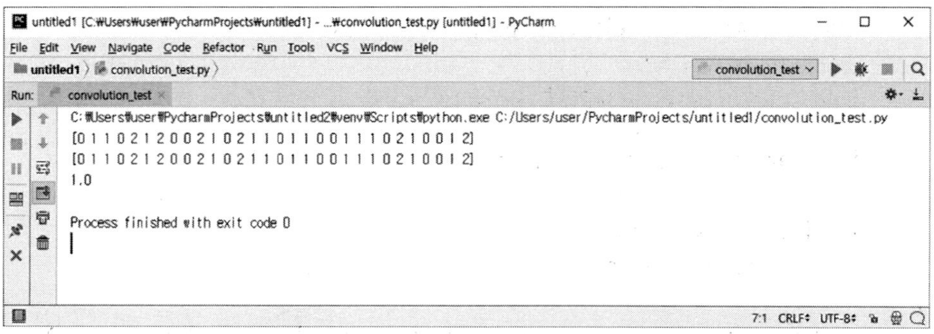

실행 결과에서 보는 바와 같이 성능이 100%임을 알 수 있다. 기본 패러미터 값으로 일단 성능을 평가해 본 후, 여러 패러미터의 값들을 바꾸어 가면서 더 좋은 성능을 보이는 패러미터들의 조합을 찾아야 한다. 다만 이는 시간이 걸리는 작업이며 인내가 필요하다. 성능 차이를 파악하기 위해 반복 횟수를 다시 기본 값으로 돌린 후, 이번에는 은닉층 뉴런의 수를 바꾸면서 시험해 보자. 앞 예제에서 (5, 2)였는데, 이를 (3, 1)과 (10, 4)로 바꾸어 테스트 해보자. 첫 번째 화면이 (3, 1)일 때의 성능이고, 두 번째 화면이 (10, 4)일 때의 화면이다. 뉴런의 수를 줄이나 늘리나 성능이 좋아지지 않고 훨씬 나빠졌다. 뉴런의 수를 무조건 늘린다고 좋은 것이 아님을 명심하기 바란다. 응용에 맞는 뉴런의 수가 있으니 실험을 통해 찾아내야 한다.

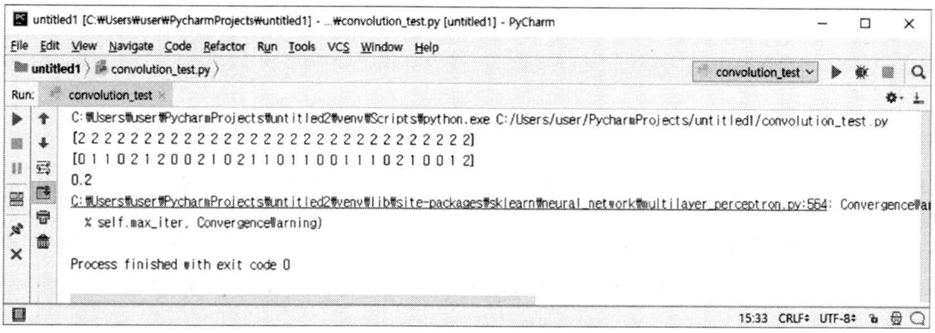

이번에는 은닉 층의 층수를 바꾸어 실험해 보자. 처음 예제는 첫 번째 층에 5개, 두 번째 층에 2개인 형태였는데, 이번에는 하나의 층이면서 뉴런의 수는 7개인 경우와, 세 개의 층이면서 각각 3, 2, 1인 경우를 실험해 보자. 층수를 줄였을 경우에는 성능이 많이 떨어지지만, 늘렸을 때는 성능에 차이가 없음을 알 수 있다. 이런 현상이 일반적인 것은 아니고, 응용에 따라 달라진다. 복잡한 문제일수록 층의 개수를 많이 해야 성능 이득을 볼 수 있다.

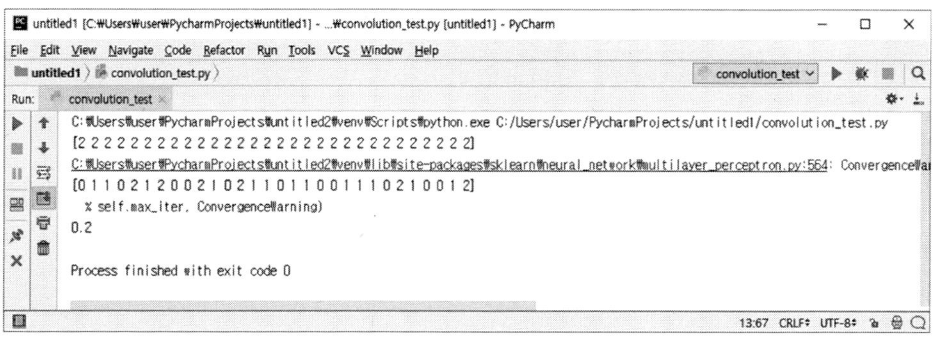

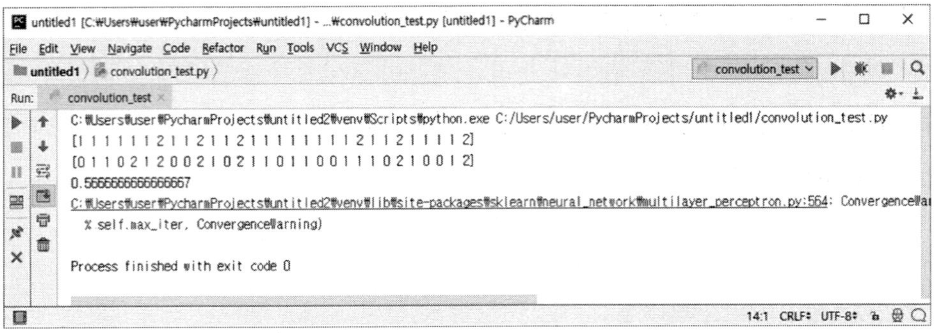

MLP는 입력 특징의 스케일(값의 범위)에 민감하기 때문에, 특징들이 동일한 스케일을 갖도록 한 후에 학습해야 좋은 성능을 얻을 수 있다. 아래의 코드를 위의 예제에 추가한 후에 성능의 차이가 있는지를 확인해 보라. 아래 실행 화면에서 보는 바와 같이 성능이 크게 향상됨을 알 수 있다. 은닉 층수와 뉴런의 개수는 (5, 2)로 한 결과이다.

```
from sklearn.preprocessing import StandardScaler

scaler = StandardScaler()
scaler.fit(x_train)
x_train = scaler.transform(x_train)
x_test = scaler.transform(x_test)
```

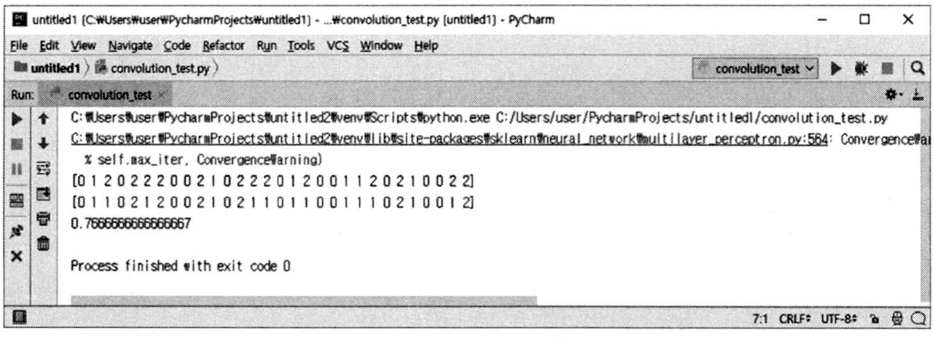

Scikit-learn 라이브러리에는 다층신경망을 이용한 회귀 분석기 (regressor) 구현을 위한 MLPRegressor 클래스를 제공한다. 그 사용법은 MLPClassifier와 비슷하다. 객체 생성 시에 은닉층의 개수와 은닉층 뉴런의 개수를 지정해주고, fit() 메서드를 사용하여 학습하고 predict() 메소드를 사용하여 학습 결과를 새로운 데이터에 적용하면 된다. 회귀 분석이기 때문에 학습 타겟이 클래스 레이블 형태로 주어지지 않고 숫자로 주어진다는 것을 명심하면 된다. 내부적으로는 MLPClassifier인 경우는 출력 층에 대해 활성화 함수와 softmax 함수를 적용하지만, MLPRegressor인 경우는 출력 층에 대해 이러한 기능을 실행하지 않고 각 출력 뉴런의 순 입력(net input)을 그대로 출력한다. 아래의 예는 boston 데이터 셋에 회귀 분석을 적용하여 그 성능을 파악하는 코드이다.

```
from sklearn.neural_network import MLPRegressor
import sklearn.datasets as datasets
from sklearn.model_selection import train_test_split
import numpy as np
from sklearn.metrics import mean_squared_error

boston_dataset = datasets.load_boston()

x = boston_dataset.data
y = boston_dataset.target

x_train, x_test, y_train, y_test = train_test_split(x, y, test_size=0.2,
random_state=0)

classifier = MLPRegressor( hidden_layer_sizes=(5, 2), max_iter=10000,
random_state=1)

classifier.fit(x_train, y_train)
predicted = classifier.predict(x_test)

mse = mean_squared_error(y_test, predicted)
rmse = np.sqrt(mse)

for i in range(len(y_test)):
    print(y_test[i], predicted[i])

print()
print("RMSE : ", rmse)
```

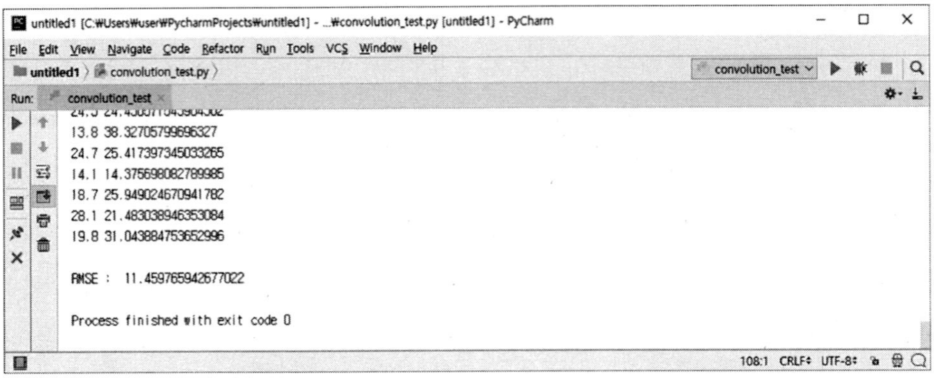
untitled1 [C:₩Users₩user₩PycharmProjects₩untitled1] - ...₩convolution_test.py [untitled1] - PyCharm
File Edit View Navigate Code Refactor Run Tools VCS Window Help
untitled1 convolution_test.py
convolution_test
Run: convolution_test
13.8 38.32705799696327
24.7 25.417397345033265
14.1 14.375698082789985
18.7 25.949024670941782
28.1 21.483038946353084
19.8 31.043884753652996
RMSE : 11.459765942677022
Process finished with exit code 0
108:1 CRLF UTF-8

3장. 연습문제

- **다음 물음에 답하시오.**

1. 생물학적 뉴런의 구성 요소 중 다른 뉴런으로부터 전달되는 자극을 수용하는 역할을 담당하는 요소는 ?

   (1) 시냅시스 (2) 축색돌기 (3) 수상돌기 (4) nucleus

2. 인공신경망에 대한 설명 중 옳지 않는 것은 ?

   (1) 처음 제안된 인공신경망은 생물학적 뉴런이 동물 두뇌에서 어떻게 작동해서 명제 논리를 사용한 복잡한 계산을 수행하는 지를 모델링하기 위해 제안되었다.

   (2) 1960년대 이후 AND 같은 단순한 문제도 해결할 수 없다는 어느 수학자의 증명으로 인해 ANN은 깊은 암흑기로 접어들게 되었다.

   (3) 1980 년대 초에 새로운 신경망 구조가 제안되고, 더 나은 학습 방법이 개발됨에 따라 ANN에 대한 관심이 되살아나게 되었다.

   (4) 1990 년대에는 SVM과 같은 강력한 대체 기계 학습 기술이 더 나은 결과를 보여 다시 침체기를 맞게 되었다.

3. 인공신경망 (딥러닝 기술)이 최근에 다시 관심을 받게 되는 이유와 가장 관련이 적은 것은 ?

   (1) 뇌과학의 발달

   (2) 지속적인 CPU 개선과 GPU의 대중화에 따른 컴퓨팅 파워 증가

   (3) 학습 알고리즘의 개선

   (4) 딥러닝의 실용적 응용 분야에서의 성공적 적용

4. Perceptron에 대한 다음 설명 중 옳지 않는 것은 ? 여러 개 선택 가능

   (1) 오차를 줄이는 방향으로 가중치가 조정이 된다.

   (2) 학습 단계는 forward pass와 backward pass로 구성된다.

   (3) instance 기반 학습 방법 중 하나이다.

   (4) 출력 뉴런의 활성화 함수로 계단함수를 사용한다.

5. MLP (다층신경망)에 대한 다음 설명 중 옳은 것은 ? 여러 개 선택 가능

   (1) 분류 문제와 예측 문제 모두에 적용 가능하다.

   (2) 가중치 초기화 방법은 학습 성능에 영향을 주지 않고 학습 속도에만 영향을 미친다.

(3) 은닉층에서는 활성화 함수 (activation function)로 softmax를 사용한다.

(4) 학습률이 높으면 빠른 속도로 학습이 진행되나 좋은 해를 구하지 못할 수 있다.

6. 뉴런의 구성 요소 중 뉴런의 활성화 상태를 연결된 뉴런의 활동을 억제하거나 자극하는 전기적 효과로 변환하는 역할을 담당하는 것은 ?

(1) 수상돌기 (2) 축색 (3) 세포체 (4) 시냅스

7. 인공 신경망 학습에 관한 설명 중 올바르지 않는 것은 ?

(1) 보통 학습으로 사용되는 데이터의 양이 많고, 입력 데이터에 맞는 가중치를 찾기 위해 같은 데이터를 갖고 여러 번 반복하기 때문에 학습 과정은 시간이 상당히 오래 걸린다.

(2) 테스트 모드에서는 정해진 가중치를 입력 데이터에 곱한 후 간단한 함수를 적용하는 것에 불과하기 때문에 빠른 시간 내에 결과가 출력된다.

(3) 인공 신경망에서 학습한다는 것은 결국 주어진 데이터에 맞게 뉴런의 가중치들을 조정하는 것이다.

(4) 테스트 모드에서도 뉴런의 연결 가중치가 주어진 데이터에 맞게 수정이 된다.

8. MLP에 대한 설명 중 올바르지 않는 것은 ?

(1) 입력층과 출력층 사이에 하나 이상의 뉴런 층이 존재하는 신경망이다.

(2) 입력층과 출력층 사이에 존재하는 층을 중간층이라 한다.

(c)출력 층을 제외한 모든 레이어는 바이어스 뉴런을 포함한다.

(d) 은닉층의 한 뉴런은 다음 층의 모든 뉴런들과 연결된다.

9. 다음 중 역전파 학습 알고리즘의 실행 순서로 맞는 것은 ?

(1) 가중치 초기화 -> 학습 데이터 제시 -> 순방향 계산 -> 역방향 계산 -> 가중치 갱신 -> 학습 데이터 제시 -> ...

(2) 학습 데이터 제시 -> 가중치 초기화 -> 순방향 계산 -> 역방향 계산 -> 가중치 갱신 -> 학습 데이터 제시 -> ...

(3) 학습 데이터 제시 -> 가중치 초기화 -> 역방향 계산 -> 순방향 계산 -> 가중치 갱신 -> 학습 데이터 제시 -> ...

(4) 가중치 초기화 -> 학습 데이터 제시 -> 역방향 계산 -> 순방향 계산 -> 가중치 갱신 -> 학습 데이터 제시 -> ...

10. MLP에서 사용하는 활성화 함수에 대한 설명 중 올바르지 않는 것은 ?

(1) 로지스틱 함수와 tanh 함수는 그 모양이 비슷하며, 전 구간에서 미분 가능하다.

(2) 로지스틱 함수는 0과 1 사이의 출력 값을 갖는다.

(3) tanh 함수는 -1과 1 사이의 출력 값을 갖는다.

(4) ReLu도 전 구간에서 미분 가능하며, 계산 속도가 빠르다는 이점이 있다.

11. 경사하강법에 대한 다음 설명 중 올바르지 않는 것은 ?

(1) 매우 일반적인 최적화 알고리즘으로 광범위한 문제에 대한 최적의 솔루션을 찾을 수 있게 해준다.

(2) 비용 함수를 정의하고, 이 함수의 값을 최소화하기 위해 반복적으로 매개 변수를 조정한다.

(3) 탐색 공간 내에 구멍, 산마루, 고원 등 불규칙한 지형이 있을 경우 최적의 해를 찾기가 어렵다.

(4) 패러미터들의 스케일이 일정하지 않을 경우, 해를 찾는데 시간이 단축될 수 있다.

12. 미니 배치 경사하강법에 대한 설명 중 올바른 것은 ?

(1) 학습 세트가 클 때 일괄 경사 하강법에 비해 매우 느려지게 된다.

(2) 스토케스틱 경사 하강법에 비해 속도가 훨씬 빠르고, 거대한 훈련 세트를 훈련 할 수 있는 장점이 있다.

(3) 일괄 경사 하강법 보다 훨씬 덜 규칙적이고, 부드럽게 최적의 해를 찾아 들어가지 못하고 최적의 해에 수렴하지 않게 되는 단점이 있다.

(4) GPU를 사용할 때 행렬 연산의 하드웨어 최적화로 인해 스토케스틱 경사 하강법보다 성능이 향상된다.

• 다음 (   )에 적합한 내용을 채우시오.

1. 생물학적 뉴런은 ( )들을 통해 자신에게 주어지는 자극을 받아 들이고, 각 자극들은 ( )에서 합해진 후, 간단한 처리를 거쳐 ( )을 통해 그 결과 (뉴런의 활성화 상태)가 다른 뉴런으로 전달이 된다.

2. 신경망은 두 가지 모드로 동작하는데, 하나는 ( ) 모드이고, 다른 하나는 ( ) 모드이다.

3. MLP에서 사용되는 학습 알고리즘은 ( ) 이다.

4. 학습은 결국 ( )를 최소화 하는 뉴런들의 가중치를 찾는 문제로 볼 수 있다.

5. ( ) 경사 하강법은 매 학습 단계마다 전체 학습 세트를 사용하여 비용함수의 변화량을 계산하므로 학습 세트가 클 때 매우 느려지게 된다.

6. Scikit-learn 라이브러리에는 다층신경망을 이용한 분류기 클래스 ( )를 제공한다.

7. Scikit-learn 라이브러리에는 다층신경망을 이용한 회귀 분석기 (regressor) 구현을 위한 ( ) 클래스를 제공한다.

- **다음 물음에 o, x로 답하시오.**

1. 뉴런의 입력에는 억제성 입력이 있고, 흥분성 입력이 있어 흥분성 입력에 비해 충분히 큰 억제성 입력을 받아야 뉴런이 활성화 된다.
2. 학습은 하나의 뉴런이 다른 뉴런에 미치는 영향이 변경되도록 시냅스의 효과를 변경함으로써 발생한다.
3. 인공 뉴런에서는 시냅스가 인공 뉴런 사이의 연결 가중치로 모델링된다.
4. 퍼셉트론 뉴런은 입력의 가중 합을 계산 한 다음, 그 결과에 선형 함수를 적용하여 결과를 출력한다.
5. 분류 문제가 아닌 회귀 분석 문제인 경우는 출력 층에 활성화 함수를 적용하지도 않으며, 당연히 softmax도 적용하지 않는다.
6. 스토케스틱 경사 하강법을 사용하면 부드럽게 해를 찾아갈 수 있다.
7. MLPClassifier 클래스는 큰 응용 프로그램을 위해 제안되지는 않았지만, GPU는 지원한다.

- **다음 물음에 답하시오.**

1. 바이어스 뉴런이란 무엇이며, 왜 필요한가 ?
2. 아래 그림과 같은 퍼셉트론이 주어졌을 때 다음 물음에 답하라.

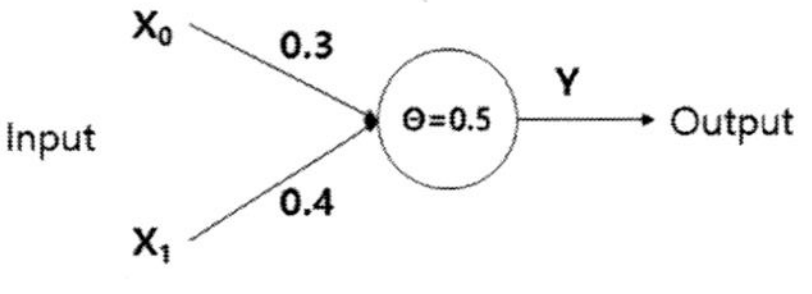

(a) 입력값 (X0, X1)가 (1, 3)으로 주어졌을 때 출력 값 Y는 ?

(b) 입력 (1, 3)의 레이블값이 3일 경우 첫 번째 연결선의 가중치는 어떻게 바뀌겠는가? 가중치 조절식은 아래와 같고, 이 때 학습률은 0.1로 가정한다.

$$w_{i,j} = w_{i,j} + \eta(\hat{y_j} - y_j)x_i$$

3. 왜 퍼셉트론은 XOR 문제를 학습할 수 없는지 설명하시오.
4. 세 개의 클래스로 분류하는 문제인데, 어떤 입력에 대해 출력 뉴런들의 값이 0.2, 0.2, 0.6일 경우, softmax 함수를 적용하면 출력값이 어떻게 바뀌겠는가?
5. 비용함수가 아래와 같다고 할 때, 경사 하강법을 적용하여 이 비용 함수를 최소화하는 x를 찾고 싶다. 만약 x의 값이 2에서 시작한다면 다음 x의 값은 ? 단, 학습률은 0.1로 가정한다.

Chapter

4

텐서플로우 (TensorFlow)

1. 딥러닝 라이브러리
2. 텐서플로우 프로그래밍
3. 상수
4. 기본 연산
5. 데이터 타입
6. 변수
7. Placeholders
8. 변수 저장
9. 변수 공유
10. 텐서 보드를 이용한 시각화
11. 텐서플로우 이용 NN 구축하기

현재 널리 사용되는 딥러닝 라이브러리들에 대해서 간략히 살펴보고, 이 중 최근에 인기 오픈 소스 라이브러리로 빠르게 자리를 잡고 있는 텐서플로우 라이브러리에 대해서 자세히 살펴본다. 텐서플로우 라이브러리도 저수준 API와 고수준 API가 있는데, 이 모두에 대해서 살펴본다.

4.1 딥러닝 라이브러리

딥러닝 알고리즘을 C나 C++을 갖고 직접 작성하는 것은 결코 쉬운 일이 아니다. 특히, 속도를 높이기 위해 병렬 처리를 하거나 GPU를 사용할 경우는 더욱 그렇다. 그러므로 딥러닝 알고리즘을 빠르게 구현하여 그 성능을 테스트하고자 할 경우는 라이브러리를 사용하는 것이 좋다. 구현보다는 성능이 좋은 모델을 찾아내는 데 집중할 수 있기 때문이다. 현재 TensorFlow, PyTorch, Apache MXNet, Theano, Caffe, Microsoft Cognitive Toolkit , DeepLearning4J , TFLearn, Torch, Caffe2, PaddlePaddle, DLib, Chainer, Neon, Lasagne, BigDL, Mocha 등이 있는데, 여기서는 그 중에 널리 쓰이는 몇 가지에 대해서만 간단히 살펴본다.

TensorFlow

TensorFlow는 Google의 Machine Intelligence 연구 조직 내 Google Brain Team에서 2015년에 개발한 것이다. 원래 머신러닝에 대한 연구를 용이하게 하고, 연구 결과물을 상용 제품으로 신속하고도 쉽게 전환할 수 있도록 설계되었다. 파이썬 (Python) 기반 라이브러리로 여러 CPU 및 GPU와 모든 플랫폼, 데스크톱 및 모바일에서 사용할 수 있다. 또한 C++ 과 R 과 같은 다른 언어도 지원하며 딥러닝 모델을 직접 작성하거나 Keras와 같은 래퍼 라이브러리를 사용하여 직접 작성할 수 있다. 최근에는 고수준의 TensorFlow 라이브러리인 TFLearn 라이브러리가 제공되어 TensorFlow를 깊이 알지 못하더라도 쉽게 딥러닝 프로그램을 작성할 수 있다.

Keras

TensorFlow는 매우 저급 수준이기 때문에 직접 사용하여 딥러닝 알고리즘을 구현하는 것은 어려울 수 있다. 반면에 Keras는 효율적인 신경망 구축을 위한 단순하면서 고수준의 인터페이스를 제공하기에 쉽게 작성할 수 있다. Keras에서는 다양한 뉴럴 네트워크 모델을 미리 지원해주고 있으므로, 그냥 블록을 조립하듯이 네트워크를 만들면 되는 식이다. 따라서 전반적인 네트워크 구조를 생각하고 작성한다면 빠른 시간 내에 코딩할 수 있다는 장점이 있다.

Caffe

Caffe는 버클리 인공지능 연구실에서 표현, 속도 및 모듈성을 염두에 두고 개발한 딥러닝 라이브러리로, 이것 또한 파이썬 인터페이스를 가지고 있고 C++ 기반이다. 그런데 윈도우에서 개발 환경을 갖추기 어렵고, 코딩하는 것 자체가 생각보다 어렵다. Facebook 에서 최근 고성능 개방형 모델을 구축할 수 있는 유연성 있는 모듈식 딥러닝 라이브러리인 Caffe2를 공개했는데, caffe2 에서는 pre-trained 모델을 바로 사용할 수 있는 기능 등이 추가되었다.

Microsoft Cognitive Toolkit(이전 CNTK)

마이크로소프트는 내부 프로젝트로 진행하던 딥러닝 프레임워크를 2015년 4월 CNTK (Computational Network Toolkit)라는 이름으로 오픈소스 형태로 공개하였다. 초기 버전의 CNTK는 내부 스크립트인 BrainScript로만 이용이 가능했으나, 2016년 명칭을 마이크로소프트 Cognitive Toolkit으로 변경하면서 파이썬, C++, C# 언어의 인터페이스를 제공해 주고 있다. Microsoft Cognitive Toolkit은 신경망을 유향 그래프 형태로 일련의 계산 단계를 표현하는 통합 학습 도구이다. 현장에서 가장 많이 사용되는 텐서플로우와 비교한다면 맥 OS를 지원하지 않고, 활용 범위가 일부 제한적이며 완성도 측면에서 텐서플로우 수준에 이르지 못했다는 평가이다. 하지만 개발자에게 익숙한 C#이나 파이썬을 사용하면서 쉽고 빠르게 딥러닝을 다룰 수 있다는 점과 발전 속도가 매우 빠르다는 점에서 높은 점수를 주고 있고, 학계와 산업에서 기대를 하고 있다.

Torch

Torch 는 초창기에는 Lua라는 언어로 개발되었고, GPU를 사용할 수 있으며, 사용자가 사용하기에 편한 장점이 있다. GPU 처리를 위해 C/C++ 라이브러리와 CUDA를 사용한다. 구글과 트위터 등 초창기와 지금까지도 많은 기업들 및 개발자들에서 사랑받고 있고, 최근 들어서 pyTorch 라고 파이썬 라이브러리를 제공해줌으로써 사용자에게 더 친숙한 언어의 라이브러리를 제공해주고 있다.

Theano

초창기 딥러닝 라이브러리 중 하나로 파이썬 기반이며, CPU 및 GPU의 수치 계산에 매우 유용하다. 텐서플로우와 마찬가지로 Theano는 저수준 라이브러리로 딥러닝 모델을 직접 작성하거나, 그 위에 래버 라이브러리를 사용하여 프로세스를 단순화할 수 있다. 그러나 다른 학습 라이브러리와 달리 확장성이 뛰어나지 않으며, 다중 GPU지원이 부족하다. 더욱이 2017년 9월, Theano는 1.0 이후에 더 이상 공식 지원은 하지 않는다고 발표하였다.

Deep Learning 4j

Deep Learning 4j 는 자바와 자바 가상머신 용으로 작성된 딥러닝 라이브러리이며, 딥러닝 알고리즘을 광범위하게 지원하는 컴퓨팅 프레임워크이다. Deeplearning4j에는 RBM(Restricted Boltzmann Machine), DBN(Deep Belief Net), deep autoencoder, stacked denoising autoencoder, word2vec, doc2vec 등 널리 사용되는 딥러닝 알고리즘이 구현되어 있으며, 이 알고리즘은 모두 아파치 하둡과 스파크를 이용해 분산 병렬 처리가 가능하다. Deep Learning 4j를 사용하면 '하둡' 및 '스파크'와 같은 널리 사용되는 빅데이터 도구를 기반으로 구현할 수 있으므로, 전체 자바 생태계의 힘을 결합하여 효율적인 딥러닝을 수행할 수 있다는 장점이 있다.

지금까지 간단히 주요 딥러닝 라이브러리들에 대해서 살펴보았다. 어느 하나가 제일 좋다고 할 수 없으며, 작업 환경이나 개인적 선호에 따라 본인이 좋아하는 라이브러리를 선택하여 사용하면 된다. 단, 처음 시작하는 사용자라면 현장에서 제일 많이 사용하고 있는 텐서플로우를 사용할 것을 권장한다. 그런데, 텐서플로우는 저수준 API를 제공하기 때문에 어느 정도의 실력이 되지 않으면 직접 딥러닝 알고리즘을 구현하기가 쉽지 않다. 이제 막 인공지능에 관심을 갖고 딥러닝을 구현해 보고자 하는 초보자에게는 대신에

Keras나 TFLearn 라이브러리를 사용할 것을 권한다.

Keras는 Theano 시대에 출시되어서 Theano의 사용자들이 든든한 후원자 역할을 하고 있다. 반면에 TFLearn은 TensorFlow 이후에 출시되어 아직까지 상대적으로 지지층이 적다. Keras를 선택하면 좋은 이유는 TensorFlow를 실제로 배우지 않고도 사용할 수 있다는 것이다. Keras가 TensorFlow 위에서도 돌아가도록 되었기 때문이다. 이런 측면은 TFLearn도 동일하다. TFLearn도 저수준 텐서플로우 API를 모르고도 간단한 라이브러리 함수를 사용하여 딥러닝 모델들을 구현할 수 있다. Keras는 Theano 시대부터 사용되어 왔기에 github에서 예제들을 쉽게 찾을 수 있다. 이런 장점 때문에 많이 사용되어 지고, 그래서 초보자에게 적당한 라이브러리로 인식되고 있다. TFLearn는 사용 시기가 그리 오래되지 않아 Keras 보다 사용자는 적지만 빠른 실행 속도라는 장점을 갖고 있다. 본 교재에서는 TFLearn API가 Keras API에 비해 TensorFlow API와 비슷하다는 추가의 장점으로 TFLearn 라이브러리를 사용한다.

4.2 텐서플로우 프로그래밍

텐서플로우 프로그래밍은 두 단계로 구성된다. 첫 단계는 작업 내용에 대응되는 계산 그래프를 정의하는 것이며, 두 번째 단계는 정의된 그래프를 실행하는 단계이다.

텐서플로우 그래프 정의

텐서플로우는 데이터 흐름 그래프를 사용하여 계산을 정의하는데, 이때 계산에 필요한 개별 연산(operation)들과 이들 간의 종속성이 함께 표현된다. 각 노드는 연산을 나타내며, 노드 간의 에지가 두 연산 사이의 종속성을 나타낸다. 노드는 0개 이상의 입력을 가지며, 나중에 그래프 실행 시 노드의 실행 결과가, 즉 한 연산의 결과가 에지를 통해 종속 노드로 전달이 된다. 이 연산의 결과를 텐서(tensor)라 하며, 텐서들이 그래프의 종속성을 따라 노드들을 통과하게 되며, 그 과정 중에 텐서의 형태나 값이 변하게 된다. 텐서는 n 차원 배열로 생각할 수 있는데, 0차원 텐서는 스칼라를, 1차원 텐서는 벡터를, 2차원 텐서는 2차원 행렬을, 3차원 텐서는 3차원 행렬을 나타낸다.

계산 그래프의 노드는 텐서플로우 연산을 사용하여 정의하면 되는데, 텐서플로우 라이브러리에는 아주 다양한 연산들이 제공되며 이 중 일부를 표로 표시하면 아래와 같다.

분류	예제 연산들
배열 연산	Slice, Shuffle, Concat, Constant, Rank, Shape, ...
행렬 연산	MatrixInverse, MatMul, MatrixDeterminant, ...
원소 간 수학 연산	Add, Sub, Mul, Div, Exp, Equal, Less, Greater, ...
상태 연산	Variable, Assign, AssignAdd, ...
신경망 관련 연산	Sigmoid, ReLU, SoftMax, Convolution2D, ...
체크 포인트 연산	Save, Restore
제어 흐름 연산	Switch, Merge, Enter, Leave, NextIteration, ...

예를 들어, 2와 3을 더하는 텐서플로우 그래프를 정의한다면 먼저 아래와 같이 contant() 함수를 사용하여 상수 노드를 정의하고, 그 노드를 차후에 다른 노드와의 연결을 짓기 위해 변수에 저장토록 한다.

```
x = tf.constant(2)
y = tf.constant(3)
```

위에 정의된 두 노드를 더하려면 add() 함수를 사용하면 되는데, 이때 상수 노드를 add 함수의 인수로 넘겨주면 된다.

```
z = tf.add(x, y)
```

위의 코드는 결국 아래와 같은 텐서플로우 그래프를 정의한 것이다.

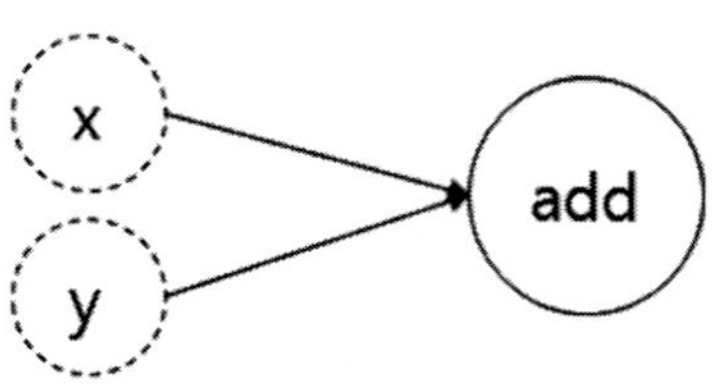

그런데, 여기서 주의할 것은 그래프를 정의하는 것과 실행하는 것은 다르다는 것이다. 언뜻 보아서는 아래와 같이 z의 값을 출력하면 5가 찍혀야 하는데, 실제 실행시켜보면 아래 실행화면처럼 add 연산을 실행하는 노드 객체의 정보가 출력됨을 확인할 수 있다.

```
import tensorflow as tf
x = tf.constant(2)
y = tf.constant(3)
z = tf.add(x, y)
print(z)
```

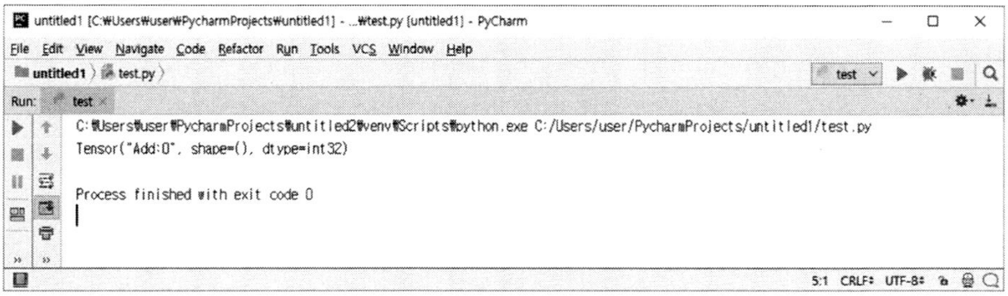

참고로, 아래와 같이 constant 노드의 생성 없이 아래와 같이 코딩해도 내부적으로 위와 같은 그래프를 생성하는 것과 같이 된다. 즉, 텐서플로우에서 상수 값을 상수 노드로 생성하여 그래프를 정의하게 된다.

```
z = tf.add(2, 3)
```

뒷 부분에 여러분이 정의한 텐서플로우 그래프를 시각적으로 볼 수 있는데, 이때 각 노드의 아름이 표시된다. 별도로 노드의 이름을 부여하지 않으면 시스템에서 제공하는 기본 이름을 사용하게 된다. 노드의 이름은 노드 정의 시 name 속성을 이용하면 된다. 노드에 이름을 부여해 두면 차후에 다른 곳에서도 유용하게 사용할 수 있다. 아래 그림의 왼쪽 부분은 이름을 별도로 부여했을 경우의 예이며, 오른쪽은 그렇지 않을 경우의 예이다.

```
import tensorflow as tf

x = tf.constant(2, name ="const1")
y = tf.constant(3, name = "const2")
z = tf.add(x, y, name = "addition")
```

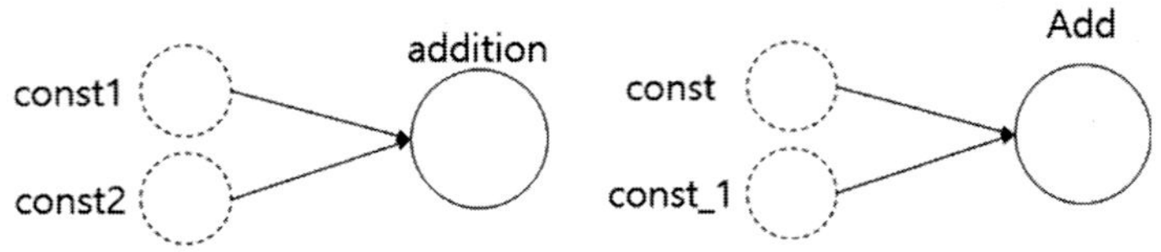

그래프가 어떤 노드들로 이루어져 있는지를 확인하려면 아래와 같은 코드를 사용하면 된다. 실행화면에서 보는 바와 같이 노드의 이름을 명시적으로 지정해 주지 않으면 기본값으로 지정됨을 알 수 있다.

```
import tensorflow as tf

a = tf.constant(1.3)
b = tf.constant(3.1, name="b")
c = tf.add(a, b, name='addition')
d = tf.multiply(c, a, name='multiply')

for node in tf.get_default_graph().get_operations():
    print(str(node.name))
```

텐서플로우 그래프 실행

앞에서 설명했듯이 텐서플로우 프로그래밍은 그래프를 정의하는 것과 그래프를 실행하는 것이 분리되어 있다. 그래프를 정의하고 나중에 필요한 시점에서 그 그래프를 실행시키면 된다. 그래프를 실행시키기 위해서는 먼저 Session 함수를 사용하여 session 객체를 생성하여야 한다. 그런 다음 session 객체의 run 메서드를 이용하여 계산하고자 하는 노드를 지정하여 주면 된다. 지정 노드의 종속 노드가 있으면 그 종속 노드부터 계산을 하게 된다. 계산이 끝난 후에는 close 메서드를 호출하여 session 객체를 닫아주면 된다.

```
import tensorflow as tf

x = tf.constant(2)
y = tf.constant(3)
z = tf.add(x, y)
sess = tf.Session()
res = sess.run(z)
print(res)
sess.close()
```

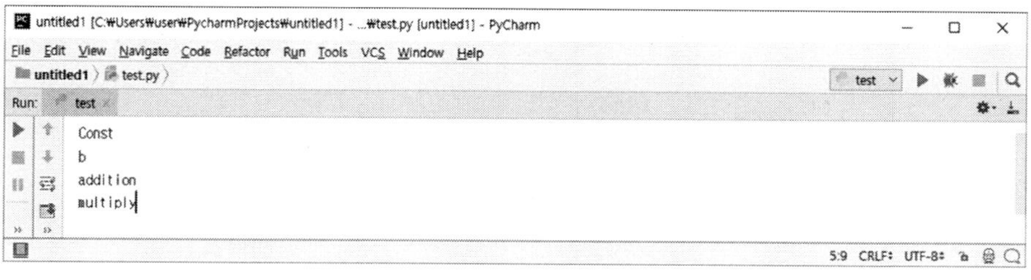

위의 실행 화면에서 보는 바와 같이 add 노드가 계산이 되어 5가 출력됨을 확인할 수 있다.

session 닫는 것을 잊어버리기 쉬운데 이를 방지하려면 아래와 같이 코딩하면 된다.

```
with tf.Session() as sess:
    res = sess.run(z)
    print(res)
```

with 블록 안에서는 생성된 session 객체가 기본 (default) 세션이 되기 때문에, 아래와 같이 연산 노드의 eval 메서드를 호출하여 연산 노드를 실행하여도 된다. 즉 z.eval()을 호출하는 것은 tf.get_default_session().run(z)와 같은 의미인데, tf.get_default_session()가 sess이므로 결국 sess.run(z)를 호출한 것과 같다.

```
with tf.Session() as sess:
    res = z.eval()
    print(res)
```

노드를 run하거나 eval할 때 텐서플로우는 의존하는 노드 집합을 자동으로 결정하고 이 노드를 먼저 평가한다. 예를 들어, 아래와 같은 텐서플로우 그래프가 정의되어 있다고 하자.

```
w = tf.constant(3)
x = w + 2 # tf.add(w, 2)
y = x + 5 # tf.add(x, 5)
z = x + 3 # tf.add(x, 3)
```

노드들 사이에는 아래 그림과 같은 종속성이 존재하여 z를 eval하면 z가 의존하는 x를 먼저 eval하게 된다. 그런데 x는 w에 의존하기 때문에 x를 eval하기 앞서 w를 eval하게 된다. 즉 w를 먼저 계산하고, 그런 다음 그 결과를 이용하여 x를 계산하게 되고, 그런 다음 z를 계산하게 된다.

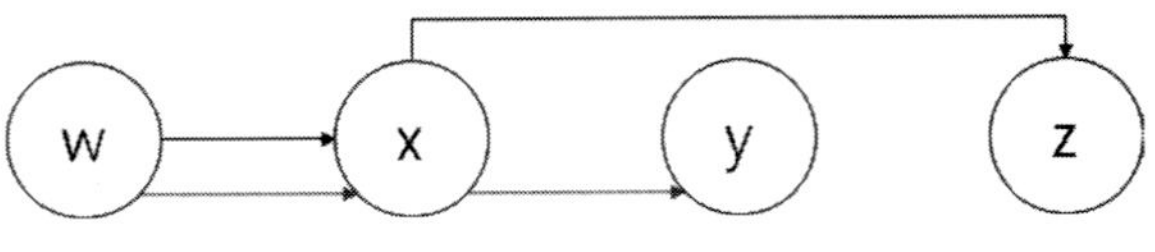

위 그래프 정의 코드 뒤에 아래의 코드를 추가한 후, 실행시켜 그 결과를 확인해 보기 바란다.

```
with tf.Session() as sess:
  print(z.eval())
```

위의 예에서 z를 eval 했더니 w와 x도 자동으로 eval이 되었다. 그런데, y는 z와 의존성이 없기 때문에 y는 계산되지 않았다. 그래서 y를 계산하려면 위 코드를 아래와 같이 수정하여야 한다.

```
with tf.Session() as sess:
  print(z.eval())
  print(y.eval())
```

그런데, 이 경우 주의할 것은 w와 x가 두 번 계산된다는 것이다. 텐서플로우에서는 한 세션 내에서 여러 번의 run 이나 eval을 수행할 때, 이전 run이나 eval의 결과를 재사용하지 않고 처음부터 다시 계산한다는 것이다. 즉 run이나 eval의 결과를 유지했다가 다음 run이나 eval에서 사용하지 않는다는 것이다. 단, Variable 노드는 제외이다. 따라서 실행 결과는 달라지지 않지만 z.eval 시 w와 x가 계산되고, y.eval 시에도 다시 계산되어 시간 낭비를 초래한다. 그러면 이와 같은 경우 한 번만 계산되게 하려면 어떻게 해야 하나? 아래 코드와 같이 같은 run에서 두 개를 동시에 평가하도록 해주면 된다.

```
with tf.Session() as sess:
  y_val, z_val = sess.run([y, z])
  print(y_val)
  print(z_val)
```

앞에서 배운 내용을 바탕으로 "3*2 + 3/2"수식을 계산하는 텐서플로우 그래프를 정의하고, 그 결과를 출력해 보자. 먼저, 두 상수 노드를 정의하고 그런 다음 이를 이용하여 곱하는 노드와 나누는 노드를 정의한다.

```
x = tf.constant(3.0)
y = tf.constant(2.0)
p = tf.multiply(x, y)
q = tf.divide(x, y)
w = tf.add(p, q)
```

그래프 정의가 끝나면 최종 연산을 실행하는 노드, 즉 add 노드를 다음과 같이 실행시키면 된다.

```
with tf.Session() as sess:
    print(sess.run(w))
```

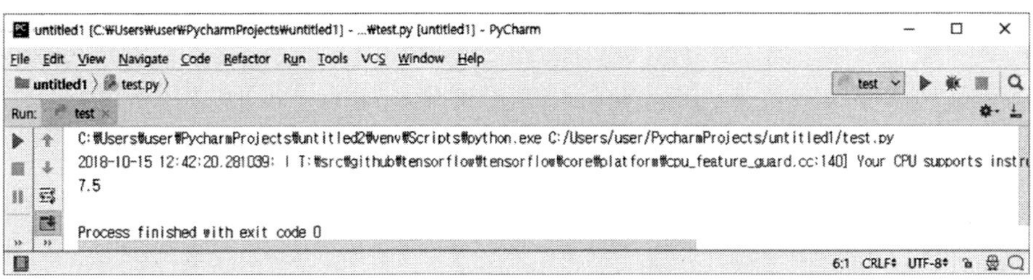

4.3 상수

앞에서 텐서플로우 그래프의 노드를 정의할 때 사용하는 다양한 연산들이 제공된다고 하였다. 이들 모두를 살펴보는 것은 시간과 지면 관계상 적당하지 않는 것 같다. 여기서는 상수 관련 연산과 변수 관련 연산 그리고 몇 개의 기본 연산들만 간단히 살펴보고, 나머지 연산은 딥러닝 예제에서 필요할 경우 살펴보기로 한다.

상수 관련 연산 중에 가장 기본은 앞에서 살펴본 constant 연산이다. 그런데 이 연산은 스칼라 값 외에 상수 리스트와 리스트의 리스트도 상수 노드로 정의할 수 있다. 아래의 코드는 shape가 다른 두 상수 노드를 더하는 예이다. a와 b가 shape가 달라 덧셈이 불가능할 것 같으나, 결과 화면에서 보는 바와 같이 a가 [[2,2], [2,2]]로 브로드캐스팅 되어 b와 원소별 덧셈과 곱셈이 이루어짐을 알 수 있다.

```
import tensorflow as tf

a = tf.constant([2, 2], name="a")
b = tf.constant([[0, 1], [2, 3]], name="b")
x = tf.add(a, b, name="add")
y = tf.multiply(a, b, name="mul")

with tf.Session() as sess:
    x, y = sess.run([x, y])
    print(x)
    print(y)
```

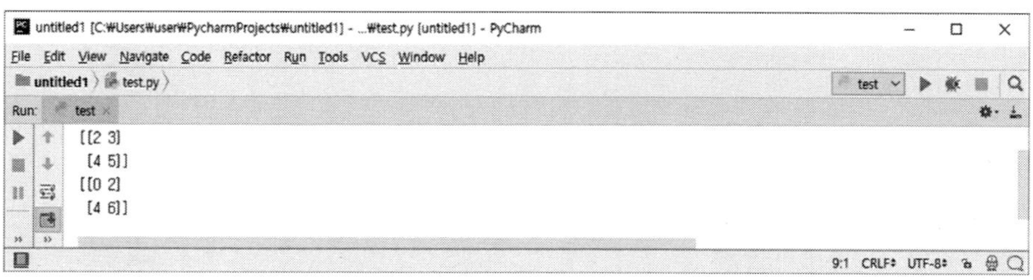

다양한 상수 생성 연산들도 제공한다. 주어진 shape 형태로 0이나 1로 초기화하는 연산(zeros(), ones())과 주어진 다른 텐서와 동일한 shape 형태로 0이나 1로 초기화하는 연산(zeros_like(), ones_like())이 있다. 주어진 스칼라 값으로 채워지는 상수 생성 함수(fill())도 있다.

```
tf.zeros([2, 3], tf.int32)                          # ==> [[0 0 0] [0 0 0]]
input_tensor = tf.constant([[1 2 3] [4 5 6]])
tf.zeros_like(input_tensor )                        # ==> [[0 0 0] [0 0 0]]
tf.ones([2, 3], tf.int32)                           # ==> [[1 1 1] [1 1 1]]
input_tensor = tf.constant([[1 2 3] [4 5 6]])
tf.zeros_like(input_tensor )                        # ==> [[1 1 1] [1 1 1]]
tf.fill([2,3], 7)                                   # ==> [[7 7 7] [7 7 7]]
```

이 외에도 시작 값과 끝 값을 주고 원하는 개수만큼의 상수 시퀀스를 생성하는 연산(linespace()), 범위와 증가분을 주어 상수 시퀀스를 생성하는 연산 (range())이 있다.

```
tf.linspace(10.0, 13.0, 4)                          # ==> [10.0 11.0 12.0 13.0]
tf.range(start, limit, delta)                       # ==> [3, 6, 9, 12, 15]
tf.range(limit)                                     # ==> [0, 1, 2, 3, 4]
```

또한 랜덤 상수를 생성하는 다양한 연산들과 랜덤 초기값 (seed)을 지정하는 연산(set_random_seed)도 있다. 평균(mean)과 표준편차(stddev)를 갖는 정규 분포의 난수를 생성하는 random_normal 연산, 최소(minval)과 최대(maxval) 사이의 균등 분포에 따른 난수를 생성하는 random_uniform, 주어진 값 v를 랜덤하게 섞는 random_shuffle 연산 등이 있다. 이 외에도 랜덤 관련 연산들이 많으니 필요한 경우 인터넷을 참고하기 바란다.

```
tf.random_normal(shape, mean=0.0, stddev=1.0, dtype=tf.float32, seed=None,
name=None)
tf.random_uniform(shape, minval=0, maxval=None, dtype=tf.float32, seed=None,
name=None)
tf.random_shuffle(value, seed=None, name=None)
```

아래는 위의 랜덤 연산을 사용한 간단한 예제 코드이다. 아래의 실행화면 두 개는 프로그램을 두 번 실행시켰을 때의 실행화면이다. random_uniform의 결과는 동일하고 나머지 두 연산의 결과는 실행에 따라 달라짐을 알 수 있다. 이는 random_uniform 연산은 seed 값을 지정해주어서 항상 일정한 시퀀스로 난수가 발생하는 반면, 지정해주지 않을 경우는 현재 시간을 seed 값으로 사용하기 때문에 매번 다른 결과를 얻게 된다.

```
import tensorflow as tf

a = tf.random_uniform([2, 3], seed=3)
b = tf.random_normal([2, 3])
v = [[2,3], [4, 5], [6, 7]]
c = tf.random_shuffle(v)
with tf.Session() as sess:
    x = sess.run(a); print(x)
    y = sess.run(b); print(y)
    z = sess.run(c); print(z)
```

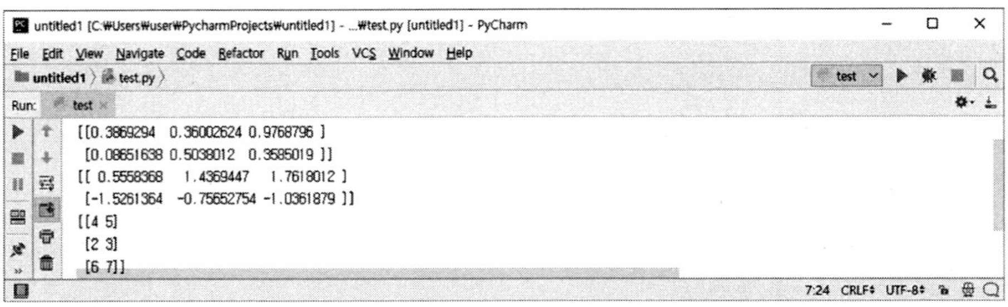

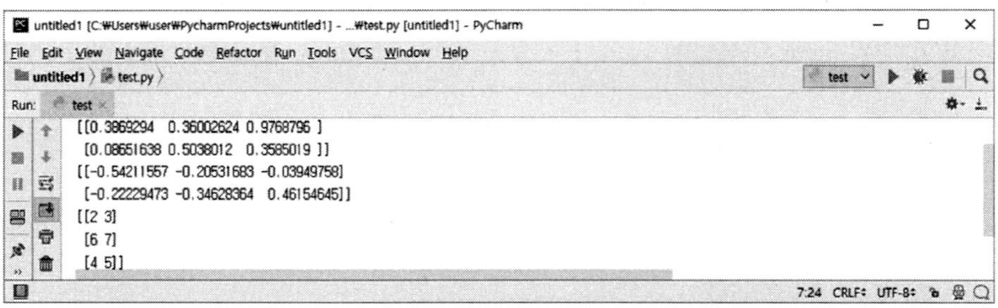

4.4 기본 연산

기본 사칙 연산으로 add, subtract, multiply, divide 연산을 제공한다. 텐서에 대한 사칙 연산은 원소별로 동작한다. 즉, 해당 위치의 원소끼리 사칙연산이 이루어진다. 예를 들어 [3, 6]과 [2, 2] 두 상수에 대한 사칙연산 및 모드 연산은 아래와 같다.

```
a = tf.constant([3, 6])
b = tf.constant([2, 2])

tf.add(a, b)                        # >> [5 8]
tf.add_n([a, b, b])                 # >> [7 10]. a + b + b의 의미
tf.muliply(a, b)                    # >> [6 12]
tf.divide(a, b)                     # >> [1 3]
tf.mod(a, b)                        # >> [1 0]
```

만약 두 텐서의 shape가 다른 경우는 연산 오류이지만 브로드캐스팅하여 텐서의 shape를 일치시킬 수 있을 경우는 그렇게 처리한다. 아래의 예인 경우, 첫 번째 텐서의 shape는 (2,)이고, 두 번째 텐서의 shape는 (3,)으로 대응되는 원소의 개수가 일치하지도 않고 브로드캐스팅해서 일치시키지도 못하기 때문에 실행 오류가 발생한다.

```
import tensorflow as tf

a = tf.constant([3, 6])
b = tf.constant([2, 2, 2])
c = tf.add(a, b)

with tf.Session() as sess:
    x = sess.run(c); print(x)
```

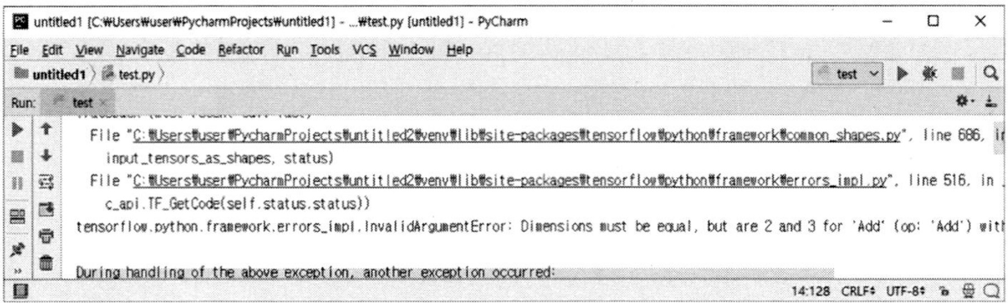

하지만 아래와 같은 경우, 대응되는 원소의 수는 일치하지 않지만 [3, 6]을 반복하여 [[3,6], [3,6]] 형태로 변환할 수 있고, 이럴 경우 대응 원소의 개수가 일치하여 계산을 수행할 수 있다.

```
import tensorflow as tf

a = tf.constant([3, 6])
b = tf.constant([[2, 2], [4, 8]])
c = tf.add(a, b)

with tf.Session() as sess:
    x = sess.run(c); print(x)
```

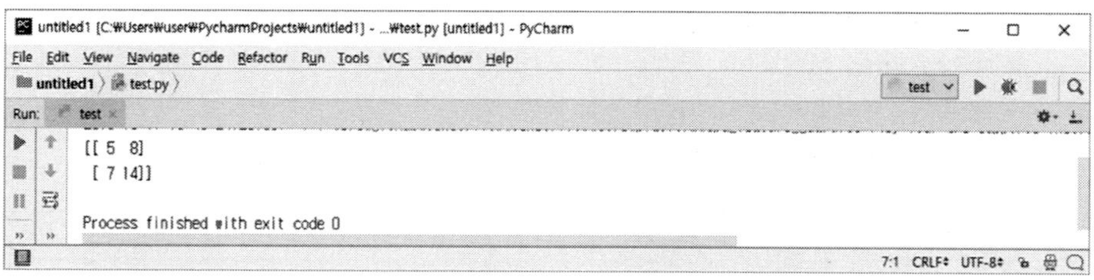

원소의 개수는 같은데 shape가 다른 경우 한 쪽 텐서의 shape를 다른 쪽 텐서의 shape로 reshape한 후 연산을 수행하면 된다. 아래의 코드를 그대로 실행하면 오류이지만

```
import tensorflow as tf

a = tf.constant([3, 6, 7, 9])
b = tf.constant([[2, 2], [4, 8]])
c = tf.add(a, b)

with tf.Session() as sess:
    x = sess.run(c); print(x)
```

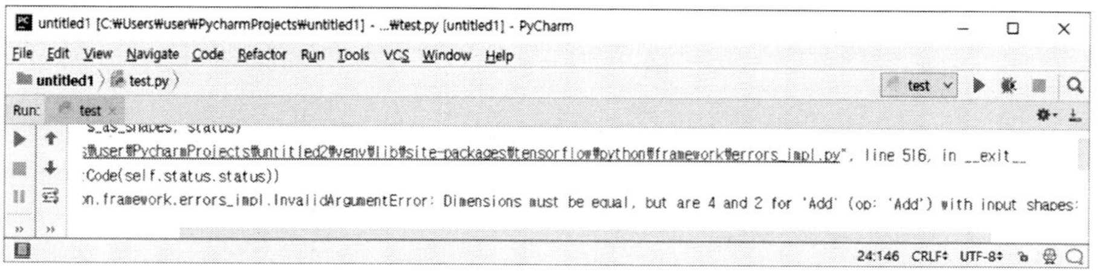

첫 번째 텐서의 shape를 (2, 2)로 바꾸는 아래의 코드를 add 연산 앞에 추가한 후 실행하면 아래와 같이 별문제 없이 실행된다.

```
a = tf.reshape(a, [2, 2])
```

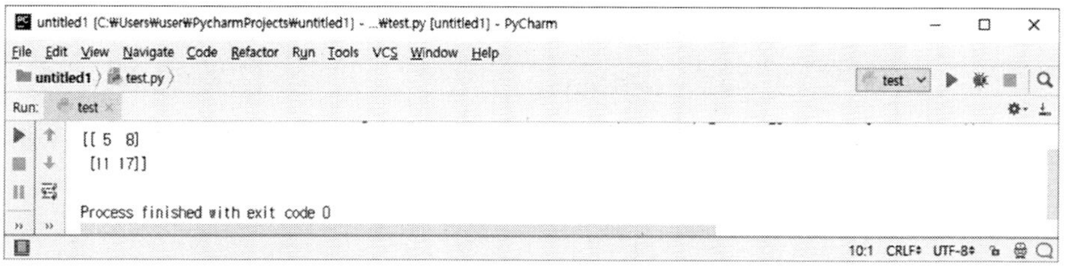

앞에서 살펴 본 multiply 연산은 원소 간 곱셈을 하는 연산이고, 우리가 알고 있는 행렬 곱셈은 아니다. 행렬 곱셈을 할 경우는 matmul 연산을 사용하면 된다. 이차원 행렬에 이 연산을 적용할 경우, 첫 번째 행렬의 열의 개수와 두 번째 행렬의 행의 개수가 동일해야 한다. 따라서 아래의 첫 번째 matmul 코드는 이 조건에 맞지 않아 오류가 발생하며, 따라서 그 밑의 코드처럼 이 조건을 만족하도록 shape를 조정한 후 시행하면 제대로 실행됨을 알 수 있다.

```
a = tf.constant([3, 6, 7, 9])
b = tf.constant([1, 2, 3, 4])
tf.matmul(a, b)                                          # >> ValueError
tf.matmul(tf.reshape(a, [1, 4]), tf.reshape(b, [4, 1]))  # >> [[72]]
```

4.5 데이터 타입

텐서는 데이터 타입이 있는데, 두 개 이상의 데이터 타입을 가질 수 없다. 텐서 생성 시에 타입을 지정해 주어야 하는데, 텐서플로우는 불리안, 문자열, 수치형 같은 파이썬 기본 타입을 받아들이지만 아래의 표처럼 그에 대응하는 텐서플로우 타입을 사용하여야 한다.

데이터 타입	설명	데이터 타입	설명
tf.int8	부호 있는 8 비트 정수	tf.int16	부호 있는 16 비트 정수
tf.int32	부호 있는 32 비트 정수	tf.int64	부호 있는 64 비트 정수
tf.uint8	부호 없는 8 비트 정수	tf.uint16	부호 없는 16 비트 정수
tf.float32	32비트 부동소수점 실수	tf.float64	62비트 부동소수점 실수
tf.string	가변 길이의 바이트 배열	tf.bool	불리안 값 (true 또는 false)
tf.complex64	실수부 32비트와 허수부 32비트로 이루어진 복소수	tf.complex128	실수부 64비트와 허수부 64비트로 이루어진 복소수

아래와 같이 constant 연산을 사용하여 텐서를 생성할 때, 데이터 타입을 지정해 주지 않으면, 텐서플로우는 파이썬 정수를 tf.int32로 변환하고, 파이썬 부동 소수점 수를 tf.float32로 변환한다. 참고로 이미 만들어진 텐서 타입은 Tensor.dtype 속성을 이용하여 확인할 수 있다.

```
import tensorflow as tf

a = tf.constant([3, 6, 7, 9])
b = tf.constant([[2, 2], [4, 8]], dtype=tf.float32)
print(a.dtype); print(b.dtype)
```

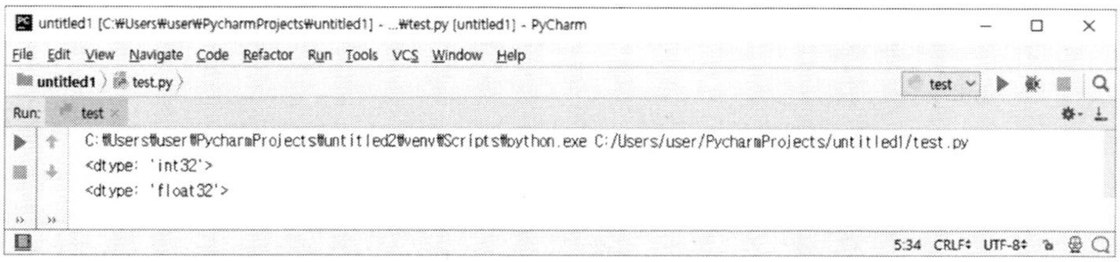

또한 연산에 사용되는 텐서의 데이터 타입이 일치하지 않을 경우, 실행 오류가 발생한다. 아래의 코드에서 a 텐서와 b 텐서의 타입이 달라 이 두 텐서에 대해 add 연산을 적용하면 오류가 발생한다. 실행도 하기 전에 그래프 정의에서 오류가 발생함을 알 수 있다.

```
import tensorflow as tf

a = tf.constant([3, 6, 7, 9])
b = tf.constant([[2, 2], [4, 8]], dtype=tf.float32)
a = tf.reshape(a, [2, 2])
c = tf.add(a, b)
```

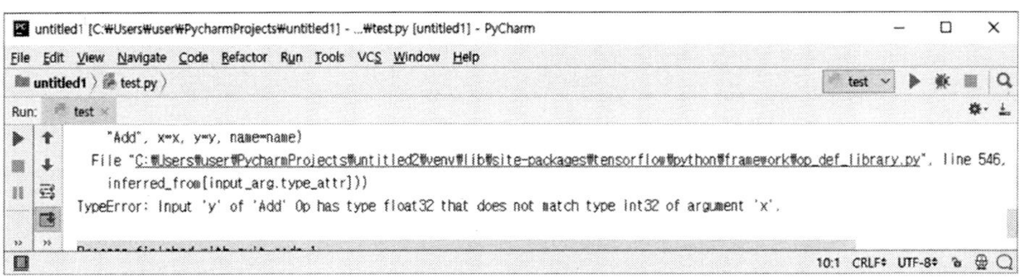

당연히, a의 타입도 b와 동일하게 tf.float32로 지정해 주면 별 문제없이 실행된다. 만약 생성된 후에 텐서의 타입을 변환할 경우는 tf.cast 연산을 사용하면 된다.

```
import tensorflow as tf

a = tf.constant([3, 6, 7, 9])
b = tf.constant([[2, 2], [4, 8]], dtype=tf.float32)
a = tf.cast(a, dtype=tf.float32)
a = tf.reshape(a, [2, 2])
c = tf.add(a, b)
```

4.6 변수

실행 중에 그 값이 변하는 텐서를 만들고 싶다면 아래와 같이 Variable 연산을 사용하면 된다.

```
import tensorflow as tf

x = tf.Variable(3, name="x")
y = tf.Variable(4, name="y")
f = x*y*x + y + 2
```

위 코드에서 f가 +와 * 연산을 사용하여 기술되었지만, x와 y가 텐서이므로 내부적으로 tf.add 연산과 tf.multiply 연산으로 변환되어, 결국 다음과 같은 텐서플로우 그래프를 정의한 것과 같은 효과가 있게 된다. f의 타입을 type 함수를 이용하여 출력해 보면 Tensor 임을 알 수 있다.

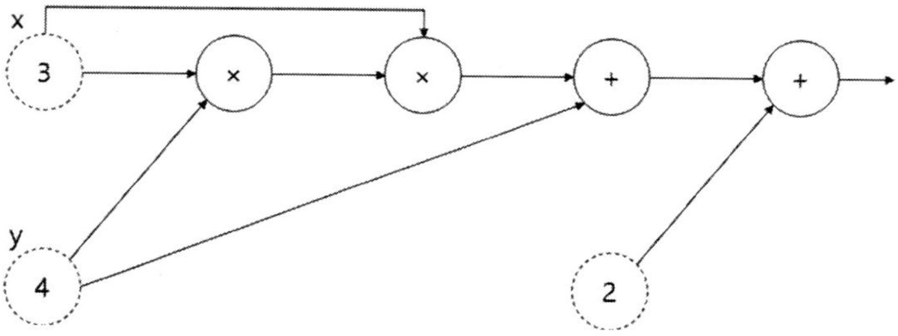

f의 결과를 출력하기 위해 위 그래프 정의 코드 뒤에 아래와 같이 코드를 추가한 후 실행시켜 보기 바란다.

```
with tf.Session() as sess:
    z = sess.run(f); print(z)
```

그러면 아래와 같이 초기화 되지 않은 변수를 사용했다는 실행 오류를 맞게 될 것이다.

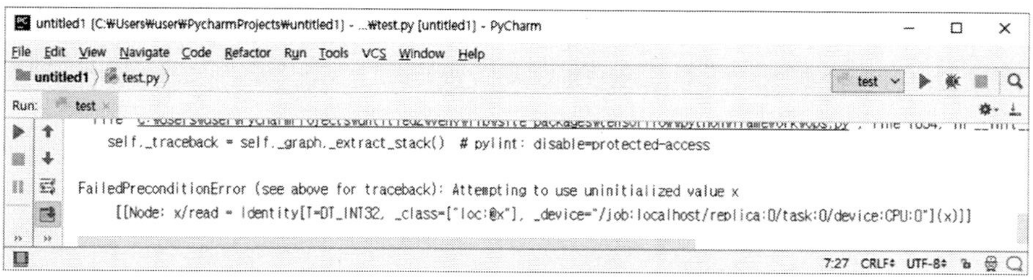

이처럼 변수는 실행되기 전에 반드시 초기화해 주어야 하는데, 변수 하나를 초기화할 경우는 변수 마다 존재하는 초기화 노드 (x.initializer와 y.initializer)를 session 객체의 run 메서드를 통해 실행하든, 아니면 초기화 노드의 run 메서드를 사용하여 실행시켜 주면 된다.

```
with tf.Session() as sess:
    sess.run(x.initializer)        # 또는 x.initializer.run()
    sess.run(y.initializer)        # 또는 y.initializer.run()
    z = sess.run(f)
    print(z)
```

여러 개의 변수를 한꺼번에 초기화할 경우는 tf.variables_initializer 연산을 사용하면 된다. 아래의 코드에서 보는 바와 같이 초기화할 변수들을 리스트로 작성해서 인수로 넘겨주면 된다.

```
init_xy = tf.variables_initializer([x, y], name="init_xy")
with tf.Session() as sess:
  sess.run(init_xy)
```

모든 변수를 한꺼번에 초기화할 경우는 아래와 같이 tf.global_variables_initializer 연산을 사용하면 된다.

```
init = tf.global_variables_initializer()
with tf.Session() as sess:
        sess.run(init)
```

tf.Variable 객체에는 assign 및 assign_add 그리고 assign_sub와 같은 메서드가 있어 저장된 값을 업데이트할 수 있다. assign은 현재 변수 텐서의 값을 지정된 값으로 바꾸는 메서드이며, assign_add (또는 assign_sub)는 현재 값에 인수로 넘겨준 값을 더하거나 빼서 그 결과로 변수의 값을 갱신하는 메서드이다. 그런데 변수의 값을 변경할 경우 주의해야 할 것이 있다. 처음에는 아래와 같이 변수 v의 값을 7로 바꿀 경우 아래와 같이 코딩하기 쉬운데, 실제로 실행해 보면 0인 상태로 그대로 있음을 확인할 수 있다.

```
import tensorflow as tf

v = tf.Variable(0)
v.assign(7)

with tf.Session() as sess:
        v.initializer.run()
        print(v.eval())
```

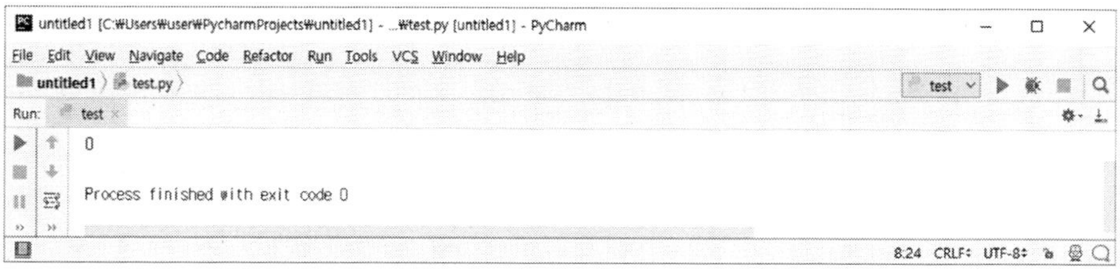

왜 그럴까? v.assign(7)은 v 텐서의 값을 7로 바꾸는 노드를 정의한 것에 불과할 뿐이다. 그 노드를 실행해 주지 않았기 때문에 v의 값에 변화가 없었다. 제대로 실행시키려면 아래와 같이 코딩해야 한다.

```
import tensorflow as tf

v = tf.Variable(0)
w = v.assign(7)

with tf.Session() as sess:
        v.initializer.run()
        w.eval()
        print(v.eval())
```

앞에서 텐서플로우에서는 한 세션 내에서 여러 번의 run이나 eval을 수행할 때, 이전 run이나 eval의 결과를 재사용하지 않고 처음부터 다시 계산한다고 했다. 이때 Variable 노드는 예외라고 했는데, 그 의미를 살펴보자.

```
import tensorflow as tf

v = tf.Variable(0)
w = v.assign_add(7)

with tf.Session() as sess:
  v.initializer.run()
  print(w.eval())
  print(w.eval())
```

위의 코드를 보면 w가 두 번 eval하게 되어 있는데, 만약 이전 eval의 결과가 v에 반영되지 않다면 두 print 문 모두 같은 결과를 출력해야 한다. 그런데 이 코드를 실행시켜 보면 두 결과가 다른 것을 확인할 수 있을 것이다. 이는 Variable 노드인 경우는 이전 run이나 eval의 결과를 그대로 유지함을 의미한다.

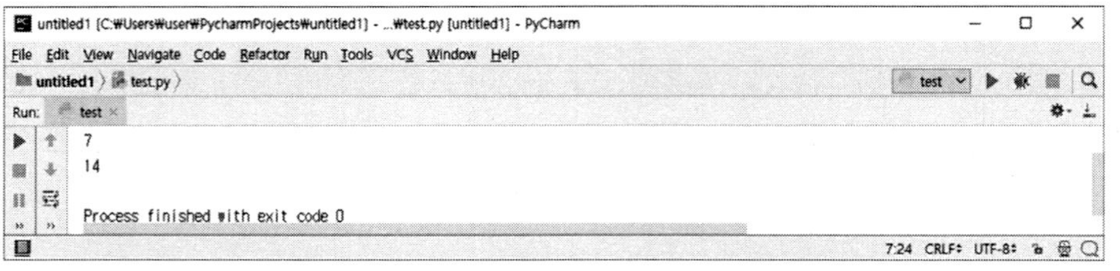

변수가 run 사이에 공유됨을 확인했다. 그러면 변수가 세션 사이에서도 공유될까 ? 이를 확인하기 위해 아래와 같이 코딩한 후 실행시켜 보라.

```
import tensorflow as tf

x = tf.Variable(3)
sess1 = tf.Session()
sess2 = tf.Session()

sess1.run(x.initializer)
sess2.run(x.initializer)

print(sess1.run(x.assign_add(5)))
print(sess2.run(x.assign_sub(1)))

print(sess1.run(x.assign_add(10)))
print(sess2.run(x.assign_sub(5)))

sess1.close()
sess2.close()
```

만약 공유된다면 세 번째 run에 의해 x가 8이 되고, 네 번째 run에 의해 7이 되고, 다섯 번째 run에 의해 17이 되고, 여섯 번째 run에 의해 12가 되어야 한다. 그런데 실행시켜 보면 아래와 같이 예상 결과와 다름을 알 수 있다. 이는 세션 사이에서는 공유되지 않고 각 세션마다 변수의 복사본을 별도로 유지하여 작업함을 의미한다.

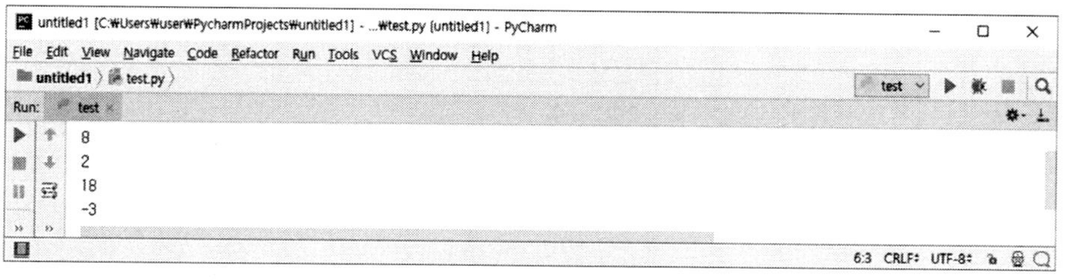

1에서 5까지의 합을 구하는 코드를 텐서플로우로 프로그래밍해 보자. 1에서 5까지 변하는 정수 변수가 필요하고, 그리고 합을 구할 변수도 필요할 것이다. 정수 변수는 1로 초기화되어야 하며, 합 변수는 0으로 초기화되어야 할 것이다.

```
import tensorflow as tf

i = tf.Variable(1)
sum = tf.Variable(0)
```

현재까지의 합에다 현 인덱스 값을 더하는 연산과 인덱스의 값을 하나 증가시키는 연산도 필요할 것이다. 이를 코딩하면 다음과 같다.

```
summing = sum.assign_add(i)
incrementing = i.assign_add(1)
```

텐서플로우 그래프 정의가 완료되었으면 합을 구할 수 있도록 summing 연산과 incrementing 연산을 5회 반복해야 하는데, 이를 위해 with 문안에 for 문을 사용하였다.

```
init = tf.global_variables_initializer()
with tf.Session() as sess:
    sess.run(init)
    for i in range(5):
        summing.eval()
        incrementing.eval()
    print(sum.eval())
```

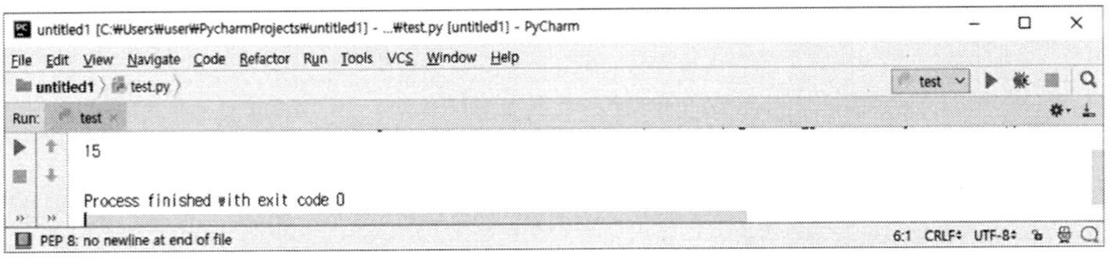

4.7 Placeholders

그래프 정의 시에는 값을 지정하지 않고, 실행 시에 값을 지정해 주고 싶은 경우들이 있다. 이런 경우에 사용하는 것이 tf.placeholder 연산이다. 이 연산이 유용한 첫 번째 경우가 큰 사이즈의 상수를 정의할 경우이다. 텐서플로우 그래프 정의 시 tf.constant 연산을 사용하면 상수 값이 그래프 정의에 포함된다. 이를 확인하기 위해 아래와 같이 constant 노드 하나만으로 구성된 그래프를 정의한 후, session에서 그 그래프의 정의를 살펴보자.

```
import tensorflow as tf
import numpy as np

my_const = tf.constant([7, 2], name="my_const")
with tf.Session() as sess:
        print(sess.graph.as_graph_def())
```

위 코드를 실행시키면 아래와 같은 코드를 볼 수 있는데, 밑줄 친 부분을 보면 상수 값이 그대로 그래프 정의에 포함되어 있음을 알 수 있다.

```
node {
  name: "my_const"
  op: "Const"
```

```
    attr {
      key: "dtype"
      value {
        type: DT_INT32
      }
    }
    attr {
      key: "value"
      value {
        tensor {
          dtype: DT_INT32
          tensor_shape {
            dim {
              size: 2
            }
          }
          tensor_content: "\007\000\000\000\002\000\000\000"
        }
      }
    }
  }
  versions {
    producer: 26
  }
```

따라서, 상수가 이미지 같은 큰 사이즈의 상수라면 그래프 로딩 시 많은 부담이 된다. 이러한 경우 placeholder를 사용하면 그래프 로딩 부담을 줄일 수 있다. placeholder 사용은 먼저 tf.placeholder 연산을 사용하여 원하는 위치에 값이 정해지지 않은 그래프 노드를 추가한 후, 세션 내 run 시에 이 노드의 값을 지정해 주면 된다. 아래처럼 placeholder의 값을 지정해주지 않은 상태에서 run 시키면 오류가 발생한다.

```
x = tf.placeholder(tf.float32, shape=(1024, 1024))
y = tf.matmul(x, x)

with tf.Session() as sess:
  print(sess.run(y))
```

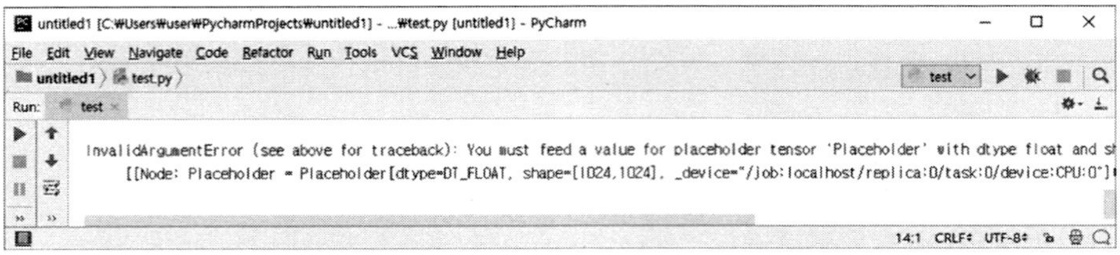

반드시 run 시에 아래와 같이 placeholder의 값을 딕셔너리 형태로 지정해 주어야 한다.

```
rand_array = np.random.rand(1024, 1024)
print(sess.run(y, feed_dict=x: rand_array))
```

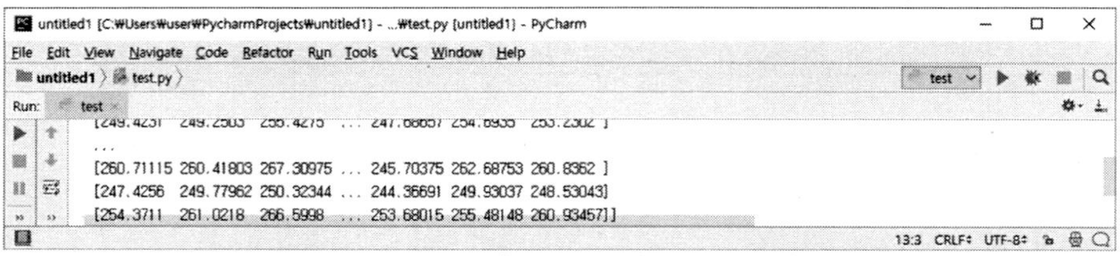

placeholder가 사용되어지는 두 번째 경우가 사용자로부터 값을 받아들이고자 할 경우이다. 그래프 작성 당시에는 값이 정해지지 않아 어쩔 수 없이 빈 노드로 생성하고, 실행 시에 사용자에게 값을 받아 지정해야 한다. 예를 들어, 정수 두 개를 읽어들여 그 정수의 최댓값을 구하는 프로그램을 텐서플로우로 작성한다고 하자. 그러면 입력된 정수 각각을 placeholder를 사용하여 빈 텐서로 생성하고, 이를 이용하여 최댓값을 구하는 연산을 정의하면 될 것이다. 그리고 실행 시에 placeholder의 값을 사용자에게 받아 이를 placeholder에 지정해 주면 된다. 사용자에게 값을 입력 받는 부분은 파이썬 코드로 처리하면 된다. 이를 코딩하면 아래와 같다.

```
import tensorflow as tf

n1 = tf.placeholder(tf.int32)
n2 = tf.placeholder(tf.int32)
max = tf.maximum(n1, n2)

with tf.Session() as sess:
  str = input("두 정수를 공백으로 분리하여 입력하시오. ")
  valueStr = str.split()
  x1 = int(valueStr[0]); x2 = int(valueStr[1])
  res = sess.run(max, n1:x1, n2:x2)
  print(res)
```

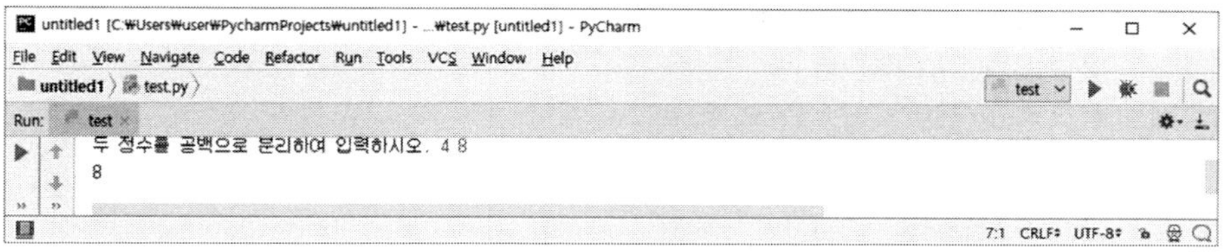

리스트의 원소들을 반복 처리할 경우에도 placeholder를 이용할 수 있는데, 성적 리스트의 평균과 최댓값 그리고 최솟값을 출력하는 프로그램을 작성해 보자. 먼저 합과 최댓값 그리고 최솟값을 저장할 변수 노드와 성적 리스트의 한 원소를 저장할 placeholder 노드를 정의한다.

```
import tensorflow as tf
import numpy as np

sum = tf.Variable(0)
max = tf.Variable(0)
min = tf.Variable(100)
n = tf.placeholder(tf.int32)
```

그런 다음, 아래와 같이 한 원소를 처리하는 연산 노드들과 변수 초기화 노드를 정의한다. 현재까지 구해진 최대, 최소와 현재 값을 비교하고 그 결과에 따라 달리 작업하기 위해 tf.cond 연산을 사용하였고, 두 스칼라 텐서의 크기를 비교하기 위해 tf.less 연산을 사용하였다. tf.cond의 두 번째와 세 번째 인수에는 조건이 참과 거짓일 때 호출되는 함수를 지정해주어야 하므로 아래의 코드에서는 연산 텐서를 호출 가능한 형태로 만들기 위해 lambda 함수화 하였다.

```
sum_op = sum.assign_add(n)
min_op = tf.cond(tf.less(min, n), lambda:min.assign(min), lambda:min.assign(n))
max_op = tf.cond(tf.less(max, n), lambda:max.assign(n), lambda:max.assign(max))
init = tf.global_variables_initializer()
```

성적 리스트를 초기화하고 리스트의 크기만큼 위의 연산을 수행하는 코드와 결과를 출력하는 코드를 아래와 같이 작성한다.

```
list = np.random.randint(0, 100, 5)
with tf.Session() as sess:
  sess.run(init)
  for x in list:
    sess.run([sum_op, min_op, max_op],n:x)
  print("리스트 : " + str(list))
  print("평균 : " + str(sum.eval()/len(list)))
  print("최소 : " + str(min.eval()))
  print("최대 : " + str(max.eval()))
```

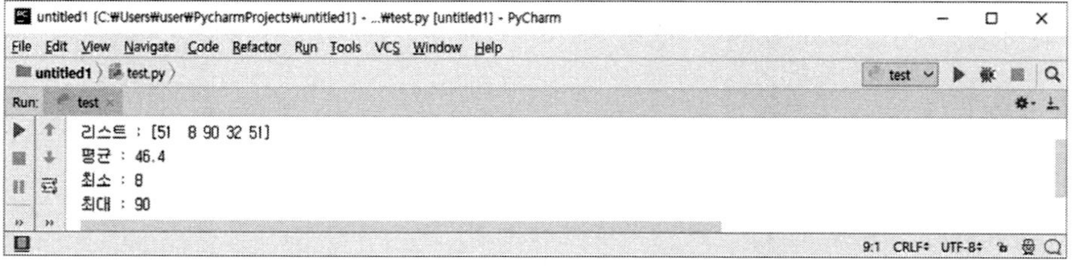

4.8 변수 저장

텐서플로우 그래프를 실행 후 변수 노드의 값을 파일로 저장해 두었다가 나중에 읽어 들여 작업을 할 필요성이 있다. 학습 데이터를 이용하여 모델을 학습한 후, 그 모델 패러미터들을 저장했다가 나중에 그 패러미터를 읽어 들여 새로운 데이터를 판단하는 경우가 그런 예의 하나이다. 변수 저장은 먼저 그래프 구성 끝 부분에 tf.train.Saver 연산을 통해 Saver 노드를 생성하고, 실행 단계에서 Saver 노드의 save 메서드를 호출해 주면 된다. 이때 첫 번째 인수로 세션 객체를, 두 번째로 저장할 파일명을 지정해 주면 된다.

```
import tensorflow as tf

v = tf.Variable(5)
w = tf.Variable(10, name='www')
updateV = v.assign_add(1)
updateW = w.assign_add(1)
init = tf.global_variables_initializer()
saver = tf.train.Saver()

with tf.Session() as sess:
  sess.run(init)
  for epoch in range(1000):
    sess.run([updateV, updateW])
  saver.save(sess, "/tmp/variables_final.dat")
  finalV = v.eval()
  finalW = w.eval()
  print(str(finalV) + " "+ str(finalW))
```

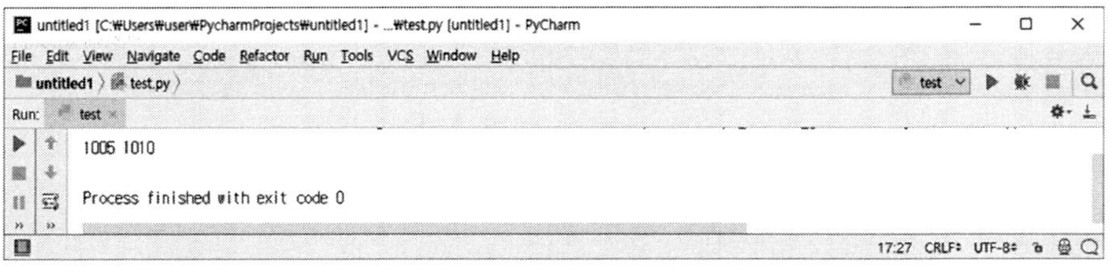

저장된 변수를 읽어 들일 경우는 그래프는 저장 시와 동일한 이름으로 변수 노드를 생성한 후, init 노드를 이용하여 변수를 초기화하지 말고 Saver 객체의 restore 메소드를 호출하면 된다.

```
import tensorflow as tf

v = tf.Variable(5)
w = tf.Variable(10, name='www')
saver = tf.train.Saver()

with tf.Session() as sess:
  saver.restore(sess, "/tmp/variables_final.dat")
  finalV = v.eval()
  finalW = w.eval()
  print(str(finalV) + “ ”+ str(finalW))
```

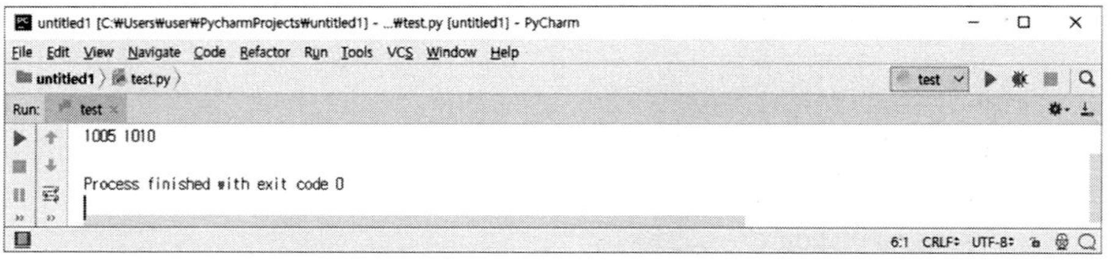

Saver 객체를 생성할 때 인수로 아무것도 주지 않으면 그래프 상의 모든 변수의 내용이 변수명과 함께 저장이 된다. 만약 일부 변수만을 저장할 경우는 원하는 변수들에 해당하는 노드 객체를 딕셔너리 형태로 지정한 후, 이를 Saver 객체 생성 시에 인수로 지정해 주면 된다. 이때 각 변수에 대해 변수명 (나중에 복구할 때 사용)과 변수 노드의 레퍼런스 쌍으로 지정해 주면 된다.

```
import tensorflow as tf

v = tf.Variable(5)
w = tf.Variable(10, name='www')
updateV = v.assign_add(1)
updateW = w.assign_add(1)
init = tf.global_variables_initializer()
saver = tf.train.Saver("wParam": w)

with tf.Session() as sess:
  saver.restore(sess, "/tmp/variables_final.dat")
  finalV = v.eval()
  finalW = w.eval()
  print(str(finalV) + " "+ str(finalW))
```

변수를 읽어 들일 때에도 Saver 객체 생성 시에 읽어 들일 변수를 딕셔너리 형태로 지정한 후, 실행 시에 세션 객체의 restore 메서드를 이용하여 읽어 들이면 된다. 그런데 일부 변수만 저장했기 때문에 만약 저장 시와 동일한 그래프를 사용한다면 저장하지 않는 변수에 대해서는 별도로 초기화해 주어야 한다. 아래의 예에서 변수 v는 저장되어 있지 않기 때문에 별도로 초기화해 주었다.

```
import tensorflow as tf

v = tf.Variable(5)
w = tf.Variable(10, name='www')
updateV = v.assign_add(1)
updateW = w.assign_add(1)
saver = tf.train.Saver("wParam": w)

with tf.Session() as sess:
  saver.restore(sess, "/tmp/variables_final.dat")
  v.initializer.run()
  finalV = v.eval()
  finalW = w.eval()
  print(str(finalV) + " " + str(finalW))
```

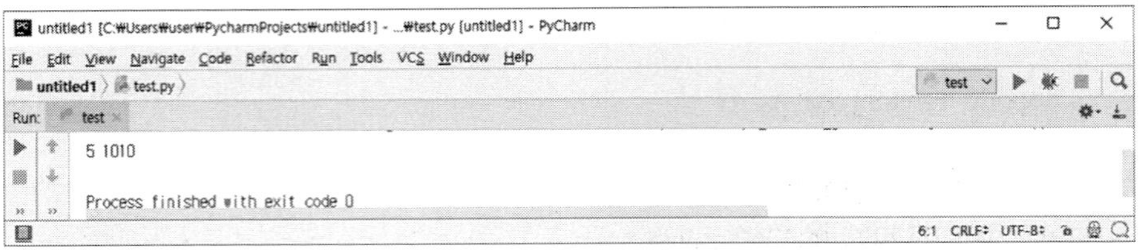

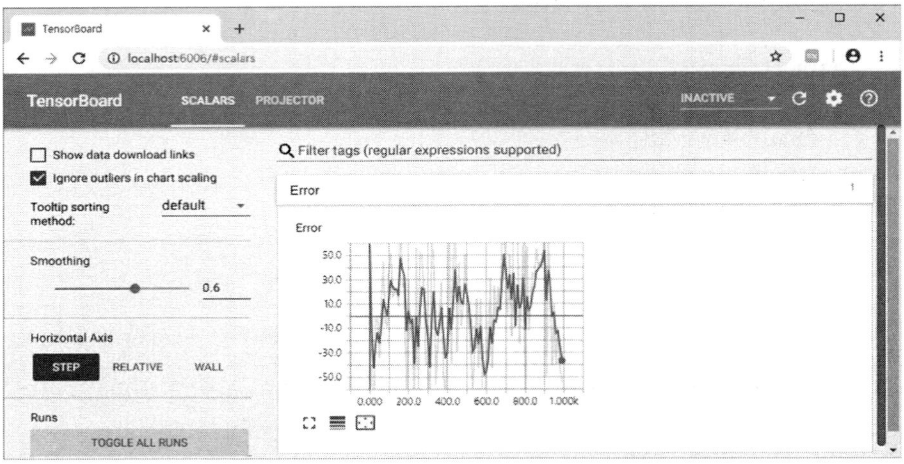

4.9 변수 공유

앞에서 텐서플로우 변수를 생성하고 사용하는 방법을 배웠다. 텐서플로우 변수도 일종의 텐서로 변경이 가능하다는 점이 다른 텐서와 다르다. 텐서플로우 변수는 tf.Variable() 연산을 이용하여 생성하고, 생성된 객체의 레퍼런스를 파이썬 변수에 저장한 후, 이 파이썬 변수를 통해 해당 텐서를 접근하면 된다. 그런데, 복잡한 텐서플로우 그래프를 작성할 경우, 이미 생성된 많은 텐서플로우 변수들(예 : 뉴런의 가중치와 바이어스 등)을 공유해야 하는 경우가 발생한다. 이런 경우 어떻게 해야 할까? 공유하고자 하는 텐서플로우 변수들의 레퍼런스를 배열에 저장하고 이 배열을 텐서플로우 그래프에서 사용하면 되지 않을까 생각할 수 있다. 하지만 이런 방식으로 사용하기가 매우 어렵다. 솔직히 가능할지 모르겠고, 가능하더라도 그 작업이 만만치 않을 것 같다. 그러면 텐서플로우에서 변수들을 공유하려면 어떻게 해야 하나? 바로 tf.variable_scope 클래스와 tf.get_variable 함수를 사용하면 된다. 한마디로 공유하고자 하는 변수들에 별도의 scope (알기 쉽게 다른 언어의 이름 공간 정도로 생각)을 부여하고 scope의 공유 여부를 지정하는 reuse 플래그를 사용하여 공유하면 된다.

get_variable()

텐서플로우 변수를 공유 또는 공유 가능성이 있으면 tf.Variable를 직접 사용하는 대신에 tf.get_variable() 함수를 이용하여 변수를 생성 또는 공유하면 된다. 이 함수의 형식은 아래와 같은데, name 인자는 생성 또는 공유할 변수 명을, shape 인자는 변수 값의 shape을, dtype 인자는 변수 값의 데이터 타입을, initializer 인자는 변수 값을 초기화하는데 사용되는 initializer를 의미한다.

```
v = tf.get_variable(name, shape, dtype, initializer)
```

tf.get_variable 함수의 동작은 변수의 scope에 의해 달라지는데, scope에 대한 자세한 설명은 좀 뒤에 설명하도록 하고, 여기서는 앞에서 언급한 것과 같이 변수의 이름 공간 정도로 생각하면 된다. 텐서플로우에는 scope 마다 reuse 플래그가 있어, 이 플래그의 값에 따라 그 scope에 소속된 변수들의 공유 여부가 결정된다. 따라서 tf.get_variable 함수는 변수의 scope의 reuse 플래그가 False로 설정되어 있을 경우는, 변수 명 (변수 명은 scope 명과 name명이 'scope명/name명'형태로 결합된 형태)의 변수가 존재하는 지를 조사한 후, 존재하지 않는다면 해당 변수 명으로 dtype의 shape 형태의 tf.Variable을 생성하고 initializer를 통해 초기화 하여 반환한다. 존재할 경우는 ValueError를 발생시킨다. 변수의 scope의 reuse 플래그가 True로 설정되어 있을 경우는, 해당 변수가 생성되어 있으면 그 변수를 반환하고 생성되어 있지 않다면 ValueError를 발생시킨다.

변수의 scope을 설명하기에 앞서 변수명이 어떻게 부여되는지 살펴보자. 먼저 아래의 코드를 실행시켜 그 결과를 확인해 보기 바란다. 결과가 'Variable:0'일 것이다. 변수 명을 지정하는 인자가 name 인자인데, 결과가 'Variable:0'라는 얘기는 변수 생성 시 name 속성을 지정하지 않으면 디폴트로 'Variable'로 취급됨을 의미한다. 참고로 변수 명 뒤 ':'다음에 붙는 숫자는 텐서플로우 연산의 실행 결과로 얻어지는 텐서들 중에서 특정 텐서를 지칭하는 인덱스이다. tf.Varaible() 연산의 경우, 결과 텐서가 하나이므로 항상 인덱스가 0이 된다.

```
import tensorflow as tf

var = tf.Variable(3)
print(var.name)
```

그러면 name 속성을 사용하여 변수 명을 지정해 줄 경우는 어떻게 될까? 아래의 코드를 수행시켜 보면 예상했던 대로 'aaa:0'가 출력됨을 확인할 수 있다.

```
import tensorflow as tf

var = tf.Variable(3, name='aaa')
print(var.name)
```

그렇다면 아래 코드처럼 같은 name 속성 값을 사용하여 변수를 하나 더 생성하면 어떻게 될까? 같은 변수가 두 번 생성된다고 오류가 발생할까? 아니면 변수가 하나만 생성되고 두 번째 변수는 앞에 생성된 변수를 공유할까? 아래의 코드를 실행시켜 확인해 보기 바란다.

```
import tensorflow as tf

var =  tf.Variable(3, name='aaa')
print(var.name)
var =  tf.Variable(3, name='aaa')
print(var.name)
```

위 코드를 실행시켜 보면 둘 다 아님을 알 수 있다. 즉, 아래처럼 name 속성 값이 같다고 해서 같은 변수로 생성되는 것이 아니라 다른 변수로 생성됨을 알 수 있다.

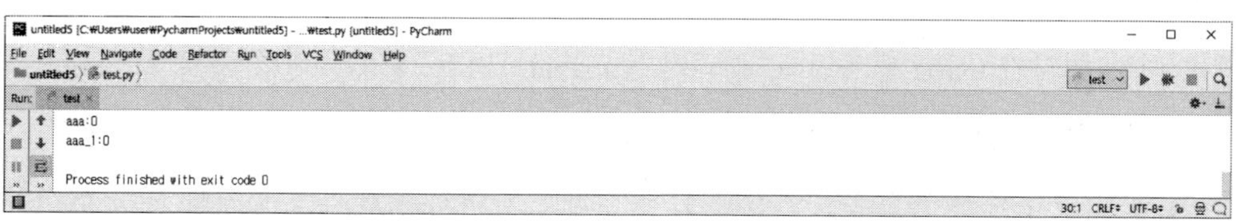

Variable 대신에 get_variable을 사용하면 결과가 어떻게 될까? Variable과 달리 name 인자 값을 동일하게 주면 동일 변수로 취급이 되고, 그래서 두 번째 get_variable() 을 통해 동일 변수를 생성하는 순간에 Value_Error가 발생함을 알 수 있다. 아래의 화면에는 보이지 않지만 첫 번째 get_variable() 을 통해 생성된 변수 명은 'aaa:0'이다.

```
import tensorflow as tf

var = tf.get_variable('aaa',[1])
print(var.name)
var = tf.get_variable('aaa',[1])
print(var.name)
```

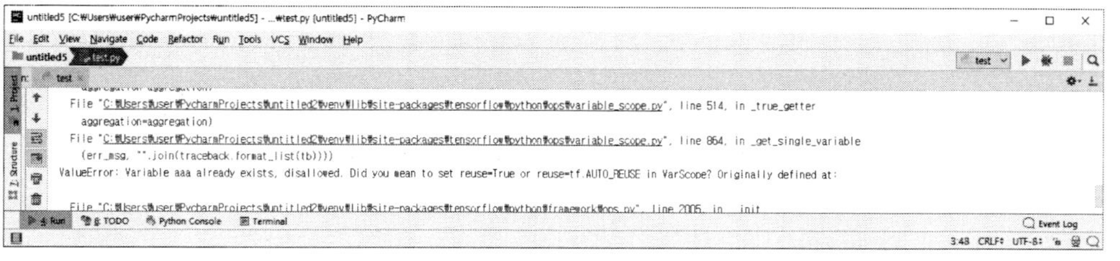

▌variable_scope()

변수의 scope의 주 기능 중의 하나는 변수의 이름 공간을 부여하는 것이다. 이름 공간이 다르면 같은 이름의 변수를 사용할 수 있게 된다. 즉, 이름 공간이 다르면 같은 이름의 변수여도 다른 변수가 된다. 변수에 scope을 부여하는 방법은 아래의 코드처럼 variable_scope 객체를 with 문과 같이 사용하면 된다. 그리고 variable_scope 객체 생성 시에 scope 이름을 부여해 주면 된다. 그러면 with 문 안에서 생성된 변수들은 같은 이름 공간에 소속되어 변수 명 앞에 같은 prefix가 붙게 된다.

```
import tensorflow as tf

with tf.variable_scope("mynamespace1"):
  v = tf.get_variable("v", [1])
  print(v.name)
  w = tf.get_variable("w", [1])
  print(w.name)
```

위 코드를 실행시키면 아래와 같이 변수 명 앞에 scope 명이 덧붙여짐을 알 수 있다. 이런 이유로 같은 변수 명을 사용하더라도 scope이 달라지면 다른 변수가 되게 된다.

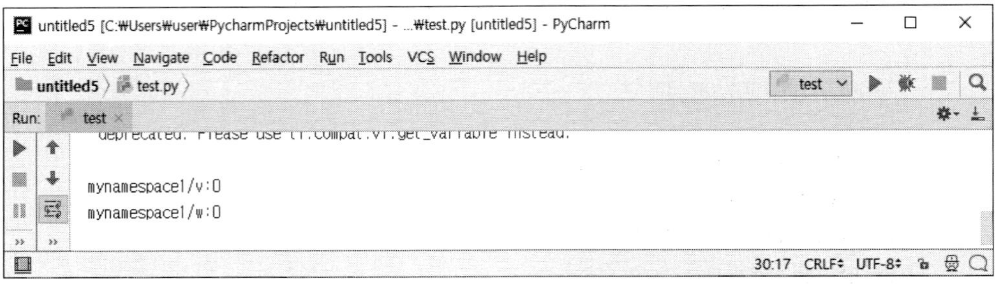

변수 scope의 또 다른 기능은 scope 내의 변수들을 공유할 수 있는 기능을 제공하는 것이다. 아래의 예제처럼 이미 선언된 scope과 동일한 이름의 scope을 선언하면서 reuse 인수의 값을 true로 지정해 주면 변수 공유가 이루어지게 된다.

```
import tensorflow as tf

with tf.variable_scope("mynamespace1"):
  v = tf.get_variable("v", [1])
  w = tf.get_variable("w", [1])

with tf.variable_scope("mynamespace1", reuse=True):
  v2 = tf.get_variable("v", [1])
  w2 = tf.get_variable("w", [1])

assert v == v2 and w==w2
```

위 코드를 실행시키면 아무런 오류 없이 실행될 것이다. 이는 assert 문의 조건이 만족됨을 의미하는데, 이는 v와 v2가 같은 객체를 지칭하고 있음을 즉 공유되고 있음을 의미한다. w와 w2도 동일 객체를 지칭함을 의미한다. 만약, 두 번째 변수 scope 선언 시 'reuse=True'부분 없이 한다면 동일 이름의 변수를 다시 생성하는 형태가 되어 ValueError가 발생한다.

변수 scope은 아래처럼 중첩될 수 있는데, 이 경우 변수 명은 '바깥 scope 명/안쪽 scope 명/기본 변수 명'형태가 된다.

```
with tf.variable_scope("namespace1"):
    with tf.variable_scope("namespace2"):
        v = tf.get_variable("v", [1])
        print(v.name) # "namespace1/namespace2/v:0"
```

그리고 현 variable scope에 대한 정보는 tf.get_variable_scope() 함수를 통하여 변수 scope 객체를 얻은 후, 이 객체의 속성과 메서드를 이용하면 된다. tf.get_variable_scope().name을 통해 scope명을 알 수 있고, tf.get_variable_scope().reuse_variables() 통해 현 variable scope의 reuse 플래그를 True로 설정할 수 있다. 아래의 코드에서 'namespace'scope 생성 시에는 reuse 플래그 값이 지정되지 않아 기본으로 False인데, tf.get_variable_scope().reuse_variables() 문장을 통해 reuse 플래그가 True로 바뀌게 된다. 그래서 두 번째 tf.get_variable은 이미 생성된 변수를 반환하게 되고, 그래서 v1과 v는 같은 텐서플로우 변수를 지칭하게 된다.

```
with tf.variable_scope("namespace"):
    v = tf.get_variable("v", [1])
    tf.get_variable_scope().reuse_variables()
    v1 = tf.get_variable("v", [1])
    assert v1 == v
```

또한, 변수 scope을 사용할 경우, 생성 시 지정한 문자열 이름을 사용할 수도 있지만 변수 scope 객체를 사용할 수도 있다. 아래의 코드처럼 with as 문을 사용하여 생성된 변수 scope 객체를 변수에 저장한 후 나중에 필요할 경우, 이 변수를 통해 변수 scope 객체를 접근할 수 있다. 처음에 'namespace'변수 scope에 변수 v만 생성되었지만, 나중에 namespace_scope 객체를 통해 동일 변수 scope을 지칭한 후, 그 변수 scope에 새로운 변수 'w'를 생성하였다. 그리고 이렇게 생성된 두 변수를 나중에 공유하기 위해 변수 scope 객체를 사용하여 동일 변수 scope을 지칭하면서 reuse 플래그를 True로 설정하였다.

```
with tf.variable_scope("namespace") as namespace_scope:
    v = tf.get_variable("v", [1])
with tf.variable_scope(namespace_scope)
    w = tf.get_variable("w", [1])
```

```
with tf.variable_scope(namespace_scope, reuse=True)
    v1 = tf.get_variable("v", [1])
    w1 = tf.get_variable("w", [1])
assert v1 == v
assert w1 == w
```

get_variable()의 initilizer 인자는 생성된 변수를 초기화 하는 데 사용될 initializer를 지정한다. 그런데 이 initilizer가 주어지지 않으면, 변수 scope의 initilizer에 의해 초기화된다. 따라서 get_variable() 호출 시 변수 scope의 initilizer를 사용하고 싶지 않으면 아래의 코드처럼 별도의 initializer 지정하면 된다.

```
with tf.variable_scope("namespace", initializer=tf.constant_initializer(0.5)):
    v = tf.get_variable("v", [1])
    print(v.eval()) # 0.5
    w = tf.get_variable("w", [1], initializer=tf.constant_initializer(0.4)):
    print(w.eval()) # 0.4
```

그리고 변수 scope이 중첩될 경우, 아래 예제처럼 안쪽 initializer가 지정되지 않으면 바깥쪽 initializer가 적용된다. 변수 scope 'namespace/sub1'에는 별도의 initializer가 지정이 되어 있지 않아 변수 scope 'namespace'의 initializer가 적용되었고, 'namespace/sub2'에는 자체의 initializer가 적용되었다.

```
with tf.variable_scope ("namespace", initializer=tf.constant_initializer(0.4)):
    with tf.variable_scope("sub1"):
        v = tf.get_variable("v", [1])
        print(v.eval()) # 0.4
    with tf.variable_scope("sub2", initializer=tf.constant_initializer(0.2)):
        v = tf.get_variable("v", [1])
        print(v.eval()) # 0.2
```

변수 scope은 변수 이름뿐만 아니라 연산자의 이름에도 영향을 준다. 변수 scope 내에서 연산 노드를 정의하면 그 노드의 기본 이름 앞에 scope 명이 붙게 된다. 아래의 예제에서 '+'에 대응되는 텐서플로우 add 연산 노드가 생성되고 그 레퍼런스가 x에 저장된다. 그리고 그 노드의 이름은 기본 이름인 add에 변수 scope 명이 덧붙여 진 "namespace/add"가 된다.

```
with tf.variable_scope("namespace"):
    x = 1.0 + tf.get_variable("v", [1])
    print(x.op.name) # "namespace/add"
```

variable_scope과 유사한 것으로 name_scope이 있다. 이 또한 변수와 연산에 대해 이름 공간을 부여하지만 variable_scope과 약간의 차이가 있다. 대부분 비슷하지만 get_variable() 연산에 대해서 차이가 있다. 즉, name_scope은 get_variable()에 의해 생성된 변수에는 적용되지 않는다. 아래의 예제를 통해 확인해 보기 바란다.

```
with tf.variable_scope("namespace"):
    with tf.name_scope("sub"):
        v = tf.get_variable("v", [1])
        w = tf.Variable(3, name="w")
        x = 1.0 + v
        print(v.name) # "namespace/v:0"
        print(w.name) # "namespace/sub/w:0"
        print(x.op.name) # "namespace/sub/add"
```

4.10 텐서보드를 이용한 시각화

정의한 텐서플로우 그래프를 시각적으로 보기를 원한다면 텐서보드를 이용하면 된다. 텐서보드는 텐서플로우 실행 시 생성되는 그래프 데이터나 요약 (summary) 데이터 파일을 읽으면서 동작한다. 텐서보드에서 읽을 수 있는 형태로 데이터를 저장하기 위해서는 원하는 데이터를 tf.summary 모듈의 FileWriter 클래스를 이용하여야 한다. 예를 들어, 만약 여러분이 작성한 텐서플로우 그래프를 시각적으로 보고 싶으면, 아래의 코드처럼 실행 단계에서 세션 객체의 graph 속성 값을 파일 위치 값과 함께 FileWriter 생성자의 인수로 넘겨주면 된다.

```
import tensorflow as tf

c1 = tf.constant(2);
c2 = tf.constant(3);
x = tf.add(c1, c2)
```

```
with tf.Session() as sess:
  writer = tf.summary.FileWriter("C:/Temp/graphs", sess.graph)
  print(sess.run(x))
  writer.close()
```

텐서보드에서 tf.summary.FileWriter에 의해 작성된 데이터를 보려면, 먼저 텐서보드를 도스 창에서 실행시켜야 하는데, 실행 시 logdir 옵션으로 데이터 파일의 위치를, port 옵션으로 연결 포트 번호를, host 옵션으로 접속 IP 주소를 지정해 주면 된다. 로컬 호스트에서 실행이 제대로 되지 않을 경우 아래와 같이 host 옵션으로 "127.0.0.1"을 지정해 주기 바란다.

```
$ tensorboard --logdir="C:/Temp/graphs" --port 6006 --host=127.0.0.1
```

텐서보드를 실행한 후에는 브라우저로 텐서보드가 실행되는 서버를 지정된 포트 (위의 예인 경우는 http://localhost:6006/)로 접속하면 된다. 브라우저로 Chrome browser를 사용할 것을 권한다.

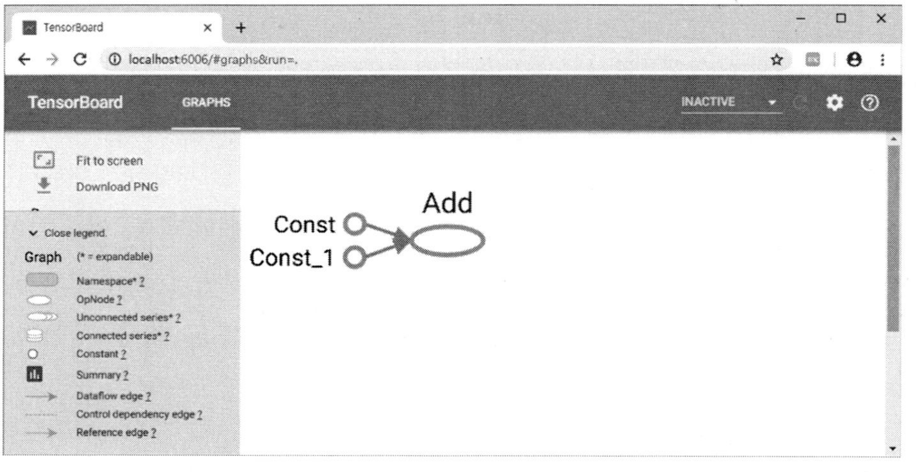

텐서보드와 브라우저를 그대로 유지한 채 프로그램만 아래와 같이 수정한 후 다시 실행시키면, 즉 데이터 파일 내용만 변경한 후, 브라우저 '새로 고침' 아이콘을 누르면 변경

된 내용을 동일 브라우저 페이지에서 볼 수 있다.

```
import tensorflow as tf

c1 = tf.constant(2);
c2 = tf.constant(3);
x = tf.add(c1, c2)
y = tf.subtract(c1,c2)

with tf.Session() as sess:
  writer = tf.summary.FileWriter("C:/Temp/graphs", sess.graph)
  print(sess.run(x))
  writer.close()
```

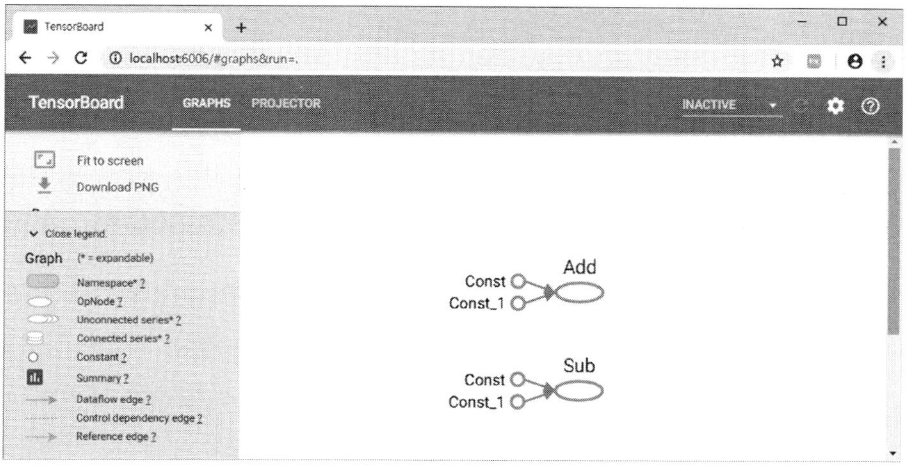

성능이나 오류 값 같은 스칼라 값을 시간에 따라 모니터링하고자 할 경우는 먼저 모니터링하고자 하는 스칼라 텐서를 문자열 형태로 변환하는 tf.summary.scalar 연산을 정의하고, 이 연산을 실행 단계에서 실행한 후, 그 결과를 FileWriter 객체의 add_summary 메서드를 사용하여 저장해 주면 된다. 시간에 따른 값을 저장할 경우는 아래와 같이 add_summary 메서드의 두 번째 인수로 step 값을 지정해 주면 된다. 아래의 예는 변수 v1과

v2의 값을 무작위로 설정하고, 그 차이를 계산하는 코드로, 이 과정을 1000번 반복하면서 10번째 마다 그 결과를 저장한다.

```
import tensorflow as tf

rnd1 = tf.random_uniform([1], 0, 100, dtype=tf.int32)
rnd2 = tf.random_uniform([1], 0, 100, dtype=tf.int32)
err = tf.subtract(rnd1[0], rnd2[0])
err_summary = tf.summary.scalar('Error', err)
file_writer = tf.summary.FileWriter("C:/Temp/log.dat")

with tf.Session() as sess:
  for step in range(1000):
      if step % 10 == 0:
        summary_str = err_summary.eval()
        file_writer.add_summary(summary_str, step)
  file_writer.close()
```

4.11 텐서플로우 이용 NN 구축하기

앞에서 scikit-learn 라이브러리를 이용하여 인공신경망을 구축하는 방법을 살펴보았다. 하지만 이러한 방법들 (MLPClassifier, MLPRegressor 클래스 이용)은 대규모 응용을 위해 개발되지도 않았고, 특히 GPU를 지원하지도 않는다. 따라서 GPU나 멀티-코어 CPU를 이용한 대규모 학습 시스템을 구축하기 위해서는 텐서플로우 라이브러리를 이용해야 하는데, 고수준(high-level) 라이브러리와 저수준(low-level) 라이브러리를 제공한다. 인공신경망 구조에 대한 제어를 원할 경우는 저수준 라이브러리가 선호된다. 고수준 라이브러리를 이용하는 부분은 다음 장에서 살펴보고 여기서는 저수준 라이브러리를 이용하는 방법을 살펴본다.

NN 구축을 위한 그래프 정의 단계

앞에서 사용하였던 iris 데이터셋을 대상으로 저수준 라이브러리를 이용하여 인공신경망을 구축하고 실행하는 방법을 살펴보자. 먼저 입력 노드의 개수와 각 은닉 층 노드의 개수 그리고 출력층 노드의 개수를 정의한다. iris 데이터셋은 입력 필드가 4개이고 출력 클래스가 3개이므로 아래와 같이 정의하였고, 앞의 예제와 동일하게 은닉층의 수는 2로 그리고 각 층의 노드의 수는 5와 2로 정의한다.

```
n_inputs = 4 # IRIS
n_hidden1 = 5
n_hidden2 = 2
n_outputs = 3
```

학습 시 입력 값과 출력 값은 시행 시에 주어지기 때문에 이를 위한 텐서로 placeholder를 사용한다. 이때 학습 데이터 하나 당 4개의 값으로 구성되고, 학습 데이터의 개수는 고정 되지 않아 inputs 텐서의 크기는 (None, 4)로, 그리고 타겟 값은 스칼라이고, 학습 데이터의 개수를 고정되지 않았으므로 targets 텐서의 크기는(None)으로 설정한다. 그리고 타겟 값에 대한 one-hot 인코딩 형태의 값이 필요하므로 one-hot 인코딩 노드도 정의한다.

```
inputs = tf.placeholder(tf.float32, shape=(None, n_inputs), name="inputs")
targets = tf.placeholder(tf.int64, shape=(None), name="targets")
one_hot_ecoded_targets = tf.one_hot(targets, n_outputs)
```

은닉층 구성은 tf.layers.dense 연산(또는 함수)를 사용하면 되는데, 이 연산은 첫 번째 인수로 입력 텐서를 받아 두 번째 인수에 해당하는 크기의 값을 내주는 텐서를 생성한다. 이 텐서는 입력 텐서의 shape와 같은데, 단 마지막 차원의 크기는 두 번째 인수와 같다. 예를 들어, x 텐서의 shape가 (100, 4)일 경우, dense(x, 7)는 (100, 7)의 shape를 갖는 텐서를 반환한다. 따라서, 첫 번째 은닉층에 해당하는 텐서는 입력층 텐서를 입력으로 해서 n_hidden1 만큼의 출력을 내주는 텐서, 즉 아래와 같이 dense 연산을 사용하여 정의해 주면 된다. 아래의 예에서는 dense 연산 정의 시 활성화(activation) 함수로 텐서플로우에서 제공하는 relu 함수를 지정하였다. dense 연산 정의 시에 activation 이외의 다른 인수들도 지정할 수 있는데, 이에 대한 설명은 온라인 도움말을 참고하기 바란다.

```
hidden1 = tf.layers.dense(inputs, n_hidden1, activation=tf.nn.relu,
name="hidden1")
```

두 번째 은닉층은 첫 번째 은닉층 텐서를 입력으로 하고, n_hidden2 만큼의 출력을 내주는 텐서로 정의하면 된다.

```
hidden2 = tf.layers.dense(hidden1, n_hidden2, activation=tf.nn.relu,
name="hidden2")
```

앞에서 정의한 targets 텐서는 층력층에 해당하는 텐서가 아니라 목표치에 해당하는 텐서이다. 출력층은 마지막 은닉층 텐서를 입력으로 하고 n_outputs 만큼의 출력을 내주는 텐서로 정의하면 된다. 단, activation 함수 없이 정의한다.

```
outputs = tf.layers.dense (hidden2, n_outputs, name="outputs")
```

학습하기 위해서는 출력 값에 softmax 함수를 연산을 적용시켜 출력 값을 정규화 (0과 1 사이의 값으로 변환)한 후, 이 값과 학습 데이터의 목표치를 이용하여 손실(loss) 함수의 값을 구하여야 하는데, 이를 위한 노드는 tf.nn.softmax_cross_entropy_with_logits 연산(또는 함수)을 이용하여 정의하면 된다. 이 함수는 손실 함수로 교차 엔트로피(cross entropy)를 사용하며, labels 패러미터로 목표치를, logits 패러미터로 출력층의 값, 즉 실제 출력값을 지정해 주면 된다. 이 함수는 손실 값을 구하기 전에 logit 인수에 대해 softmax 함수를 먼저 적용시킨 후, 그 값에 대해서 손실 값을 구한다.

```
loss = tf.nn.softmax_cross_entropy_with_logits_v2(labels=targets,
logits=outputs)
```

위 노드를 통해 구해지는 텐서는 각 학습 데이터에 대한 손실 값이다. 그래서 전체 손실 값, 즉 평균을 구하는 노드의 정의가 필요하다.

```
total_loss = tf.reduce_mean(loss, name="total_loss")
```

손실 값이 구해지면 이 손실 값을 줄이도록 신경망의 가중치를 수정해 주어야 하는데, 이런 역할을 담당하는 객체가 optimizer이며, 텐서플로우에는 다양한 optimizer 생성 연산을 제공한다. 여기서는 기본인 tf.train.GradientDescentOptimizer 연산을 사용한다. optimizer 생성 시 학습률을 지정해 주면 된다. 다른 optimizer에 대해서는 뒷부분에서 추가로 설명한다.

```
learning_rate = 0.01
optimizer = tf.train.GradientDescentOptimizer(learning_rate)
training_op = optimizer.minimize(total_loss)
```

학습 성능을 모니터링 하고 싶으면 학습 성능을 평가하기 위한 노드를 정의한다. 예측치인 outputs은 shape이 (학습 데이터 수, 클래스 개수)인 텐서이고, 목표치인 tagets은 이중 최대가 되어야 하는 위치 값들로 이루어진 shape이 (학습데이터 개수)인 텐서이므로, 목표치와 예측치가 일치하는 지의 여부는 아래와 같이 tf.nn.in_top_k 연산을 이용하면 된다. 이 연산의 첫 번째 인수로 예측치 텐서를, 두 번째 인수로 목표치 텐서를, 그리고 세 번째 인수로 k의 값, 즉 여기서는 최댓값의 위치를 찾아야 하므로 1로 설정한다.

```
correct_list = tf.nn.in_top_k(outputs, targets, 1)
```

예를 들어, 3개의 클래스로 분류하는 예인 경우, 두 데이터에 대한 예측치가 (0.6, 0.3, 0.1) 그리고 (0.5, 0.4, 0.1)이고, 목표치가 0번째 클래스, 1번째 클래스인 경우 outputs 텐서는 [[0.6, 0.3, 0.1], [0.5, 0.4, 0.1]]이고 targets는 [0, 1]이 된다. outputs에 대해 최댓값 위치를 찾으면 둘 다 0이 되고, 이를 리스트 형태로 표현하면 [0, 0]이 되고, 이를 tagets 값과 비교하면 [true, false]가 된다. 이 값이 위 연산이 최종 결과가 된다. 즉 학습 데이터 별로 목표치와 일치하는지의 여부가 결과 값으로 출력이 된다. 따라서, 일치하는 것의 비율을 아래와 같이 계산해 주면 정확도가 계산이 된다.

```
accuracy = tf.count_nonzero(correct_list, dtype=tf.int32)/tf.size(correct_
list)
```

위에서처럼 true의 개수를 카운트한 후 이를 전체 데이터 개수로 나누어 주어도 되지만 아래와 같이 불리안 값을 실수 값으로 변환한 후 이의 평균을 구해도 같은 결과를 얻을 수 있다.

```
accuracy = tf.reduce_mean(tf.cast(correct_list, tf.float32))
```

끝으로 변수를 초기화 하는 노드와 변수를 저장하기 위한 Saver 객체를 생성하는 노드를 정의한다.

```
init = tf.global_variables_initializer()
saver = tf.train.Saver()
```

NN 학습하기

먼저 학습 데이터를 읽어 온 후, 이를 앞에서 정의한 함수를 이용하여 학습 데이터와 테스트 데이터로 분리한다.

```
from sklearn.model_selection import train_test_split
from sklearn import datasets

iris = datasets.load_iris()

x_train, x_test, y_train, y_test = train_test_split(iris.data, iris.target,
test_size=0.2, random_state=0, stratify=iris.target)
```

학습과 테스트 셋을 분리했으면 학습 반복 횟수와 배치 사이즈를 정하도록 한다. iris 데이터는 데이터 수가 작기 때문에 여기서는 블록 사이즈를 작게 5로 설정하였다. 다른 데이터에 대해서는 실험을 통해 적당한 블록 사이즈를 설정하면 된다. 학습에 사용하기 위해 학습 데이터의 개수도 파악해 두도록 한다.

```
n_epochs = 400; batch_size = 5; num_trains = len(x_train)
```

먼저, 변수들을 초기화한 후, 각 반복 마다 배치 단위로 데이터를 얻은 후 이 데이터를 이용하여 인공신경망의 가중치를 재조정하도록 하고, 필요한 경우 각 반복마다 성능을 측정하도록 한다. 그리고 학습이 끝난 후 학습 결과, 즉 최종적인 인공신경망 가중치를 파일로 저장하여 나중에 사용할 수 있게 한다.

```
with tf.Session() as sess:
    init.run()
    for epoch in range(n_epochs):
  start = 0
  for iteration in range(num_trains // batch_size):
          batch_x, batch_y, start = next_batch(x_train, y_train, start,
batch_size)
          batch_y = np.reshape(batch_y, (batch_size, 1))
          sess.run(training_op, feed_dict= X: batch_x, y: batch_y)
  acc_train = accuracy.eval(feed_dict= X: x_train, y: y_train)
  acc_test = accuracy.eval(feed_dict= X: x_test, y: y_test)
  print(epoch, "Train accuracy:", acc_train, "Test accuracy:", acc_test)
    save_path = saver.save(sess, "./my_model_final.ckpt")
```

전체 학습 데이터에서 배치 크기만큼의 학습 데이터를 제공하는 라이브러리가 없어 아래와 같이 구현한다. 모든 데이터가 한 번씩은 사용되어지도록 하기 위해 마지막 블록을 제외한 블록은 전체 데이터에서 차례대로 블록 크기만큼 반환하도록 하였으며, 마지막 블록인 경우는 부족한 부분의 데이터는 전체 데이터를 섞어 그 중에서 선택하도록 하였다. 아래의 코드에서 if 부분이 마지막 블록에 대한 처리이다.

```
def next_batch(X, y, start, batch_size):
    num_examples = len(X) # X.shape[0]
    assert batch_size <= num_examples
    end = start + batch_size

    if end > num_examples:
        remain = batch_size - (num_examples % batch_size)
        perm = np.arange(num_examples)
        np.random.shuffle(perm)

        X = np.concatenate((X[start:], X[perm[:remain]]), axis=0)
        y = np.concatenate((y[start:],y[perm[:remain]]), axis=0)

        return X, y, 0

    return X[start:end], y[start:end], end
```

학습을 위한 전체 코드와 그 실행 화면은 아래와 같다.

```
import tensorflow as tf
from sklearn.model_selection import train_test_split
from sklearn import datasets
import numpy as np
from sklearn.preprocessing import MinMaxScaler

'''
next_batch function
'''
def next_batch(X, y, start, batch_size):
    num_examples = len(X) #X.shape[0]
    assert batch_size <= num_examples
```

```
    end = start + batch_size

    # when all trainig data have been already used, it is reorder randomly
    if end > num_examples:
        remain = batch_size - (num_examples % batch_size)
        perm = np.arange(num_examples)
        np.random.shuffle(perm)

        X = np.concatenate((X[start:], X[perm[:remain]]), axis=0)
        y = np.concatenate((y[start:],y[perm[:remain]]), axis=0)

        return X, y, 0

    return X[start:end], y[start:end], end

'''
main
'''

# 상수 정의
n_inputs = 4 # IRIS
n_hidden1 = 5
n_hidden2 = 2
n_outputs = 3

# 학습 입력 데이터와 타겟 데이터 입력 노드 정의
inputs = tf.placeholder(tf.float32, shape=(None, n_inputs), name="inputs")
targets = tf.placeholder(tf.int32, shape=(None), name="targets")
one_hot_ecoded_targets = tf.one_hot(targets, n_outputs)

# 인공 신경망 네트워크 구성
hidden1 = tf.layers.dense(inputs, n_hidden1, activation=tf.nn.relu,
name="hidden1")
hidden2 = tf.layers.dense(hidden1, n_hidden2, activation=tf.nn.relu,
name="hidden2")
outputs = tf.layers.dense (hidden2, n_outputs, name="outputs")

# 손실 값 계산 노드 정의
loss = tf.nn.softmax_cross_entropy_with_logits_v2(labels=one_hot_ecoded_
targets, logits=outputs)
```

```
total_loss = tf.reduce_mean(loss, name="total_loss")

# 옵티마이저 정의
learning_rate = 0.01
optimizer = tf.train.GradientDescentOptimizer(learning_rate)
training_op = optimizer.minimize(total_loss)

# 변수 초기화 노드 및 변수 저장 노드 정의
init = tf.global_variables_initializer()
saver = tf.train.Saver()

# 성능 측정 노드 정의
correct_list = tf.nn.in_top_k(outputs, targets, 1)
accuracy = tf.count_nonzero(correct_list, dtype=tf.int32)/tf.size(correct_
list)
#accuracy = tf.reduce_mean(tf.cast(correct_list, tf.float32))

# 학습 데이터 읽어 오기
iris = datasets.load_iris()
x_data = iris.data
y_data = iris.target

minmax_scaler = MinMaxScaler()
minmax_scaler.fit(x_data)
x_data = minmax_scaler.transform(x_data)
x_train, x_test, y_train, y_test = train_test_split(x_data, y_data, test_
size=0.2, random_state=3, stratify=y_data)

# 학습 패러미터 설정
n_epochs = 1000; batch_size = 5; num_trains = len(x_train)

# 학습 실행
with tf.Session() as sess:
   init.run()
   for epoch in range(n_epochs):
       start = 0
       for iteration in range(num_trains // batch_size):
           batch_x, batch_y, start = next_batch(x_train, y_train, start,
batch_size)
     batch_y = np.reshape(batch_y, (batch_size, 1))
```

```
            sess.run(training_op, feed_dict= inputs: batch_x, targets:
batch_y)
        acc_train = accuracy.eval(feed_dict= inputs: x_train, targets: y_
train)
        acc_test = accuracy.eval(feed_dict= inputs: x_test, targets: y_test)
        print(epoch, "Train accuracy:", acc_train, "Test accuracy:", acc_test)
    save_path = saver.save(sess, "./my_model_final.ckpt")
```

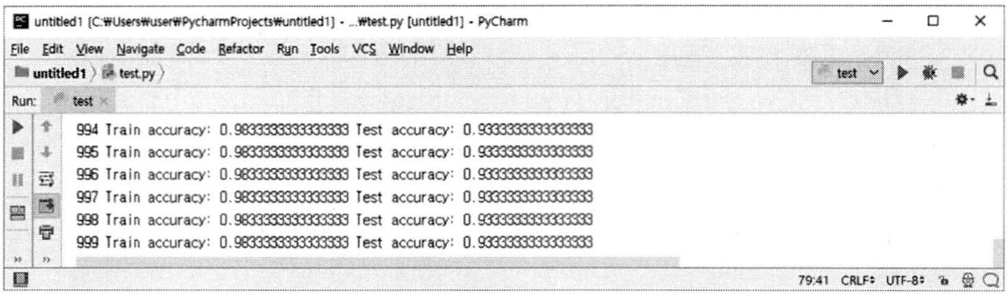

학습된 모델 사용하기

학습 과정 중에서 만들어진 모델을 이용하여 서비스하려면 학습 과정 중에 사용했던 코드 중에 나머지 부분은 그대로 사용하고 학습 실행 부분만 아래와 같이 변경하여 사용하면 된다. 텐서플로우 변수, 즉 인공신경망 패러미터들을 초기화하는 대신에 Saver 객체의 restore 메서드를 사용하여 학습 과정 중에 파일로 저장해 두었던 인공신경망 패러미터들을 읽어 들인다. 그리고 사용자로부터 평가할 새 데이터를 입력 받은 후, 그 값을 입력으로 해서 출력 노드를 평가해주면 된다.

```
with tf.Session() as sess:
    saver.restore(sess, "./my_model_final.ckpt")
    while (True):
        sepal_length = input("sepal length (cm) ? ")
        sepal_width = input("sepal width (cm) ? ")
        petal_length = input("petal length (cm) ? ")
        petal_width = input("petal width (cm) ? ")

        new_data = [[sepal_length, sepal_width, petal_length, petal_width]]
```

```
scaled_data = minmax_scaler.transform(new_data)
predicted = outputs.eval(feed_dict=inputs: scaled_data)
class = np.argmax(predicted, axis=1)
print(class[0])
```

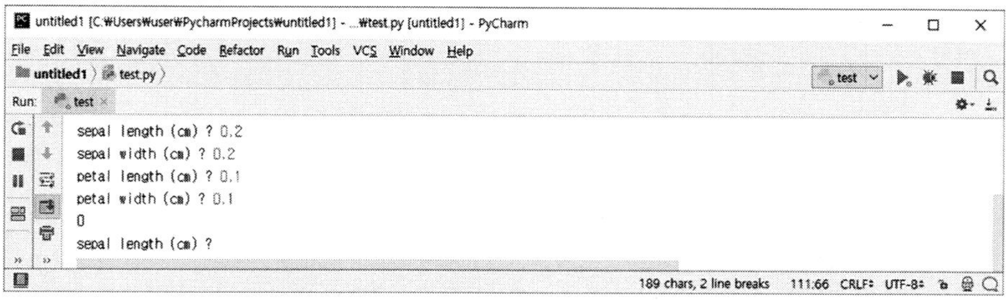

4장. 연습문제

• **다음 물음에 답하시오.**

1. 다음 설명 중 올바르지 않는 것은 ?

(1) 텐서플로우는 수치 계산을 위한 강력한 오픈 소스 소프트웨어 라이브러리로서 특히 대규모 기계 학습을 위해 잘 맞고 미세 제어가 가능하다.

(2) 텐서플로우에서는 계산 그래프를 정의하게 되는데, 그래프 정의가 곧 실행이다.

(3) 그래프를 여러 개의 청크로 분할하여 여러 CPU 또는 GPU에서 병렬로 실행할 수 있다는 것이다.

(4) 분산 컴퓨팅도 지원하여 거대한 훈련 세트를 갖는 복잡한 신경망의 계산을 수백 대의 서버로 나누어 합리적인 시간 내에 훈련할 수도 있다.

2. 텐서플로우 그래프에 대한 다음 설명 중 올바르지 않는 것은 ?

(1) 각 노드는 연산을 나타낸다.

(2) 노드 간의 에지가 두 연산 사이의 종속성을 나타낸다.

(3) 노드는 1개 이상의 입력을 갖는다.

(4) 그래프 실행 시 노드의 실행 결과가 에지를 통해 종속 노드로 전달이 된다.

3. 텐서에 대한 설명 중 올바르지 않는 것은 ?

(1) 텐서플로우 그래프의 노드, 즉 연산의 실행 결과를 텐서 (tensor)라 한다.

(2) 텐서들이 그래프의 종속성을 따라 노드들을 통과하게 된다.

(3) 텐서는 에지를 따라 전달이 되는 중에 형태나 값이 변하지 않는다.

(4) 텐서는 n차원 행렬로 생각할 수 있다.

4. 다음 중 변수 scope에 대한 설명 중 맞지 않는 것은 ?

(1) 텐서플로우 변수의 이름공간을 부여하는 기능을 수행한다.

(2) tf.variable_scope() 연산을 통해 이루어진다.

(3) 텐서플로우 변수의 공유를 가능하게 하는 기능을 제공한다.

(4) 텐서플로우 변수를 복사하는 역할을 수행한다.

5. 다음 설명 중 옳은 것은 ?

(1) tf.get_variable()은 변수 scope의 reuse 플래그가 True인 경우, 주어진 변수 명의 변수가 존재하지 않으면 변수를 생성한다.

(2) tf.get_variable()은 변수 scope의 reuse 플래그가 False인 경우, 주어진 변수 명의 변수가 존재하면 그 변수를 반환한다.

(3) 텐서플로우 연산 노드의 이름은 변수 scope의 영향을 받지 않는다.

(4) 변수 scope이 중첩될 경우, 텐서플로우 변수의 초기화는 안쪽 변수 scope의 initializer가 지정되지 않으면 바깥쪽 initializer에 의해 이루어진다.

- **다음 ( )에 적합한 내용을 채우시오.**

1. 텐서플로우 프로그래밍은 두 단계로 구성되는데, 첫 단계는 작업 내용에 대응되는 계산 그래프를 ( )하는 것이며, 두 번째 단계는 그 그래프를 ( )하는 단계이다.
2. 텐서프로우는 데이터 흐름 그래프를 사용하여 계산을 정의하는데, 이때 계산에 필요한 ( )들과 이들 간의 ( )이 함께 표현된다.
3. 그래프를 실행시키기 위해서는 먼저 Session 함수를 사용하여 session 객체를 생성하여야 한다. 그런 다음 session 객체의 ( ) 메서드를 이용하여 계산하고자 하는 노드를 실행시켜 주면 된다.
4. with 블록 안에서는 생성된 session 객체가 기본 (default) 세션이 되기 때문에, 연산 노드의 ( ) 메서드를 호출하여 연산 노드를 실행하여도 된다.
5. 실행 중에 그 값이 변하는 텐서를 만들고 싶으면 ( ) 연산을 사용하면 된다.
6. 모든 변수를 한꺼번에 초기화할 경우는 ( ) 연산을 사용하면 된다.
7. 그래프 정의 시에는 값을 지정하지 않고, 실행 시에 값을 지정해 주고 싶은 경우들이 있다. 이런 경우에 사용하는 것이 ( ) 연산이다.
8. 변수 저장은 먼저 그래프 구성 끝 부분에 (a) 연산을 통해 (a) 노드를 생성하고, 실행 단계에서 (a) 노드의 (b) 메서드를 호출해 주면 된다.
9. 텐서플로우 변수를 공유 또는 공유 가능성이 있으면 tf.Variable를 직접 사용하는 대신에 ( ) 함수를 이용하여 변수를 생성 또는 공유하면 된다.
10. 변수들을 공유할 경우, 공유하고자 하는 변수들을 같은 변수 scope 내에 선언하고, 공유하고 싶은 시점에서 같은 이름의 변수 scope을 지칭하면서 ( )를 True로 설정하면 된다.

- **다음 물음에 o, x로 답하시오.**

1. 텐서플로우 그래프 실행 시 노드를 지정할 경우, 지정 노드의 종속 노드가 있으면 그 종속 노드부터 계산을 하게 된다.
2. 노드를 run하거나 eval할 때 텐서플로우는 의존하는 노드 집합을 자동으로 결정하고 이 노드를 먼저 평가한다.
3. 텐서플로우 변수 (Variable)는 실행되기 전에 상황에 따라 초기화해도 되고 그렇지 않아도 된다.
4. 텐서플로우 변수 (Variable)는 이전 run이나 eval의 결과를 그대로 유지한다.
5. 텐서플로우 변수 (Variable)는 세션 사이에서도 공유된다.
6. 일부의 변수만 선택적으로 저장했다가 읽어 들일 수 있다.

- **다음 물음에 답하시오.**

1. 아래 코드의 실행 결과는 ? 만약 5가 출력되게 하려면 어떻게 해야 하나?

```
x = tf.constant(2)
y = tf.constant(3)
z = tf.add(x, y)
print(z)
```

2. 아래의 코드에 대응되는 텐서플로우 그래프를 그려보시오.

```
a = tf.constant(5)
b = a + 2
c = b / 5
d = b * 3
```

3. 3번에 정의된 그래프를 실행시키기 위해 아래와 같이 작성했을 경우, 그 결과는 ?

```
with tf.Session() as sess:
  print(d.eval())
```

4. c 노드도 같이 실행하기 위해 아래와 같이 코딩할 경우, 그 결과는 ?

```
with tf.Session() as sess:
  print(c.eval())
  print(d.eval())
```

5. 4번의 실행 결과는 예상한대로 출력이 될 것이다. 그렇다고 문제가 없는 것은 아니다. 효율성 측면에서 문제가 있다. 어떤 문제가 존재하며, 이를 해결할 수 있는 방법은 ?

6. 아래 코드의 문제점들을 지적하고 그 해결책을 제시하시오.

```
import tensorflow as tf

a = tf.constant([3, 6, 7, 9])
b = tf.constant([[2, 2], [4, 8]], dtype=tf.float32)
c = tf.add(a, b)
```

7. 다음 물음에 답하시오

```
import tensorflow as tf

v = tf.Variable(0)
w = v.assign(5)

with tf.Session() as sess:
  w.eval()
  print(v.eval())
```

a) 실행 결과는 ?

b) 5가 출력이 되도록 하려면 어떻게 해야 하나?

8. 아래 코드의 실행 결과는 ?

```
import tensorflow as tf

v = tf.Variable(0)
w = v.assign_add(5)

with tf.Session() as sess:
  v.initializer.run()
  print(w.eval())
  print(w.eval())
```

9. 1 ~ 10까지의 짝수의 합을 구하는 아래의 코드를 완성하시오.

```
import tensorflow as tf
```

```
i = tf.Variable(2)
sum = ____________

summing = sum.assign_add(__)
incrementing = i.assign_add(__)

init = ________________________
with tf.Session() as sess:
    sess.run(init)
    for k in range(___):
        summing.eval()
        incrementing.eval()
    print(sum.eval())
```

10. 사용자에게 두 개의 정수 값을 입력받아 최솟값을 구하는 프로그램을 완성하시오.

```
import tensorflow as tf

n1 = _____________________
n2 = _____________________
min = tf.minimum(n1, n2)

with tf.Session() as sess:
    str = input("두 정수를 공백으로 분리하여 입력하시오. ")
    valueStr = str.split()
    x1 = int(valueStr[0]); x2 = int(valueStr[1])
    res = sess.run(_______________)
    print(res)
```

11. variable_scope과 name_scope의 차이점을 설명하시오.

Chapter

5

심층 신경망 (DNN : Deep Neural Network)

1. 기울기 소멸 문제
2. 학습속도 저하 문제
3. 오버피팅 줄이기
4. tflearn 라이브러리 이용 DNN 구축하기

보다 복잡한 문제에 인공신경망을 적용하기 위해서는 은닉층이 좀 더 깊어져야 한다. 층수가 10층 정도 되고, 각 층의 노드의 수도 몇 백 개 정도, 그리고 백만 개 정도의 연결을 갖는 인공신경망이 되어야 한다. 이처럼 층수가 매우 깊은 신경망, 즉 DNN(Deep Neural Network)을 학습하려면 기울기 소멸 문제(vanishing gradients problem), 학습 속도 저하의 문제, 심각한 과적합 문제 등을 해결하여야 한다.

5.1 기울기 소멸 문제

다층신경망 학습은 포워드 패스와 백워드 패스로 이루어지는데, 백워드 패스에서는 포워드 패스 시 구해진 오차 값을 줄이는 방향으로 은닉층과 출력층 사이의 연결 가중치, 은닉층 사이의 연결 가중치, 입력층과 은닉층 사이의 가중치를 조정하게 된다. 이때 연결 가중치 변화에 따른 오류의 변화량, 즉 기울기를 구하게 되는데, 백워드 패스가 진행될수록, 즉 입력층 쪽으로 깊이 들어갈수록 그 변화량이 0에 가깝게 되고 연결 가중치의 변화가 없게 되어 결국 하위 은닉층들은 학습이 제대로 되지 않게 된다. 이러한 문제를 기울기 소멸 문제(vanishing gradients problem)라 한다. 반대의 현상도 발생할 수 있는데, 즉 백워드 패스가 진행될수록 기울기가 커지고 연결 가중치의 변화가 심하게 되어 제대로 수렴하지 않는 문제가 발생할 수도 있다. 이런 문제를 기울기 폭증 문제(exploding gradient problem)라 한다.

가중치 초기화

이런 두 가지 문제점을 해결하기 위해 여러 방법들이 제안되어 있는데, 그 중의 하나가 가중치 초기화를 효과적으로 하는 것이다. 가중치를 무작위로 초기화하는 것은 입력에서 출력으로의 좋은 매핑을 학습하는 데 중요한 역할을 한다. 가중치를 포함하는 검색 공간이 매우 크기 때문에 학습 중에 여러 지역 최소(local minimal)에 빠질 수 있다. 효과적인 가중치 초기화는 학습 공간을 탐색하는 동안 더 좋은 최솟값을 찾을 수 있는 기회를 제공한다. 그러므로 가중치 초기화 방법을 신중하게 선택하고 지정해야 한다. 그렇지 않을 경우 학습 진행이 매우 느려질 수 있다.

Gradient Vanishing 현상을 완화하기 위해서 가중치를 초기화할 때, sigmoid와 같은 S 자 함수의 경우 출력 값들이 표준 정규 분포 형태를 띠도록 하는 것이 좋다. 그래야 안정적으로 학습이 가능하다. 그러나 표준적인 정규 분포를 따르는 가중치 초기화 방법, 예를 들어, 파이썬의 np.random.randn() 함수로 가중치를 초기화할 경우, 여전히 DNN으로 학습 시 기울기 소멸 문제와 기울기 폭증 문제가 발생할 수 있다. 활성화 함수에 따라 좀 더 특화된 초기화 방법을 사용하여야 하는데, 활성화 함수가 logistic 함수 (sigmoid 함수는 logistic의 특수한 경우임)일 경우는 Xavier 초기화 방법을 사용하는 것이 좋다. ninputs 개의 노드와 noutputs의 노드를 연결하는 경우, Xavier 초기화 방법은 아래 수식과 같은 표준 편차를 갖는 정규 분포 랜덤 값으로 초기화해 주면 된다. 파이썬 코드로 표현하면 np.random.randn(noutputs, ninputs) * np.sqrt(2/(ninputs+noutputs))와 같다.

$$\sqrt{\frac{2}{\text{ninputs} + \text{noutputs}}}$$

코드로 구현할 때는 텐서플로우 라이브러리를 사용하여 아래와 같이 구현하면 된다. dense() 함수의 kernel_initializer 패러미터에 xavier_initializer를 지정해 주면 된다. 아래의 예제 코드는 4.9절의 NN 학습하기 마지막 코드의 예에서 고쳐야 할 부분만 기술한 것이니, 실행할 경우는 나머지 코드를 복사해서 사용하기 바란다. 참고로 dense() 함수에서 kernel_initializer를 지정하지 않을 경우, xavier_initializer에 의해 초기화 된다.

```
...
# 인공 신경망 네트워크 구성
xavier_initializer = tf.contrib.layers.xavier_initializer()
inputs = tf.placeholder(tf.float32, shape=(None, n_inputs), name="inputs")
hidden1 = tf.layers.dense(inputs , n_hidden1, activation=tf.nn.sigmoid,
             kernel_initializer=xavier_initializer , name="hidden1")
hidden2 = tf.layers.dense(hidden1, n_hidden2, activation=tf.nn.sigmoid,
             kernel_initializer=xavier_initializer , name="hidden2")
outputs = tf.layers.dense (hidden2, n_outputs, kernel_initializer=xavier_
             initializer, name="outputs")

# 손실 값 계산 노드 경계
...
```

위 코드를 실행했을 때의 예들이다. 실행할 때마다 조금씩 성능이 달라짐을 알 수 있다.

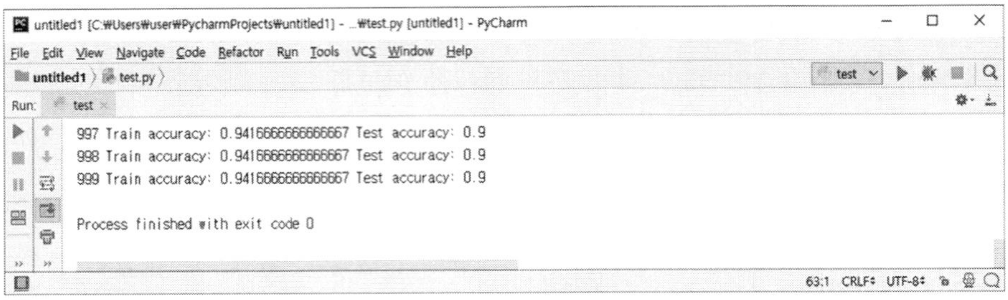

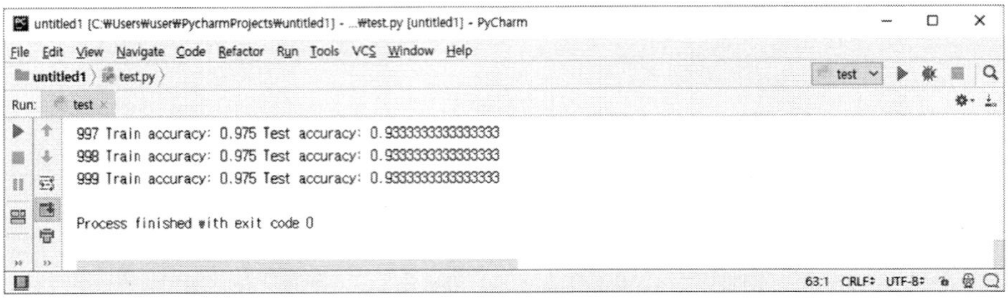

ReLu 활성화 함수인 경우는 He 초기화 방법을 많이 사용한다. He 초기화 방법은 Xavier 초기화 방법과 크게 다르지 않다. ninputs 개의 노드와 noutputs의 노드를 연결하는 경우, He 초기화 방법은 아래 수식과 같은 표준 편차를 갖는 정규 분포 랜덤 값으로 초기화해 주면 된다. 파이썬 코드로 표현하면 np.random.randn(noutputs, ninputs) * np.sqrt(2/ninputs)와 같다.

$$\sqrt{\frac{2}{\text{ninputs}}}$$

He 초기화 객체를 생성하려면 아래 코드와 같이 tf.contrib.layers.variance_scaling_initializer()를 사용하면 된다.

```
...
he_initializer = tf.contrib.layers.variance_scaling_initializer()
inputs = tf.placeholder(tf.float32, shape=(None, n_inputs), name="inputs")
hidden1 = tf.layers.dense(inputs , n_hidden1, activation=tf.nn.relu, kernel_
initializer=he_initializer , name="hidden1")
hidden2 = tf.layers.dense(hidden1, n_hidden2, activation=tf.nn.relu, kernel_
initializer=he_initializer , name="hidden2")
```

```
outputs = tf.layers.dense (hidden2, n_outputs, kernel_initializer=he_
initializer, name="outputs")
...
```

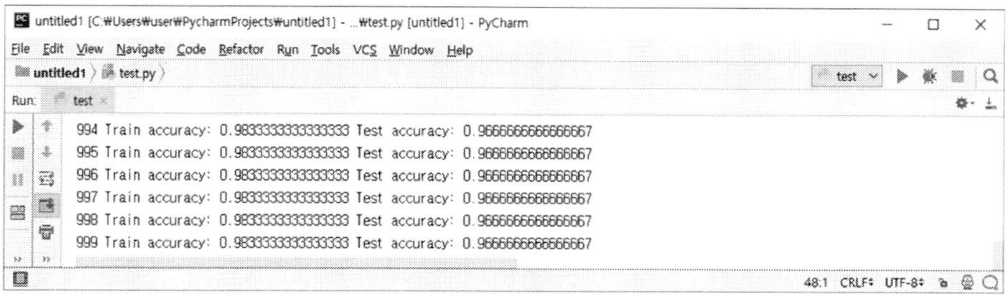

▌불포화 활성화 함수 (Non Saturating Activation Function)

ReLu 활성화 함수는 양수 값에 대해 포화되어 있지 않고, 계산도 빨라 딥러닝에서 sigmoid 함수보다 더많이 사용한다. 아래 왼쪽 그림은 시그모이드 함수를 나타낸 것인데, 보는 바와 같이 양의 값과 음의 값 모두에서 일정 입력 값 이후는 함수 값이 변하지 않는, 즉 포화됨을 알 수 있다. 반면에 ReLu 함수는 음수에 대해서는 포화되지만 양의 입력 값에 대해서는 포화되지 않음을 알 수 있다.

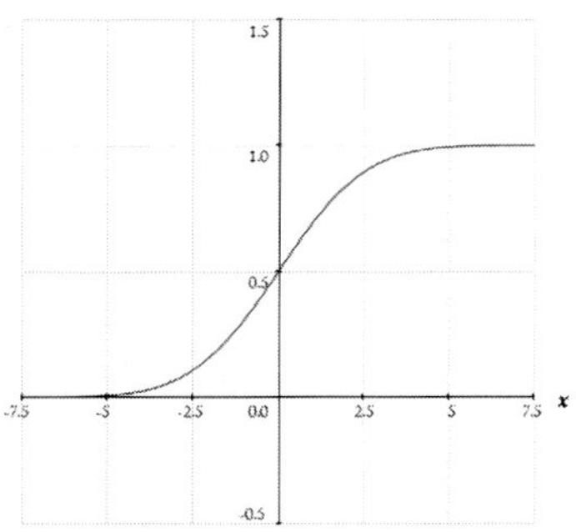

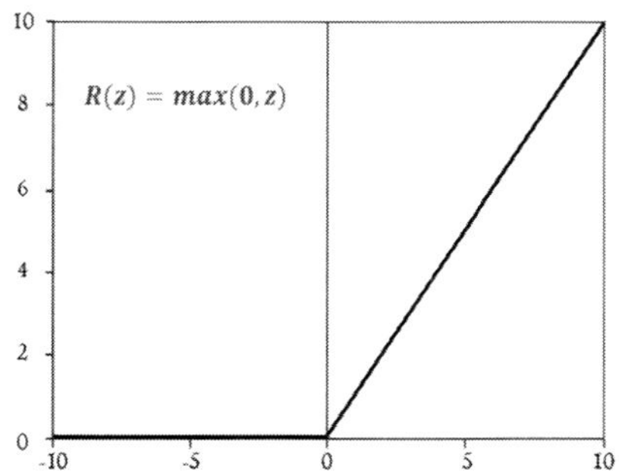

ReLu 함수를 사용하더라도 한 뉴런의 입력의 합이 음수가 되면 뉴런 출력의 변화가 없게 되고, 이로 인해 ReLu 함수의 기울기가 0이 되어 연결 가중치의 변화가 없게 된다. 즉 기울기 소멸 문제를 야기하게 된다. 이러한 문제를 해결하기 위해 ReLu 함수의 변형들이 제안되었는데, 그 중의 하나가 아래와 같은 leaky ReLu 함수이며, LeakyReLU(z) =

max(εz, z)로 정의된다. ε 값을 수동으로 지정하는 방법이 있고, 학습 과정 중에 이 값을 랜덤으로 변화시키면서 학습하고 테스팅 시에는 평균 값으로 고정하여 사용하는 방법이 있다. 또한 이 값 자체를 학습 데이터에 맞게 결정하는 방법이 있으나 이 방법은 작은 학습 데이터 셋에 대해서 오버피팅 되는 문제가 있다. 이 함수를 dense 함수에서 사용할 경우는 activation 패러미터의 값을 tf.nn.leaky_relu로 지정해 주면 된다. 이때 ε 값은 0.2이다.

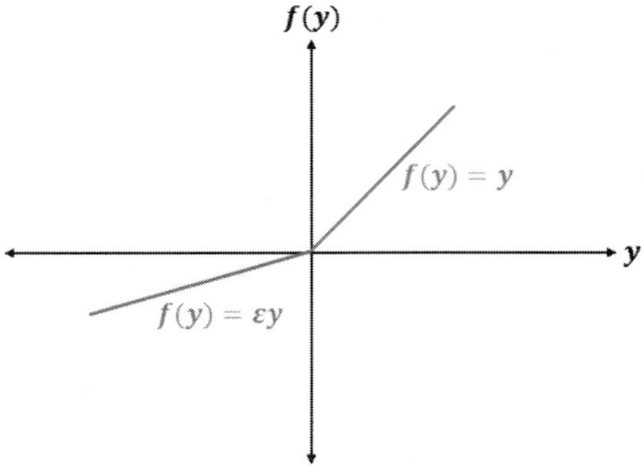

Leaky Relu

ReLu의 또 다른 변형으로 아래 그림과 같은 ELU(Exponential Linear Unit) 함수가 있는데, 이 함수는 다음의 수식과 같이 정의된다.

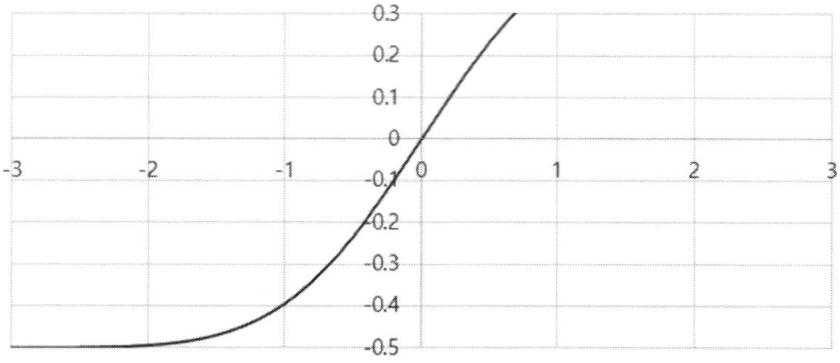

$$ELU(x) = \begin{cases} \alpha(\exp(x) - 1) & \text{if } x < 0 \\ x & \text{if } x \geq 0 \end{cases}$$

이 함수는 ReLu의 다른 변형 보다 성능이 좋은 것으로 알려져 있는데, 위의 코드에서 dense 함수의 activation 패러미터의 값을 tf.nn.elu로 바꾸어 실행해 보면, 테스트 셋에 대한 정확도가 아래와 같이 향상되는 것을 확인할 수 있다.α 값은 1이다.

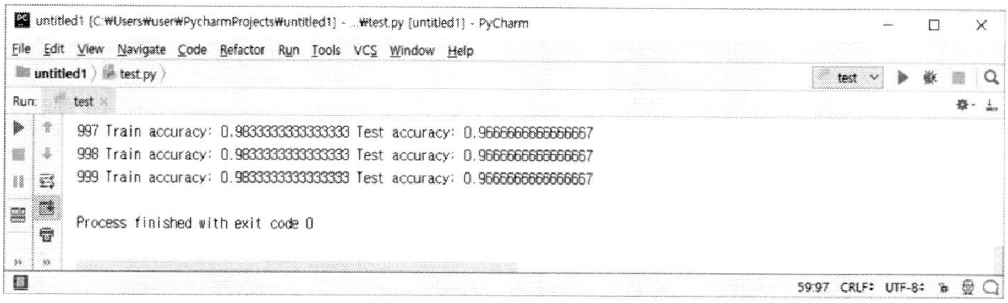

배치 정규화(batch normalization)

앞에서 소개한 가중치 초기화 방법이나 불포화 활성화 방법보다 더 효과적으로 기울기 소멸 및 폭증 문제를 해결할 수 있는 방법은 Sergey Ioffe와 Christian Szegedy가 제안한 배치 정규화 방법이다. 이 방법은 각 뉴런층에서 활성화 함수를 적용시키기 전에 입력들을 평균이 0이 되도록 하고 그 크기를 정규화한 후, 확대(scaling) 및 이동(shifting) 시키는 방법이다. 이를 수식으로 표현하면 아래와 같다.

$$\mu_B = \frac{1}{n_B}\sum_{i=1}^{n_B} X^{(i)},\ \ \sigma_B^2 = \frac{1}{n_B}\sum_{i=1}^{n_B}(X^{(i)} - \mu_B)^2,\ \ \hat{X}^{(i)} = \frac{X^{(i)} - \mu_B}{\sqrt{\sigma_B^2 + \epsilon}},\ \ \overline{X}^{(i)} = \gamma\hat{X}^{(i)} + \beta$$

여기서, $X^{(i)}$는 미니배치의 i 번째 데이터에 대한 뉴런의 입력을, n_B는 미니배치의 크기를, μ_B는 $X^{(i)}$들의 평균을, σ_B는 $X^{(i)}$들의 표준 편차를, $\overline{X}^{(i)}$는 $X^{(i)}$를 0 평균과 σ_B 편차를 갖도록 변환한 값이며, $\overline{X}^{(i)}$는 $\hat{X}^{(i)}$를 γ배 확대하고 β만큼 이동시킨 값, 즉 최종 변환 값이다. 그리고 ϵ는 σ_B가 0일 경우를 위한 아주 작은 값으로 보통 10^{-3}을 사용한다. γ와 β는 연결 가중치처럼 학습 과정 중에 학습이 되어진다. μ_B와 σ_B는 미니배치별로 구해지며, γ와 β는 전체 학습 데이터에 대해 학습되어진다.

학습 시에는 미니배치가 주어져서 μ_B와 σ_B를 구할 수 있지만, 테스팅 시, 즉 서비스 시는 미니배치가 없기 때문에 학습 시 배치들의 런닝 평균(running average)를 구하고 이를 이용하게 된다. 런닝 평균은 아래의 수식처럼 기존 평균과 새로이 구한 값의 가중치 평균으로 구해지는데, 가중치를 모멘텀(momentum)이라고 한다. 모멘텀이 크면 기존 평균 비중이 커지고, 작으면 새 값의 비중이 커진다. 아래의 수식에서 η가 모멘텀이다.

$$\hat{\nu} = \hat{\nu} \times \eta + \nu \times (1 - \eta)$$

텐서플로우에서는 배치 정규화를 위한 함수로 tf.layers.batch_normalization을 제공한다. 이 함수는 training 패러미터를 어떻게 정해주느냐에 따라 정규화의 결과가 달라진다. training 패러미터가 True이면 현 미니배치의 통계를 이용하여 정규화하며, False이면 전체 데이터의 런닝 평균에 의해 정규화된다. 학습 과정에서는 이 패러미터를 True로 설정하며, 테스팅 시에는 False로 설정한다. 앞의 예제에 배치 정규화를 적용시킬 경우의 네트워크 구성 코드는 아래와 같다.

```
...
training = tf.placeholder_with_default(False, shape=(), name='training')
hidden1 = tf.layers.dense(inputs , n_hidden1, name="hidden1")
bn1=tf.layers.batch_normalization(hidden1,training=training, momentum=0.9)
bn1_act = tf.nn.elu(bn1)
hidden2 = tf.layers.dense(bn1_act, n_hidden2, name="hidden2")
bn2=tf.layers.batch_normalization(hidden2,training=training, momentum=0.9)
bn2_act = tf.nn.elu(bn2)
outputs_before_bn = tf.layers.dense (bn2_act, n_outputs, name="outputs")
outputs = tf.layers.batch_normalization(outputs_before_bn,training=training,
        momentum=0.9)
...
```

training placeholder는 batch_normalization 함수의 training 패러미터 값을 지정하기 위한 것이다. 학습 시에는 이 값을 True로 지정해서 실행하면 되고, 테스팅 시에는 False로 지정해 주면 되는데 디폴트 값이 False로 되어 있어 값 지정 없이 사용하면 된다. 그리고 학습 중에 평균 및 편차에 대한 런닝 평균과 편차를 업데이트해야 하는데, 이에 대응되는 연산들이 tf.GraphKeys.UPDATE_OPS에 저장되어 있다. 그런데 이 연산들은 training_op와 종속성이 없어 training_op 노드를 evaluate 할 때 자동으로 실행되지 않아

training_op와의 종속성을 부여해야 하며, 또한 batch_normalization 노드 뒤에 update_ops 컬렉션을 가져오는 노드가 있어야 하므로 아래와 같이 training_op 노드 정의 부분을 수정해야 한다.

```
...
extra_update_ops = tf.get_collection(tf.GraphKeys.UPDATE_OPS)
with tf.control_dependencies(extra_update_ops):
    training_op = optimizer.minimize(total_loss)
...
```

실행 부분에서는 training_op evaluate 할 시에 training placeholder의 값을 True로 지정해 주도록 한다.

```
...
sess.run(training_op, feed_dict= training: True, inputs: batch_x, targets:
batch_y)
...
```

전체 실행 코드와 그 실행 결과는 아래와 같다. 코드의 학습 실행 부분에 있는 next_batch 함수는 이전 예제 코드를 그대로 사용하면 된다.

```
import tensorflow as tf
from sklearn.model_selection import train_test_split
from sklearn import datasets
import numpy as np
from sklearn.preprocessing import MinMaxScaler

# 상수 정의
n_inputs = 4 # IRIS
n_hidden1 = 5
n_hidden2 = 2
n_outputs = 3

# 학습 입력 데이터와 타겟 데이터 입력 노드 정의
inputs = tf.placeholder(tf.float32, shape=(None, n_inputs), name="inputs")
targets = tf.placeholder(tf.int32, shape=(None), name="targets")
#one_hot_ecoded_targets = tf.one_hot(targets, n_outputs)
```

```
# 인공 신경망 네트워크 구성
training = tf.placeholder_with_default(False, shape=(), name='training')
hidden1 = tf.layers.dense(inputs , n_hidden1, name="hidden1")
bn1=tf.layers.batch_normalization(hidden1,training=training, momentum=0.9)
bn1_act = tf.nn.elu(bn1)
hidden2 = tf.layers.dense(bn1_act, n_hidden2, name="hidden2")
bn2=tf.layers.batch_normalization(hidden2,training=training, momentum=0.9)
bn2_act = tf.nn.elu(bn2)
outputs_before_bn = tf.layers.dense (bn2_act, n_outputs, name="outputs")
outputs = tf.layers.batch_normalization(outputs_before_bn,
training=training, momentum=0.9)

# 손실 값 계산 노드 정의
loss = tf.nn.softmax_cross_entropy_with_logits_v2(labels=one_hot_ecoded_
targets, logits=outputs)
total_loss = tf.reduce_mean(loss, name="total_loss")

# 옵티마이저 정의
learning_rate = 0.01
optimizer = tf.train.GradientDescentOptimizer(learning_rate)

extra_update_ops = tf.get_collection(tf.GraphKeys.UPDATE_OPS)
with tf.control_dependencies(extra_update_ops):
    training_op = optimizer.minimize(total_loss)

# 변수 초기화 노드 및 변수 저장 노드 정의
init = tf.global_variables_initializer()
saver = tf.train.Saver()

# 성능 측정 노드 정의
correct_list = tf.nn.in_top_k(outputs, targets, 1)
accuracy = tf.count_nonzero(correct_list, dtype=tf.int32)/tf.size(correct_
list)
#accuracy = tf.reduce_mean(tf.cast(correct_list, tf.float32))

# 학습 데이터 읽어 오기
iris = datasets.load_iris()
x_data = iris.data
y_data = iris.target
```

```
minmax_scaler = MinMaxScaler()
minmax_scaler.fit(x_data)
x_data = minmax_scaler.transform(x_data)
x_train, x_test, y_train, y_test = train_test_split(x_data, y_data, test_
size=0.2, random_state=3, stratify=y_data)

# 학습 패러미터 설정
n_epochs = 1000; batch_size = 5; num_trains = len(x_train)

# 학습 실행
with tf.Session() as sess:
   init.run()
   for epoch in range(n_epochs):
       start = 0
       for iteration in range(num_trains // batch_size):
           batch_x, batch_y, start = next_batch(x_train, y_train, start,
batch_size)
           sess.run(training_op, feed_dict= training: True, inputs: batch_x,
targets: batch_y)
       acc_train = accuracy.eval(feed_dict= training: False, inputs: x_
train, targets: y_train)
       acc_test = accuracy.eval(feed_dict= training: False, inputs: x_test,
targets: y_test)
       print(epoch, "Train accuracy:", acc_train, "Test accuracy:", acc_test)
   save_path = saver.save(sess, "./my_model_final.ckpt")
```

배치 정규화는 기울기 소멸 및 폭증 문제를 줄여 DNN의 성능을 향상시킬 수 있고, 레귤라이저(regulaizer)의 역할도 어느 정도 수행하여 학습 시 과적합을 막는 역할도 수행한다. 하지만, 실행 시 각 층마다 정규화를 위한 추가의 연산을 수행해야 하는 부담 때문에 예측 시간이 증가하게 된다. 따라서, 무조건 배치 정규화를 시키기보다 먼저 다른 방법, 예로 활성화 함수로 ELU를 사용하고 가중치 초기화로 He 초기화를 사용하는 방법의 성능을 평가해 볼 필요가 있다. 큰 성능 차이가 없는데, 굳이 실행 시간 패널티가 있는 배치 정규화를 고집할 필요는 없다.

5.2 학습 속도 저하 문제

DNN의 학습 속도를 향상시키기 위한 방법으로 선학습층(pretrained layer)을 재사용하는 방법과 향상된 최적화기(optimizer)를 사용하는 방법에 대해서 살펴본다.

선학습층 재사용

매우 깊은 DNN 학습 시 모든 층을 학습하는 것보다 비슷한 업무에 사용했던 신경망을 사용하는 것이 학습 속도를 높일 수 있고, 학습 데이터의 양도 줄일 수 있는 장점이 있다. 당연히, 기존 업무 처리용으로 학습한 신경망을 새로운 업무에 그대로 적용할 수는 없다. 그런데 업무가 비슷하면 저수준의 학습 결과는 비슷하고, 고수준의 학습 결과는 응용에 따라 달라질 가능성이 높다. 따라서 유사 업무의 신경망 중 하위층 뉴런을 재활용하면 학습의 질도 그리 손해 보지 않으면서 학습 속도를 향상시킬 수 있다.

아래 그림처럼 기존 신경망을 재활용할 경우는 하위층들의 학습된 가중치를 재사용하되 재사용 하위층 중 상위 1~2 개 층은 새로운 학습 데이터에 맞게 가중치가 재조정되도록 해야 한다. 그리고 재활용 층 위에 새로운 몇 개의 층을 더하여 새 업무에 맞는 상위 특징들을 학습토록 한다. 아래의 예는 기존 7층으로 구성된 신경망에서 하위 4개의 층을 재활용하여 8층으로 구성된 새로운 신경망을 구성하는 예이다. 4개의 재활용 층 중 3개의 가중치는 그대로 사용하며, 제일 위 한 개의 재활용 층은 그 위에 추가된 4개의 새로운 층에 맞게 학습 시 재조정되도록 하고 있다.

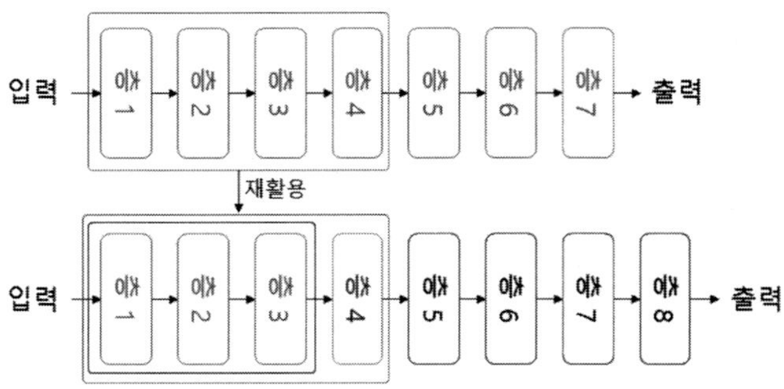

선학습 모델 소스코드를 접근할 수 있다는 가정 하에 재활용하는 방법을 구체적으로 살펴본다. 예를 사용하여 설명하는 것이 보다 이해하기 쉬우므로 앞 iris 예제에서 사용한 신경망에서 은닉층을 하나 더 추가한 신경망으로 동일한 내용을 학습한다고 하자. 즉 입력층 노드 수 4, 첫 은닉층 노드 수 5, 두 번째 은닉층 노드 수 2, 세 번째 은닉층 노드 수 2, 그리고 출력층 노드 수 3인 신경망으로 iris 데이터를 학습한다고 하자. 먼저 아래와 같이 새로운 신경망을 정의토록 한다.

```
n_inputs = 4
n_hidden1 = 5
n_hidden2 = 2
n_hidden3 = 2
n_outputs = 3

inputs = tf.placeholder(tf.float32, shape=(None, n_inputs), name="inputs")
training = tf.placeholder_with_default(False, shape=(), name='training')
hidden1 = tf.layers.dense(inputs , n_hidden1, name="hidden1")
bn1=tf.layers.batch_normalization(hidden1,training=training, momentum=0.9)
bn1_act = tf.nn.elu(bn1)
hidden2 = tf.layers.dense(bn1_act, n_hidden2, name="hidden2")
bn2=tf.layers.batch_normalization(hidden2,training=training, momentum=0.9)
bn2_act = tf.nn.elu(bn2)
hidden3 = tf.layers.dense(bn2_act, n_hidden3, name="hidden3")
bn3=tf.layers.batch_normalization(hidden3,training=training, momentum=0.9)
bn3_act = tf.nn.elu(bn3)
outputs_before_bn = tf.layers.dense (bn3_act, n_outputs, name="outputs")
outputs = tf.layers.batch_normalization(outputs_before_bn,
training=training, momentum=0.9)
```

기존 신경망에서 재활용 가능한 층은 첫 번째 은닉층 그리고 두 번째 은닉층이다. 하지만, 여기서는 첫 번째 은닉층만 재활용 한다고 가정한다. 기존 모델에서 학습된 패러미터를 재활용할 부분은 첫 번째의 연결 가중치와 바이어스 그리고 첫 번째 배치 정규화 노드의 감마 값, 베타 값, moving_mean, moving_variance이다. 이들의 값을 읽어 올 변수들을 아래와 같이 파악한다. 아래의 코드에서 "hidden1"은 첫 번째 은닉층 노드의 이름이며, "batch_normalization"는 첫 배치 정규화 노드의 이름이다. 첫 정규화 노드의 이름을 그래프 정의 시 별도로 정의해 주지 않아 디폴트 이름인 "batch_normalization"으로 지정되었다. 결국 아래의 코드는 "hidden1"노드와 "batch_normalization"노드와 관련된 변수 객체를 얻어오는 코드이다.

```
reused_vars = tf.get_collection(tf.GraphKeys.GLOBAL_VARIABLES,
scope="hidden1|batch_normalization[^_]")
```

기존 학습 모델에서 필요한 데이터를 읽어 오기 위해서는 먼저 모델 저장 시와 동일한 형태로 저장하는 Saver 객체를 정의하고, 나중에 그래프 실행 부분에서 이 Saver 객체를 이용하여 모델 파일에서 읽어 오면 된다. Saver 객체를 이용하여 모델을 저장할 경우 변수 이름을 키로 하고 변수 객체를 값으로 하는 딕셔너리 형태로 저장하게 된다. 이전 학습 모델에서의 첫 번째 은닉층과 첫 번째 배치 정규화 노드가 새로운 그래프의 그것들과 동일하게 정의되기 때문에 변수의 이름과 객체가 동일하다. 따라서 아래와 같이 읽어 올 변수들을 딕셔너리로 구성하고, 이를 이용하여 Saver 객체를 생성토록 한다.

```
dict_reused_vars = dict([(v.op.name, v) for v in reused_vars])
reused_saver = tf.train.Saver(dict_reused_vars)
```

새 신경망에 정의된 모든 변수들을 초기화하는 초기화 노드들과 성능 측정 위한 노드들, 옵티마이저 정의 노드, 그리고 기타 필요한 노드들을 정의한다.

```
# 손실 값 계산 노드 정의
loss = tf.nn.softmax_cross_entropy_with_logits_v2(labels=one_hot_ecoded_
targets, logits=outputs)
total_loss = tf.reduce_mean(loss, name="total_loss")

# 옵티마이저 정의
learning_rate = 0.01
optimizer = tf.train.GradientDescentOptimizer(learning_rate)

# moving_mean과 moving_variance 노드
extra_update_ops = tf.get_collection(tf.GraphKeys.UPDATE_OPS)
with tf.control_dependencies(extra_update_ops):
    training_op = optimizer.minimize(total_loss)

# 변수 초기화 노드 및 변수 저장 노드 정의
init = tf.global_variables_initializer()
saver = tf.train.Saver()
```

```
# 성능 측정 노드 정의
correct_list = tf.nn.in_top_k(outputs, targets, 1)
accuracy = tf.count_nonzero(correct_list, dtype=tf.int32)/tf.size(correct_
list)
```

그래프 정의가 끝나면 학습을 위해 training_op 노드를 실행하면 된다. 단, 이때 먼저 전체 변수를 초기화하는 init 노드를 실행시킨 후, reused_saver 객체를 통해 이전 학습 모델에서 재활용할 변수들을 읽어 들이도록 한다.

```
# 학습 데이터 읽어 오기
iris = datasets.load_iris()
x_data = iris.data
y_data = iris.target

minmax_scaler = MinMaxScaler()
minmax_scaler.fit(x_data)
x_data = minmax_scaler.transform(x_data)
x_train, x_test, y_train, y_test = train_test_split(x_data, y_data, test_
size=0.2, random_state=3, stratify=y_data)

# 학습 패러미터 설정
n_epochs = 200; batch_size = 5; num_trains = len(x_train)

# 학습 하기
with tf.Session() as sess:
   init.run()
   reused_saver.restore(sess,"./my_model_final.ckpt")
   for epoch in range(n_epochs):
       start = 0
       for iteration in range(num_trains // batch_size):
           batch_x, batch_y, start = next_batch(x_train, y_train, start,
batch_size)
           sess.run(training_op, feed_dict= training: True, inputs: batch_x,
targets: batch_y)
       acc_train = accuracy.eval(feed_dict= training: False,inputs: x_train,
targets: y_train)
       acc_test = accuracy.eval(feed_dict= training: False,inputs: x_test,
targets: y_test)
       print(epoch, "Train accuracy:", acc_train, "Test accuracy:", acc_test)
    save_path = saver.save(sess, "./my_new_model_final.ckpt")
```

위의 코드는 기존 모델에서 읽어 온 변수 값들을 고정시키지 않는 형태이다. 즉 초기화를 랜덤으로 하지 않고 비슷한 모델의 학습된 변수 값으로 초기화한 형태이다. 학습이 진행됨에 따라 이 값들도 변하게 된다. 기존 모델에서 읽어 온 변수 값들은 학습 도중에 변경되지 않도록 하려면, 즉 freezing하려면 두가지 방법이 있는데, 그 첫 번째 방법이 신경망 정의 시 경사(그래디언트) 계산을 막는 노드를 추가해 주면 된다. 위의 신경망 구조를 아래와 같이 변경하면 gradient_stop 이전 층에 대해서는 학습이 진행되지 않게 된다.

```
...
inputs = tf.placeholder(tf.float32, shape=(None, n_inputs), name="inputs")
training = tf.placeholder_with_default(False, shape=(), name='training')
hidden1 = tf.layers.dense(inputs , n_hidden1, name="hidden1")
bn1=tf.layers.batch_normalization(hidden1,training=training, momentum=0.9)
bn1_act = tf.nn.elu(bn1)
gradient_stop = tf.stop_gradient(hidden1)
hidden2 = tf.layers.dense(gradient_stop, n_hidden2, name="hidden2")
bn2=tf.layers.batch_normalization(hidden2,training=training, momentum=0.9)
bn2_act = tf.nn.elu(bn2)
hidden3 = tf.layers.dense(bn2_act, n_hidden3, name="hidden3")
bn3=tf.layers.batch_normalization(hidden3,training=training, momentum=0.9)
bn3_act = tf.nn.elu(bn3)
outputs_before_bn = tf.layers.dense (bn3_act, n_outputs, name="outputs")
outputs = tf.layers.batch_normalization(outputs_before_bn,
training=training, momentum=0.9)
...
```

또 다른 방법은 학습 대상에서 고정하고자 하는 변수들을 제외시키는 것이다. 전체 학습 변수를 얻은 후 이 목록에서 고정하고자 하는 변수를 제거하여 실제 학습하고자 하는 변수 목록을 얻고, 이 변수 목록에 한정하여 학습이 진행되도록 하는 것이다. 이를 코드로 작성하면 다음과 같다.

```
...
trainable_vars = tf.get_collection(tf.GraphKeys.GLOBAL_VARIABLES) # 전체 학습
변수
for elm in reused_vars: # 전체 학습 변수에서 고정 변수 제외
    trainable_vars.remove(elm)

# moving_mean과 moving_variance 노드
```

```
extra_update_ops = tf.get_collection(tf.GraphKeys.UPDATE_OPS)
with tf.control_dependencies(extra_update_ops):
    # 변수 한정하여 학습
    training_op = optimizer.minimize(total_loss, var_list=trainable_vars)
```

▌개선된 옵티마이저(Faster Optimiser)

딥러닝의 속도 문제를 개선할 수 있는 또 다른 방법은 기존에 많이 사용하던 경사 하강 옵티마이저(Gradient Descent optimizer) 대신에 좀 더 빠른 옵티마이저를 사용하는 것이다. 개선된 옵티마이저로 모멘텀(Momentum) 옵티마이저, AdaGrad, RMSProp, 그리고 Adam 옵티마이저 등이 있는데, 이 중 다른 옵티마이저의 좋은 특성들을 갖는 그래서 가장 널리 사용하는 Adam 옵티마이저에 대해서만 살펴본다.

기본 옵티마이저인 GD에서는 현 가중치에서 손실 함수 $J(\theta)$의 경사값(미분값)에 학습률 η 배 한 값을 빼주는 형태로 가중치를 조정한다. 즉, $\theta=\eta\nabla_{\theta}J(\theta)$수식에 의해 가중치를 재조정한다. 하지만 이런 방식은 이전의 손실함수의 경사를 고려하지 않고 현 시점에서의 경사만 고려하기 때문에 경사 값이 작은 구간에 돌입하였을 경우 연결 가중치의 변화량이 적어 학습 속도가 느려지게 된다. 이러한 문제점을 해결하기 Adam 옵티마이저에서는 모멘텀을 사용하여 이전 경사 값들도 반영케 하였다. β_1은 모멘텀 계수로 0과 1 사이의 값으로 보통 0.9를 초기화된다. 그리고 m은 0으로 초기화한다.

$$m = \beta_1 m - (1-\beta_1)\nabla_{\theta}J(\theta)$$

GD에서는 처음에는 변화량이 큰 쪽으로 가중치 재조정이 이루어지다가 나중에는 가중치 조정이 느리게 진행되는 특성이 있다. 아래 그림처럼 2개의 패러미터로 이루어진 공간이 있을 경우, s 지점에서 e 지점으로 이동할 경우, GD는 점선 경로와 같은 더 짧은 경로가 있음에도 불구하고, 경사가 큰 쪽으로 진행되기 때문에 두 경로 중 실선 경로를 따라 가중치 조정이 이루어지게 된다.

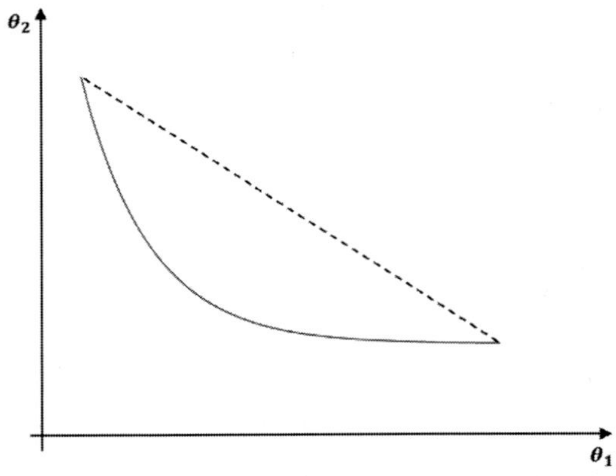

이러한 문제점을 해결하기 위해 Adam 옵티마이저에서는 패러미터에 따라 다른 스케일링을 적용시키는 방법을 사용한다. 변화량의 큰 패러미터에 대해서는 스케일링을 상대적으로 작게 하고, 변화량이 작은 패러미터에 대해서는 스케일링을 크게 한다. 아래 수식에서 ×는 벡터 곱셈인데 원소 간의 곱셉이다. β_2는 스케일링 계수로 0과 1 사이의 값이며, 보통 0.999로 초기화된다. 그리고 s는 0으로 초기화한다.

$$s = \beta_2 s + (1-\beta_2) \quad {}_{\theta}J(\theta) \times \nabla_{\theta} J(\theta)$$

또한, 모멘텀과 스케이링이 시간에 따라 달라지도록 하였다. 시간이 지날수록 모멘텀과 스케이링 값이 작아지도록 하였다. 아래 수식에서 t는 시간을 나나내는 값으로 1부터 시작하는 반복 횟수이다.

$$m = \frac{m}{1-\beta_1^t}, s = \frac{s}{1-\beta_2^t}$$

Adam 옵티마이저에서는 위의 m과 s를 사용하여 아래와 같이 연결 가중치를 재조정한다. 여기서, ε는 부모가 0인 것을 방지하기 위한 아주 작은 값으로 보통 10^{-8}을 사용한다. 그리고 ÷는 벡터 나눗셈으로 원소 간의 나눗셈을 의미한다.

$$\theta = \theta + \eta(m \div \sqrt{s+\varepsilon})$$

텐서플로우에는 AdamOptimiser라는 클래스를 제공하며, 모멘텀 계수나 스케일링 계수의 초기 값으로 0.9와 0.999로 초기화 되어있다. 앞 예제에서 GradientDescentOptimizer

클래스 대신에 아래와 같이 옵티아이저 노드를 정의하면 된다. AdamOptimiser는 적응형 학습률을 사용하기 때문에 최적의 학습률 값을 지정하기 위해 GradientDescentOptimizer에 비해 애쓸 필요가 없다. 보통 초기 학습률로 0.001을 사용하면 된다.

```
optimizer = tf.train.AdamOptimiser(learning_rate = learning_rate)
```

알다시피 학습률을 너무 높게 잡으면 학습이 수렴하지 않고 발산할 수 있고, 너무 낮게 잡으면 최적의 해로 수렴은 하지만 학습 시간이 너무 오래 걸리는 문제가 있다. 약간 높게 설정하여 처음에는 빨리 최적의 해 근처로 가지만 최적의 해 근처에서 왔다 갔다 할 수 있다. 그래서 적당한 학습율 스케쥴링 알고리즘을 사용하면 고정된 학습률을 사용하는 것보다 성능이 좋아질 수 있다. 즉 처음에는 학습률을 높게 하고 시간이 지날수록 학습률을 줄이는 정책을 사용하면 보다 나은 성능을 얻을 수 있다. 매 학습 n 스텝 마다 성능을 평가하고 성능 저하가 생기지 않을 때까지 학습률을 λ배로 줄이는 방법이나 반복 횟수 t가 r의 배수마다 1/10로 줄이는, 즉 아래의 수식에 따라 조정하는 방법 등이 있다.

$$\eta(t) = \eta_0 * 10^{-t/r}$$

Adam, AdaGrad, RMSProp 옵티마이저들은 자체의 학습률 스케쥴링 방법에 따라 학습률을 줄여 나가기 때문에 굳이 별도의 학습률 스케쥴링을 추가할 필요가 없다. 하지만 모멘텀 옵티마이저나 Nesterov Accelerated Gradient 옵티마이저 같은 자체 스케쥴러가 없는 옵티마이저에 대해서는 성능(performance) 스케쥴링(위의 첫 번째 방법)이나 기하급수(exponential) 감쇄(decay) 스케쥴링(위의 두 번째 방법) 방법을 추가로 사용하여야 학습 속도 향상을 기할 수 있다. 텐서플로우에는 기하급수 감쇄 스케쥴링 함수를 제공하는데, learning_rate 패러미터가 위의 수식에서 η_0에, global_step 패러미터가 반복 횟수 t에, decay_steps 패러미터가 r에, decay_rate가 감쇄율 (위 수식에서 10^{-1}에 해당)에 해당한다.

```
tf.train.exponential_decay(learning_rate, global_step, decay_steps, decay_
rate)
```

아래의 코드는 모멘텀 옵티마이저에 기하급수 감쇄 스케쥴링을 적용하는 예제 코드이다.

```
init_learning_rate = 0.1
global_step = tf.Variable(0, trainable = False)
decay_steps = 1000
decay_rate = 0.1;
learning_rate = tf.train.exponential_decay(init_learning_rate, global_step,
decay_steps, decay_rate)
optimizer = tf.train.MomentumOptimizer(learning_rate, momentum=0.9)
```

5.3 오버피팅 줄이기

DNN은 그 유연성으로 인해 학습 데이터에 딱 들어 맞는 그래서 새로운 테스트 데이터에 대해서 성능이 좋지 않는 과적합이 발생할 여지가 많다. 이러한 과적합을 줄일 수 있는 정규화 기법(regularization technique)으로 조기 멈춤(early stopping), dropout, max−norm 정규화, 데이터 확장(data augmentation) 등이 있는데, 여기서는 dropout에 대해서 살펴본다.

dropout은 매 학습 스텝 마다 임의의 뉴런(입력층 노드들 포함, 출력 층 노드 제외)을 정해진 확률로 동작하지 않게 하는 기법이다. 현 학습 스텝에서는 특정 노드가 드롭되지만 다음 스텝에는 다시 활성화될 수도 있다. 학습 시에만 드롭을 발생시키고, 테스팅 시에는 드롭을 발생시키지 않는다. 아래 그림 왼쪽에서는 입력층 노드 중 첫 번째 노드가 드롭이 되고, 첫 번째 은닉층 중 두 번째와 네 번째 노드가 드롭이 되어 그 노드의 입력과 출력이 비활성화됨을 알 수 있다. 다음 학습 스텝(횟수)에서는 오른쪽 그림에서와 같이 드롭 대상이 약간 바뀌어 있는 것을 볼 수 있을 것이다.

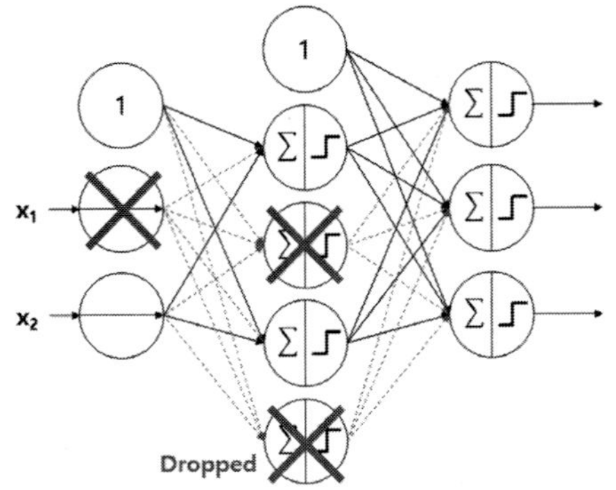

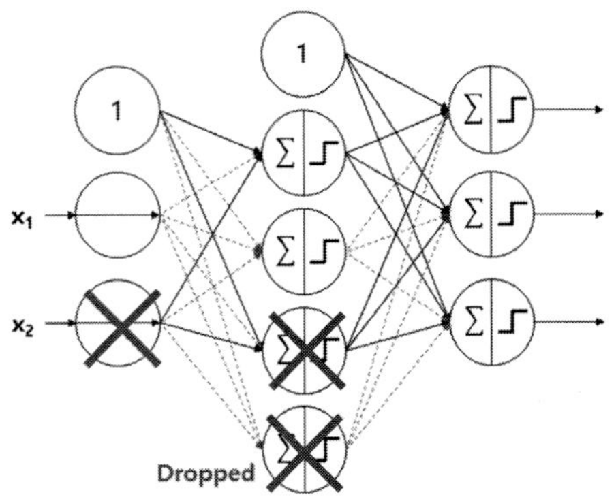

학습 도중에는 드롭률(1 - 유지율) 만큼의 뉴런이 비활성화 되어 전체 연결 중 일부만 뉴런의 출력 값에 기여하여 정상적인 경우보다 출력 값이 작아지게 된다. 그래서 학습이 작아진 값을 이용하여 진행되기 때문에 테스팅 시에도 이에 맞게 뉴런의 입력 값들을 조정해 주어야 한다. 즉, 학습이 끝난 후 연결 가중치의 값을 유지율 만큼 곱한 값으로 변경하여 주어야 한다.

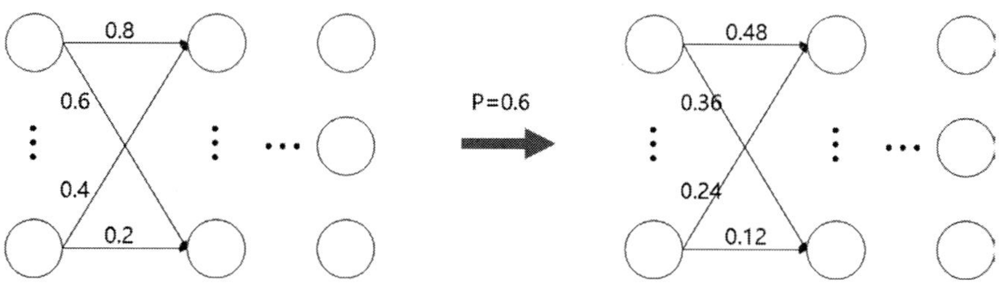

텐서플로우에는 드롭아웃을 위한 tf.layers.dropout() 함수를 제공한다. inputs 패러미터는 입력 텐서이며, rate 패러미터는 드롭률을 의미하며, training 패러미터는 학습 모드인지 테스팅 모드인지를 지정한다. True이면 학습 모드이며 이 경우만 드롭아웃이 발생한다.

```
tf.layers.dropout(inputs, rate=0.5, noise_shape=None, seed=None,
training=False, name=None)
```

3개의 은닉층으로 구성된 네트워크에 드롭아웃을 적용시킬 경우의 코드는 다음과 같다.

```
training = tf.placeholder_with_default(False, shape=(), name='training')
drop_rate = 0.4
inputs = tf.placeholder(tf.float32, shape=(None, n_inputs), name="inputs")
inputs_drop = tf.layers.dropout(inputs, drop_rate, training=training)
hidden1 = tf.layers.dense(inputs_drop, n_hidden1, activation=tf.nn.relu,
name="hidden1")
hidden1_drop = tf.layers.dropout(hidden1, drop_rate, training=training)
hidden2 = tf.layers.dense(hidden1_drop, n_hidden2, activation=tf.nn.relu,
name="hidden2")
hidden2_drop = tf.layers.dropout(hidden2, drop_rate, training=training)
hidden3 = tf.layers.dense(hidden2_drop, n_hidden3, activation=tf.nn.relu,
```

```
                    name="hidden3")
hidden3_drop = tf.layers.dropout(hidden3, drop_rate, training=training)
outputs = tf.layers.dense(hidden3_drop, n_outputs, name="outputs")
```

드롭아웃을 적용할 경우 1 ~ 2% 정도의 정확도 향상을 기할 수 있다. 숫자 자체만으로 보아서는 그 효과가 그리 크지 않은 것처럼 느껴질 수 있다. 하지만 드롭아웃이 다른 기법을 적용하여 정확도가 높아진 시점에서 추가로 적용하기 때문에 1~2% 성능 향상은 상당한 효과라 할 수 있다. 95% 정확도에서 96~97%의 성능을 얻기가 쉽지가 않다. 그런데 드롭아웃을 적용시키는 것만으로 그런 성능 향상을 기할 수 있다는 것이다. 데이터에 맞는 드롭아웃률을 정하는 것도 문제인데, 일반적인 원칙은 모델이 과적합 되어 있으면 드롭아웃률을 높이고, 반대로 미적합(under fitting)이 발생하면 드롭아웃률을 낮추어주면 된다. 또한 층수가 많은 네트워크에 대해서는 드롭아웃률을 높이고, 층수가 적은 네트워크에 대해서는 줄여주면 된다. 드롭아웃을 적용하면 상당히 학습 수렴 속도가 늦추어지는 경향이 있지만 보통 잘 튜닝이 될 경우 좋은 학습 모델을 얻을 수 있어 여분의 시간과 노력을 투자할 만한 가치가 있다.

5.4 tflearn 라이브러리 이용 DNN 구축하기

텐서플로우에는 앞에서 살펴본 형태의 API 보다 훨씬 사용하기 쉬운 고수준 라이브러리인 TFLearn 라이브러리를 제공한다. 일반적으로 저수준 API가 세밀하게 제어할 수 있다는 장점이 있으나, 코딩이 복잡해지는 단점이 있다. TFLearn 라이브러리를 사용하면 이런 단점을 극복할 수 있으며, 다양한 제어 패러미터들을 통하여 필요할 경우 기본 동작을 바꿀 수도 있다. 제어 패러미터들의 기본 값은 가장 많이 사용하는 값들로 설정되어 있으며, 기본 패러미터 몇 개만 지정해 주면 잘 동작하도록 되어 있다. 그러므로 TFLearn 라이브러리를 잘 사용하려면 패러미터의 의미를 잘 파악해서, 목적에 맞는 패러미터의 값을 변경하여 사용하여야 한다.

기본 모델 구축하기

이전 예에서는 입력층은 직접 placeholder를 사용하여 정의하였으나 TFLearn 라이브러리를 사용할 경우는 입력 데이터의 shape만 지정한 후 input_data() 함수를 호출하여 주면 된다. 이 함수가 주어진 shape를 갖는 placeholder를 생성한다. 그리고 이전 예에서는 완전 연결 은닉층은 tf.layers.dense() 함수를 사용하여 지정하였는데, TFLearn 라이브러리를 사용할 경우는 fully_connected() 함수를 사용하면 된다. 거의 동일한 형식을 갖고 있어 이전 레이어에 해당하는 텐서와 노드의 개수를 인수로 하여 사용하면 된다. fully_connected() 함수의 activation 패러미터에는 활성화 함수의 이름을 지정해 주면 되는데, 지원 함수명은 tflearn.Activations에 정의되어 있다. 기본 값은 'linear'이므로 이 값을 원하는 함수명으로 지정하여 사용하여야 한다. TFLearn에도 드롭아웃을 위한 함수로 dropout() 함수를 제공한다. 하지만 두 번째 인수로 주어지는 비율이 드롭아웃률이 아니라 유지율이라는 점과 training 패러미터가 존재하지 않는다는 점이 다르다.

```
keeping_rate = 0.6
inputs = tflearn.input_data(shape=[None, n_inputs])
inputs_drop = tflearn.dropout(inputs, keeping_rate)
hidden1 = tflearn.fully_connected(inputs_drop, n_hidden1, activation='elu',
                                   name='hidden1')
hidden1_drop = tflearn.dropout(hidden1, keeping_rate)
hidden2 = tflearn.fully_connected(hidden1_drop , n_hidden2, activation='elu',
                                   name='hidden2')
hidden2_drop = tflearn.dropout(hidden2 , keeping_rate)
softmax = tflearn.fully_connected(hidden2_drop, n_outputs,
activation='softmax')
```

기본 망 구성이 끝났으면 tflaern.regression() 함수를 사용하여 평가 노드(Estimator)를 정의하면 된다. 이때 손실 값 계산 방법, 옵티마이저 및 성능 측정 방법을 정의한다. dropout 대신에 배치 정규화를 할 경우는 tflearn.batch_normalization() 함수를 사용하면 된다. 손실 함수는 loss 패러미터를 사용하여 지정하며, 사용 가능한 손실 함수는 tflearn.losses에 정의되어 있다. 옵티마이저는 optimizer 패러미터를 통해 지정하며, 사용 가능한 옵티마이저는 tflearn.optimizers에 정의되어 있다. 그리고 평가 함수는 metric 패러미터를 사용하여 지정하며, 사용 가능한 함수는 tflearn.metrics에 정의되어 있다. 이 세 패러미터의 디폴트 값은 많이 사용하는 값, 즉 loss 패러미터는 'categorical_crossentropy'로, optimizer 패러미터는 'adam'으로, metric 패러미터는 'default'로 지정되어 있다. metric 패러미터의 'default'는 'accuracy'를 뜻한다. 따라서 특별한 경우가 아니면 기본 망을 인수로 해서 regression() 함수를 호출해 주면 된다. 기본 값과 다른 값을 사용할 경우는 아래와 같이 해당 객체를 생성한 후 이를 해당 패러미터 값으로 지정한 후 regression() 함수를 호출해 주면 된다.

```
sgd = tflearn.SGD(learning_rate=0.1, lr_decay=0.96, decay_step=1000)
net = tflearn.regression(softmax, optimizer=sgd)
```

그래프 정의가 끝났으면 학습을 위해 모델 객체를 생성한 후, 이 객체의 메서드를 호출하여 학습하면 된다. 심층신경망 모델로 DNN 클래스가 제공되는데, 앞서 정의한 평가 노드를 패러미터로 해서 모델 객체를 생성한다. 다른 패러미터에 대한 내용은 뒷부분에서 필요한 경우 언급토록 한다.

```
model = tflearn.DNN(net)
```

모델 객체를 생성한 후에는 evaluate() 메서드나 fit() 메서드를 사용하여 학습하면 된다. evaluate() 메서드는 학습 입력 데이터와 학습 타겟 데이터 그리고 배치 사이즈을 패러미터로 받아 평가 (regression) 노드에서 계산된 평가치만 반환한다. 배치 사이즈의 기본 값은 128이다. fit() 메서드는 학습 입력 데이터와 학습 타겟 데이터를 받아 학습만 하고, 그 결과는 자체 저장하고 반환하지는 않는다.

```
model.fit(x_train, y_train)
```

fit() 메서드는 evaluate() 메서드에 비해 다양한 패러미터들이 지원되는데, 그 중에 일부만 살펴보자. n_epoch 패러미터는 학습 반복 횟수를 지정하는 패러미터이며, 미지정 시 10회 반복한다. validation_set 패러미터는 성능 검증용 데이터를 지정하는 패러미터로 입력과 출력을 튜플 형식으로 만들어 지정해야 한다. validation_set 값으로 1보다 작은 실수 값이 올 수도 있는데, 이 경우는 학습 데이터 중 이 비율로 분리한 후 이를 검증 데이터로 사용함을 의미한다. show_metric 패러미터는 매 반복 시 성능 평가 값을 출력할지를 지정하는 패러미터로 기본은 False이다. batch_size는 배치의 크기를 지정하는 패러미터이며 기본 값은 None이다. validation_batch_size는 validation_set의 배치 크기를 지정하는 패러미터이며 기본 값은 None이다. batch_size가 None이 아니면 validation_batch_size 값은 batch_size로 덮어 쓰이게 된다. shuffle은 신경망 평가 노드의 shuffle 값을 지정하는 패러미터이며 기본 값은 None이다. run_id는 현 run에 대한 이름을 지정하는 패러미터이며 기본 값은 None이다.

```
model.fit(x_train, y_train, validation_set = (x_test, y_test)) # 또는
model.fit(x_train, y_train, validation_set = 0.2)
```

학습이 끝난 후 연결 가중치나 바이어스 가중치를 파악하고 싶을 경우는 아래와 같이 모델 객체의 get_weight() 메서드를 호출하여 주면 된다. 패러미터로 원하는 연결 가중치를 지정해 주면 된다. W는 연결 가중치 속성을, b는 바이어스 가중치를 의미한다.

```
hidden1_weights = model.get_weights(hidden1.W)
hidden1_biases = model.get_weights(hidden1.b)
```

학습된 모델을 이용하여 예측을 할 경우, 즉 서비스를 할 경우는 모델 객체의 predict() 메서드를 사용하면 된다. 패러미터로 새로운 입력 값을 지정하면 되며, 그 결과로 예측 값이 반환된다.

```
new_input = ...
predicted = model.predict(new_input)
```

학습된 모델을 이용하여 데이터 셋에 대해 성능을 테스트할 경우는 evaluate() 메소드를 사용하면 된다. 입력 패러미터로 입력 데이터와 타겟 데이터를 지정하면 되며, 그 결과로 정확도가 반환된다.

```
accuracy_train = model.evaluate(x_train, y_train)
accuracy_test = model.evaluate(x_test, y_test)
```

앞의 iris 데이터 예제를 tflearn 라이브러리를 사용하여 재작성하면 다음과 같다. 이전 코드에서는 타겟 값을 one-hot 인코딩하기 위해 텐서플로우 그래프 노드로 정의함으로써 학습 과정 중에 이루어지도록 하였으나, 아래의 코드에서는 미리 학습 데이터를 인코딩하여 인코딩된 데이터를 학습 데이터로 제공하였다. 학습 실행 부분의 코드가 훨씬 간단해진 것을 볼 수 있을 것이다. 배치 크기 단위로 데이터를 제공하는 코드도 별도로 작성할 필요 없고, 이 중 for 문을 사용하여 training_op를 실행시킬 필요도 없다.

```
import tflearn
from sklearn.model_selection import train_test_split
from sklearn import datasets
from sklearn.preprocessing import MinMaxScaler
```

```
from sklearn.preprocessing import OneHotEncoder


# 상수 정의
n_inputs = 4
n_hidden1 = 5
n_hidden2 = 2
n_outputs = 3

# 학습 데이터 읽어 오기
iris = datasets.load_iris()
x_data = iris.data
y_data = iris.target

# 입력 데이터 스케일링
minmax_scaler = MinMaxScaler()
minmax_scaler.fit(x_data)
x_data = minmax_scaler.transform(x_data)

# 데이터 학습용과 테스트용으로 분리
x_train, x_test, y_train, y_test = train_test_split(x_data, y_data, test_
size=0.2, random_state=3, stratify=y_data)
enc = OneHotEncoder(handle_unknown='ignore')
y_train = enc.fit_transform(y_train.reshape(-1,1)).toarray()
y_test = enc.fit_transform(y_test.reshape(-1,1)).toarray()

# 학습 패러미터 설정
n_epochs = 100; batch_size = 5

# 망 구성
inputs = tflearn.input_data(shape=[None, n_inputs])
hidden1 = tflearn.fully_connected(inputs, n_hidden1, activation='elu',
name='hidden1')
hidden2 = tflearn.fully_connected(hidden1 , n_hidden2, activation='elu',
name='hidden2')
softmax = tflearn.fully_connected(hidden2, n_outputs, activation='softmax',
name ='output')
net = tflearn.regression(softmax)

# 모델 객체 생성
```

```
model = tflearn.DNN(net)

# 모델 학습
model.fit(x_train, y_train, validation_set=None, n_epoch=n_epochs,batch_
size=batch_size)

# 성능 평가
acc_train = model.evaluate(x_train, y_train, batch_size)
acc_test = model.evaluate(x_test, y_test, batch_size)
print("학습 데이터 : " + str(acc_train) + ", " + "테스트 데이터 : " +
str(acc_test))
```

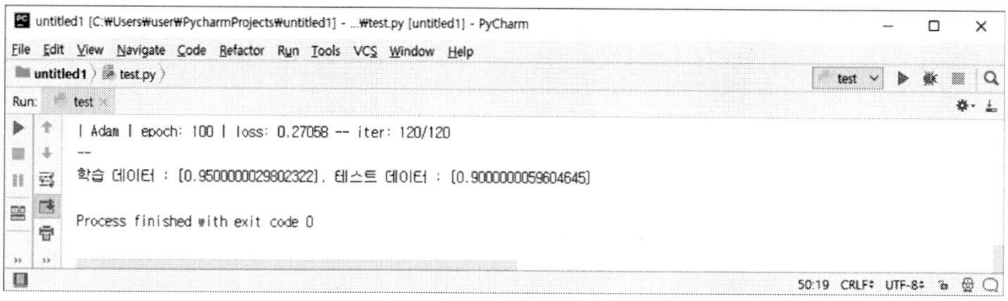

▌모델 커스터마이징 하기

앞 코드는 regression 층을 구성할 때 기본 패러미터들을 사용하였기 때문에 adam 옵티마이저를 사용하게 된다. 만약 이전 예처럼 Gradient Descendant 옵티마이저를 사용하고자 할 경우는 아래와 같이 tf.train.GradientDescentOptimizer를 사용하면 된다. TFLearn 라이브러리에는 Gradient Descendant 옵티마이저는 별도로 제공하지 않는다.

```
gd = tf.train.GradientDescentOptimizer(learning_rate=0.1)
net = tflearn.regression(softmax,optimizer=gd)
```

연결 가중치 초기화를 지정할 경우는 망 구성 시 fully_connected 함수 호출 시 weight_init 패러미터에 가중치 초기화 객체를 지정하여 주면 되는데, tflearn.initializations에 다양한 초기화 객체 생성 함수들이 정의되어 있다. 예를 들어, Xavier 초기화 방식을 사용하고 싶을 경우, 위의 신경망 정의 부분을 아래와 같이 수정하면 된다. He 초기화 방식을 사용하고 싶을 경우는 tflearn.initializations.variance_scaling() 함수를 사용하면 된다.

```
inputs = tflearn.input_data(shape=[None, n_inputs])
xavier = tflearn.initializations.xavier()
hidden1 = tflearn.fully_connected(inputs, n_hidden1, activation='elu',
weights_init=xavier, name='hidden1')
hidden2 = tflearn.fully_connected(hidden1 , n_hidden2, activation='elu',
weights_init=xavier, name='hidden2')
softmax = tflearn.fully_connected(hidden2, n_outputs, activation='softmax',
weights_init=xavier, name ='output')
```

dropout을 적용할 경우는 아래와 같이 망 구성 시 추가로 dropout 층을 입력층과 은닉층 다음에 추가해 주면 된다. 예제 네트워크 층이 깊지 않기 때문에 dropout을 적용시켰을 때 성능이 적용시키지 않았을 때보다 좋지 않다. 좀 더 복잡한 문제, 즉 층이 깊은 뉴런망에 적용시키면 성능이 좋아지는 것을 확인할 수 있을 것이다.

```
keeping_rate = 0.9
xavier = tflearn.initializations.xavier()
inputs = tflearn.input_data(shape=[None, n_inputs])
inputs_drop = tflearn.dropout(inputs, keeping_rate)
hidden1 = tflearn.fully_connected(inputs_drop, n_hidden1, activation='elu',
weights_init = xavier, name='hidden1')
hidden1_drop = tflearn.dropout(hidden1, keeping_rate)
hidden2 = tflearn.fully_connected(hidden1_drop, n_hidden2, activation='elu',
weights_init = xavier,name='hidden2')
hidden2_drop = tflearn.dropout(hidden2 , keeping_rate)
softmax = tflearn.fully_connected(hidden2_drop, n_outputs,
activation='softmax', weights_init = xavier,name ='output')
```

배치 정규화를 적용시킬 경우는 아래와 같이 망 구성 시 추가로 정규화 층을 입력층과 은닉층 다음에 추가해 주면 된다.

```
xavier = tflearn.initializations.xavier()
inputs = tflearn.input_data(shape=[None, n_inputs])
inputs_bn = tflearn.batch_normalization(inputs)
hidden1 = tflearn.fully_connected(inputs_bn, n_hidden1, activation='elu',
weights_init = xavier, name='hidden1')
hidden1_bn = tflearn.batch_normalization(hidden1)
```

```
hidden2 = tflearn.fully_connected(hidden1_bn, n_hidden2, activation='elu',
weights_init = xavier,name='hidden2')
hidden2_bn = tflearn.batch_normalization(hidden2)
softmax = tflearn.fully_connected(hidden2_bn, n_outputs,
activation='softmax', weights_init = xavier,name ='output')
```

학습 도중에 학습 결과를 기본적으로 출력해주는데, 아래의 첫 화면에서 보는 바와 같이 학습 스텝 마다 스텝 번호와 전체 손실 값 그리고 소요 시간을 출력하고, 매 epoch 마다 epoch 번호와 손실 값을 출력해 준다. 만약 매 epoch 마다 정확도를 출력하고 싶을 경우는 아래와 같이 fit 함수의 show_metric 패러미터의 값으로 True를 지정해 주면 된다. 그러면 아래 두 번째 화면처럼 매 epoch 마다 성능을 확인할 수 있다.

```
model.fit(x_train, y_train, show_metric = True, validation_set=None, n_
epoch=n_epochs,batch_size=batch_size)
```

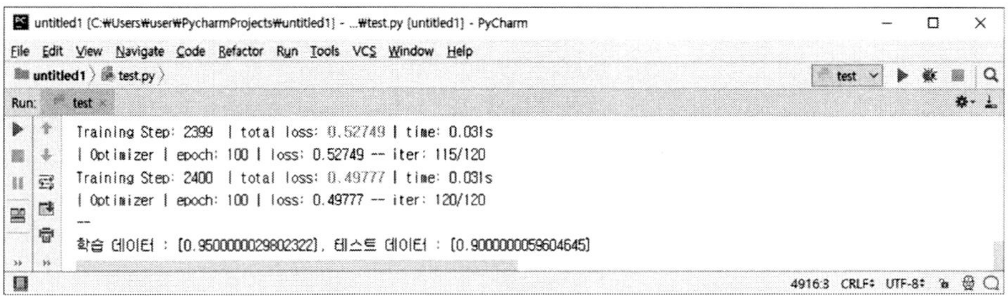

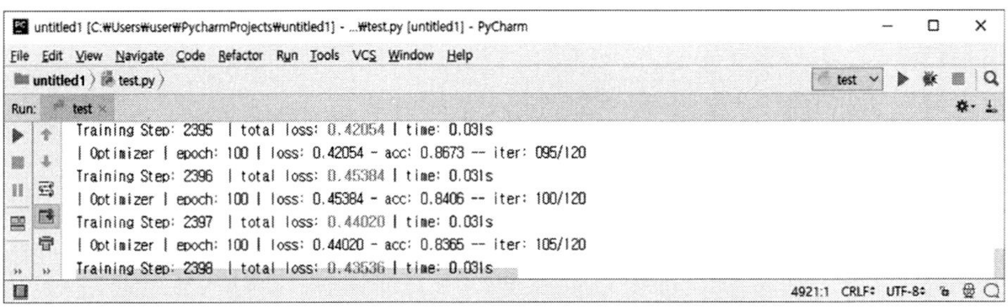

한 epoch는 여러 학습 스텝으로 구성되는데, 이 스텝 수를 원하는 수 k로 하고자 한다면, 배치 크기를 len(data)/k로 한 후 fit() 함수의 batch_size 패러미터로 지정해 주면 된

다. 예를 들어, 학습 시 한 epoch 당 10회의 학습 스텝으로 구성되게 한다면 아래와 같이 fit() 함수를 호출해 주면 된다.

```
batch_size = len(x_train)/10
model.fit(x_train, y_train, show_metric = True, validation_set=None, n_
epoch=n_epochs, batch_size=batch_size)
```

▌모델 패러미터 저장 및 로딩하기

모델 패러미터를 저장하려면 모델 fit() 함수의 snapshot_epoch 패러미터와 snapshot_step 패러미터를 미리 지정해 주어야 한다. snapshot_epoch는 매 epoch 마다 모델의 스냅샷 (validation_set에 대해 모델을 평가하며 그 결과를 checkpoint_path 위치에 체크포인트를 생성) 여부를 지정하는 패러미터이며, 기본 값은 True이다. snapshot_step은 스냅샷을 몇 학습 스텝 마다 할지를 지정하는 패러미터로 기본 값은 None이다. fit() 함수 패러미터 지정이 끝났다면 모델 객체에 대해 save 메서드를 호출하면 된다. 이때 저장 파일명을 지정해 주면 된다.

```
model.fit(x_train, y_train, show_metric = True, validation_set=(x_test,
y_test), n_epoch=n_epochs, batch_size=batch_size, snapshot_epoch=True,
snapshot_step=1)
model.save("model1.tfl")
```

저장된 모델을 읽어올 경우는 저장 시와 동일한 모델 객체를 생성한 후, 모델 객체의 load() 메서드를 통해 모델 패러미터들을 읽어 오면 된다. 그 후에 evalute() 메서드나 predict() 메서드를 사용하면 된다. 아래의 코드는 학습 모델을 이용하여 새로운 iris 데이터가 어떤 유형인지를 결정하는 코드이다. 모델 객체를 생성하는 과정은 저장 시와 동일하기 때문에 생략하였다.

```
...
model.load("model1.tfl")
while (True):
    sepal_length = input("sepal length (cm) ? ")
    sepal_width = input("sepal width (cm) ? ")
    petal_length = input("petal length (cm) ? ")
    petal_width = input("petal width (cm) ? ")
```

```
new_data = [[sepal_length, sepal_width, petal_length, petal_width]]
predicted = model.predict(new_data)
y_pred = np.argmax(predicted, axis=1)
print(y_pred[0])
```

학습 시간이 오래 걸려 중간 결과를 저장해 두었다가 다시 학습하고자 할 경우에도 save() 메서드와 load() 메서드를 사용하면 된다. 앞에서 저장해 둔 모델 패러미터 값을 읽어 들인 후 100 epoch 더 진행하고자 할 경우 아래와 같이 작업하면 된다.

```
...
model.load("model1.tfl")
model.fit(x_train, y_train, show_metric = True, validation_set=(x_test, y_
test),n_epoch=100,batch_size=batch_size,snapshot_epoch=True, snapshot_
step=1)
acc_train = model.evaluate(x_train, y_train, batch_size)
acc_test = model.evaluate(x_test, y_test, batch_size)
print("학습 데이터 : " + str(acc_train) + ", " + "테스트 데이터 : " +
str(acc_test))
model.save("model2.tfl")
```

학습 모델 재활용

기존 학습 모델을 이용하여 유사한 모델을 학습하고자 할 경우는 먼저 망을 구성하되 하단 층들은 기존 모델과 동일하게 하고 그 위에 새로운 층들을 정의토록 한다. 단, 새로운 층을 정의할 때 그 층 객체 생성 함수(예: fully_connected())의 restore 패러미터의 값을 False로 지정하여 기존 모델 패러미터를 읽어들일 때 그 층에 해당하는 값들은 읽어들이지 않도록 한다. 예를 들어, 앞 예제의 신경망에다 은닉층 하나를 더 추가한 망을 구성하고, 이를 이용하여 iris 데이터를 학습할 경우 아래와 같이 망을 구성토록 한다. 재활용할 층이 첫 번째 층과 두 번째 은닉층이기 때문에 세 번째 은닉층과 출력층의 restore 패러미터의 값을 False로 지정해주면 된다.

```
# 상수 정의
n_inputs = 4
n_hidden1 = 5
n_hidden2 = 2
```

```
n_hidden3 = 3
n_outputs = 3

...

# 망 구성
inputs = tflearn.input_data(shape=[None, n_inputs])
hidden1 = tflearn.fully_connected(inputs, n_hidden1, activation='elu',
name='hidden1')
hidden2 = tflearn.fully_connected(hidden1 , n_hidden2, activation='elu',
name='hidden2')
hidden3 = tflearn.fully_connected(hidden2 , n_hidden3, activation='elu',
name='hidden3',  restore=False)
softmax = tflearn.fully_connected(hidden3, n_outputs, activation='softmax',
name ='output', restore=False)
net = tflearn.regression(softmax)
```

새로운 망 구성이 끝나면 이 망을 인수로 모델 객체를 생성한 후 load() 메서드를 사용하여 기존 모델 패러미터를 읽어 오도록 한다. 그런 후 fit() 메서드를 사용하여 학습을 진행하면 된다. 아래의 코드는 iris 데이터의 클래스를 판별하기 위한 기본 모델을 "iris_classification_model" 파일에 저장했다고 가정하였다.

```
# 모델 객체 생성
model = tflearn.DNN(net)

# 기존 학습 모델에서 첫 번째 은닉층과 두 번째 은닉층 학습 패러미터 (연결
가중치와 바이어스 등) 읽어 오기
model.load("iris_classification_model");

# 모델 학습
model.fit(x_train, y_train, validation_set=None, n_epoch=n_epochs,batch_
size=batch_size)

# 성능 평가
acc_train = model.evaluate(x_train, y_train, batch_size)
acc_test = model.evaluate(x_test, y_test, batch_size)
print("학습 데이터 : " + str(acc_train) + ", " + "테스트 데이터 : " +
str(acc_test))
```

기존 학습 모델을 이용한 유사한 신경망을 학습하는 방법에 대한 전체 예제 코드와 그 실행 화면은 아래와 같다. iris 데이터는 사이즈가 그리 크지 않고 문제의 복잡도가 낮아 기존 모델을 이용한 효과가 높지 않다. 성능에 신경 쓰지말고 어떻게 기존 모델을 재활용 할 수 있는지에 중점을 두기 바란다.

```
import tensorflow as tf
import tflearn
from sklearn.model_selection import train_test_split
from sklearn import datasets
import numpy as np
from sklearn.preprocessing import MinMaxScaler
from sklearn.preprocessing import OneHotEncoder


# 상수 정의
n_inputs = 4 # IRIS
n_hidden1 = 5
n_hidden2 = 2
n_hidden3 = 3
n_outputs = 3

# 학습 데이터 읽어 오기
iris = datasets.load_iris()
x_data = iris.data
y_data = iris.target

minmax_scaler = MinMaxScaler()
minmax_scaler.fit(x_data)
x_data = minmax_scaler.transform(x_data)

x_train, x_test, y_train, y_test = train_test_split(x_data, y_data, test_
size=0.2, random_state=3, stratify=y_data)
enc = OneHotEncoder(handle_unknown='ignore')
y_train = enc.fit_transform(y_train.reshape(-1,1)).toarray()
y_test = enc.fit_transform(y_test.reshape(-1,1)).toarray()
# 학습 패러미터 설정
n_epochs = 10; batch_size = 5

inputs = tflearn.input_data(shape=[None, n_inputs])
```

```
hidden1 = tflearn.fully_connected(inputs, n_hidden1, activation='elu',
name='hidden1')
hidden2 = tflearn.fully_connected(hidden1 , n_hidden2, activation='elu',
name='hidden2')
hidden3 = tflearn.fully_connected(hidden2 , n_hidden3, activation='elu',
name='hidden3',  restore=False)
softmax = tflearn.fully_connected(hidden3, n_outputs, activation='softmax',
name ='output', restore=False)
net = tflearn.regression(softmax)

model = tflearn.DNN(net)
model.load("iris_classification_model")
model.fit(x_train, y_train, show_metric = True, validation_set=(x_test, y_
test),n_epoch=n_epochs,batch_size=batch_size, snapshot_epoch=True)
acc_train = model.evaluate(x_train, y_train, batch_size)
acc_test = model.evaluate(x_test, y_test, batch_size)
print("학습 데이터 : " + str(acc_train) + ", " + "테스트 데이터 : " +
str(acc_test))
```

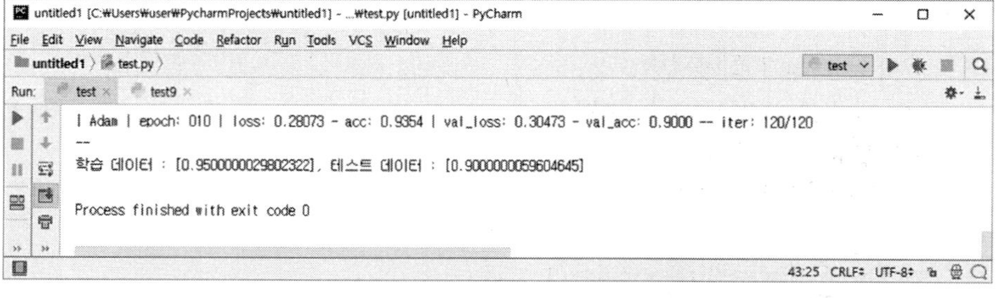

5장. 연습문제

- **다음 물음에 답하시오.**

1. 심층 신경망 학습 시 발생 가능한 문제점 중, 연결 가중치 변화에 따른 오류의 변화량, 즉 기울기가 입력층 쪽으로 깊이 들어갈수록 그 변화량이 0에 가깝게 되어 연결 가중치의 변화가 없게 되어 결국 하위 은닉층들은 학습이 제대로 되지 않게 되는 문제점은 ?

   (1) 기울기 소멸 문제 (2) 기울기 폭증 문제 (3) 학습 속도 저하 문제 (4) 과적합 문제

2. 기울기 소멸 문제를 해결할 수 있는 방법과 거리가 먼 것은 ?

   (1) 가중치 초기화 (2) 불포화 활성화 함수 (3) 배치 정규화 (4) 선학습층 재사용

3. 다음 설명 중 올바른 것은 ?

   (1) 시그모이드 함수는 양의 값에 대해 포화되지 않는다.

   (2) ReLu 함수는 양의 값에 대해 포화되지 않는다.

   (3) 시그모이드 함수는 음의 값에 대해 포화되지 않는다.

   (4) ReLu 함수는 음의 값에 대해 포화되지 않는다.

4. 다음 중 불포화 활성화 함수에 해당되는 것은 ? (여러 개 선택 가능)

   (1) 시그모이드 (2) ReLu (3) leaky-ReLu (4) elu

5. 배치 정규화에 대한 다음 설명 중 옳지 않는 것은 ?

   (1) 각 뉴런층에서 활성화 함수를 적용시키기 전에 입력들을 평균이 0이 되도록 하고 그 크기를 정규화 한 후, 확대 (scaling) 및 이동 (shifting) 시키는 방법이다.

   (2) 학습 시에는 미니배치가 주어져서 편균와 편차를 구할 수 있지만, 테스팅 시, 즉 서비스 시는 미니배치가 없기 때문에 학습 시 배치들의 런닝 평균 (running average)를 구하고 이를 이용하게 된다.

   (3) 배치 정규화는 기울기 소멸 및 증폭 문제를 줄여 DNN의 성능을 향상시킬 수 있지만, 레귤라이저 (regulaizer)의 역할은 수행하지 못해 학습 시 과적합을 막는 역할을 수행할 수 없다.

   (4) 실행 시 각 층마다 정규화를 위한 추가의 연산을 수행해야 하는 부담 때문에 예측 시간이 증가하게 된다.

6. 다음 중 학습 속도 저하 문제를 해결할 수 있는 방법은 ? 여러 개 선택 가능

(1) 배치 정규화 (2) 선학습층 재사용 (3) 향상된 최적화기 (4) 데이터 오그멘테이션

7. 선학습층 재활용 방법에 대한 설명 중 올바르지 않는 것은 ?

(1) 기존 신경망을 재활용할 경우는 하위층들의 학습된 가중치를 재사용토록 한다.

(2) 재사용 하위층 중 하위 1~2 개 층은 새로운 학습 데이터에 맞게 가중치가 재조정되도록 해야 한다.

(3) 재활용 층 위에 새로운 몇 개의 층을 더하여 새 업무에 맞는 상위 특징들을 학습토록 한다.

(4) 텐서플로우 라이브러리에는 기존 모델에서 읽어온 변수 값들은 학습 도중에 변경되지 않도록 하는 freezing 기능이 제공된다.

8. 옵티마이저에 대한 다음 설명 중 올바르지 않는 것은 ?

(1) 여러 개선된 옵티마이저가 있는데 이 중에 Adam 옵티마이저가 가장 널리 사용된다.

(2) 기본 옵티마이저인 경사 하강 (Gradient Descent) 옵티마이저는 현 시점에서의 경사만 고려하기 때문에 경사 값이 작은 구간에 돌입하였을 경우 연결 가중치의 변화량이 적어 학습 속도가 느려지게 된다.

(3) Adam 옵티마이저에서는 패러미터에 따라 다른 스케일링을 적용시키는 방법을 사용한다.

(4) 기본 옵티마이저인 경사 하강 옵티마이저에서는 모멘텀과 스케이링이 시간에 따라 달라지게 된다.

9. 다음 옵티마이저 중 자체의 학습률 스케쥴링 방법에 따라 학습률을 줄여 나가는 방법은 ? 여러 개 선택 가능

(1) Adam (2) AdaGrad (3) 모멘텀 (4) Nesterov Accelerated Gradient

10. 오버피팅 (과적합)을 줄일 수 있는 방법과 거리가 먼 것은 ?

(1) 조기 멈춤 (2) dropout (3) max-norm 정규화 (4) 데이터 오그멘테이션 (5) 없음

11. dropout에 다음 설명 중 옳지 않는 것은 ?

(1) 현 학습 스텝에서는 특정 노드가 드롭되지만 다음 스텝에는 다시 활성화될 수도 있다.

(2) 학습 및 테스팅 시 모두 드롭을 발생시킨다.

(3) dropout을 사용할 경우, 테스팅 시에 뉴런의 입력 값들을 조정해 주어야 한다.

(4) 출력 층 노드는 dropout 대상에서 제외된다.

• **다음 ( )에 적합한 내용을 채우시오.**

1. 백워드 패스가 진행될수록 기울기가 커져 연결 가중치의 변화가 심하게 되어 제대로 수렴하지 않는 문제가 발생할 수도 있다. 이런 문제를 ( )라 한다.
2. 활성화 함수가 logistic 함수일 경우는 ( ) 초기화 방법을 사용하는 것이 좋다.
3. ReLu 활성화 함수인 경우는 ( ) 초기화 방법을 많이 사용한다.
4. 가중치 초기화 방법이나 불포화 활성화 방법보다 더 효과적으로 기울기 소멸 및 폭증 문제를 해결할 수 있는 방법은 ( ) 방법이다.
5. 매 학습 스텝 마다 임의의 뉴런을 정해진 확률로 동작하지 않게 하는 기법을 ( )라 한다.

• **다음 물음에 o, x로 답하시오.**

1. 효과적인 가중치 초기화는 학습 공간을 탐색하는 동안 더 좋은 최솟값을 찾을 수 있는 기회를 제공한다.
2. 표준적인 정규 분포를 따르는 가중치 초기화 방법, 예를 들어, 파이썬의 np.random.randn() 함수로 가중치를 초기화할 경우, 여전히 DNN으로 학습 시 기울기 소멸 문제와 기울기 폭증 문제가 발생할 수 있다.
3. 매우 깊은 DNN 학습 시 모든 층을 학습하는 것보다 비슷한 업무에 사용했던 신경망을 사용하는 것이 학습 속도를 높일 수 있고, 학습 데이터의 양도 줄일 수 있는 장점이 있다.
4. 유사 업무의 신경망 중 상위층 (출력층에 가까운 층) 뉴런을 재활용하면 학습질도 그리 손해 보지 않으면서 학습속도를 향상시킬 수 있다.
5. AdamOptimiser는 적응형 학습률을 사용하기 때문에 최적의 학습률 값을 지정하기 위해 GradientDescentOptimizer에 비해 애쓸 필요가 없다.
6. Adam 옵티마이저에서는 변화량의 큰 패러미터에 대해서는 스케일링을 상대적으로 작게 하고, 변화량이 작은 패러미터에 대해서는 스케일링을 크게 한다.
7. DNN은 그 유연성으로 인해 학습 데이터에 딱 들어맞는 그래서 새로운 테스트 데이터에 대해서 성능이 좋지 않는 과적합이 발생할 여지가 많다.
8. 모델이 과적합 되어 있으면 드롭아웃률을 높이고, 반대로 미적합 (under fitting)이 발생하면 드롭아웃률을 낮추어주면 된다.
9. 층수가 많은 네트워크에 대해서는 드롭아웃률을 낮추고, 층수가 적은 네트워크에 대해서는 높여주면 된다.

• **다음 물음에 답하시오.**

1. ReLu, leaky-ReLu와 elu의 차이점을 설명하시오.
2. 텐서플로우 라이브러리에서 기존 모델에서 읽어온 변수 값들은 학습 도중에 변경되지 않도록 하는 freezing 기능에 대해서 구체적으로 설명하시오.
3. He와 Xavier 초기화 방법에 대해서 설명하라.
4. 불포화 활성화 함수는 무엇이며, 왜 필요한가 ?
5. 배치 정규화 방법을 사용할 시, 테스팅 데이터에 대한 평균으로 학습 데이터의 런닝 평균을 사용하는데 그것은 무엇이며 어떻게 구하는가?
6. DNN 학습 시 학습률을 너무 높게 잡으면 어떻게 되는가? 너무 낮게 잡으면 ? 그러면 어떻게 잡는 게 좋은가?
7. 입력층 노드 4개, 첫 은닉층 노드 5개, 둘째 은닉층 노드 2개, 출력층 노드 3개로 구성된 인공신경망을 tflearn 라이브러리를 사용하여 구축하고자 한다.

   a) 신경망 구성은 어떻게 하면 되는가?

   b) 학습은 어떻게 하면 되는가?

   c) 성능 평가는 어떻게 하면 되는가?

   d) tflearn 라이브러리의 기본 옵티마이저는 Adam이다. 다른 옵티마이저로 바꾸려면 어떻게 하면 되는가?

   e) 연결 가중치 초기화 방법을 바꾸고자 한다. 어떻게 하면 되는가?

   f) dropout 기법을 적용하고 싶다. 어떻게 하면 되는가?

   g) 배치 정규화를 적용시키고자 한다. 어떻게 하면 되는가?

   h) 모델의 학습 결과를 저장하고자 한다. 어떻게 하면 되는가?

   i) 저장된 모델을 읽어와 서비스를 하고자 한다. 어떻게 하면 되는가?

8. 기존 선학습된 다른 신경망의 학습 결과를 일부 재활용하고자 한다. TFLearn 라이브러리를 사용하여 어떻게 할 수 있는지를 설명하시오.

Chapter 6

CNN (Convolutional Neural Network)

1. 컨볼루션층 (Convolutional Layer)
2. 풀링층 (Pooling Layer)
3. LeNet-5 구축하기
4. AlexNet 구축하기
5. VGGNet 구축하기
6. Residual Network 구축하기
7. GoogLeNet 구축하기
8. 이미지 전처리 및 이미지 확장
9. 이미지 파일을 메모리로 로드하기

기존 인공신경망은 일반적으로 입력층, 은닉층, 그리고 출력층으로 구성되며, 입력층과 은닉층, 은닉층과 은닉층, 은닉층과 출력층 사이는 완전 연결(Fully Connected)된 구조를 이루고 있다. 은닉층이 있는 신경망을 다층 퍼셉트론(MLP : Multi Layer Perceptron)이라 부르며 역전파(Backpropagation) 학습 알고리즘을 이용하여 학습한다. MLP가 제안될 당시에도 은닉층을 깊게 할 수 있었으나 Gradient Vanishing 문제나 과적합(Overfitting) 문제들로 인해 깊은 층에 대한 학습이 제대로 이루어지지 않아 하나 또는 두 개 정도의 은닉층을 주로 사용하였다. 그 이후 꾸준히 깊은 층 학습 시 발생 가능한 문제들을 해결할 수 있는 기술들이 제안이 되고 최근 들어 많은 응용에서 두 층 이상의 은닉층을 사용하는 모델들이 좋은 성능을 보이면서 딥러닝이 기계 학습의 핵심 기술로 부상하게 되었다. 깊은 은닉층과 이에 맞는 학습 방법을 사용하는 신경망 구조를 DNN(Deep Neural Network)라 한다.

영상 처리 분야에서도 꾸준히 신경망 모델을 이용하는 연구들이 진행되어 왔는데, 이 중 1980년도에 제안된 네오컨그니트론(Neocongnitron)은 인간의 시각 피질을 모방하여 그 가능성을 보였다. 네오컨그니트론은 계층적인 구조로 이루어져 있는데, 하위 층의 뉴런들은 인식 대상의 저수준 특징들을 인지하고, 그 다음 층은 이전 층의 특징들을 이용하여 좀 더 높은 수준의 특징들을 인지하는 구조로 이루어져 있다. 이러한 구조가 지속적으로 발전되어 오늘날의 CNN에 이르게 되었다.

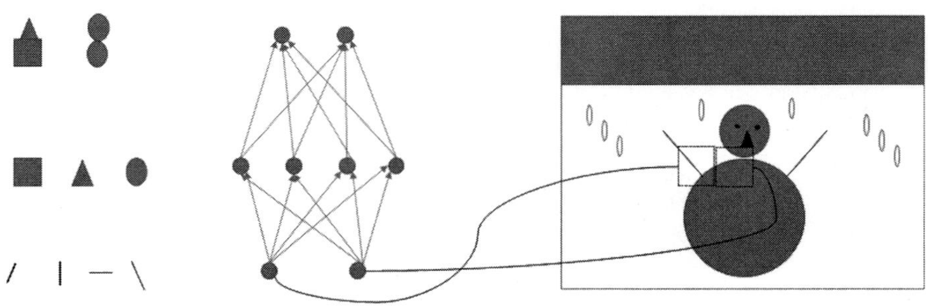

CNN은 입력층, 은닉층 그리고 출력층에 컨볼루션층(Convolutional Layer)과 풀링층(Pooling Layer)을 추가한 구조를 띠고 있다. 여러 개의 컨볼루션층이 있고 컨볼루션층은 계층적이어서 상위 컨볼루션층은 하위 컨볼루션층의 출력을 이용하여 좀 더 높은 수준의 특징들

을 추출하게 된다. 각 컨볼루션층은 필터를 이용하여 특징을 추출하게 되는데, 이 필터는 고정된 것이 아니라 학습에 의해 학습 데이터에 맞게 결정이 된다. 필터는 초기에 랜덤값으로 초기화되고 기존 다층신경망 학습 과정을 통해 데이터에 맞게 재조정된다. 필터 하나가 하나의 특징에 대응되며 이 필터를 이미지에 적용하면 특징값들, 즉 특징 맵(Feature Map)을 얻게 된다. 이 특징 맵이 컨볼루션층의 출력이 되는데, 보통 한 컨볼루션층은 여러 필터들로 구성되어 있어 결국 특징 맵 집합이 한 컨볼루션층의 출력이 되게 된다. 풀링층은 컨볼루션층 사이에 위치해 특징 맵의 사이즈를 줄이는 역할과 위치 변화에 덜 민감하도록 하는 역할을 담당한다.

CNN은 보통 앞단에 컨볼루션층과 풀링층이 있고 뒷단에 기존의 신경망과 같은 완전연결층이 있는 형태로 이루어져 있다. 기존 영상 처리에서 특징 추출 알고리즘에서 담당하던 일을 앞단에서 자동으로 수행하며, 따라서 주로 앞단의 구조에 따라 성능이 달라진다. 현재까지 ReNet-5, AlexNet, GoogLeNet, ResNet, VGG19 등 다양한 구조의 CNN들이 제안되어 왔고 계속 제안되고 있는데 점점 더 깊어지는 추세이다.

6.1 컨볼루션층(Convolutional Layer)

기존 이미지 처리에서는 이미지의 특징(예 : 에지 성분)을 추출하기 위해 아래 그림과 같이 마스크를 원본 이미지에 반복 적용함으로써 특징들을 추출하게 된다. 아래 그림에서 보는 바와 같이 마스크(작은 이미지)를 원본 이미지에 포갠 후 대응되는 원소들 끼리 곱한 후 이의 합을 구하고 다시 마스크를 이동하면서 동일한 작업을 하게 된다. 이러한 연산을 컨볼루션(convolution) 연산이라 부른다.

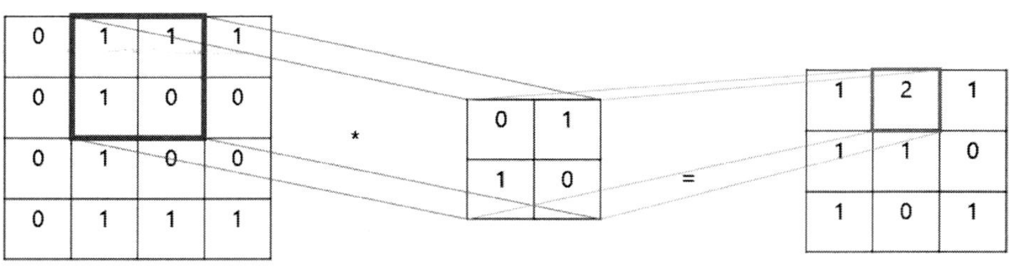

(1 * 0) + (1 * 1) + (1 * 1) * (0 * 0) = 2

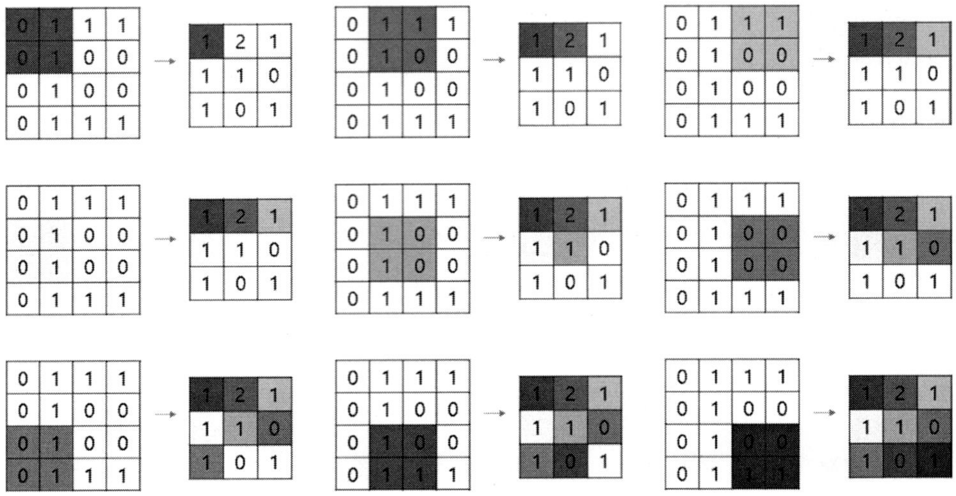

CNN의 컨볼루션층에서도 이와 같은 작업을 진행한다. 아래의 그림에서 보듯이 CNN에서는 마스크를 필터(filter) 또는 컨볼루션 커널(convolution kernel)이라 부르며, 컨볼루션 층의 입력 연결선의 가중치로 표현이 된다. 그리고 컨볼루션 연산의 결과, 즉 특징 값들의 배열을 특징 맵(feature map)이라 한다.

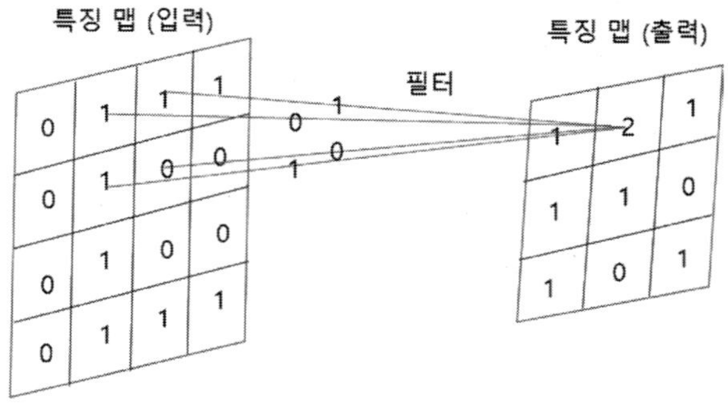

원본 이미지의 크기를 ow * oh, 마스크의 크기를 mw * mh라 할 경우, (ow - mw + 1) * (oh - mh + 1) 크기의 특징 맵을 얻게 되며, 특징 맵 i행 j열 원소의 값은 다음과 같이 구해진다. 여기서, $y_{i,j}$는 특징 맵의 i행 j열의 값을, b는 바이어스 이며, m_h는 필터의 높

이이며, m_w는 필터의 폭이다. $m_{u,v}$는 필터의 u행 v열의 값이며, $x_{i,j}$는 필터의 u행 v열에 대응되는 원본 이미지의 픽셀 값이다.

$$y_{i,j} = b + \sum_{u=0}^{m_h-1}\sum_{v=0}^{m_v-1} x_{i',j'} * w_{u,v} \quad with \begin{cases} i' = i+u \\ j' = j+v \end{cases}$$

컨볼루션의 결과로 하나의 특징 맵이 생성되는데, 그 크기가 (필터의 크기 -1) 만큼 줄어든다. 만약 원본 이미지와 동일한 크기의 특징 맵을 원할 경우는 원본 이미지의 각 열과 행에 대해 x 방향 또는 y 방향으로 (필터의 크기 -1) 개의 더미 픽셀(값이 0인 픽셀)들을 추가해 주면 된다. 이러한 행위를 padding이라 한다. 위의 그림에서는 1개의 더미 픽셀들을 추가해 주어야 하는데, 전후좌우 공평하게 추가해 주면 된다.

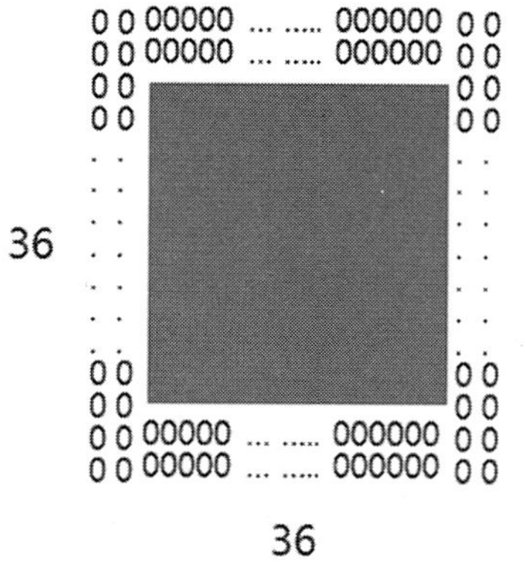

이미지 특징 추출 시 어떤 마스크를 사용하느냐에 따라 추출되는 특징이 달라지게 된다. 예를 들어, 에지 추출의 대표적인 마스크에는 소벨, 프리윗, 로버츠 마스크가 있고, 어떤 마스크를 사용하느냐에 따라 다른 에지 성분들이 추출된다. 컨볼루션 층에서도 비슷하다. 필터 당 하나의 특징 맵이 생성되고, 보통 한 이미지에 대해 여러 특징, 즉 필터들을 사용하기 때문에 같은 입력 이미지에 대해 여러 특징 맵이 생성된다. 그리고 이 특징 맵들, 즉 저수준 특징 맵들에 대해 다른 여러 필터들을 적용하여 상위 수준의 특징 맵들을 만들게 된다. 그러므로 CNN 형태의 신경망에서는 컨볼루션 층이 연속적으로 적용되는 형태로 구성된다. 저수준 특징 맵에서 좀 더 상위 수준의 특징 맵을 생성하고, 다시 이 특징 맵들로부터 좀 더 상위 수준의 특징 맵들을 생성하게 된다.

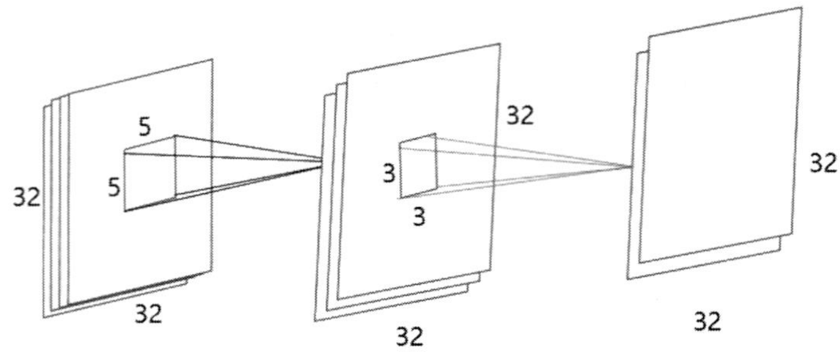

l–1 층의 특징 맵들로부터 l층의 한 특징 맵 k는 아래의 수식에 의해 만들어 진다. $y_{i,j,k}$는 특징 맵 k의 값을, b_k는 특징 맵 k의 바이어스 값을, $x_{i',j',k'}$는 l–1 층의 특징 맵 k'의 i'행 j'열의 값을, f는 l–1 층의 특징 맵의 개수를 $w_{u,v,k,k'}$은 특징 맵 k를 생성하는 데 사용되는 필터의 i행 j열 k'깊이의 값이다.

$$y_{i,j,k} = b_k + \sum_{u=0}^{m_h-1}\sum_{v=0}^{m_v-1}\sum_{k'=0}^{f-1} x_{i',j,k'} * w_{u,v,k',k} \quad with \begin{cases} i' = i+u \\ j' = j+v \end{cases}$$

앞의 설명은 필터 이동 거리(stride라 함)를 1로 하였을 경우에 해당하는 것이다. 아래 그림처럼 필터 이동 거리를 1 이상으로 지정할 수도 있다. 이동 거리가 2 이상이 되면 특징 맵이 크기가 이동 거리의 배수만큼 줄어들게 된다. 예를 들어, 3 * 3 필터를 사용하고 패딩없이 8 * 8 이미지에 대해 폭과 높이 방향으로 이동 거리를 2로 하면 3 * 3 크기의 특징 맵을 얻을 수 있다.

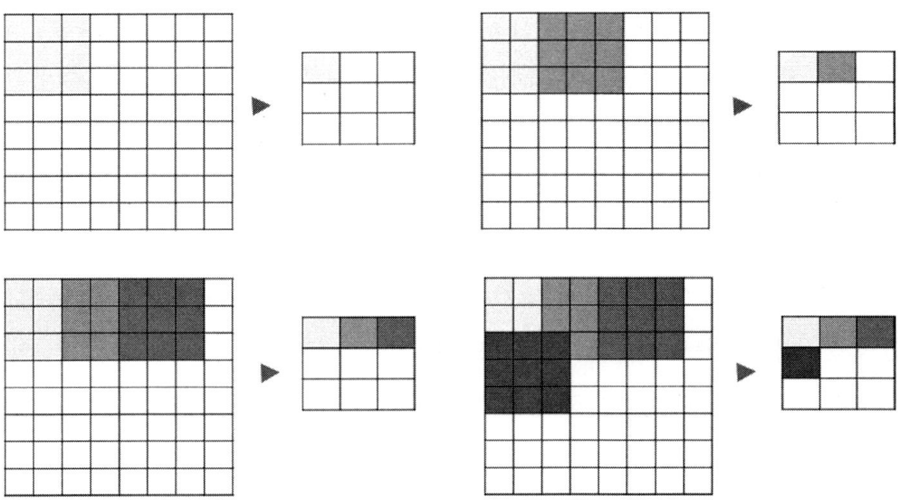

패딩할 경우는 출력 특징 맵의 크기가 아래와 같이 되도록 0 값들이 추가된다. ceil은 무조건 올림 함수이다. 예를 들어, 위의 예에 이 식을 적용하면 출력 특징 맵의 행의 크기는 ceil(8/2) = 4가 되며, 동일하게 출력 특징 맵의 열의 크기도 4가 된다.

```
n_output =  ceil(n_input / stride)
```

패딩하지 않을 경우는 출력 특징 맵의 크기가 아래와 같이 결정된다.

```
n_output = ceil((n_input - filter_size + 1) / stride)
```

실제로 몇 개의 0이 추가되어야 하는지는 필터의 크기에 달려 있다. 보통 필터의 크기가 이동 거리보다 크기 때문에 추가되는 패딩의 수는 다음과 같이 결정된다.

```
n_padding = (n_output * stride) + (filter_size  -  stride) - n_input
```

위의 예에 위식을 적용시켜 행에 추가되어야 할 패딩 수를 계산하면 아래와 같다. 같은 방식으로 열에 추가 되어야 할 패딩 수도 동일하게 계산된다.

```
n_output =  ceil(8 / 2) = 4, n_padding = (4 * 2) + (3  -  2) - 8 = 1
```

컨볼루션 층은 입력 데이터에서 특징을 추출하는 역할을 담당하는 층이다. 기존 이미지 처리에서도 마스크를 사용하여 특징을 추출할 수 있으나, 기존 방법에서는 그 필터 값을 사용자 또는 프로그래머가 명시적으로 지정해 주어야 하나, CNN의 컨볼루션 층에서는 자동으로 필터 값이 결정된다. 즉, 필터의 초기 값은 랜덤으로 초기화되며, 학습 과정 중에 데이터의 특성에 맞게 조정이 된다. 필터 값을 조정하는 것은 은닉층의 연결 가중치를 조정하는 방법과 동일하게 조정된다. 즉 학습 과정 중에 역전파 학습 알고리즘에 의해 필터의 값이 갱신된다.

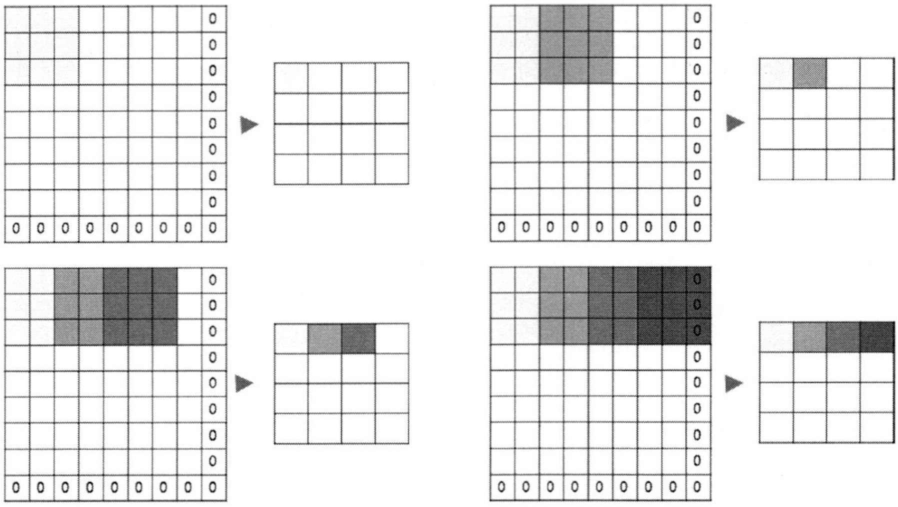

TFLearn 라이브러리에는 컨볼루션 층을 위한 함수 conv_2d를 제공한다. incoming 패러미터는 입력 텐서 (4D)를 지정하며, nb_filter는 필터의 개수를, filter_size는 필터의 크기를, strides는 이동 거리를 나타내며 기본 값은 1이고, 행과 열 방향으로 다른 이동 거리를 지정할 경우는 리스트 형태로 작성한다. padding은 패딩 방식을 지정하며, 값은 'same'과 'valid'중 하나를 지정할 수 있으며, 기본 값은 'same'이다. 'same'방식은 위에서 설명한 방식대로 패딩함을 의미하며, 'valid'는 0패딩을 하지 않음을, 즉 끝부분에 있는 일부 행이나 열이 사용되지 않고 무시됨을 의미한다. bias는 바이어스 사용 여부를 지정하며 기본 값은 True이다. weights_init는 필터 초기 값을 어떻게 초기화할지를 지정하며, 기본 값은 'uniform_scaling'이다. 나머지 패러미터에 대한 설명은 필요한 경우 온라인 설명을 참고하기 바란다.

```
tflearn.layers.conv.conv_2d (incoming, nb_filter, filter_size, strides=1,
padding='same', activation='linear', bias=True, weights_init='uniform_
scaling', bias_init='zeros', regularizer=None, weight_decay=0.001,
trainable=True, restore=True, reuse=False, scope=None, name='Conv2D')
```

6.2 풀링층(Pooling Layer)

풀링 층은 서브 샘플링을 통해 입력 이미지의 사이즈를 줄여 계산 시간과 메모리 사용량을 줄이고, 학습 패러미터의 수를 줄여 과적합 가능성을 줄이는 데 그 주목적이 있다. 또한 사이즈를 줄임으로 이미지 이동(shift)에 따른 차이를 무마하는 효과(location invariance)를 줄 수도 있다. 컨볼루션 층처럼 풀링 층의 한 뉴런은 이전 뉴런 층의 일부 뉴런들(receptive field 내의 뉴런들)과 연결이 된다.

풀링 층을 구성하기 위해서는 컨볼루션 층과 마찬가지로 필터의 크기와 타입을 지정하고, 이동 거리와 패딩 유형을 지정해 주어야 한다. 풀링 층의 필터와 컨볼루션 층의 필터의 차이점은 풀링 층에는 연결 가중치가 없고 대신에 필터에 대응되는 영역(감수 영역 : receptive field)에 적용할 집계(aggregation) 함수가 정의된다는 것이다. 많이 사용되는 집계 함수에는 max와 average가 있다. 아래 그림은 2 * 2 max 필터를 이동 거리 2로 적용한 경우와 2 * 2 average 필터를 적용한 경우의 예이다.

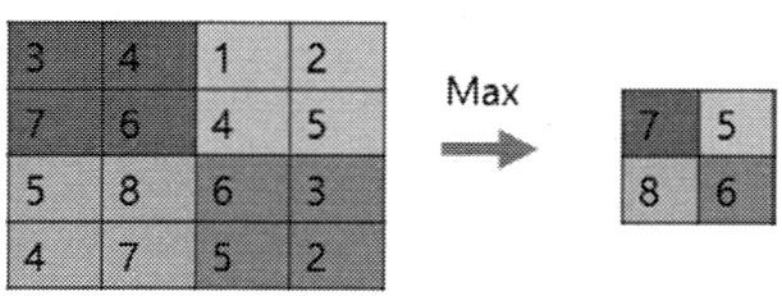

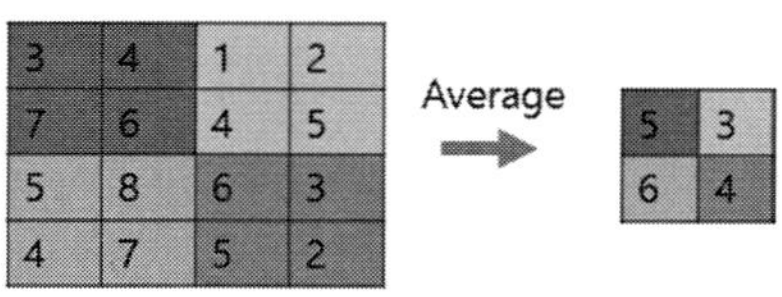

TFLearn 라이브러리에는 풀링 층을 구성하는 함수들 - max_pool_2d, .avg_pool_2d -을 제공한다. 두 함수 모두 incoming 패러미터를 통해 입력 텐서를 지정하며, kernel_size 패러미터를 통해 필터의 크기를 지정하며, strides 패러미터를 통해 필터 이동 거리를 지정한다. 그리고 padding 패러미터를 통해 패딩 방식을 지정한다.

```
tflearn.layers.conv.max_pool_2d (incoming, kernel_size, strides=None, padding='same', name='MaxPool2D')

tflearn.layers.conv.avg_pool_2d (incoming, kernel_size, strides=None, padding='same', name='AvgPool2D')
```

6.3 LeNet-5

CNN 구조의 신경망들은 앞 단에 특징 추출을 담당하는 여러 컨볼루션 층과 컨볼루션 층 사이에 풀링 층이 존재하면 끝단에 몇 개의 완전 연결 층으로 구성되는 형태를 띠고 있다. 계속 층이 깊어지는 추세이며, 컨볼루션 층과 풀링 층을 어떻게 구성하느냐에 여러 형태의 구조가 제안되어 있다.

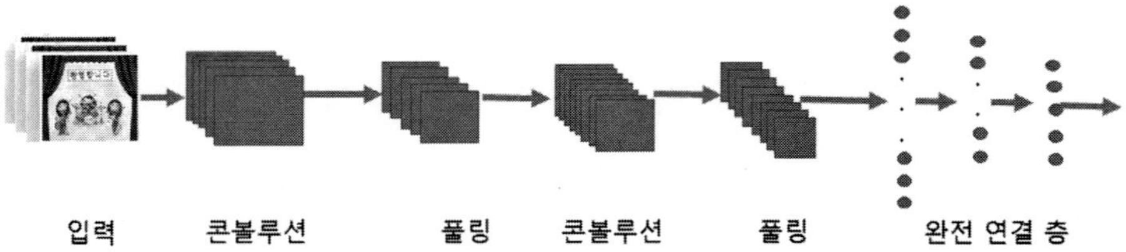

LeNet-5는 가장 널리 알려진 CNN 구조의 신경망으로 1998년 Yann LeCun에 의해 제안되었으며, 필기체 수자 인식에 널리 사용된 신경망이다. 그 구조는 아래의 그림과 같다.

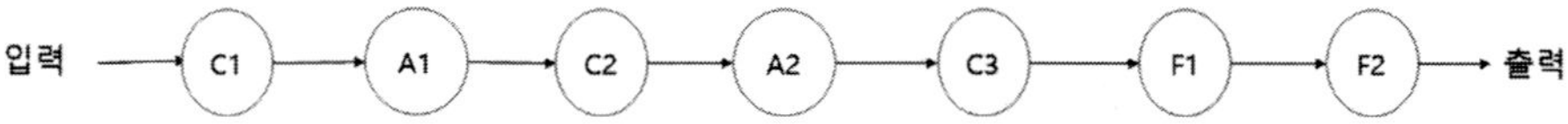

층명	층 유형	필터 크기	이동 거리	활성화함수	맵 크기	맵 개수
	입력	–	–	–	32 x 32	1
C1	컨볼루션	5 x 5	1	tanh	28 x 28	6
A1	풀링(평균)	2 x 2	2	tanh	14 x 14	6
C2	컨볼루션	5 x 5	1	tanh	10 x 10	16
A2	풀링(평균)	2 x 2	2	tanh	5 x 5	16
C3	컨볼루션	5 x 5	1	tanh	1 x 1	120
F1	완전 연결	–	–	tanh	84	–
F2	완전 연결	–	–	RBF	10	–

완전 연결 층의 맵의 크기는 뉴런의 수를 의미한다. 입력은 28 × 28의 이미지에 0 패딩된 32 × 32 이미지이며, 패딩 없이 5 × 5 크기의 필터를 이동 거리 1로 반복 적용하면 행 당 (32−5) + 1 = 28개의 값을 얻을 수 있고, 마찬가지로 열에 대해서도 28개의 값을 얻을 수 있다. 따라서 첫 번째 컨볼루션 층을 통과하고 나면 필터 당 28 × 28 특징 맵을 얻을 수 있고, 필터의 개수가 6이므로 최종적으로 6개의 28 × 28 특징 맵을 얻을 수 있다. 첫 번째 폴링 층에서는 2 × 2 필터를 사용하고, 이동 거리가 2이므로 입력 특징 맵의 크기를 가로 세로 각각 1/2로 축소하는 효과가 있어 그 결과로 14 × 14 크기의 특징 맵을 생성하게 된다. 입력 특징 맵의 개수가 6개이므로 전체적으로 6개의 14 × 14 크기의 특징 맵을 생성하게 된다.

두 번째 컨볼루션 층에서는 패딩 없이 5 × 5 크기의 필터를 이동 거리 1로 반복 적용하면 행 당 (14−5) + 1 = 10개의 값을 얻을 수 있고, 마찬가지로 열에 대해서도 10개의 값을 얻을 수 있다. 따라서 두 번째 컨볼루션 층을 통과하고 나면 필터 당 10 × 10 특징 맵을 얻을 수 있고, 필터의 개수가 16이므로 최종적으로 16개의 10 × 10 특징 맵을 얻을 수 있다. 두 번째 폴링 층에서는 2 × 2 필터를 사용하고, 이동 거리가 2이므로 입력 특징 맵의 크기를 가로 세로 각각 1/2로 축소하는 효과가 있어 그 결과로 5 × 5 크기의 특징 맵을 생성하게 된다. 입력 특징 맵의 개수가 16개이므로 전체적으로 16개의 5 × 5 크기의 특징 맵을 생성하게 된다.

세 번째 컨볼루션 층에서는 5 × 5 크기의 특징 맵을 입력으로 받아 5 × 5 크기의 필터를 적용하면 1개의 값을 얻게 되고, 필터의 개수가 120개이므로 전체 120개의 값을 얻게 된다. 그리고 이 120개의 값이 첫 번째 완전 연결 층 (84개의 뉴런으로 구성)으로 완전 연결이 되며, 다시 이 84개의 뉴런 출력이 두 번째 완전 연결층 (10개의 뉴런으로 구성)으로 완전 연결이 된다.

아래의 코드는 LeNet-5를 TFLaern 라이브러리를 사용하여 유사하게 구성한 코드이다. tflearn.datasets.mnist에 있는 MNIST 데이터는 28 × 28 크기이다. 위에서 입력 사이즈가 32 × 32로 되어 있어 이 데이터를 0 패딩하여 확장된 이미지를 만들어 학습 데이터로 입력해 주어야 하지만, 여기서는 28 × 28 크기의 이미지를 그대로 받아 들이고, 대신에 첫 번째 컨볼루션 층에서 'same' 패딩을 적용시켜 출력 특징 맵의 크기를 28 × 28로 만드는 방법을 사용하였다. 나머지 층에서는 패딩 없이 진행되도록 하였다. 그리고 위의 LeNet-5 구조 표에 보면 두 번째 완전 연결 층의 활성화 함수가 RBF로 되어 있는데, 대신에 softmax 함수를 사용하였다.

```
import tflearn

# 학습 데이터 적재
import tflearn.datasets.mnist as mnist
X, Y, testX, testY = mnist.load_data(one_hot=True)
X = X.reshape([-1, 28, 28, 1])
testX = testX.reshape([-1, 28, 28, 1])

# LeNet-5 구성
network = tflearn.input_data(shape=[None, 28, 28, 1], name='input')
network = tflearn.conv_2d(network, 6, 5, activation='tanh', padding='same')
network = tflearn.avg_pool_2d(network, 2, strides=2, padding='valid')
network = tflearn.conv_2d(network, 16, 5, activation='tanh', padding='valid')
network = tflearn.avg_pool_2d(network, 2, strides=2, padding='valid')
network = tflearn.conv_2d(network, 120, 5, activation='tanh', padding='valid')
network = tflearn.fully_connected(network, 84, activation='tanh')
network = tflearn.fully_connected(network, 10, activation='softmax')

network = tflearn.regression(network, optimizer='adam', learning_rate=0.01,
                     loss='categorical_crossentropy', name='target')

# 학습
```

```
model = tflearn.DNN(network, tensorboard_verbose=0)
model.fit('input': X, 'target': Y, n_epoch=20,
          validation_set=('input': testX, 'target': testY),
          snapshot_step=100, show_metric=True, run_id='convnet_mnist')
```

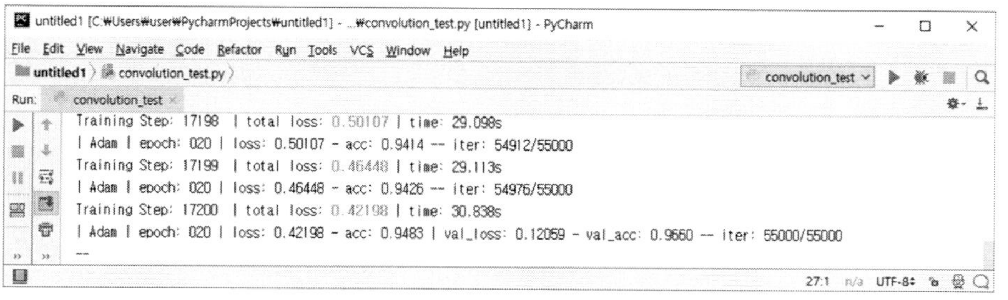

6.4 AlexNet

AlexNet은 2012년 ImageNet ILSVRC 챌린지에서 월등한 차이로 우승한 CNN 형태의 신경망으로 Alex Krizhevsky와 그 동료들에 의해 개발되었다. 그 구조는 LeNet−5와 비슷한데, LeNet−5에 비해 뉴런의 수가 훨씬 많고 그 깊이가 깊어졌다. 또한, LeNet−5는 컨볼루션 층과 풀링 층이 교대로 오는 구조이었으나, AlexNet은 그런 구조도 있지만 컨볼루션 층이 연속적으로 오는 구조도 있다. 그 구조는 아래 그림과 표와 같다. 아래 그림에서 LRS는 부반응 정규화를 나타내며 자세한 설명은 뒤에 기술되어 있다.

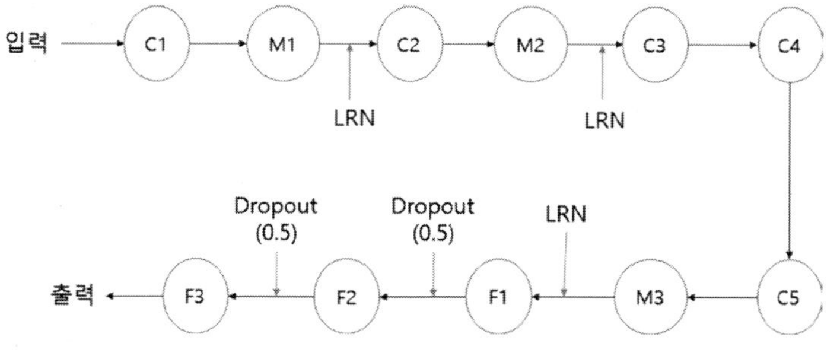

층명	층 유형	필터 크기	이동 거리	패딩	활성화함수	맵 크기	맵 개수
	입력	–	–	–	–	227 x 227	3
C1	컨볼루션	11 x 11	4	valid	relu	55 x 55	96
M1	풀링(max)	3 x 3	2	valid	–	27 x 27	96
C2	컨볼루션	5 x 5	1	same	relu	27 x 27	256
M2	풀링(max)	3 x 3	2	valid	–	13 x 13	256
C3	컨볼루션	3 x 3	1	same	relu	13 x 13	384
C4	컨볼루션	3 x 3	1	same	relu	13 x 13	384
C5	컨볼루션	3 x 3	1	same	relu	13 x 13	256
M3	풀링(max)	3 x 3	2	valid	–	6 x 6	256
F1	완전 연결	–	–	–	relu	4096	–
F2	완전 연결	–	–	–	relu	4096	–
F3	완전 연결	–	–	–	softmax	1000	–

위의 그림에서 보듯이 AlexNet에는 컨볼루션 레이어의 활성화 함수 적용 후 국부 반응 정규화(local response normalization)라는 과정이 포함되어 있다. 이 과정은 특정 위치의 뉴런의 값을 이웃 특징 맵의 같은 위치의 값을 고려하여 정규화하는 방법이다. 이를 수식으로 표현하면 아래와 같다. 이런 정규화 과정은 tflearn.layers.normalization.local_response_normalization() 함수를 통해 지원이 된다.

$$n_i = a_i\left(k + \alpha \sum_{j=j_{low}}^{j_{high}} a_j^2\right)^{-\beta} \quad with \begin{cases} j_{high} = \min(i + \frac{r}{2}, f_n - 1) \\ j_{low} = \max(0, i - \frac{r}{2}) \end{cases}$$

여기서, a_i는 i번째 특징 맵에서 u행 v열 뉴런의 활성화 값을 의미하며, n_i는 그 뉴런의 정규화된 값이다. k, a, β, r은 하이퍼 패러미터들로 이 중 k는 바이어스를, r은 이웃 특징 맵의 개수를 규정하는 깊이 반지름(depth radius)이다. f_n은 동일 뉴런층에서의 특징 맵의 개수를 의미한다. i번째 특징 맵의 뉴런의 값을 정규화할 때 그 위의 이웃 맵들과 그 아래 이웃 맵들의 값을 고려하게 되는데, j_{high}는 위 이웃 맵의 최대 인덱스를 j_{low}는 아래 맵의 최소 인덱스를 의미한다.

AlexNet에는 과적합을 줄이기 위한 방법으로 완전 연결 층에 50%의 드롭 아웃을 적용하였다. 아래의 코드는 GitHub에 있는 AlexNet 코드를 약간 수정한 내용이다. 1,000개의 카테고리로 구성된 데이터 대신에 여기서는 17개의 카테고리로 구성된 oxflower17 데이터 셋을 예제 데이터로 사용하였다. 그래서 입력 층과 출력 층의 크기가 원 AlexNet과 다르다. 이 점 주의하기 바란다. 그리고 실행 화면은 최종 결과가 아니라 실행 시간이 너무 오래 걸려 중간 단계의 결과를 출력한 것이다.

```
import tflearn
import tflearn.datasets.oxflower17 as oxflower17

X, Y = oxflower17.load_data(one_hot=True, resize_pics=(227, 227))

# 망 구성
network = tflearn.input_data(shape=[None, 227, 227, 3])
network = tflearn.conv_2d(network, 96, 11, strides=4, activation='relu',
padding='valid')
network = tflearn.max_pool_2d(network, 3, strides=2, padding='valid')
network = tflearn.local_response_normalization(network)
network = tflearn.conv_2d(network, 256, 5, activation='relu', padding='same')
network = tflearn.max_pool_2d(network, 3, strides=2, padding='valid')
network = tflearn.local_response_normalization(network)
network = tflearn.conv_2d(network, 384, 3, activation='relu', padding='same')
network = tflearn.conv_2d(network, 384, 3, activation='relu', padding='same')
network = tflearn.conv_2d(network, 256, 3, activation='relu', padding='same')
network = tflearn.max_pool_2d(network, 3, strides=2, padding='valid')
network = tflearn.local_response_normalization(network)
network = tflearn.lfully_connected(network, 4096, activation='tanh')
network = tflearn.dropout(network, 0.5)
network = tflearn.fully_connected(network, 4096, activation='tanh')
network = tflearn.dropout(network, 0.5)
network = tflearn.fully_connected(network, 17, activation='softmax')
network = tflearn.regression(network, optimizer='momentum',
                    loss='categorical_crossentropy',
                    learning_rate=0.001)

# 학습
model = tflearn.DNN(network, checkpoint_path='model_alexnet',
                    max_checkpoints=1, tensorboard_verbose=2)
model.fit(X, Y, n_epoch=1000, validation_set=0.1, shuffle=True,
```

```
show_metric=True, batch_size=64, snapshot_step=200,
snapshot_epoch=False, run_id='alexnet_oxflowers17')
```

6.5 VGGNet

2014년 ILSVRC에서 2위를 차지한 CNN 신경망으로, 옥스퍼드 대학교의 Visual Geometry Group에 의해 제안되었다. 1위를 차지한 GoogLeNet 보다는 약간 성능이 떨어지지만 그 구조가 간단하여 이해하기 쉽고 따라서 변형하기도 쉬워서 더 많이 사용되어 지고 있다. GoogLeNet을 먼저 살펴 보는 것이 맞겠지만, GoogLeNet이 처음 제안된 후에 다른 신경망들의 좋은 점들을 받아들여 계속 업그레이드해 나가고 있어 마지막 부분에 살펴보기로 한다.

VGGNet의 구조는 AlexNet처럼 하나 혹은 여러 개의 컨볼루션 층 다음에 풀링 층이 오고 끝단에 세 개의 완전 연결 층이 있는 구조로 되어 있다. AlexNet과 다른 점은 층이 훨씬 깊어졌고, 컨볼루션 층의 필터 사이즈가 3 × 3으로 고정되어 있다. 필터 사이즈가 고정되어 있는 대신에 3 × 3 컨볼루션 층을 여러 개 연속 쌓으므로 다른 크기의 필터 사이즈의 효과를 주었다. 이론적으로 3 × 3 컨볼루션 층을 두 개 쌓으면 5 × 5 컨볼루션 층의 효과가 있으며, 세 개를 연속 쌓으면 7 × 7 컨볼루션 층의 효과가 있다. 이렇게 하면 큰 사이즈의 필터를 사용하는 것보다 패러미터의 수를 줄여 학습 속도를 빠르게 할 수 있는 부수적인 효과도 있으며, 층의 개수가 깊어져 비선형성이 증가하여 더 유용한 특징을 추출할 가능성이 높아진다. 실험 결과에 따르면 5x5 1개로 구현하는 것보다 3 × 3 2개로 구현하는 것이 더 좋은 것으로 알려져 있다.

VGG 팀은 층이 깊이가 학습에 미치는 효과를 살펴보기 위해 층의 깊이를 달리 하면서, 여러 실험을 진행하였다. 컨볼루션 층과 완전 완결 층만을 고려할 경우, 그 층수가 11개인 것 (VGG- 11), 13개인 것 (VGG-13), 16개인 것 (VGG-16), 19개인 것 (VGG-19)이 있다. 아래의 그림과 표는 VGG-19의 구조이다. VGG-16에서는 VGG-19에서 C8, C12, C16이 빠지며, VGG-13에서는 추가로 C7, C11, C15가 빠진다. 그리고 VGG-11에서는 추가로 C2, C4가 빠진다.

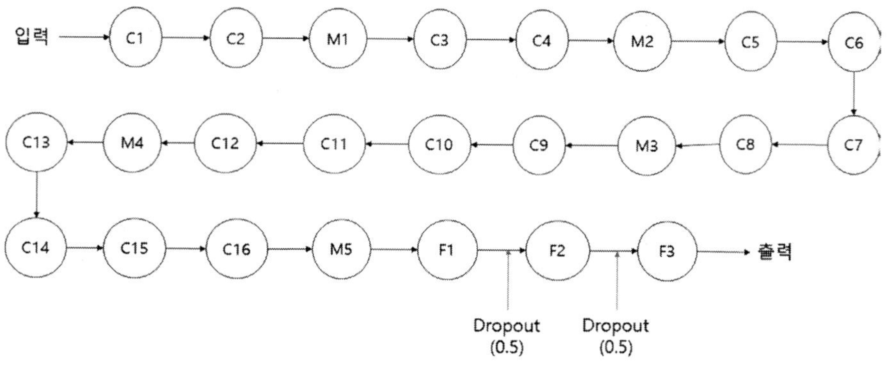

층명	층 유형	필터 크기	이동 거리	패딩	활성화함수	맵 크기	맵 개수
	입력	–	–	–	–	224 x 224	3
C1	컨볼루션	3 x 3	1	same	relu	224 x 224	64
C2	컨볼루션	3 x 3	1	same	relu	224 x 224	64
M1	풀링(max)	2 x 2	2	same	–	112 x 112	64
C3	컨볼루션	3 x 3	1	same	relu	112 x 112	128
C4	컨볼루션	3 x 3	1	same	relu	112 x 112	128
M2	풀링(max)	2 x 2	2	same	–	56 x 56	128
C5	컨볼루션	3 x 3	1	same	relu	56 x 56	256
C6	컨볼루션	3 x 3	1	same	relu	56 x 56	256
C7	컨볼루션	3 x 3	1	same	relu	56 x 56	256
C8	컨볼루션	3 x 3	1	same	relu	56 x 56	256
M3	풀링(max)	2 x 2	2	same	–	28 x 28	256
C9	컨볼루션	3 x 3	1	same	relu	28 x 28	512
C10	컨볼루션	3 x 3	1	same	relu	28 x 28	512
C11	컨볼루션	3 x 3	1	same	relu	28 x 28	512
C12	컨볼루션	3 x 3	1	same	relu	28 x 28	512
M4	풀링(max)	2 x 2	2	same	–	14 x 14	512
C13	컨볼루션	3 x 3	1	same	relu	14 x 14	512
C14	컨볼루션	3 x 3	1	same	relu	14 x 14	512
C15	컨볼루션	3 x 3	1	same	relu	14 x 14	512
C16	컨볼루션	3 x 3	1	same	relu	14 x 14	512
M5	풀링(max)	2 x 2	2	same	–	7 x 7	512
F1	완전 연결	–	–	–	relu	4096	–
F2	완전 연결	–	–	–	relu	4096	–
F3	완전 연결	–	–	–	softmax	1000	–

그런데, VGGNet은 그 구조가 간단하여 이해하기 쉽고 변경하기 쉬운 장점은 있으나 완전 연결 층이 3층이나 존재하여 학습 패러미터가 너무 많아 학습 속도가 느리다는 단점을 가지고 있다. 아래의 코드는 옥스퍼드 flower 데이터셋에 대해 VGG-16을 적용한 예이다. 마지막 완전 연결 층의 수가 데이터셋에 맞게 수정되었다. 그리고 실행 화면은 최종 결과가 아니라 실행 시간이 너무 오래 걸려 중간 단계의 결과를 출력한 것이다.

```
import tflearn.datasets.oxflower17 as oxflower17

X, Y = oxflower17.load_data(one_hot=True)

# Building 'VGG Network'
input = input_data(shape=[None, 224, 224, 3])
c1=  tflearn.conv_2d(input, 64, 3, activation='relu')
c2=  tflearn.conv_2d(c1, 64, 3, activation='relu')
m1 =  tflearn.max_pool_2dc2, 2, strides=2)

c3 =  tflearn.conv_2d(m1, 128, 3, activation='relu')
c4 =  tflearn.conv_2d(c3, 128, 3, activation='relu')
m2 =  tflearn.max_pool_2d(c4, 2, strides=2)

c5 =  tflearn.conv_2d(m2, 256, 3, activation='relu')
c6 =  tflearn.conv_2d(c5, 256, 3, activation='relu')
c7 =  tflearn.conv_2d(c6, 256, 3, activation='relu')
m3 =  tflearn.max_pool_2d(c7, 2, strides=2)

c8 =  tflearn.conv_2d(m3, 512, 3, activation='relu')
c9 =  tflearn.conv_2d(c8, 512, 3, activation='relu')
c10 =  tflearn.conv_2d(c9, 512, 3, activation='relu')
m4 =  tflearn.max_pool_2d(c10, 2, strides=2)

c11 =  tflearn.conv_2d(m4, 512, 3, activation='relu')
c12 =  tflearn.conv_2d(c11, 512, 3, activation='relu')
c13 =  tflearn.conv_2d(c12, 512, 3, activation='relu')
m5 =  tflearn.max_pool_2d(c13, 2, strides=2)

f1 = fully_connected(m5, 4096, activation='relu')
d1 = dropout(f1, 0.5)
```

```
f2 = fully_connected(d1, 4096, activation='relu')
d2 = dropout(fe, 0.5)
f3 = fully_connected(d2, 17, activation='softmax')

network = regression(f3, optimizer='rmsprop', loss='categorical_
crossentropy',
                     learning_rate=0.0001)

# 학습
model = tflearn.DNN(network, checkpoint_path='model_vgg',
                    max_checkpoints=1, tensorboard_verbose=0)
model.fit(X, Y, n_epoch=500, shuffle=True, show_metric=True, batch_size=32,
snapshot_step=500,
        snapshot_epoch=False, run_id='vgg_oxflowers17')
```

6.6 Residual Network

2015년 ILSVRC에서 1위를 차지한 CNN 신경망으로, Kaiming He와 그 동료에 의해 제안되었다. GoogLeNet에 비해 무려 2배 가량 정확도가 향상되었는데, 이러한 성능 향상에는 무려 152개의 층으로 구성된 깊은 구조가 있었기 때문이다. 이런 깊은 구조를 가질 수 있는 핵심은 skip 연결(connection) 또는 단축(shortcut) 연결 때문이다. skip 연결은 아래 하단의 그림처럼 층을 몇 개 건너뛰어 입력을 바로 출력부로 이어지는 연결이다. 보통은 아래 왼쪽 그림처럼 층이 구성되고 이 층을 통해 특정 기능 또는 함수 h(x)를 학습하게 된다. 하지만 아래 오른쪽처럼 skip 연결을 이용하면, 입력은 그대로 출력으로 나가게 되므로 identity 매핑이 만들어지고 중간에 거치는 층들은 잔차(Residual)인 h(x) − x를 학습하게 된다.

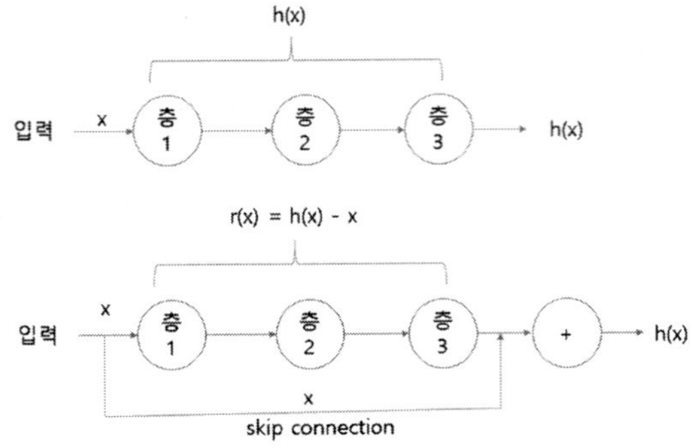

잔차 신경망(residual network)은 잔차 유닛(residual unit) 여러 개를 스택처럼 쌓아 구성한 신경망 구조이다. 일반 신경망은 층이 깊어지면 깊어질수록 출력이 0인 층들이 많이 생겨 역전파 학습 시, 이 층들의 가중치가 변경되지 않는, 즉 학습이 제대로 되지 않는 현상이 발생한다. 그러나 잔차 신경망인 경우는 스킵 연결을 통해 그런 상황에서도 계속적으로 학습이 이루어질 수 있다. ResNet에서 사용하는 잔차 유닛은 아래 그림처럼 두 개의 3 × 3 컨볼루션 층과 스킵 연결 그리고 컨볼루션 층의 출력과 스킵 연결의 출력을 합하는 연산으로 이루어진다. 두 컨볼루션 층 모두 이동거리 1이며 'same'패딩을 사용하기 때문에 입력의 크기와 동일한 크기의 출력을 낸다. 첫 번째 컨볼루션 층 출력에 대해서는 배치 정규화를 적용한 후 활성화 함수 'ReLu'를 하며, 두 번째 컨볼루션 층에 대해서는 활성화 함수 적용 없이 배치 정규화만 적용한다. 두 컨볼루션의 필터의 개수는 동일하며 잔차 네트워크에서의 위치에 따라 개수가 달라진다. 그래서 아래의 그림에서 필터의 개수를 n으로 표시하였다.

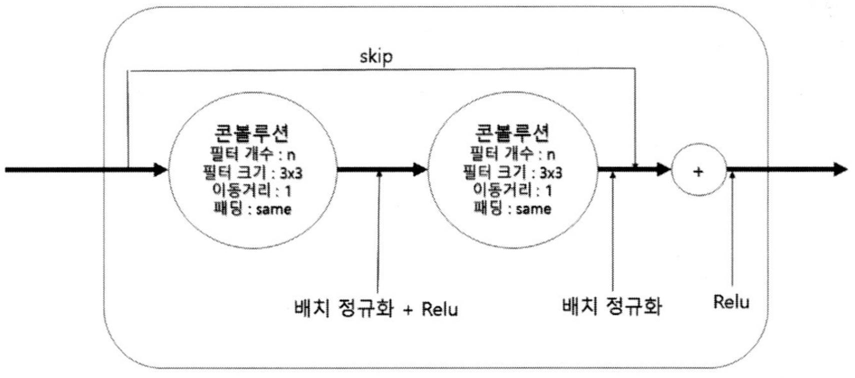

여러 유닛을 쌓을 때, 어떤 순간부터는 맵의 크기가 달라지거나 맵의 개수를 달리해야 하는 경우가 있다. 보통 맵의 개수는 2배 커지고, 대신에 맵의 크기는 반으로 줄어들게 되는데, 이때 달라지는 첫 유닛은 이전 유닛의 맵의 크기와 맵의 개수를 수용할 수 있도록 아래와 같이 수정되어야 한다. 스킵 연결을 통해 전달되는 이전 유닛의 맵의 개수를 2배로 키우고 맵의 크기를 반으로 줄이기 위해 추가로 이동한 거리는 2이며, same패딩을 사용하며, 필터의 개수가 2배인 1 × 1 컨볼루션 층을 추가하고, 원래의 첫 컨볼루션의 맵의 개수를 2배로, 그리고 맵의 크기를 반으로 줄이기 위해 이동거리를 2로 수정한다.

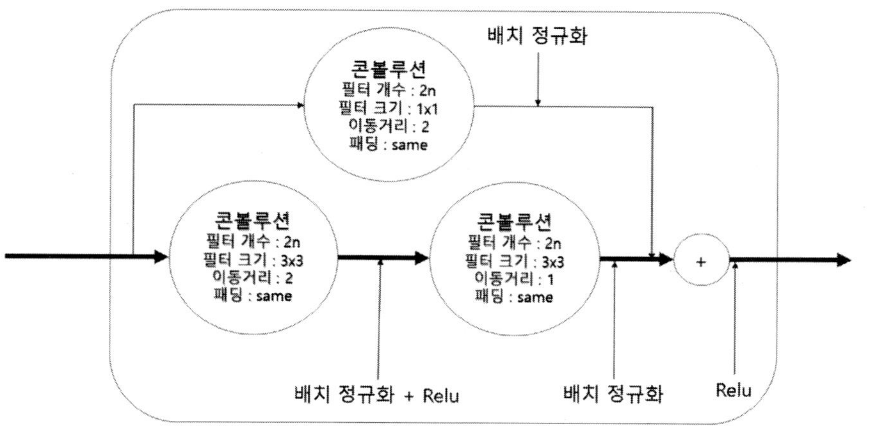

ResNet의 구조는 앞단에 컨볼루션 층이 위치하고, 끝단에 완전 연결 층이 존재하고, 그 사이에 잔차 유닛이 위치하는 구조로 되어 있으며, 잔차 유닛의 개수에 따라 ResNet-18, ResNet-34, ResNet-50, ResNet-101, ResNet-152 등이 있다. 이 중 ResNet-34의 구조는 아래의 표와 그림과 같다. 아래 그림에서 R(n)은 맵의 개수가 n인 잔차 유닛을 의미하며, R*(n)은 R(n)과 거의 유사하나 맵의 크기와 맵의 수가 달라져 이를 수용하기 위해 수정된 유닛을 뜻한다. 한 잔차 유닛 당 2개의 컨볼루션 층이 존재하기 때문에 전체 컨볼루션 층의 개수는 1 + (R(64)의 개수 + R(128)의 개수 + R(256)의 개수 + R(512)의 개수) * 2 = 1 + (3 + 4 + 6 + 3) * 2 = 33이고, 여기서 완전 연결 층 하나를 더해 34개의 층으로 구성됨을 알 수 있다. 이를 ResNet-34라 부른다.

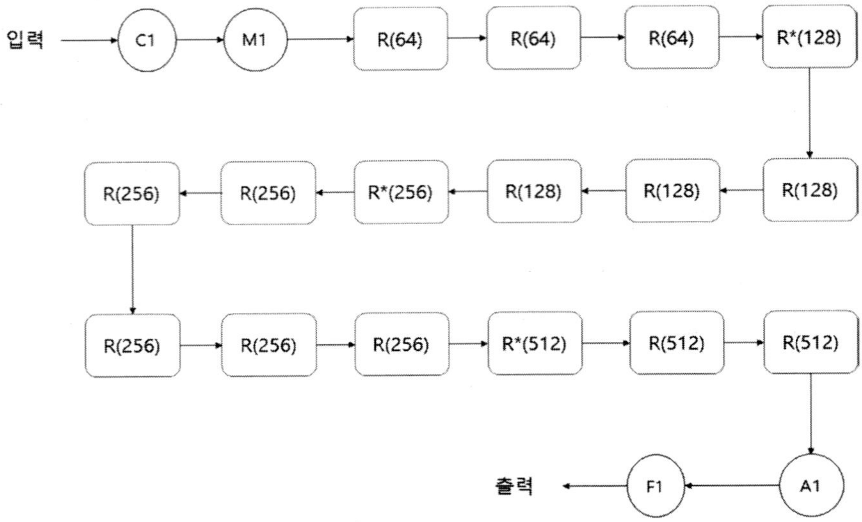

층명	층 유형	필터 크기	이동 거리	패딩	활성화 함수	맵 크기	맵 개수
	입력	–	–	–	–	224 x 224	3
C1	콘볼루션	7 x 7	2	same	relu	112 x 112	64
M1	풀링(Max)	3 x 3	2	same	–	56 x 56	64
R(64)	잔차	3 x 3	1	same	relu	56 x 56	64
R*(128)	잔차	1x1/3x3/3x3	2/2/1	same	relu	28 x 28	128
R(128)	잔차	3 x 3	1	same	relu	28 x 28	128
R*(256)	잔차	1x1/3x3/3x3	2/2/1	same	relu	14 x 14	256
R(256)	잔차	3 x 3	1	same	relu	14 x 14	256
R*(512)	잔차	1x1/3x3/3x3	2/2/1	same	relu	7 x 7	512
R(512)	잔차	3 x 3	1	same	relu	7 x 7	512
A1	풀링(Avg)	7 x 7	1	valid	–	1 x 1	512
F1	완전 연결	–	–	–	softmax	1000	–

더 깊은 ResNet (예: ResNet–50, ResNet–101, ResNet–152)에서는 연산량과 파라메터의 수를 줄이기 위해 앞에서 설명한 잔차 유닛 대신에 bottleneck 유닛을 사용한다. bottleneck 유닛은 두 개의 3 × 3 컨볼루션 층 대신에 세 개의 컨볼루션 층으로 구성되는데, 첫 번째 층은 입력 맵의 개수를 1/4로 줄이기 위해 1 × 1 컨볼루션을 사용하며,

이어서 3 × 3 컨볼루션을 적용하고, 다시 맵의 개수를 원상복귀하기 위해 1 × 1컨볼루션을 적용한다. 맵의 개수가 앞쪽에서 확 줄기 때문에 bottleneck이라는 이름을 붙인 것 같다.

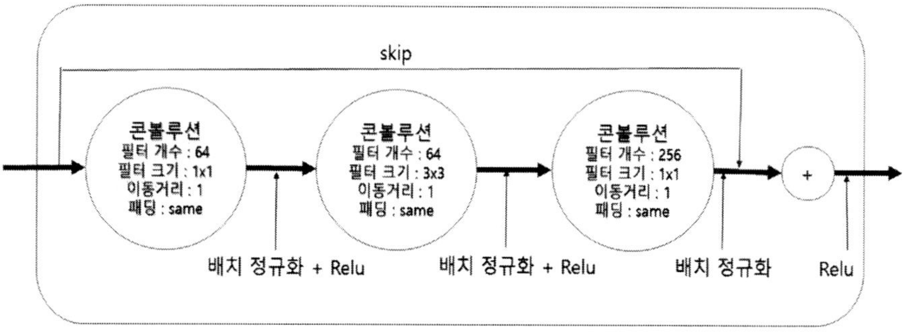

ResNet−50, ResNet−101, ResNet−152는 ResNet−34 구조에 원래의 잔차 유닛 대신에 bottlenet 유닛으로 바뀌었고 유닛의 수가 조금씩 달라졌다. 그 대응 관계를 요약하면 아래의 표와 같다. 나머지 부분은 ResNet−34와 동일하다.

출력맵 크기	ResNet-34	ResNet-50	ResNet-101	ResNet-152
56 x 56	[3 x 3, 64; 3 x 3, 64] x 3	[1 x 1, 64; 3 x 3, 64; 1 x 1, 256] x 3	[1 x 1, 64; 3 x 3, 64; 1 x 1, 256] x 3	[1 x 1, 64; 3 x 3, 64; 1 x 1, 256] x 3
28 x 28	[3 x 3, 128; 3 x 3, 128] x 4	[1 x 1, 128; 3 x 3, 128; 1 x 1, 512] x 4	[1 x 1, 128; 3 x 3, 128; 1 x 1, 512] x 4	[1 x 1, 128; 3 x 3, 128; 1 x 1, 512] x 8
14 x 14	[3 x 3, 64; 3 x 3, 64] x 3	[1 x 1, 256; 3 x 3, 256; 1 x 1, 1024] x 6	[1 x 1, 256; 3 x 3, 256; 1 x 1, 1024] x 23	[1 x 1, 256; 3 x 3, 256; 1 x 1, 1024] x 36
7 x 7	[3 x 3, 64; 3 x 3, 64] x 3	[1 x 1, 512; 3 x 3, 512; 1 x 1, 2048] x 3	[1 x 1, 512; 3 x 3, 512; 1 x 1, 2048] x 3	[1 x 1, 512; 3 x 3, 512; 1 x 1, 2048] x 3

TFLearn 라이브러리에는 잔차 유닛 블록 생성을 위한 함수를 제공한다. 블록은 동일한 잔차 유닛들의 연속이다. 예를 들어, ResNet-34의 경우 아래 그림과 같이 7개의 잔차 블록으로 구성이 된다. 함수의 패러미터가 많지만 대부분 기본 값으로 사용하면 된다. incoming은 잔차 블록의 입력이며, nb_blocks 패러미터는 블록 내의 잔차 유닛의 개수를, out_channels 패러미터는 한 유닛의 맵의 개수를 의미한다. 한 블록은 동일 잔차 유닛들로 구성이 되기 때문에 잔차 유닛의 개수와 한 유닛의 출력 맵의 크기 그리고 down sampling (맵의 크기가 달라지는 경계 유닛에서 필요) 여부를 지정해 주면 된다. 아래 그림에서 block1은 잔차 유닛 3개로 구성되며, 한 유닛의 맵의 개수는 64이며, 다운 샘플링이 필요 없기 때문에 residual_block (incoming, 3, 64) 함수를 호출하여 생성하여 주면 된다. block2인 경우는 맵의 개수가 128로 2배 증가하고, 맵의 크기가 반으로 감소하며 하나의 잔차 유닛으로 구성이 되기 때문에 residual_block (incoming, 1, 128, downsample=True) 함수를 호출하여 생성하여 주면 된다. 나머지 블록도 유사하게 생성해 주면 된다.

```
tflearn.layers.conv.residual_block (incoming, nb_blocks, out_channels,
downsample=False, downsample_strides=2, activation='relu', batch_
norm=True, bias=True, weights_init='variance_scaling', bias_init='zeros',
regularizer='L2', weight_decay=0.0001, trainable=True, restore=True,
reuse=False, scope=None, name='ResidualBlock')
```

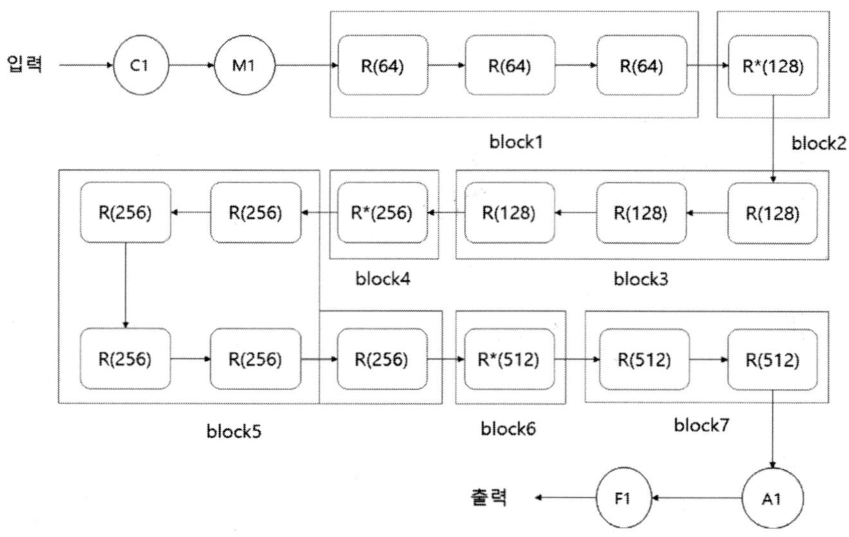

TFLearn 라이브러리에는 bottleneck 유닛 블록 생성을 위한 함수를 제공한다. 예를 들어, ResNet-50의 경우 아래 그림과 같이 7개의 잔차 블록으로 구성이 된다. 함수의 패러미터는 residual_block과 거의 동일하다. 단, 한 bottleneck을 표시할 때 맵의 개수뿐만 아니라 bottleneck 사이즈 (bottleneck 유닛의 첫 번째 컨볼루션 층의 맵의 개수)도 정의해 주어야 한다. 아래 그림에서 block1은 bottleneck 유닛 3개로 구성되며, 한 유닛은 bottleneck 사이즈가 64이고, 출력 맵의 개수는 256이며, 다운 샘플링이 필요 없기 때문에 residual_bottlenect(incoming, 3, 64, 256) 함수를 호출하여 생성하여 주면 된다. block2인 경우는 bottleneck 사이즈가 128이고, 출력 맵의 개수가 512로 2배 증가하고, 맵의 크기가 반으로 감소하며, 하나의 bottleneck 유닛으로 구성이 되기 때문에 residual_bottleneck (incoming, 1, 128, 512, downsample=True) 함수를 호출하여 생성하여 주면 된다. 나머지 블록도 유사하게 생성해 주면 된다.

```
tflearn.layers.conv.residual_bottleneck (incoming, nb_blocks,
bottleneck_size, out_channels, downsample=False, downsample_
strides=2, activation='relu', batch_norm=True, bias=True, weights_
init='variance_scaling', bias_init='zeros', regularizer='L2', weight_
decay=0.0001, trainable=True, restore=True, reuse=False, scope=None,
name='ResidualBottleneck')
```

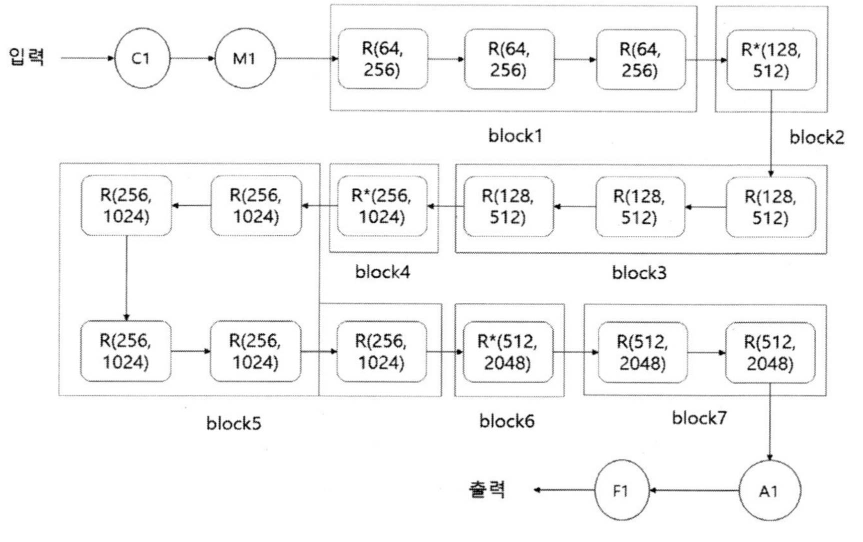

아래의 코드는 TFLearn 라이브러리 튜토리얼 사이트(https://github.com/tflearn/tflearn/blob/master/examples/images/residual_network_mnist.py)에 있는 예제 코드에서 데이터 전처리 부분을 제외하여 재구성한 것이다. 여기에 사용된 ResNet은 앞에서 설명한 모델 중의 하나는 아니고 MNIST 데이터에 맞게 구성한 잔차 네트워크이다. 여기서는 residual_block이 아니라 residual_bottleneck을 사용하였으며, 코드에 보는 바와 같이 마지막 bottleneck 블록 다음에 배치 정규화와 ReLu 활성화 함수를 적용하고 있다. 또한 Avg 풀링 층에서 전역 풀링 (receptive 필드에 대해 적용하는 것이 아니라 맵 전체에 적용)을 수행하고 있다. 이렇게 되면 맵 당 값이 하나가 출력이 되고, 따라서 맵 개수만큼의 값을 얻게 된다.

```
import tflearn
import tflearn.datasets.mnist as mnist

X, Y, testX, testY = mnist.load_data(one_hot=True)
X = X.reshape([-1, 28, 28, 1])
testX = testX.reshape([-1, 28, 28, 1])

# 잔차 네트워크 구성
net = tflearn.input_data(shape=[None, 28, 28, 1])
net = tflearn.conv_2d(net, 64, 3, activation='relu', bias=False)

# 잔차 블록
net = tflearn.residual_bottleneck(net, 3, 16, 64)
net = tflearn.residual_bottleneck(net, 1, 32, 128, downsample=True)
net = tflearn.residual_bottleneck(net, 2, 32, 128)
net = tflearn.residual_bottleneck(net, 1, 64, 256, downsample=True)
net = tflearn.residual_bottleneck(net, 2, 64, 256)
net = tflearn.batch_normalization(net)
net = tflearn.activation(net, 'relu')
net = tflearn.global_avg_pool(net)

net = tflearn.fully_connected(net, 10, activation='softmax')
net = tflearn.regression(net, optimizer='momentum',
                         loss='categorical_crossentropy',
                         learning_rate=0.1)
# 학습
model = tflearn.DNN(net, checkpoint_path='model_resnet_mnist',
```

```
                    max_checkpoints=10, tensorboard_verbose=0)
model.fit(X, Y, n_epoch=100, validation_set=(testX, testY),
          show_metric=True, batch_size=256, run_id='resnet_mnist')
```

6.7 GoogLeNet

GoogLeNet은 2014년 ImageNet ILSVRC 챌린지에서 우승한 CNN 신경망으로 Google Research 팀의 Christian Szegedy와 그 동료들에 의해 개발되었다. 기존 CNN 신경망에 비해 훨씬 깊어진 구조로 인해 상당한 성능을 향상시킬 수 있었다. 층이 깊어짐에도 불구하고 학습 패러미터를 기존 CNN(AlexNet)의 1/10 가량으로 유지할 수 있었던 것은 Google Inception이라 불리는 서브망 모듈 덕분이다.

Google Inception은 아래 그림과 같이 6개의 컨볼루션 층과 1개의 Max 풀링 층 그리고 여러 층의 출력을 스택처럼 쌓는 역할을 하는 부분 (결합 층, depth concat layer)으로 구성된다. 그리고 컨볼루션 층의 필터의 개수는 고정되어 있지 않고 패러미터로 지정할 수 있게 되어 있다. 앞으로 인셉션 모듈 또는 층은 inception(n1, n2, n3, n4, n5, n6)으로 표현하며, n1 ~ n6는 인셉션 모듈 내의 컨볼루션 층의 필터의 개수(또는 맵의 개수)를 의미한다. 그런데 왜 1 × 1 컨볼루션을 사용했을까 ? 보통 컨볼루션 연산은 가로 세로가 1보다 큰 인지 영역(receptive field) 내의 값들의 가중치 합을 구하는 식으로 동작하며, stride를 통해 입력 이미지의 크기를 줄이거나 필터의 개수를 입력 맵의 개수보다 많게 해서 출력 맵의 개수를 늘리는 방향으로 진행한다. 그런데 인지 영역이 크기가 1 × 1로 하면 자기 자신의 값에 가중치를 곱하는, 즉 스케일링하는 효과만 있게 된다. 그런데 컨볼루션 연산은 깊이로도 진행이 되기 때문에 여러 입력 맵들의 특정 위치의 값들에 가중치 곱을 하여 하나의 값을 얻게 된다. 즉, 1 × 1 컨볼루션 필터 하나가 적용되면 n개의 입력 맵들로부터 한 개의 출력 맵을 얻게 된다. 따라서 필터의 개수를 입력 맵의 개수보다 적게 주면 맵의 개수를 줄이는 효과가 있게 된다.

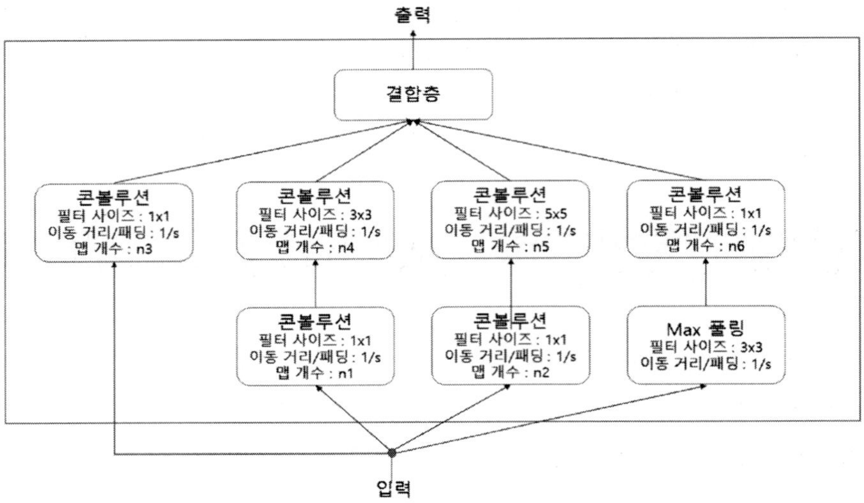

GoogLeNet의 전체 구조는 다음 그림과 같다.

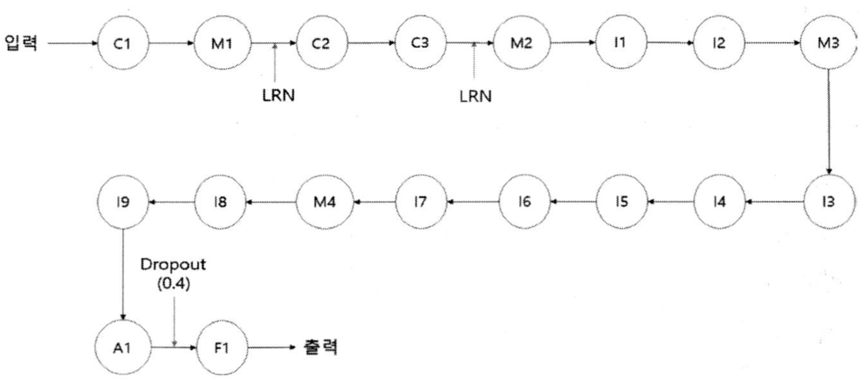

층명	층 유형	필터 크기	이동 거리	패딩	활성화 함수	맵 크기	맵 개수
	입력	–	–	–	–	224 x 224	3
C1	콘볼루션	7 x 7	2	same	relu	112 x 112	64
M1	풀링(max)	3 x 3	2	same	–	56 x 56	64
C2	콘볼루션	1 x 1	1	same	relu	56 x 56	64
C3	콘볼루션	3 x 3	1	same	relu	56 x 56	192
M2	풀링(max)	3 x 3	2	same	–	28 x 28	192
I1	인셉션	–	–	–	relu	28 x 28	(96,16,64,128,32,32)
I2	인셉션	–	–	–	relu	28 x 28	(128,32,128,192,96,64)
M3	풀링(max)	3 x 3	2	same	–	14 x 14	480
I3	인셉션	–	–	–	relu	14 x 14	(96,16,192,208,48,64)
I4	인셉션	–	–	–	relu	14 x 14	(112,24,160,224,64,64)
I5	인셉션	–	–	–	relu	14 x 14	(128,24,128,256,64,64)
I6	인셉션	–	–	–	relu	14 x 14	(144,32,112,288,64,64)
I7	인셉션	–	–	–	relu	14 x 14	(160,32,256,320,128,128)
M4	풀링(max)	3 x 3	2	same	–	7 x 7	832
I8	인셉션	–	–	–	relu	7 x 7	(160,32,256,320,128,128)
I9	인셉션	–	–	–	relu	7 x 7	(192,48,384,384,128,128)
A1	풀링(Avg)	7 x 7	1	valid	–	1 x 1	1024
F1	완전 연결	–	–	–	softmax	1000	–

아래의 코드는 위의 GoogLeNet을 TFLearn 라이브러리로 재구성한 코드이다. 1000개의 클래스로 구성된 데이터를 사용하는 대신에 17개의 클래스로 구성된 옥스퍼드 대학교의 flower 데이터셋을 사용하였다. 그래서 input 사이즈와 완전 연결 층의 노드의 개수가 그에 맞게 재조정되었다. 그리고 실행 화면은 최종 결과가 아니라 실행 시간이 너무 오래 걸려 중간 단계의 결과를 출력한 것이다.

```
import tflearn
import tflearn.datasets.oxflower17 as oxflower17

def inception(input, n1, n2, n3, n4, n5, n6) :
  reduce1 = tflearn.conv_2d(input, n1, 1, activation='relu')
  reduce2 = tflearn.conv_2d(input, n2, filter_size=1, activation='relu')
  pool = tflearn.max_pool_2d(input, kernel_size=3, strides=1)
  conv1 = tflearn.conv_2d(input, n3, 1, activation='relu')
  conv2 = tflearn.conv_2d(reduce1, n4, filter_size=3, activation='relu')
  conv3 = tflearn.conv_2d(reduce2, n5, filter_size=5, activation='relu')
  conv4 = tflearn.conv_2d(pool, n6, filter_size=1, activation='relu')
  output = tflearn.merge([conv1, conv2, conv3, conv4], mode='concat', axis=3)
  return output

X, Y = oxflower17.load_data(one_hot=True, resize_pics=(227, 227))

input = tflearn.input_data(shape=[None, 227, 227, 3])
conv1 = tflearn.conv_2d(input, 64, 7, strides=2, activation='relu')
m1 = tflearn.max_pool_2d(conv1, 3, strides=2)
l1 = tflearn.local_response_normalization(m1)
conv2 = tflearn.conv_2d(l1, 64, 1, activation='relu')
conv3 = tflearn.conv_2d(conv2, 192, 3, activation='relu')
l2 = tflearn.local_response_normalization(conv3)
m2 = tflearn.max_pool_2d(l2, kernel_size=3, strides=2)
i1 = inception(m2, 96, 16, 64, 128, 32, 32)
i2 = inception(i1, 128, 32, 128, 192, 96, 64)
m3 = tflearn.max_pool_2d(i2, kernel_size=3, strides=2)
i3 = inception(m3, 96, 16, 192, 208, 48, 64)
i4 = inception(i3, 112, 24, 160, 224, 64, 64)
i5 = inception(i4, 128, 24, 128, 256, 64, 64)
i6 = inception(i5, 144, 32, 112, 288, 64, 64)
i7 = inception(i6, 160, 32, 256, 320, 128, 128)
m4 = tflearn.max_pool_2d(i7, kernel_size=3, strides=2)
i8 = inception(m4, 160, 32, 256, 320, 128, 128)
i9 = inception(i8, 192, 48, 384, 384, 128, 128)
a1 = tflearn.avg_pool_2d(i9, kernel_size=7, strides=1)
d1 = tflearn.dropout(a1, 0.4)
f1 = tflearn.fully_connected(d1, activation='softmax')
network = tflearn.regression(f1, optimizer='momentum',
```

```
                    loss='categorical_crossentropy',
                    learning_rate=0.001)

# 학습
model = tflearn.DNN(network, checkpoint_path='model_googlenet',
                    max_checkpoints=1, tensorboard_verbose=2)


model.fit(X, Y, n_epoch=1000, validation_set=0.1, shuffle=True,
          show_metric=True, batch_size=64, snapshot_step=200,
          snapshot_epoch=False, run_id='googlenet_oxflowers17')
```

GoogLeNet은 발표된 후에 그 복잡성으로 인해 같은 해 2위를 차지한 VGGNet에 비해 널리 사용되지 못했다. 그럼에도 불구하고 GoogLeNet은 지속적으로 다른 모델들의 장점을 수용하여 자신들의 모델들을 개선하고 있다. 그 첫 번째가 VGGNet이 오로지 3 × 3 컨볼루션 필터만을 사용하여도 좋은 성능을 발휘할 수 있다는 점을 수용하여 아래와 같이 인셉션 모듈을 수정(Inception-A)하였다.

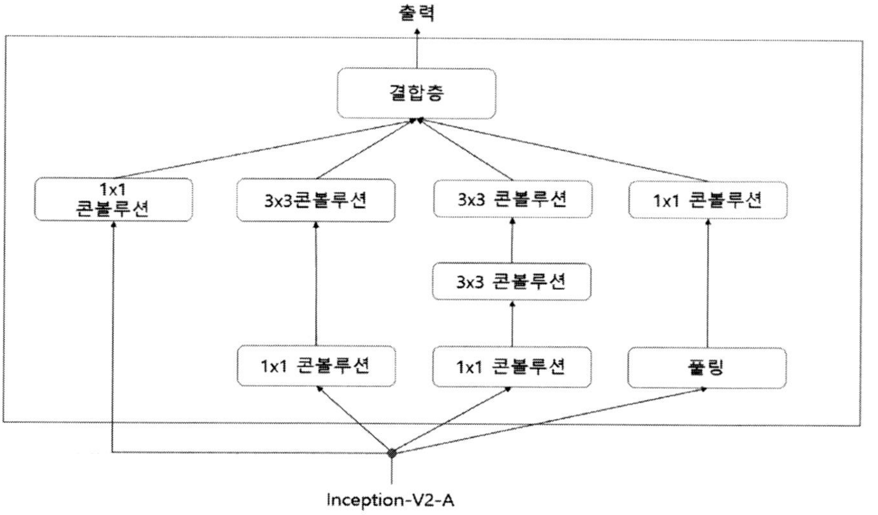

연산양을 줄이면서 컨볼루션할 수 있는 방법도 고안했는데, 기존 N × N 형태의 컨볼루션 연산을 두 개의 비대칭 컨볼루션 1 × N과 N × 1로 대치하는 방법을 사용하였다. 위의 인셉션 모듈을 비대칭 형태로 재구성(Inception-B)하면 아래와 같다. 여기서, N을 3으로 하면 된다.

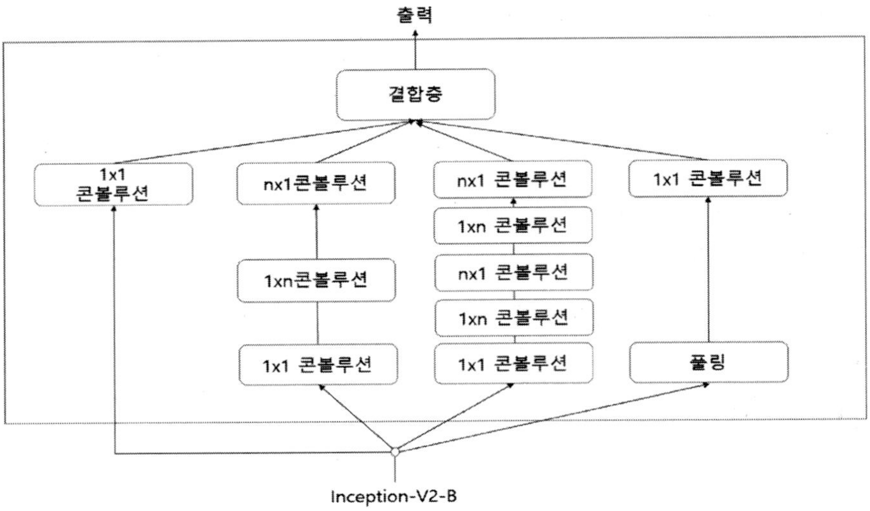

또 다른 형태의 인셉션 모듈(Inception-C)을 고안했는데, Inception-A와 Inception-B를 혼합한 형태이다. 3 × 3 필터를 1 × 3 필터에 이어서 3 × 1 필터로 적용하여 하나의 맵을 출력하는 방식이 아닌 1 × 3 필터의 결과와 3 × 1 필터의 결과를 각각 출력하는 방식을 채택하고 있다.

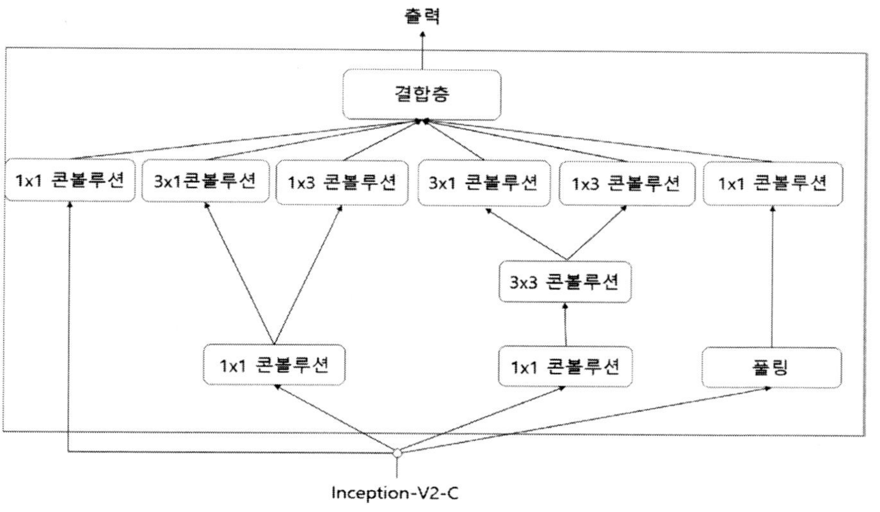

위의 세 종류의 인셉션 모듈을 이용하여 Inception-V2를 제안하였는데, 그 상세 구조는 아래의 표와 같다.

유형	필터 사이즈/이동거리	입력 크기
콘볼루션	3 x 3 / 2	299 x 299 x 3
콘볼루션	3 x 3 / 1	149 x 149 x 32
콘볼루션 (padding)	3 x 3 / 1	147 x 147 x 32
풀링	3 x 3 / 2	147 x 147 x 64
콘볼루션	3 x 3 / 1	73 x 73 x 64
콘볼루션	3 x 3 / 2	71 x 71 x 80
콘볼루션	3 x 3 / 1	35 x 35 x 192
3 x Inception-A	Inception-A 구조 참고	35 x 35 x 288
5 x Inception-B	Inception-B 구조 참고	17 x 17 x 768
2 x Inception-C	Inception-C 구조 참고	8 x 8 x 1280
풀링	8 x 8	8 x 8 x 2048
linear	-	1 x 1 x 2048
softmax	-	1 x 1 x 1000

Inception-V3는 Inception-V2에 비해 크게 바뀌지 않았다. Inception-V4에는 Inception-V2의 세 종류의 모듈이 아래와 같이 변경되었다.

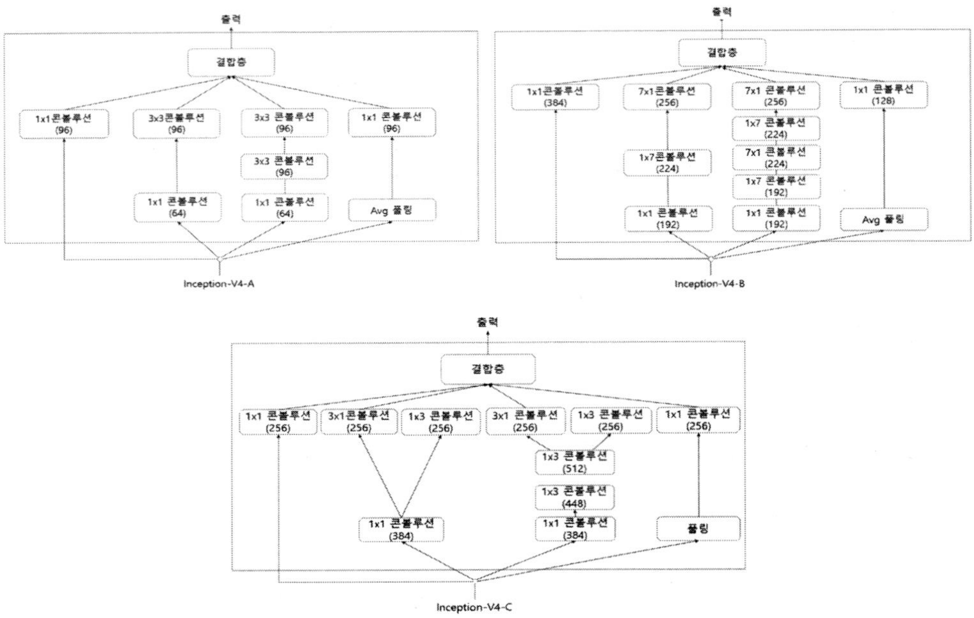

Inception-V4에는 맵 사이즈의 변경을 처리할 수 있도록 "Reduction Blocks"을 도입하였다. 이전 버전에서는 묵시적으로 구현되어 있던 것을 명시적으로 구현한 것이다. 두 종류가 있는데, 하나는 35 × 35를 17 × 17로 줄이는 블록(reduction block A)이고, 다른 하나는 17 × 17을 8 × 8로 줄이는 블록(reduction block B)이다. 아래 왼쪽 그림이 reduction block A이고, 오른쪽이 reduction block B이다. 왼쪽 그림에는 패러미터가 4개 있는데, Inception-V4에서 사용하는 패러미터 값은 k=192, l=224, m=256, n=384이다. 그림에서 (x/y/z)는 (맵의 개수/이동거리/패딩유형)을 의미하며, (y/z)는 이동거리/패딩유형)을 의미하며, (x)는 맵의 개수를 의미하며 이는 (x/1/s)를 의미한다.

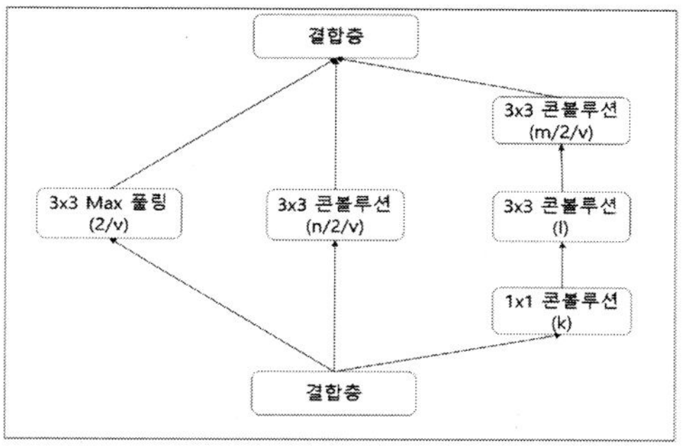

Inception-V4-Reduction-A

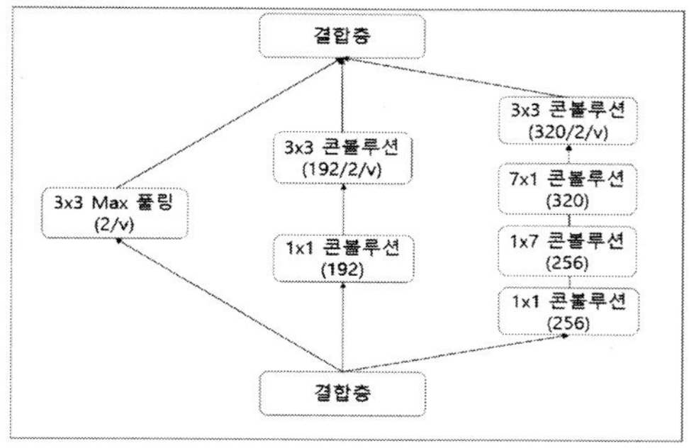

Inception-V4-Reduction-B

전체 Inception−V4의 구조는 아래 그림과 같다. 아래의 수자는 출력 맵의 크기와 개수이며, '4 × 인셉션A'는 인셉션A 모듈이 4개 연속됨을 의미한다.

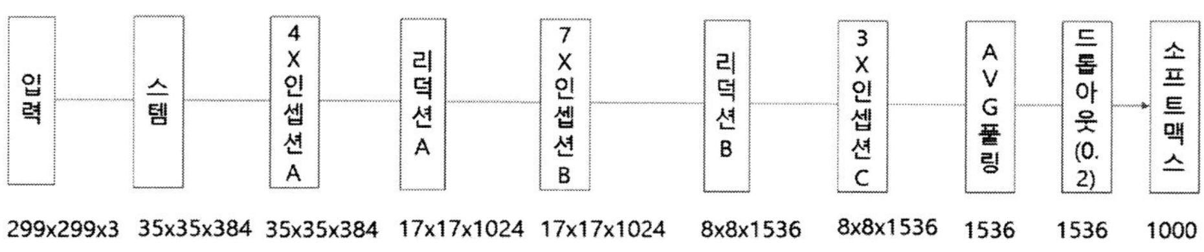

위 그림에서 스템(Stem)은 인셉션 모듈을 적용하기 전까지의 서브 네트워크를 뜻하며, Inception−V4의 스템은 아래 그림과 같다. 그림에서 (x/y/z/w)는 (맵의 개수/이동 거리/패딩 유형/맵 크기)를 의미한다.

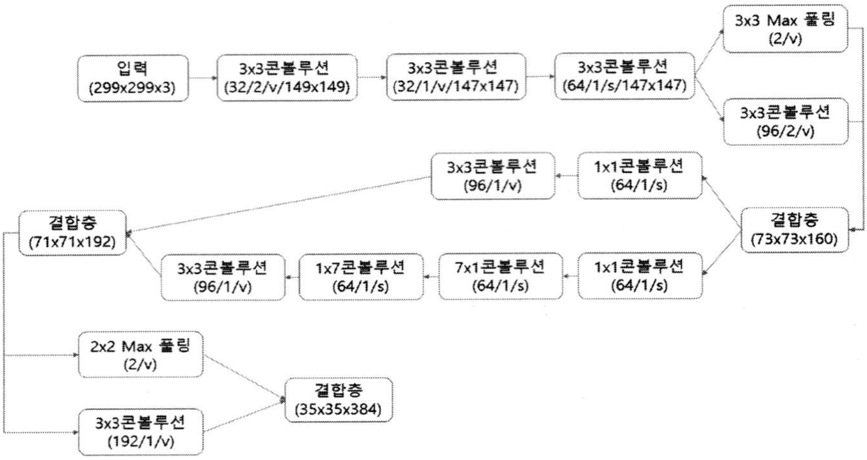

GoogLeNet에서는 ResNet의 잔차 유닛을 도입하여 Inception-ResNet-V1과 Inception-ResNet-V2를 제안하였다. 두 네트워크의 전체 구조는 동일하며, 세세한 부분, 즉 인셉션 모듈의 구조가 조금 다르다.

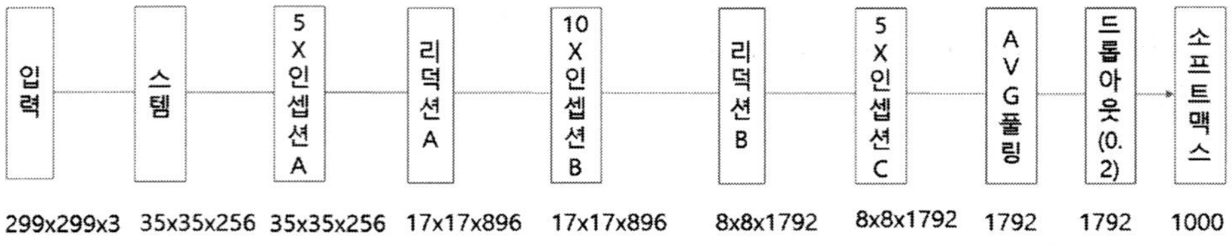

Inception-ResNet-v1의 스템은 아래와 같다. 그림에서 (x/y/z/w)는 (맵의 개수/이동 거리/패딩 유형/맵 크기)를 의미한다.

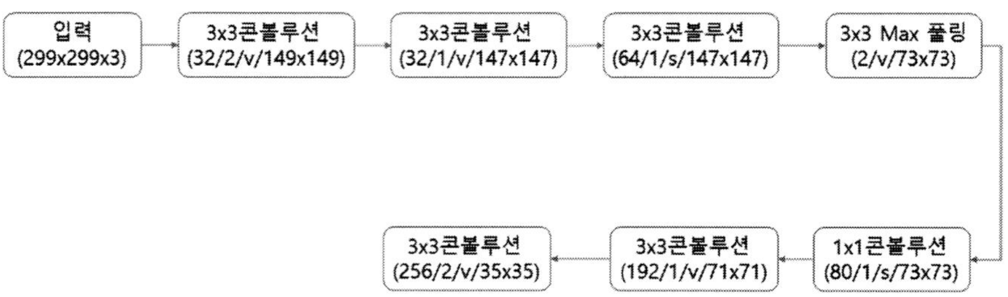

Inception−ResNet−V1에서는 reduction block A로 Inception−V4의 그것과 동일한 것(단, 패러미터가 다름. k=192, l=192, m=256, n=384)을 사용하며, reduction block B는 아래의 것을 사용한다.

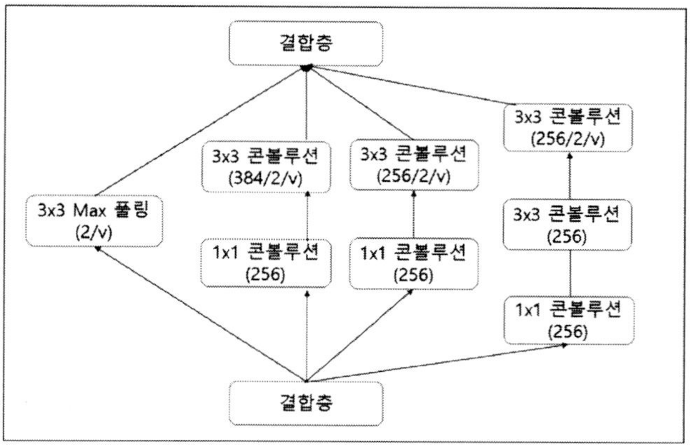

Inception-ResNet-v1-Reduction-B

Inception−ResNet−V1에서 사용하는 세 종류의 인셉션 모듈은 아래와 같다.

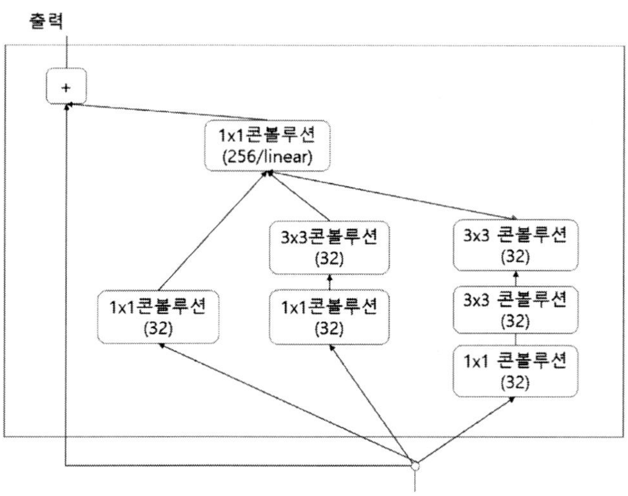

Inception-ResNet-v1-A

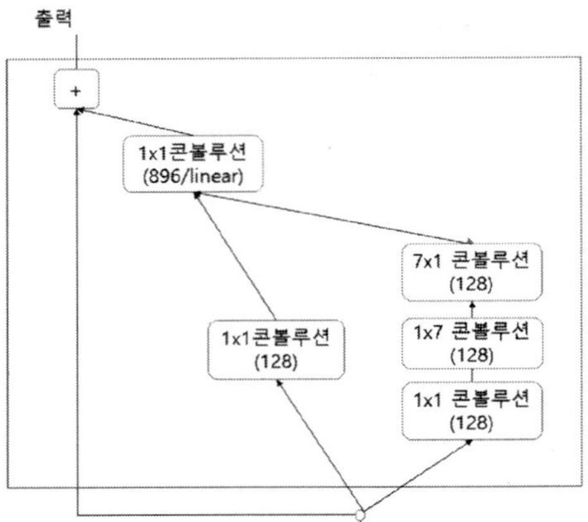

Inception-ResNet-v1-B

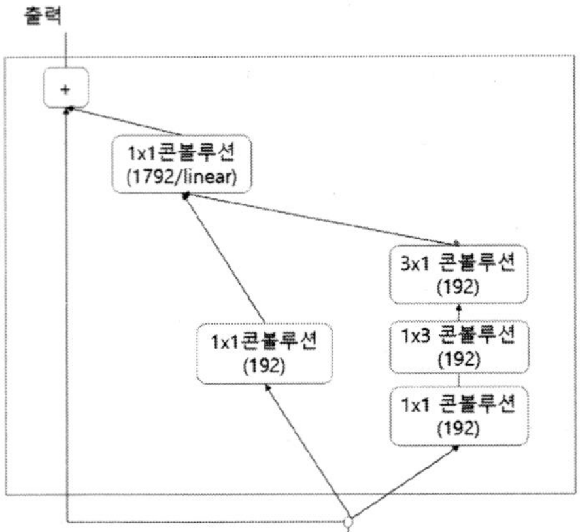

Inception-ResNet-v1-C

Inception−ResNet−V2의 Stem은 Inception V4와 동일하며, Inception−ResNet−V2에서는 reduction block A로 Inception−V4의 그것과 동일한 것 (단, 패러미터가 다름. k=256, l=256, m=384, n=384)을 사용하며, reduction block B는 아래의 것을 사용한다.

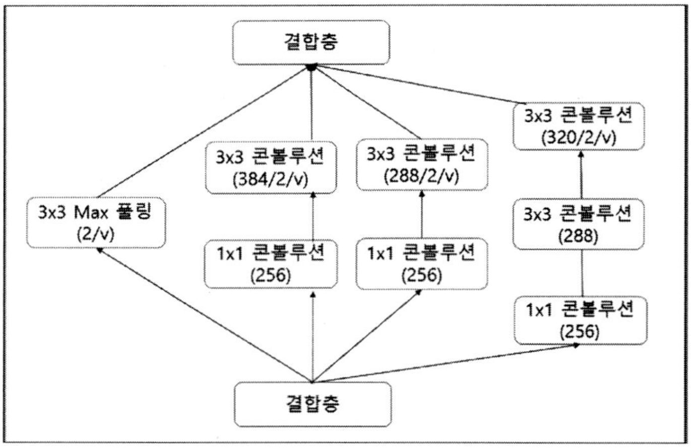

Inception-ResNet-v2-Reduction-B

Inception−ResNet−V2에서 사용하는 세 종류의 인셉션 모듈은 다음과 같다.

6.8 이미지 전처리 및 이미지 확장

이미지를 학습에 사용하기 전에 간단한 전처리 과정을 거치게 되는데, 필요한 함수들이 tflearn.data_preprocessing의 ImageProcessing 클래스를 통하여 제공된다. 대표적인 메서드로 add_featurewise_zero_center()와 add_featurewise_stdnorm() 메서드가 있다. add_featurewise_zero_center()는 ImageProcessing 객체에 zero-centering 기능을 추가하는 메서드이며, 이 기능은 샘플들의 값에서 패러미터로 주어진 mean으로 값을 빼줌으로 샘플들의 값을 shift 시키는 역할을 한다. 만약 주어진 값이 샘플들의 평균인 경우는 평균을 0로 만들게 된다. 만약 mean 패러미터 값이 주어지지 않으면 모든 샘프의 평균을 구하여 그 값을 mean 값으로 사용하게 된다. 그리고 add_featurewise_stdnorm() 메서드는 표준편차 정규화 기능을 ImageProcessing 객체에 추가하는 메서드이며, 이 기능은 각 샘플의 값을 인수로 주어진 std 패러미터 값으로 스케일링하게 된다. 만약 std 값이 주어지지 않으면 전체 샘플에 대한 표준 편차를 구하여 사용하게 된다.

```
add_featurewise_zero_center (mean=None)
add_featurewise_stdnorm (std=None)
```

아래의 예는 cifar10 데이터셋에 위의 두 가지 전처리 과정을 적용시키는 예이다. 데이터를 섞기 위하여 tflearn.data_utils.shuffle 함수를 사용하였으며, 숫자 데이터를 one-hot 인코딩하기 위해 tflearn.data_utils.to_categorical 함수를 사용하였다. 그리고 전처리할 기능을 ImageProcessing 객체에 추가하고, 이를 컨볼루션 네트워크의 입력 층 생성 시 data_preprocessing 패러미터의 값으로 ImageProcessing 객체를 지정해 줌으로써 나중에 입력 데이터를 지정할 경우, 전처리가 진행되도록 하면 된다.

```
import tflearn
from tflearn.data_utils import shuffle, to_categorical
from tflearn.datasets import cifar10
from tflearn.data_preprocessing import ImagePreprocessing

(X, Y), (X_test, Y_test) = cifar10.load_data()
X, Y = shuffle(X, Y)
Y = to_categorical(Y)
```

```
Y_test = to_categorical(Y_test)

img_prep = ImagePreprocessing()
img_prep.add_featurewise_zero_center()
img_prep.add_featurewise_stdnorm()

# CNN 네트워크 구축
network = tflearn.input_data(shape=[None, 32, 32, 3],
                             data_preprocessing=img_prep)
...

model = tflearn.DNN(network, tensorboard_verbose=0)
model.fit(X, Y, n_epoch=50, shuffle=True, validation_set=(X_test, Y_test),
          show_metric=True, batch_size=96, run_id='cifar10_cnn')
```

학습 이미지가 충분하면 좋지만 실제로 충분한 학습 데이터를 확보하기가 쉽지가 않다. 특히, 판별 클래스의 개수가 많아질 경우, ILSVRC처럼 클래스의 개수가 1000개 정도 되면 데이터 수집 자체가 큰 문제가 된다. 챌린지이기 때문에 다행히 데이터셋이 제공되기는 하지만 클래스 당 약 1000장 정도여서 결코 많은 학습 데이터라고 할 수 없다. 그래서 학습이 과적합이 되지 않도록 주의를 해야 하는데, 과적합을 막을 수 있는 방법 중의 하나가 데이터 확장(augmentation) 방법이다. 즉, 기존 데이터를 인위적으로 가공하여 다양한 변형들을 만드는 방법이다. tflearn에는 다양한 확장 기능을 ImageAugmentation 클래스를 통하여 제공한다. 이 클래스에는 확장 기능을 추가하는 메서드들이 제공되는데, 대표적인 몇 가지는 아래의 표와 같다.

add_random_blur (sigma_max=5.0)	0과 sigma_max 사이의 랜덤 시그마를 갖는 가우시안 필터를 적용하여 이미지를 블러링 시킴
add_random_crop (crop_shape, padding=None)	crop_shape 크기의 crop 생성. padding이 주어지면 지정된 수만큼 0 패딩됨
add_random_flip_leftright (self)	이미지를 좌우 반전시킴
add_random_flip_updown (self)	이미지를 위 아래 반전시킴
add_random_rotation (max_angle=20.0)	이미지를 −max_angle ~ max_angle 사이의 각도로 랜덤하게 회전시킴

확장 기능을 적용하기 위해서는 ImageAugmentation 객체에 필요한 기능들을 추가한 후, 이를 컨볼루션 네트워크의 입력 층 생성 시 data_augmentation 패러미터의 값으로 이 ImageAugmentation 객체를 지정해 줌으로써 나중에 입력 데이터를 지정할 경우, 데이터 확장이 진행되도록 하면 된다.

```
import tflearn
from tflearn.data_augmentation import ImageAugmentation

img_aug = ImageAugmentation()
img_aug.add_random_flip_leftright()
img_aug.add_random_rotation(max_angle=25.)

# CNN 네트워크 구축
network = tflearn.input_data(shape=[None, 32, 32, 3],
                     data_preprocessing=img_prep,
                     data_augmentation=img_aug)

...

model = tflearn.DNN(network, tensorboard_verbose=0)
model.fit(X, Y, n_epoch=50, shuffle=True, validation_set=(X_test, Y_test),
          show_metric=True, batch_size=96, run_id='cifar10_cnn')
```

6.9 이미지 파일을 메모리로 로드하기

지금까지의 사용한 데이터는 tflearn.dataset에 있는 데이터셋만을 이용하였기 때문에 쉽게 데이터를 메모리로 로드할 수 있었으나, 그렇지 않은 데이터셋에 대해서는 이미지 파일로부터 직접 데이터를 읽어 들여야 한다. 아래의 코드는 현 작업 디렉토리 밑의 "ml_data_dataset" 폴더 밑에 클래스명 폴더들이 존재하고 각 폴더 밑에 해당 학습 이미지 파일들이 존재하는 구조를 가정한 것이다. 테스트용 데이터도 현 작업 디렉토리 밑의 "ml_data_dataset" 폴더 밑에 동일한 구조로 저장되어 있다고 가정한 것이다.

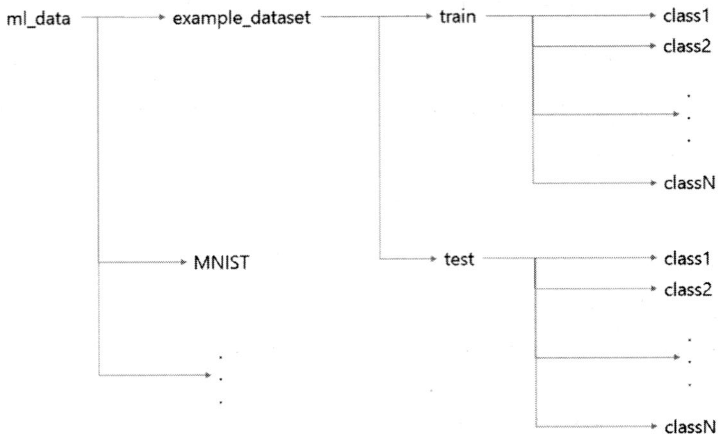

load_image() 함수는 이미지 파일명을 주면 PIL.Image 모듈의 open() 함수를 이용하여 파일을 오픈하고, 그 결과 Image 객체를 얻게 된다. 그리고 Image 객체의 load()메서드를 통해 이미지를 메모리로 적재하게 된다. 그리고 적재된 이미지를 resize(0 메서드를 사용하여 원하는 사이즈로 변경한다. 적재된 형태가 np.array가 아니라서 np.asarray() 함수를 이용하여 np.array 유형으로 변환하여 반환한다. load_data() 함수는 먼저 주어진 폴더 밑에 있는 서브 폴더(여기서는 클래스명 폴더)들의 목록을 os.listdir()을 통해서 얻은 후 LabelEncoder를 통하여 클래스 폴더명을 숫자로 변환한다. 그리고 각 클래스 폴더에 대해 그 폴더 밑에 있는 이미지 파일 목록 (img_list)을 획득한다. 그리고 획득된 이미지 파일 각각에 대해 앞에서 정의한 oad_image() 함수를 이용하여 메모리로 읽어 들인 후, 이차원 배열 형태를 일차원 배열 형태로 변환하여, inputs 리스트의 해당 위치(index 행)에 추가한다. 그리고 읽어 들인 이미지 파일이 속한 폴더명에 대응하는 숫자를 labels 리스트의 해당 위치(index 행)에 추가한다. 추가할 때 숫자로 추가하지 않고 one-hot 인코딩한 후 추가한다. 참고로 이미지 파일이 속한 폴더명에 대응하는 숫자는 integer_label_encoded 변수에 저장되어 있다.

```
from PIL import Image
from sklearn.preprocessing import LabelEncoder, OneHotEncoder
import numpy as np

train_dir = os.path.join(".", "ml_data", "example_dataset", "train")
test_dir = os.path.join(".", "ml_data", "example_dataset", "test")
img_size = (244, 244)

def load_image(img_file_name):
    img = Image.open(img_file_name)
    img.load()
    img = img.resize(img_size) # 추가됨
    data = np.asarray(img, dtype="int32")
    return data

def load_data(target_path):
    inputs = []
    labels = []
    label_encoder = LabelEncoder()
    class_folder_list = np.array(os.listdir(target_path))
    integer_label_encoded = label_encoder.fit_transform(class_folder_list)
    integer_label_encoded = integer_label_encoded.reshape(len(integer_
label_encoded), 1)
    one_hot_encoder = OneHotEncoder()
    one_hot_encoder.fit(integer_label_encoded)

    for index in range(len(class_folder_list)):
        path = os.path.join(target_path, class_folder_list[index])
        img_list = os.listdir(path)
        inputs.append([])
        labels.append([])
  onehot_cls = one_hot_encoder.tranform(integer_label_encoded[index][0])

        for img_file in img_list:
            img = os.path.join(path, img_file)
            img_array = load_image(img)
            arr = np.array(img_array)
      arr_1_dimension = arr.reshape(img_size[0] * img_size[1])
            inputs[index].append(arr_1_dimension)
```

```
            labels[index].append(onehot_cls)

    return inputs, labels

# 학습 데이터 로드
train_x, train_y = load_data(train_dir)

# 테스트용 데이터 로드
test_x, test_y = load_data(test_dir)
```

6장. 연습문제

- 다음 물음에 답하시오.

1. 다음 CNN에 대한 설명 중 올바르지 않는 것은 ?

(1) CNN도 일종의 DNN이다.

(2) 네오컨그니트론이 지속적으로 발전되어 오늘날의 CNN에 이르게 되었다.

(3) 보통 완전 연결 층 앞에 컨볼루션 층이 존재한다.

(4) 컨볼루션 층은 완전 연결 층과 다른 방법으로 학습한다.

2. 다음 설명 중 올바르지 않는 것은 ?

(1) CNN에는 여러 개의 컨볼루션 층이 있다.

(2) 컨볼루션 층은 계층적이어서 상위 컨볼루션 층은 하위 컨볼루션 층의 출력을 이용하여 좀 더 높은 수준의 특징들을 추출하게 된다.

(3) 필터는 인공망 구조 설계 시에 그 값들이 결정된다.

(4) 각 컨볼루션 층은 필터를 이용하여 특징을 추출하게 된다.

3. 컨볼루션 층의 출력은 ?

(1) 필터 (2) 텐서 (3) 특징맵 (4) 커널

4. 다음 설명 중 올바르지 않는 것은 ?

(1) 한 필터가 여러 특징에 대응된다.

(2) 보통 한 컨볼루션 층에 여러 개의 필터를 갖는다.

(3) 풀링 층은 특징 맵의 크기를 줄이는 역할을 한다.

(4) 풀링 층은 위치 변화에 덜 민감한 특징을 추출하는 역할도 수행한다.

5. 다음 중 CNN 모델이 아닌 것은 ?

(1) ReNet-5 (2) VGG19 (3) NeoCongnitron (4) GoogLeNet

6. 풀링 층에 대한 설명 중 거리가 먼 것은?

(1) 풀링 층은 서브 샘플링을 통해 입력 이미지의 사이즈를 줄여 계산 시간과 메모리 사용량을 줄이는 데 주목적이 있다.

2) 풀링 층을 구성하기 위해서는 콘볼루션 층과 마찬가지로 필터의 크기와 타입을 지정해 주어야 한다.

3) 반면에 풀링 층에서는 이동 거리와 패딩 유형을 지정해 줄 필요가 없다.

4) 풀링 층에는 연결 가중치가 없고 대신에 필터에 대응되는 영역에 적용할 집계 (aggregation) 함수가 정의된다.

7. AlexNet에 대한 설명으로 올바른 것은 ?

1) AlexNet은 2016년 ImageNet ILSVRC 챌린지에서 월등한 차이로 우승한 CNN 형태의 신경망이다.

2) AlexNet의 구조는 LeNet-5와 비슷한데, LeNet-5에 비해 뉴런의 수가 훨씬 많고 그 깊이가 깊어졌다.

3) AlexNet에는 콘볼루션 층의 활성화 함수 적용 후 국부 반응 정규화 (local response normalization)라는 과정을 거친다.

4) LeNet-5는 콘볼루션 층과 풀링 층이 교대로 오는 구조이었으나, AlexNet은 그런 구조도 있지만 콘볼루션 층이 연속적으로 오는 구조도 있다.

8. 다음 설명 중 올바르지 않는 것은 ?

1) 이론적으로 3x3 콘볼루션 층을 세 개를 연속 쌓으면 7x7 콘볼루션 층의 효과가 있다.

2) 큰 사이즈의 필터 대신에 작은 사이즈의 필터 여러 개를 연속적으로 사용하는 것이 층의 개수가 깊어져 비선형성이 증가한다.

3) 큰 사이즈의 필터 대신에 작은 사이즈의 필터 여러 개를 연속적으로 사용하는 것이 패러미터의 수를 높여 학습 속도를 느리게 할 수 있다.

4) VGGNet도 큰 사이즈의 필터 대신에 작은 사이즈의 필터 여러 개를 연속적으로 사용한다.

9. 다음의 CNN 구조 중 가장 깊은 층수를 갖는 것은 ?

(1) LeNet-5 (2) AlexNet (3) GoogLeNet (4) ResNet

10. CNN (합성곱 신경망)에 대한 설명 중 옳은 것은 ? 여러 개 선택 가능

(1) CNN의 근간인 된 신경망은 1980년도에 제안된 MLP이다.

(2) 인간의 청각을 모방한 신경망 모델이다.

(3) 뉴런들이 계층적으로 구성되며, 상위 계층일수록 좀 더 상위 특징들을 학습하게 된다.

(4) LeNet-5가 CNN 발전에 아주 중요한 역할을 하게 되었다.

11. Convolutional Layer에 대한 설명 중 옳은 것은 ? 여러 개 선택 가능

(1) 입력 feature map들을 이용하여 더 상위의 특징들을 추출하는 역할을 담당한다.

(2) 출력 맵의 개수는 입력 맵의 개수에 의해 결정된다.

(3) 특징을 추출하기 위해 필터 (커널)을 지정해 주어야 한다.

(4) 패딩 방법에 무관하게 Convolutional Layer의 출력 맵의 크기는 일정하다.

12. Pooling Layer에 대한 설명 중 옳은 것은 ? 여러 개 선택 가능

(1) 서브 샘플링을 통해 입력 특징맵의 크기를 줄여 계산 시간과 메모리 사용량을 줄인다.

(2) 커널의 가중치는 학습에 의해 결정된다.

(3) 출력 feature map의 개수는 입력 feature map의 개수와 동일하다.

(4) 커널의 사이즈에 의해 출력 feature map의 사이즈가 결정된다.

13. GoogLeNet에 대한 설명 중 올바른 것은 ? 여러 개 선택 가능

1) VGGNet이 오로지 3x3 콘볼루션 필터만을 사용하여도 좋은 성능을 발휘할 수 있다는 점을 수용하여 기존 인셉션 모듈을 수정하였다.

2) 연산량을 줄이기 위해 기존 N x N 형태의 콘볼루션 연산을 두 개의 비대칭 콘볼루션 1 x N과 N x 1로 대치하는 방법을 사용하였다.

3) 이후 버전에서 ResNet의 잔차 유닛을 도입하였다.

4) 이후 버전에서 맵 사이즈의 변경을 처리할 수 있도록 "Reduction Blocks"을 도입하였다.

• 다음 ( )에 적합한 내용을 채우시오.

1. CNN은 입력 층, 은닉 층 그리고 출력 층에 ( )과 ( )을 추가한 구조를 띠고 있다.

2. 필터 하나가 하나의 특징에 대응되며 이 필터를 이미지에 적용하면 ( )을 얻게 된다.

3. 마스크를 원본 이미지에 포갠 후 대응되는 원소들 끼리 곱한 후 이의 합을 구하고, 다시 마스크를 이동하면서 동일한 작업을 하는 연산을 ( ) 연산이라 부른다.

4. CNN에서는 마스크를 필터 (filter) 또는 ( )이라 한다.

5. CNN에서는 필터를 일정 거리 (또는 픽셀)만큼 이동한 후 반복 적용하는데, 이 이동 거리를 ( )라 한다.

6. 3*3 필터를 사용하고 패딩없이 8 * 8 이미지에 대해 폭과 높이 방향으로 이동 거리를 2로 하면 ( ) 크기의 특징 맵을 얻을 수 있다.

7. 8 * 8 이미지에 대해 3*3 필터를 사용하고 폭과 높이 방향으로 이동 거리를 2로 할 경우, 입력과 동일 크기의 특징맵을 얻으려면 행과 열에 각각 ( )개의 0을 패딩해야 한다.

9. ( )는 가장 널리 알려진 CNN 구조의 신경망으로 1998년 Yann LeCun에 의해 제안되었으며, 필기체 숫자 인식에 널리 사용된 신경망이다.

10. AlexNet에서 특정 위치의 뉴런의 값을 이웃 특징 맵의 같은 위치의 값을 고려하여 정규화하는 방법을 ( )라 한다.

11. CNN 구조 중 ( )은 GoogLeNet 보다는 약간 성능이 떨어지지만 그 구조가 간단하여 이해하기 쉽고 따라서 변형하기도 쉬워서 더 많이 사용되어 지고 있다.

12. 이론적으로 3x3 콘볼루션층을 ( ) 개 쌓으면 5x5 콘볼루션 층의 효과가 있다.

13. 잔차 신경망 (residual network)이 깊은 구조를 갖을 수 있는 핵심은 ( ) 연결 때문이다.

14. 더 깊은 ResNet (예: ResNet-50, ResNet-101, ResNet-152)에서는 연산양과 파라메터의 수를 줄이기 위해 잔차 유닛 대신에 ( ) 유닛을 사용한다.

15. GoogLeNet이 층이 깊어짐에도 불구하고 학습 패러미터를 AlexNet의 1/10 가량으로 유지할 수 있었던 것은 ( )이라 불리는 서브망 모듈 덕분이다.

- **다음 물음에 o, x로 답하시오.**

1. 필터는 초기에 랜덤값으로 초기화되고 학습 과정을 통해 데이터에 맞게 재조정하게 된다.

2. 보통 한 컨볼루션 층은 하나의 필터들로 구성되어 있어 결국 하나의 특징 맵이 한 컨볼루션층의 출력이 된다.

3. 보통 한 이미지에 대해 여러 특징, 즉 필터들을 사용하기 때문에 같은 입력 이미지에 대해 여러 특징 맵이 생성된다.

4. CNN 형태의 신경망에서는 저수준 특징 맵에서 좀 더 상위 수준의 특징 맵을 생성하고, 다시 이 특징 맵들로부터 좀 더 상위 수준의 특징 맵들을 생성하게 된다.

5. 컨볼루션 층을 통과한 입력 이미지의 크기와 출력 이미지의 크기는 항상 동일하다.

6. AlexNet에는 과적합을 줄이기 위한 방법으로 완전 연결 층에 50%의 드롭 아웃을 적용한다.

7. VGGNet은 2014년 ILSVRC에서 1위를 차지한 CNN 신경망으로, 옥스퍼드 대학교의 Visual Geometry Group에 의해 제안되었다.

8. VGGNet에서는 콘볼루션 층의 필터 사이즈가 3x3으로 고정되어 있다.

9. 잔차 신경망 (residual network)은 잔차 유닛 (residual unit) 여러 개를 스택처럼 쌓아 구성한 신경망 구조이다.

- **다음 물음에 답하시오.**

1. 원본 이미지와 마스크가 아래와 같을 때, 컨볼루션을 적용한 결과는 ?

1	0	1	0
0	1	0	1
0	0	0	0
1	1	1	1

(원본 이미지)

1	1
0	0

(마스크)

2. 이미지의 패딩 방식 중 'same'과 'valid'의 차이점을 설명하시오.

3. 1의 원본 이미지에 2*2 그리고 이동거리 2인 max 필터를 적용할 경우의 결과는 ?

4. 20x30 칼라 이미지를 입력으로 하는 Convolution Layer를 구축하고자 한다. 필터 크기는 4 x 4 이며 사용하는 필터의 개수는 7개, stride는 [2, 3], padding은 Valid 방식을 사용할 경우, 아래의 물음에 답하시오.

   (a) Convolution Layer의 한 뉴런의 출력 값을 결정하는 데 관여하는 입력 뉴런의 개수는 몇 개인가?

   (b) Convolution Layer는 몇 개의 feature map으로 구성되는가 ?

   (c) Convolution Layer의 한 feature map의 사이즈는 ?

5. 10x10 feature map 4개로 구성된 Convolution Layer를 입력으로 커널 사이즈를 4x4로 하여 Pooling Layer를 구축하고자 한다. 다음 물음에 답하시오.

(a) Pooling Layer의 한 뉴런의 출력 값을 결정하는 데 관여하는 입력 뉴런의 개수는 몇 개인가?

(b) Pooling Layer는 몇 개의 feature map으로 구성되는가 ?

(c) 출력 feature map의 사이즈를 5x5로 할 경우, stride는 어떻게 지정해야 할까 (Same padding을 사용) ? 또 이 경우, 입력 feature map의 한 줄에 padding 되는 0의 개수는 ?

6. 아래의 표는 LeNet-5의 구조를 나타내는 표이다. 빈칸을 채우시오. 단, 패딩은 valid 패딩을 사용한다.

층명	층 유형	필터 크기	이동 거리	활성화함수	맵 크기	맵 개수
	입력	–	–	–	32 x 32	1
C1	콘볼루션	5 x 5	1	tanh	( )	6
A1	풀링(평균)	2 x 2	2	tanh	( )	( )
C2	콘볼루션	5 x 5	1	tanh	( )	16
A2	풀링(평균)	2 x 2	2	tanh	( )	( )
C3	콘볼루션	5 x 5	1	tanh	( )	120
F1	완전연결	–	–	tanh	84	–
F2	완전연결	–	–	RBF	10	–

7. 아래의 표는 Alexnet의 구조를 나타내는 표이다. 빈칸을 채우시오.

층명	층 유형	필터 크기	이동거리	패딩	활성화함수	맵 크기	맵 개수
	입력	–	–	–	–	227 x 227	3
C1	콘볼루션	11 x 11	( )	valid	relu	55 x 55	( )
M1	풀링(max)	3 x 3	2	valid	–	27 x 27	96
C2	콘볼루션	5 x 5	1	( )	relu	27 x 27	256
M2	풀링(max)	3 x 3	2	valid	–	13 x 13	256
C3	콘볼루션	3 x 3	1	same	relu	13 x 13	384
C4	콘볼루션	3 x 3	1	( )	relu	13 x 13	384
C5	콘볼루션	3 x 3	1	same	relu	( )	256
M3	풀링(max)	3 x 3	2	( )	–	6 x 6	( )

F1	완전연결	–	–	–	relu	4096	–
F2	완전연결	–	–	–	relu	4096	–
F3	완전연결	–	–	–	( )	1000	–

8. 아래와 같은 잔차 유닛을 사용할 경우의 장점은 ?

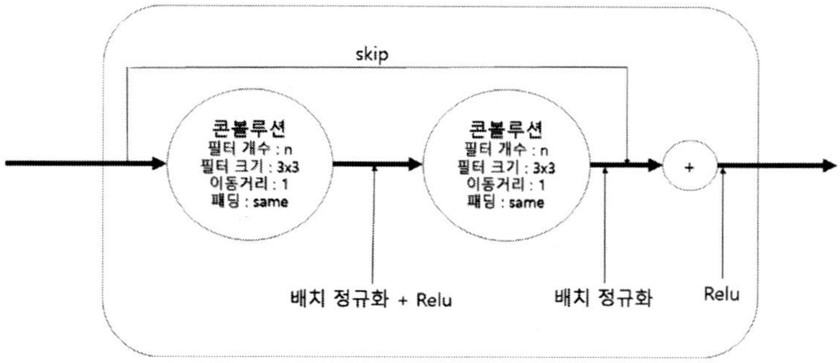

9. 아래와 같은 잔차 유닛을 사용할 경우, n*n 크기의 입력 맵이 주어질 경우 출력 맵의 크기와 개수는 어떻게 바뀌겠는가?

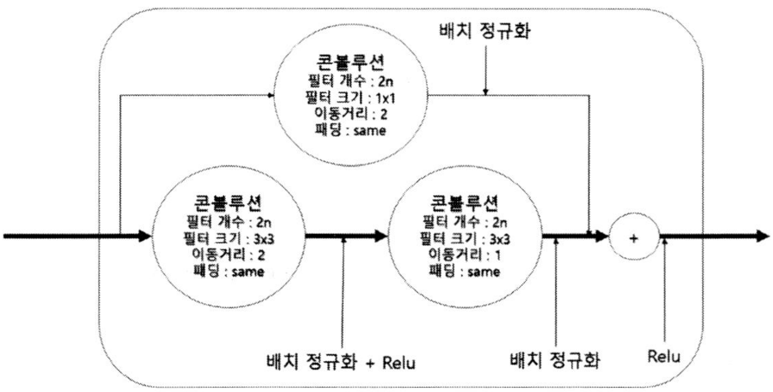

9. 아래의 그림은 GoogLeNet의 인셉션 모듈을 나타낸다. n1, n2, n3, n4, n5, n6의 값을 96,16,64,128,32,32로 할 경우, 28*28 크기의 입력 맵이 주어질 경우 출력 맵의 크기와 개수는?

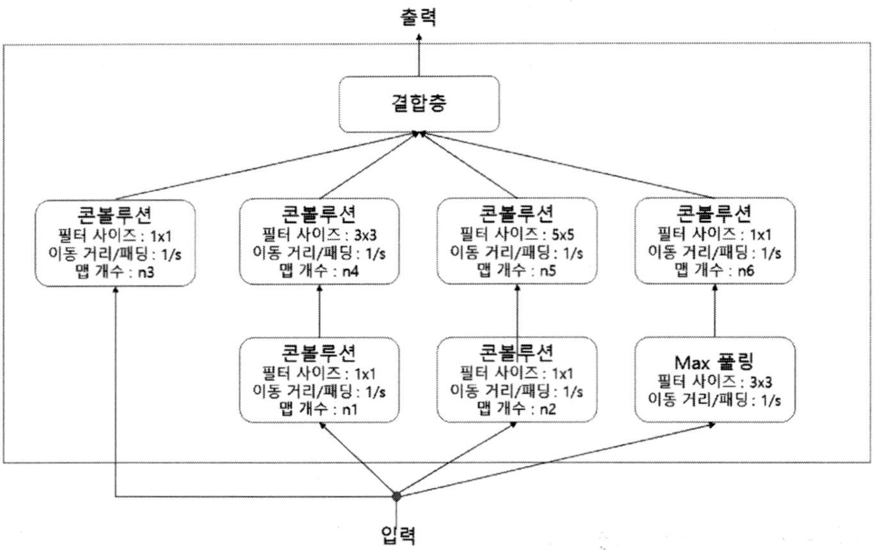

Chapter

7

RNN (Recurrent Neural Network)

1. Simple RNN
2. RNN 응용
3. RNN을 이용한 분류기
4. RNN을 이용한 값 예측
5. LSTM (Long Short-Term Memory) Cell 소개
6. GRU (Gated Recurrent Unit) Cell 소개

우리가 분석하거나 다루어야 할 데이터에는 어느 한순간의 데이터들로 구성된 데이터들도 있지만, 일련의 값들로 이루어진, 즉 시퀀스 데이터나 시간 개념이 포함된 데이터들도 있다. 주가를 예측하고자 한다면 이전 주가들을 고려해야 하고, 날씨를 예측하고자 할 경우도 이전 날씨 데이터를 반영하여야 한다. 음성 인식을 하려고 해도 일련의 오디오 데이터가 필요하며, 문장을 번역하거나 이해하기 위해서도 일련의 단어들을 고려해야 한다. 그런데 우리가 지금까지 살펴본 딥러닝 모델들은 시퀀스 데이터나 시간 개념이 포함된 데이터들을 학습하기에는 적당하지 않았다. 따라서, 이런 데이터를 학습하기 위한 모델로 RNN(Recurrent NN)과 이의 변형들이 있다.

7.1 Simple RNN

기존 뉴런은 학습이 끝난 후 서비스 시에는 이전 데이터는 고려되지 않는다. 주어진 데이터만 고려하여 동작하기 때문에 시퀀스 데이터를 제공하면 시퀀스에 무관하게 동작한다. 예를 들어, a, b, c 순으로 입력하든, c, b, a 순으로 입력하든 무관하게 동일한 결과를 얻게 된다. 즉, 뉴런의 수행하는 함수를 h()라 하면 a에 대해서는 o1 = o6 = h(a)이, b에 대해서는 o2 = o5 = h(b)가, c에 대해서는 o3 = o4 = h(c)를 얻게 된다.

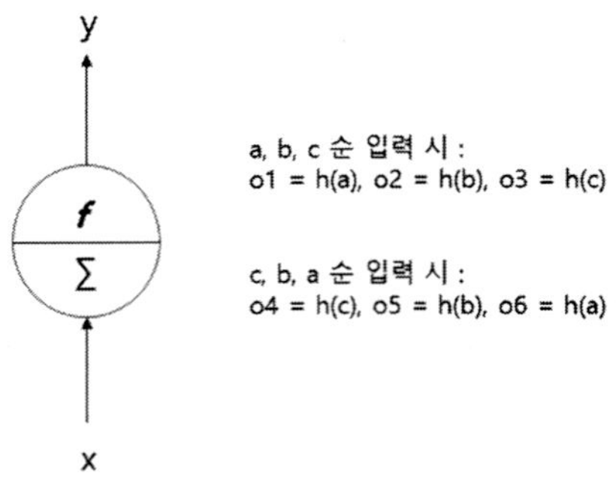

그런데 위의 뉴런의 구조를 아래와 같이 약간 변경하면, 즉 뉴런의 출력을 다시 뉴런의 입력으로 돌리면 그 특성이 많이 달라진다. 예를 들어, a, b, c 순으로 값을 입력할 경우, 그 출력은 다음과 같게 된다. 이전에 입력된 a가 b의 출력에 영향을 미치며, 이전에 입력된 a와 b가 c의 출력에 관여함을 알 수 있다. 만약, 순서를 바꾸게 되면, 예를 들어, x3, x2, x1 순으로 입력이 되면 그 출력은 아래와 같게 될 것이다. 같은 a을 입력해도 어떤 순서로 입력되었는지에 따라 그 결과가 달라짐을 알 수 있다. 즉, $o_1 \neq o_6$ 이다. 현재의 입력 값과 함께 이전 출력 값이 같이 고려되기 때문에 이전 데이터들의 값들이 같이 반영되는 효과가 있으며, 그 입력 순서에 따라서도 값이 달라짐을 알 수 있다. 한마디로 시퀀스 특성이 반영됨을 알 수 있다.

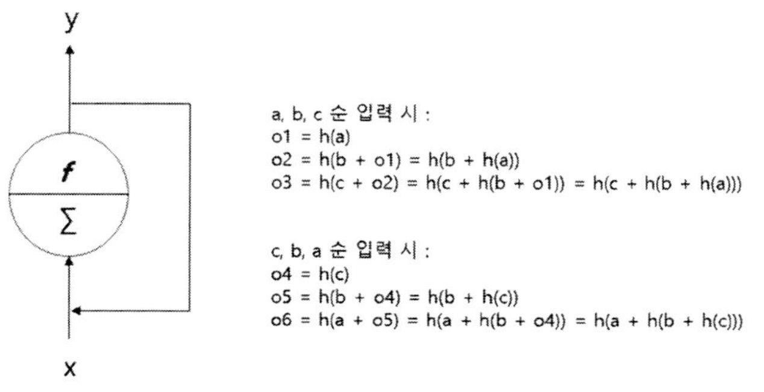

위와 같이 뉴런의 출력이 다시 입력으로 주어지는 형태의 뉴런을 재귀 뉴런(recurrent neuron)이라 한다. 이런 재귀 뉴런들이 여러 개 모여 재귀층을 구성하게 되는데, 이때 주의할 것은 한 뉴런의 출력이 그 뉴런의 입력으로만 다시 들어가는 것이 아니라 다른 뉴런의 입력으로도 들어간다는 것이다. 예를 들어, 입력 뉴런의 개수가 2이고, 재귀 뉴런이 3개인 경우, 아래 왼쪽 그림처럼 동작하는 것이 아니라, 아래 오른쪽 그림처럼 동작한다.

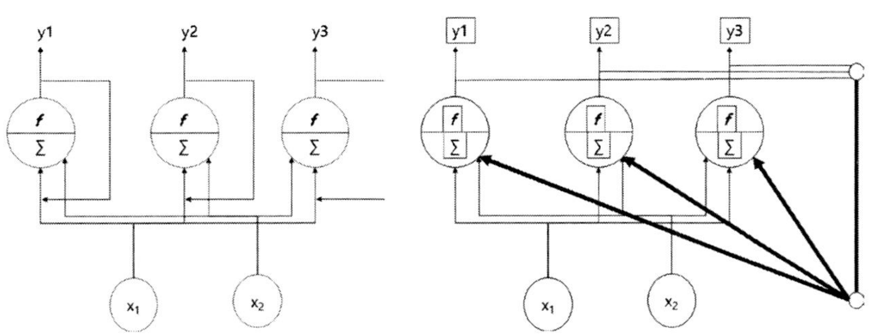

앞으로 편의상 위 오른쪽과 같은 재귀 층을 아래와 같이 표현 한다. 둥근 사각형 안에 'n × m RNN'이라고 표현하는데, n은 입력 노드의 수를, m은 출력 노드, 즉 재귀 노드의 수를 뜻한다. 그러므로 '2 × 3'은 2차원 벡터를 입력으로 받아 3차원 벡터를 출력하는 재귀층을 뜻한다.

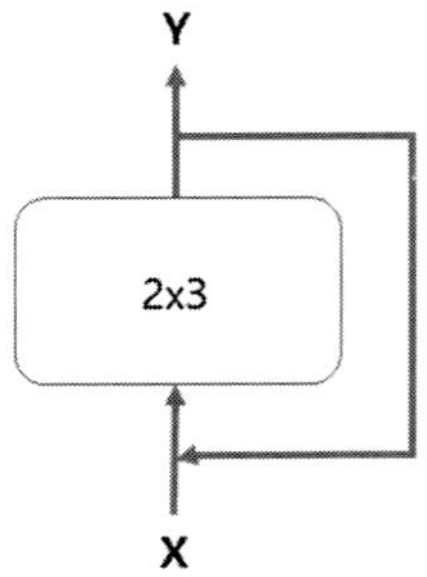

재귀 뉴런의 동작을 수식으로 표현하면 아래와 같다. 여기서, X_t는 t 시간에서의 입력 벡터이며, Y_t는 X_t의 출력 벡터를, U는 입력으로부터 재귀 뉴런으로의 가중치를, V는 재귀 뉴런으로부터 자신으로의 가중치를, B는 바이어스 벡터를, f는 활성화 함수를, •는 행렬 곱을 의미한다.

$$Y_t = f\,(X_t \bullet U + Y_{t-1} \bullet V + B)$$

그 동작을 이해하기 위해 먼저 위의 재귀 층에 예제 데이터 시퀀스 하나를 적용할 경우, 어떤 값이 나오는지 살펴보자. 위의 재귀 층은 입력이 2이고 재귀 뉴런의 개수가 3이므로 X_t는 1×2 행렬로, U는 2×3 행렬로, V는 3×3 행렬로, B는 1x3 행렬로 일단, B, U, V는 아래와 같이 무작위로 설정되었다고 하자. 실제로는 B, U, V는 학습을 통해서 결정이 된다.

$$B = [0.1,\ 0.2,\ 0.4],\ U = \begin{bmatrix} 0.2\ 0.2\ 0.2 \\ 0.4\ 0.4\ 0.4 \end{bmatrix},\ V = \begin{bmatrix} 0.1\ 0.5\ 0.9 \\ 0.2\ 0.4\ 0.6 \\ 0.3\ 0.3\ 0.9 \end{bmatrix}$$

쉽게 하기 위해 활성화 함수는 선형 함수, 즉 f(x) = x로 가정한다. 아래의 시퀀스 데이터

X를 위의 재귀 층에 적용하면 아래와 같은 출력을 얻을 수 있다. Y_1을 구할 때, Y_0가 필요한데, 존재하지 않기 때문에 [0, 0, 0]로 설정한다.

X = [[3, 5], [1, 2], [5, 7], [4, 8]] # 2차원 벡터 4개로 구성

$$Y_1 = f[3\ \ 5] \cdot \begin{bmatrix} 0.2\ 0.2\ 0.2 \\ 0.4\ 0.4\ 0.4 \end{bmatrix} + [0,\ 0,\ 0] \cdot \begin{bmatrix} 0.1\ 0.5\ 0.9 \\ 0.2\ 0.4\ 0.6 \\ 0.3\ 0.3\ 0.9 \end{bmatrix} + [0.1\ \ 0.2\ \ 0.4] = [2.7\ 2.8\ 3.0]$$

$$Y_2 = f[1\ \ 2] \cdot \begin{bmatrix} 0.2\ 0.2\ 0.2 \\ 0.4\ 0.4\ 0.4 \end{bmatrix} + [2.7\ 2.8\ 3.0] \cdot \begin{bmatrix} 0.1\ 0.5\ 0.9 \\ 0.2\ 0.4\ 0.6 \\ 0.3\ 0.3\ 0.9 \end{bmatrix} + [0.1\ 0.2\ 0.4] = [2.83\ 4.57\ 8.21]$$

$$Y_3 = f[5\ \ 7] \cdot \begin{bmatrix} 0.2\ 0.2\ 0.2 \\ 0.4\ 0.4\ 0.4 \end{bmatrix} + [2.83\ 4.57\ 8.21] \cdot \begin{bmatrix} 0.1\ 0.5\ 0.9 \\ 0.2\ 0.4\ 0.6 \\ 0.3\ 0.3\ 0.9 \end{bmatrix} + [0.1\ 0.2\ 0.4]=[7.56,\ 9.706,\ 16.878]$$

$$Y_3 = f[4\ \ 8] \cdot \begin{bmatrix} 0.2\ 0.2\ 0.2 \\ 0.4\ 0.4\ 0.4 \end{bmatrix} + [7.56\ 9.706\ 16.878] \cdot \begin{bmatrix} 0.1\ 0.5\ 0.9 \\ 0.2\ 0.4\ 0.6 \\ 0.3\ 0.3\ 0.9 \end{bmatrix} + [0.1\ \ 0.2\ \ 0.4]= [11.8606,\ 16.9258,\ 32.2178]$$

한 시퀀스가 한 학습 데이터에 해당한다. 보통 배치 단위로 학습이 이루어지므로 실제로는 입력이 아래와 같이 구성될 것이다.

X = [[[3, 5], [1, 2], [5, 7], [4, 8]],
  [[2, 4], [5, 2], [5, 8], [3, 7]],
  [[8, 5], [3, 4], [8, 6], [5, 9]],
  [[4, 7], [3, 3], [7, 7], [1, 8]]]

입력 데이터가 많아 일일이 손으로 계산하기가 힘들므로 아래와 같이 파이썬 코딩을 통해 그 결과를 확인해 보자.

```
import numpy as np

n_inputs = 2
n_neurons = 3
n_instances = 4
len_seq = 4

u = np.array([[0.2, 0.2, 0.2],[0.4, 0.4, 0.4]])
v = np.array([[0.1, 0.5, 0.9],[0.2, 0.4, 0.6],[0.3, 0.3, 0.9]])
b = np.array([0.1, 0.2, 0.4])

x = np.array([[[3, 5], [1, 2], [5, 7], [4, 8]],
      [[2, 4], [5, 2], [5, 8], [3, 7]],
      [[8, 5], [3, 4], [8, 6], [5, 9]],
      [[4, 7], [3, 3], [7, 7], [1, 8]]])
for i in range(n_instances):
    print("instance", i)
    e = x[i]
    y = np.zeros((1, n_neurons))
    for s in range(len_seq):
        y = e[s].dot(u) + y.dot(v) + b
        print('time', s, y)
    print()
```

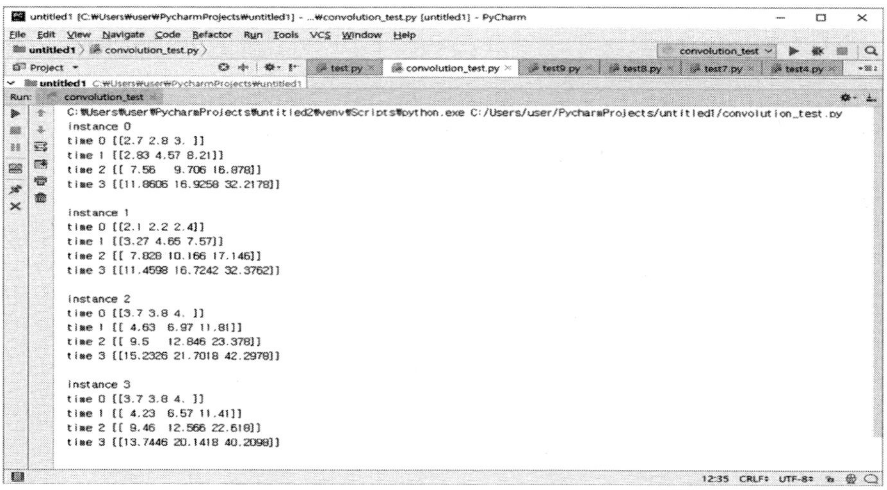

재귀 뉴런의 순방향 계산은 위의 방식처럼 진행이 된다. 역방향 계산은 순방향 계산에서 얻어진 출력 값과 타겟 값을 이용하여 역전파 학습 알고리즘에 따라 손실 함수를 최소화 하는 방향으로 진행이 된다. 인공신경망 학습에서 자세히 설명하였으므로, 다시 설명하지 않겠다. 처음에는 재귀층 동작을 이해하는 데 어려울 수가 있다. 이런 경우는 아래 그림처럼 재귀 층을 펼쳐(unrolling)서 이해하면 좀 더 쉽게 이해할 수 있다. 그림에서 X는 입력 벡터의 시퀀스 $(X_1, X_2, X_3, \cdots)$를, Y는 출력 벡터의 시퀀스 $(Y_1, Y_2, Y_3, \cdots)$를 의미한다.

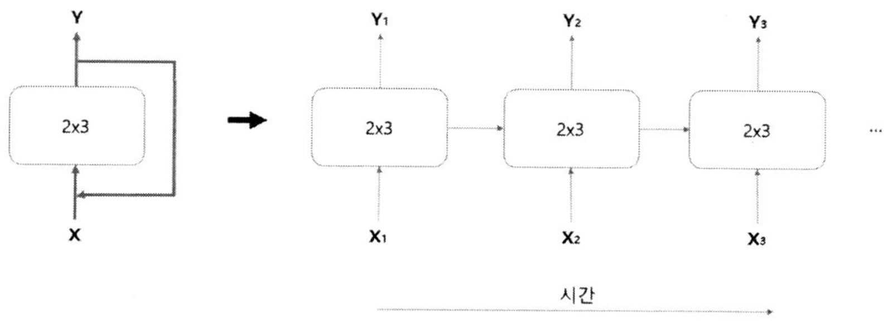

재귀 층도 필요한 경우는 여러 층으로 쌓아서 사용하면 된다. 아래 왼쪽 그림은 재귀 층을 3층으로 쌓은 것이며, 오른쪽 그림은 왼쪽 그림을 시간 축으로 풀어헤친 것이다.

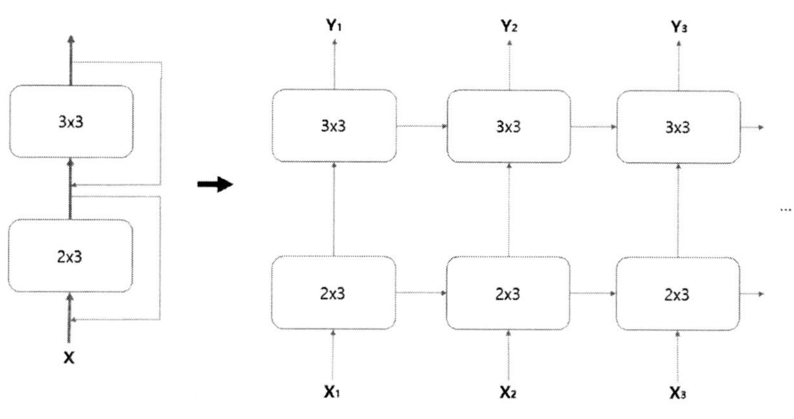

TFLearn 라이브러리에는 이런 재귀 층 생성을 위한 함수, simple_rnn이 제공된다. 여러 패러미터가 있지만, 대부분 기본 값을 사용하면 되고, 첫 번째 패러미터인 입력층과 두 번째 패러미터인 재귀 뉴런의 개수만 정해주면 된다. return_seq 패러미터는 중간 단계의 뉴런의 출력도 결과물로 반환할 지를 지정하는 패러미터이며, False이면 중간 단계의 출력은 생략하고, 최종 출력만 반환한다. 기본 값은 False이다. return_state 패러미터는 뉴런의 상태 값을 반환할 지를 지정하는 패러미터로, False이면 반환하지 않는다. 기본 값은 False이다. 재귀층의 재귀 뉴런을 실행하는 방법은 재귀 뉴런을 아래와 같이 시간 축에 따라 펼쳐 일반 뉴런처럼 실행시키는 방법(static 방법)이랑, while 문을 통해 시퀀스의 길이만큼 반복하는 방법(dynamic 방법)이 있다. dynamic 패러미터는 바로 이 방식을 지정하는 것으로, False이면 static 방식으로 동작함을 의미한다. 기본 값은 False이다.

```
tflearn.layers.recurrent.simple_rnn (incoming, n_units, activation='sigmoid',
dropout=None, bias=True, weights_init=None, return_seq=False, return_
state=False, initial_state=None, dynamic=False, trainable=True,
restore=True, reuse=False, scope=None, name='SimpleRNN')
```

7.2 RNN 응용

RNN은 응용에 따라 여러 형태를 띠게 된다. 아래 첫 번째 그림처럼 입력 시퀀스에 대해서 출력 시퀀스를 내는 형태로, 주가나 날씨처럼 m개의 날짜 데이터를 받아 m개의 다음 날 주가나 날씨를 예측하는 형태이다. 예를 들어, 과거의 주식 데이터가 10,000개 있을 경우, 과거 5개의 데이터로부터 다음 날 주가를 예측하는 모델을 구축하고 싶다면, $d_1d_2d_3d_4d_5$을 입력으로 하고 $d_2d_3d_4d_5d_6$을 타겟으로 하는 하나의 학습 데이터로, 그리고 $d_2d_3d_4d_5d_6$를 입력으로 하고 $d_3d_4d_5d_6d_7$를 타겟으로 하는 또 하나의 학습 데이터로, 이런 식으로 학습 데이터를 구축하여 학습하면 된다.

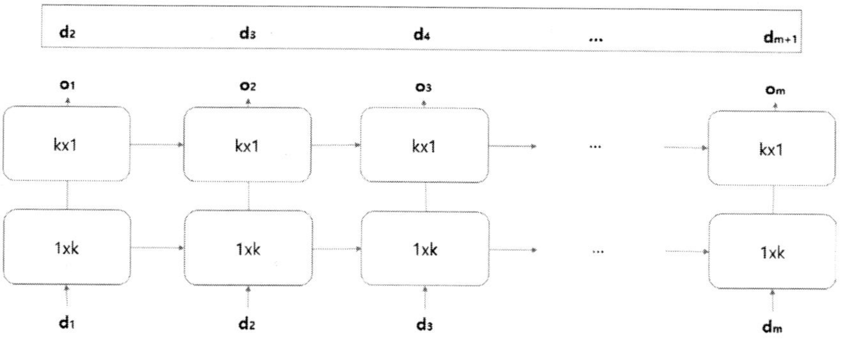

두 번째 예는 m 길이의 시퀀스를 입력으로 주면 m 길이의 출력을 다 이용하는 것이 아니라 마지막 출력만 이용하는 형태, 즉. 중간 출력 값은 무시하고 최종 출력 값만을 이용하는 형태이다. 음향 데이터를 가공한 일련의 특징 벡터를 입력으로 주고 그 최종 출력을 이용하여 코골인지 아닌지를 판별한다든지, 단어 시퀀스를 입력으로 주고 그 최종 출력을 바탕으로 감정(sentimental) 스코어를 판단하는 예가 그런 경우다. 자세한 내용은 뒤에 나오는 예제 프로그램을 참고하기 바란다.

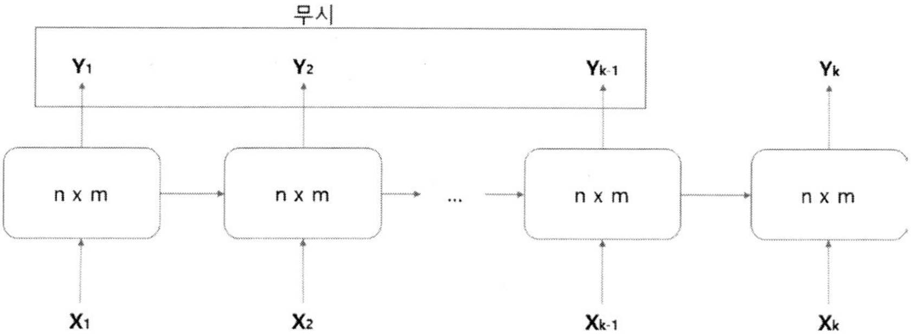

세 번째 형태는 단일 입력을 주고 결과는 시퀀스인 형태이다. 그 대표적인 예가 이미지를 입력으로 그 이미지와 관련된 캡션을 출력하는 예이다. 아래 그림처럼 네 번의 출력, 즉 길이가 4인 출력 시퀀스를 얻으려면 입력 시퀀스의 나머지의 값은 0 벡터로 입력되어야 한다.

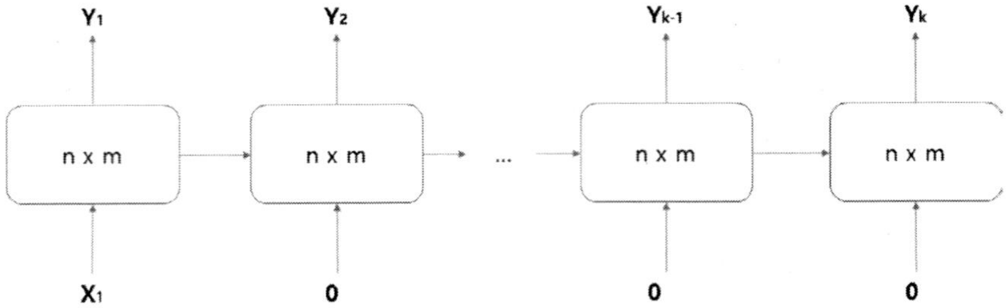

네 번째 형태는 아래 그림과 같이 인코더와 디코더를 결합하는 형태이다. 인코더는 시퀀스 입력을 벡터(재귀층의 최종 출력)로 변환하며, 디코더는 이 변환된 벡터를 입력으로 시퀀스를 출력한다. 대표적인 예가 문장 번역인데, 한글어 문장을 인코더 입력으로 제시하면 그 문장에 대한 벡터가 출력이 되고, 이 출력이 다시 디코더로 입력되어 영어 문장이 출력된다.

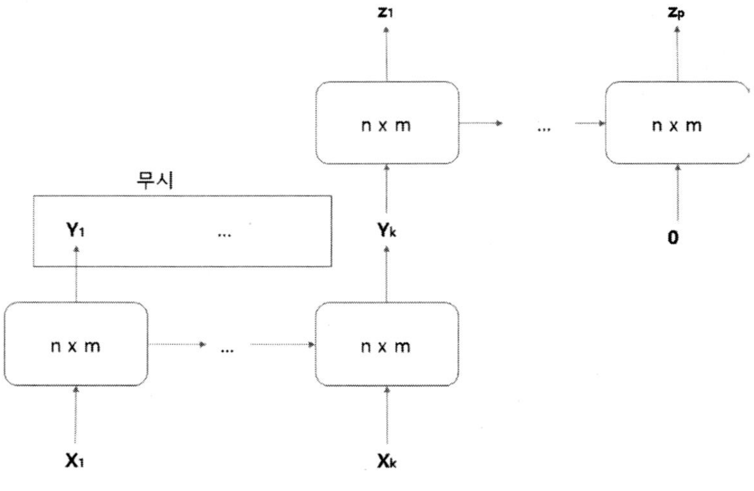

보통 RNN의 출력을 최종 출력으로 사용하지 않고, RNN 다음에 완전 연결 층을 붙여 사용한다. RNN을 마치 은닉 층처럼 사용하여, 입력 벡터의 크기에 맞는 입력 뉴런과 출력 벡터 크기에 맞는 완전 연결 층 뉴런, 그리고 그 사이에 하나 이상의 재귀 층을 두

고, 각 재귀 층의 뉴런의 크기는 실험을 통해 성능이 좋은 뉴런의 개수를 선택하면 된다.

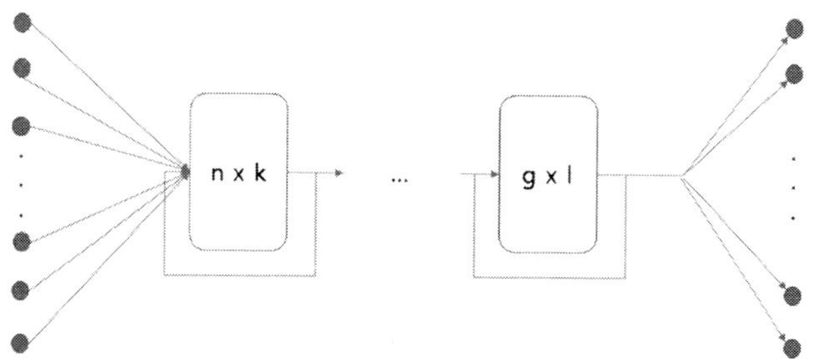

7.3 RNN을 이용한 분류기

RNN 응용에서 언급한 두 번째 유형에 대한 구체적인 예를 살펴보자. 이 예는 RNN을 이용하여 MNIST 데이터셋의 숫자를 인식하는 예이다. 숫자 이미지이기 때문에 CNN이 더 적합할 수 있다. 그렇지만 이미지도 생각을 좀 달리 하면 시퀀스 데이터로 해석할 수 있다. MNIST 데이터가 28 × 28 크기의 이미지인데, 이를 행(18차원의 벡터)의 연속(시퀀스 길이 28)으로 해석하여 RNN을 적용할 수 있다. 아래의 코드는 https://github.com/tflearn/tflearn/blob/master/examples/images/rnn_pixels.py에서 제공하는 코드 중 일부를 수정한 것이다.

```
import numpy as np
import tflearn

import tflearn.datasets.mnist as mnist
X, Y, testX, testY = mnist.load_data(one_hot=True)
X = np.reshape(X, (-1, 28, 28))
testX = np.reshape(testX, (-1, 28, 28))
```

```
net = tflearn.input_data(shape=[None, 28, 28])
net = tflearn.simple_rnn(net, 128, return_seq=True)
net = tflearn.simple_rnn(net, 128)
net = tflearn.fully_connected(net, 10, activation='softmax')
net = tflearn.regression(net, optimizer='adam',
                         loss='categorical_crossentropy', name="output1")
model = tflearn.DNN(net, tensorboard_verbose=2)
model.fit(X, Y, n_epoch=1, validation_set=0.1, show_metric=True, snapshot_
step=100)
```

위 코드에서 X는 (학습데이터수, 784) 형태의 배열이다. 그래서 이 데이터를 (학습데이터수, 28, 28) 형태의 시퀀스 데이터로 변환하였으며, 마찬가지로 testX도 (테스트데이터수, 784) 형태의 배열이어서 이를 (테스트데이터수, 28, 28) 형태의 시퀀스 데이터로 변환하였다. 그리고 망 구성은 입력 층 (28개의 입력 뉴런으로 구성)과, 두 개의 재귀 층 (두 재귀 층 모두 128개의 뉴런으로 구성)과 하나의 완전 연결 층 (10개의 뉴런으로 구성)으로 구성하였다. 주의할 것은 첫 번째 재귀 층의 중간 출력도 두 번째 재귀 층의 입력으로 들어가야 하기 때문에 첫 번째 재귀 층의 return_seq 패러미터의 값을 'True'로 설정하였다는 점이다.

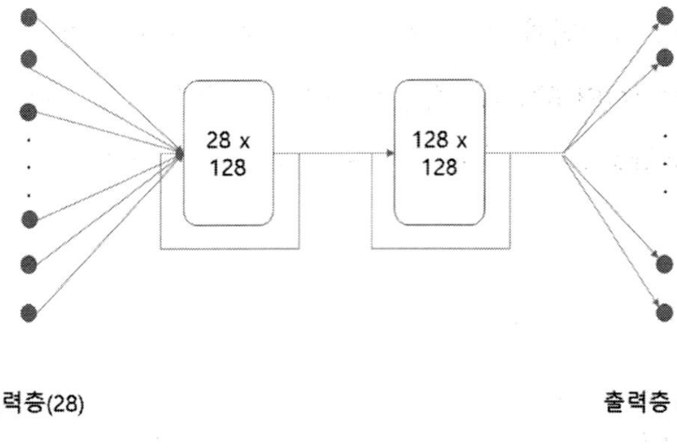

위의 코드를 실행시켜 보면 아래 그림처럼 잘 동작함을 알 수 있다. n_epoch 패러미터를 1로 설정하여 실행하였기 때문에 아래 첫 번째 그림처럼 그 성능은 좋지 않게 보인다.

n_epoch 패러미터를 10으로 설정한 후 다시 실행시켜 보기 바란다. 그러면 아래 두 번째 그림처럼 epoch가 증가될수록 성능이 향상됨을 확인할 수 있을 것이다.

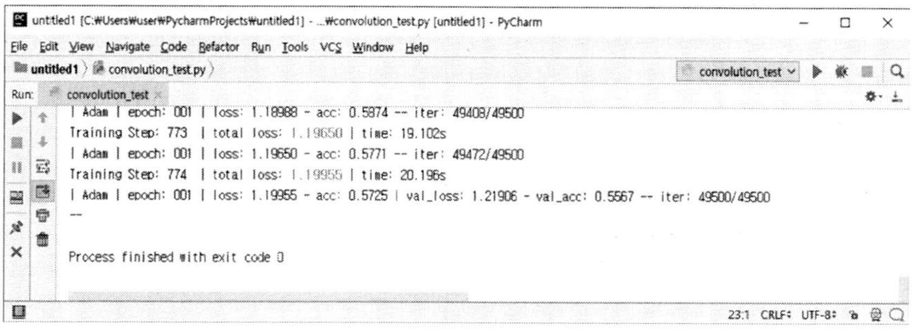

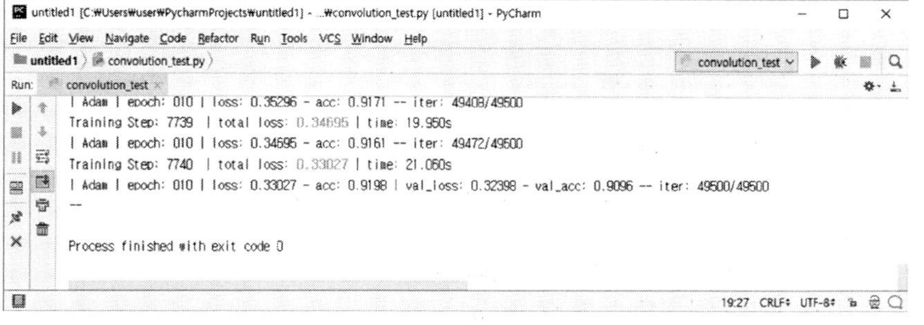

7.4 RNN을 이용한 값 예측

이번에는 위의 응용 설명에서 언급한 두 번째 유형을 이용한 값 예측의 예를 살펴보자. 살펴볼 예제는 cos 함수를 학습하는 예인데, len_seq 개수 만큼의 cos 값 시퀀스를 입력으로 하여 그 다음 cos 값을 예측하는 것이다.

```
import tensorflow as tf
import tflearn
from tflearn.layers.normalization import batch_normalization
import numpy as np
import math
```

```
import matplotlib
import matplotlib.pyplot as plt

len_seq = 400

# 학습 데이터 구축
x = np.cos(np.arange(0, 40*math.pi, 0.01))

inputs = []
targets = []
for i in range(0, len(x) - len_seq):
  inputs.append(x[i: i + len_seq])
  targets.append(x[i  + len_seq])

inputs = np.reshape(inputs, [-1, len_seq, 1])
targets = np.reshape(targets, [-1, 1])

trainX = np.array(inputs)
trainY = np.array(targets)

# 테스트 데이터 구축
x = np.cos(np.arange(40*math.pi, 48*math.pi, 0.01))
inputs = []
for i in range(0, len(x) - len_seq):
  inputs.append(x[i: i + len_seq])

inputs = np.reshape(inputs, [-1, len_seq, 1])
testX = np.array(inputs)

# 네트워크 구성
net = tflearn.input_data(shape=[None, len_seq, 1])
net = tflearn.simple_rnn(net, n_units=16, return_seq=False)
net = tflearn.fully_connected(net, 1, activation='linear')
net = tflearn.regression(net, optimizer='sgd', loss='mean_square', learning_
rate=0.1)

# 학습
model = tflearn.DNN(net, clip_gradients=0.0, tensorboard_verbose=0)
model.fit(trainX, trainY, n_epoch=1, validation_set=0.1, batch_size=128)

# 예측
predictY = model.predict(testX)
print(predictY)
```

망 구성은 아래 그림처럼 입력 층 (1개의 입력 뉴런으로 구성)과 1개의 재귀 층 (16개의 재귀 뉴런으로 구성), 그리고 한 개의 완전 연결 층 (1개의 뉴런으로 구성)이 된다. 이 예는 망 구성은 간단하지만 학습 데이터와 테스트 데이터 구축이 상대적으로 복잡하다. 0.01 단위로 0 ~ 40*PI 사이의 cos 값을 구한 후, 이 데이터를 len_seq 개수만큼씩 잘라 학습 입력 데이터로 구축하며, len_seq + 1 위치의 값들을 학습 출력 데이터로 구축하고 있다. 테스트를 위한 입력 데이터도 학습을 위한 입력 데이터 구성 방법과 동일하다. 단, 값의 범위가 겹치지 않도록 40*PI ~ 48*PI 범위의 값을 취하여 사용하고 있다.

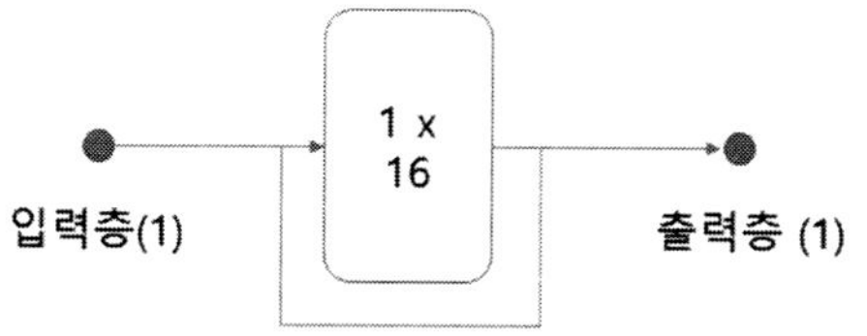

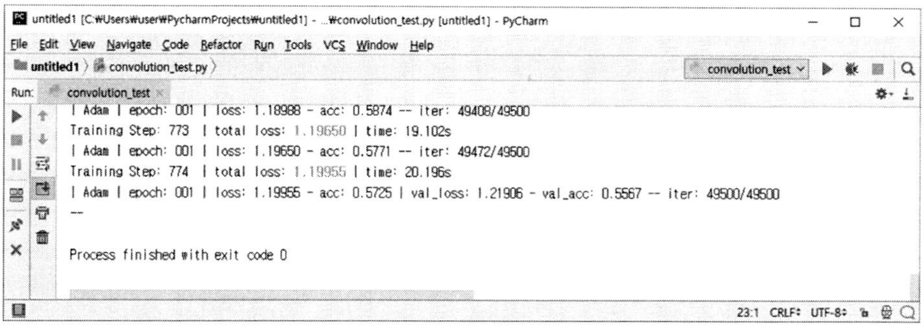

그 성능을 시각적으로 파악하기 위해 아래의 코드를 위 코드에 추가한 후, 망의 구조를 일부 바꾸면 실험해 보자. 먼저, 재귀층의 뉴런수를 4에서부터 32까지 2의 배수로 증가시키면서 실험해 보자. 4에서부터 16까지는 아주 조금씩 향상되는 것처럼 보이지만, 32가 되는 순간에 전혀 학습이 되지 않음을 알 수 있다.

```
# 결과 시각화
plt.figure(figsize=(10,4))
plt.suptitle('Prediction')
plt.title('Length of Sequence = ' + str(len_seq))
plt.plot(testX, 'r-', label='Actual Value')
```

```
plt.plot(predictY, 'gx', label='Predicted Value')
plt.legend()
plt.show()
```

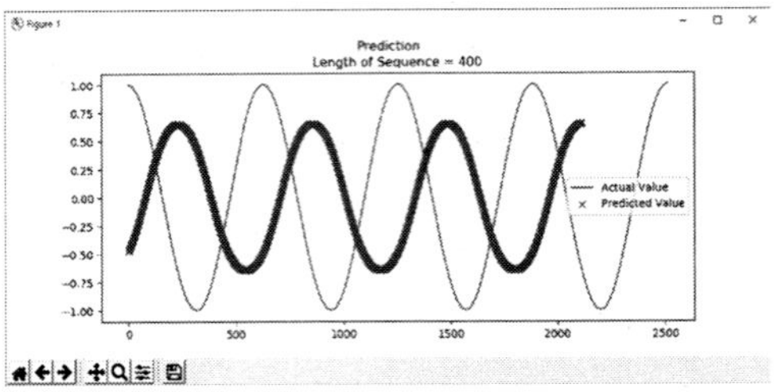

n_units = 4

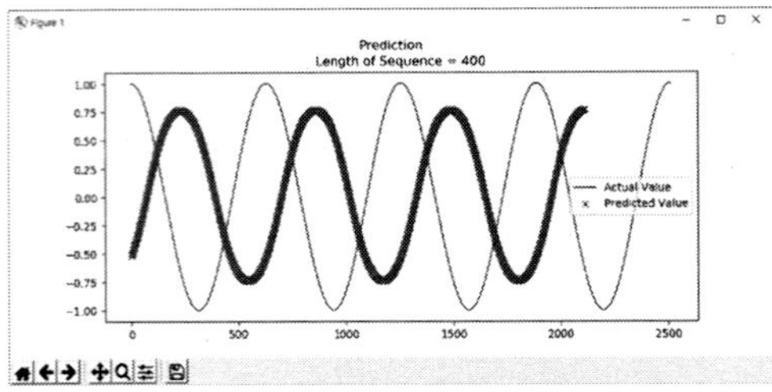

n_units = 8

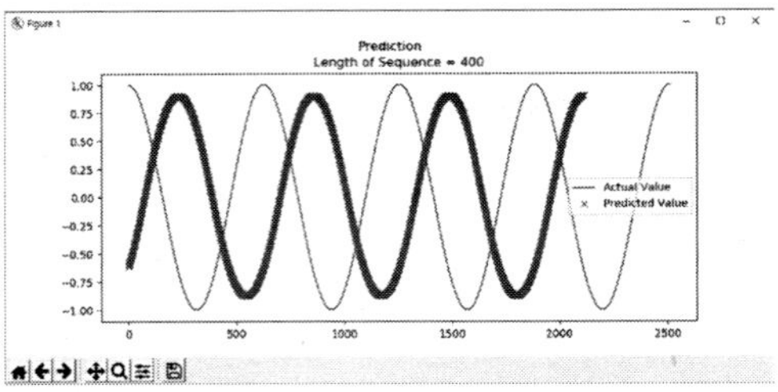

n_units = 4

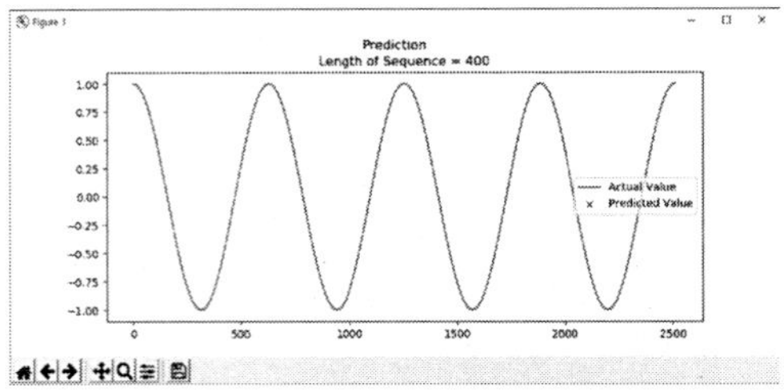

n_units = 8

층의 깊이를 좀 더 깊게 하면서, 즉 같은 크기의 재귀 층을 2층과 3층으로 할 경우 실험해 보면 아래와 같이 거의 학습이 되지 않음을 알 수 있다. 이로부터 무조건 층의 깊이를 깊게 한다고 좋다고 할 수 없음을 알 수 있다. 다양한 실험을 통해 주어진 문제에 맞는 층의 개수를 찾아야 한다. 시퀀스 길이에 따라서도 성능이 달라질 수 있다. 각자 실험해 보기 바란다.

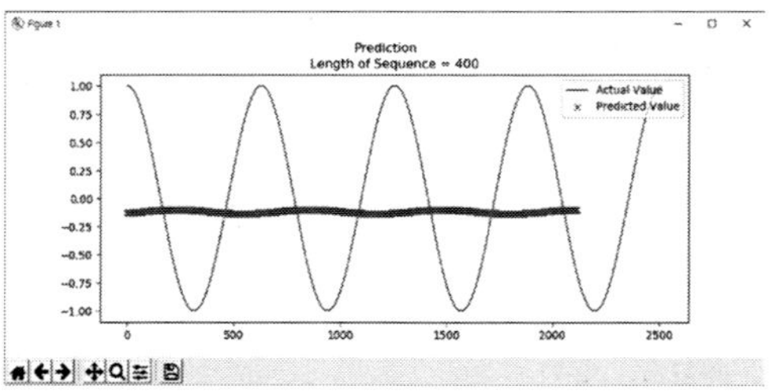

1x16 재귀층 2개

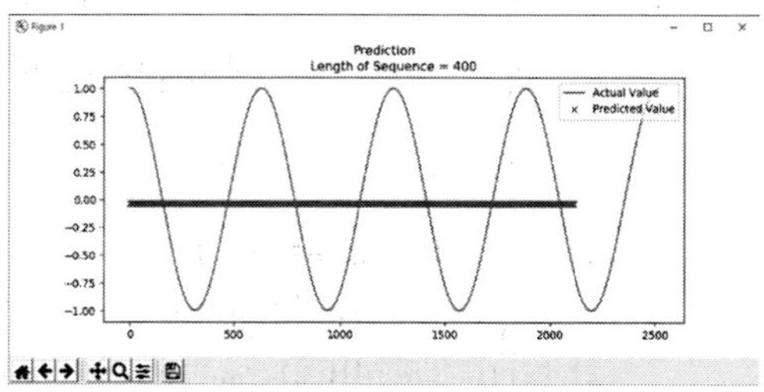

n_units = 8

이번에는 len_seq 개수 만큼의 cos 값 시퀀스를 입력으로 하여 그 다음 len_seq 개수 만큼의 cos 값을 예측하는 프로그램을 작성해 보자. 위의 예에서 simple_rnn의 return_seq 패러미터의 값을 True로 설정하면, len_seq 개수 만큼의 cos 값을 입력에 대해 len_seq 개수 만큼의 출력을 얻을 수 있다. 하지만 출력되는 값이 cos 값이 아니라 16차원의 벡터 값이다. 그래서 아래 그림처럼 16차원의 벡터 값을 1차원의 값으로 변환하는 추가의 과정이 필요하다.

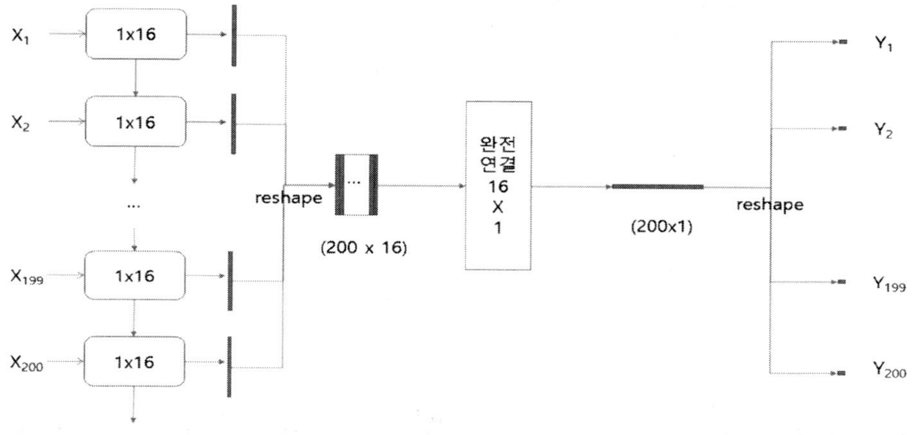

위 과정을 코드화하면, 위의 코드에서 망 구성 부분을 아래와 같이 수정해 주어야 한다. simple_rnn의 'return_seq' 패러미터의 값을 True로 설정하여 중간 결과들을 출력한다. 지금 예에서는 입력 벡터와 출력 벡터 모두 1차원, 즉 스칼라 값이기에 input_data 함수의 shape 패러미터를 [None, len_seq, 1]로, 두 번째 reshape 함수의 두 번째 패러미터의 값을 [−1, 16, 1]로 하였다. 만약 입력 벡터와 출력 벡터의 차원이 각각 n_inputs, n_outputs라면 각각 [None, len_seq, n_inputs]와 [−1, 16, n_outputs]로 바뀌어야 한다.

```
net = tflearn.input_data(shape=[None, len_seq, 1])
net = tflearn.simple_rnn(net, n_units=16, return_seq=True)
net = tf.reshape(net, [-1, 16])
net = tflearn.fully_connected(net, 1, activation='linear')
net = tf.reshape(net, [-1, len_seq, 1])
net = tflearn.regression(net, optimizer='sgd', loss='mean_square', learning_
rate=0.1)
```

그리고 위의 코드에서 학습 데이터를 구성하는 부분도 아래와 같이 약간 수정되어야 한다. 앞의 예제에서는 타겟 값이 하나였지만 이번에는 len_seq 길이의 시퀀스가 되어야 한다.

```
# 학습 데이터 구축
x = np.cos(np.arange(0, 40*math.pi, 0.01))

inputs = []
targets = []
for i in range(0, len(x) - len_seq):
  inputs.append(x[i: i + len_seq])
  targets.append(x[i+1 : i + 1 + len_seq])

inputs = np.reshape(inputs, [-1, len_seq, 1])
targets = np.reshape(targets, [-1, len_seq, 1])

trainX = np.array(inputs)
trainY = np.array(targets)
```

7.5 LSTM (Long Short-Term Memory) Cell 소개

Simple RNN 보다 학습 속도가 빠르고 데이터에 내재된 긴 시간의 종속 관계를 감지할 수 있는 모델이 LSTM이다. 이 모델은 1997년에 Sepp Hochreiter와 Jürgen Schmidhuber에 의해 제안된 이후에 여러 연구자에 의해 점차적으로 개선되었다. Simple RNN의 한 재귀 뉴런의 상태는 하나로 구성되지만 LSTM cell의 상태는 두 개 C_t 와 h_t 로 구성이 된다. h_t 는 단기간 상태를, C_t 는 장기간 상태를 나타낸다. 한 cell의 입력은 이전 시간의 상태 값 C_{t-1} 과 h_{t-1} 그리고 현 시간의 입력 X_t로 구성되며, 내부 구성 로직에 따라 상태를 갱신 (C_t 와 h_t)한 후, 현 상태 값 중 단기 상태 값에 해당하는 h_t를 출력 값 y_t로 내 놓는다.

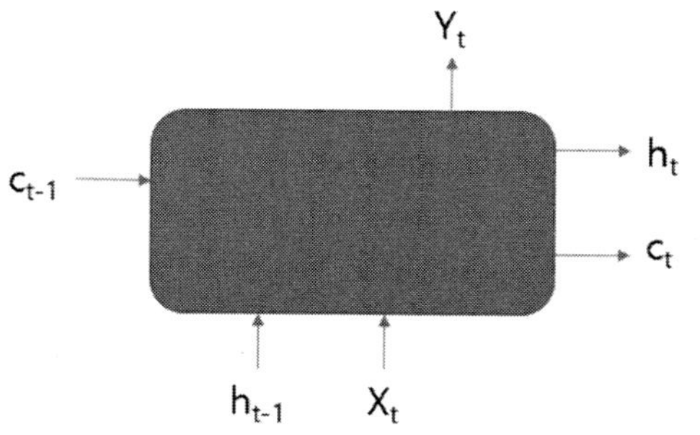

셀 내부를 보면 4개의 완전 연결층으로 구성되어 있는데, 각 완전 연결 층은 h_{t-1}과 X_t를 입력으로 해서 y_t 벡터의 차원의 출력을 내준다. 하나의 완전 연결 층이 Simple RNN에서의 하나의 재귀 층이라고 보면 된다. 여러 재귀 층이 스택처럼 쌓여 있는 것이 아니라 옆으로 놓여 있는 구조이다. 두 번째 연결 층의 활성화 함수는 tanh이며, 나머지의 활성화 함수는 logistic이다. 이 네 개의 완전 연결 층 중 핵심은 두 번째 연결 층 (g_t를 출력)이다. 이 연결 층이 Simple RNN에서의 재귀층에 대응되는 것으로 보면 된다. 나머지 세 개의 연결 층은 이 연결 층의 출력을 조절하는 역할을 하는 층으로 보면 된다.

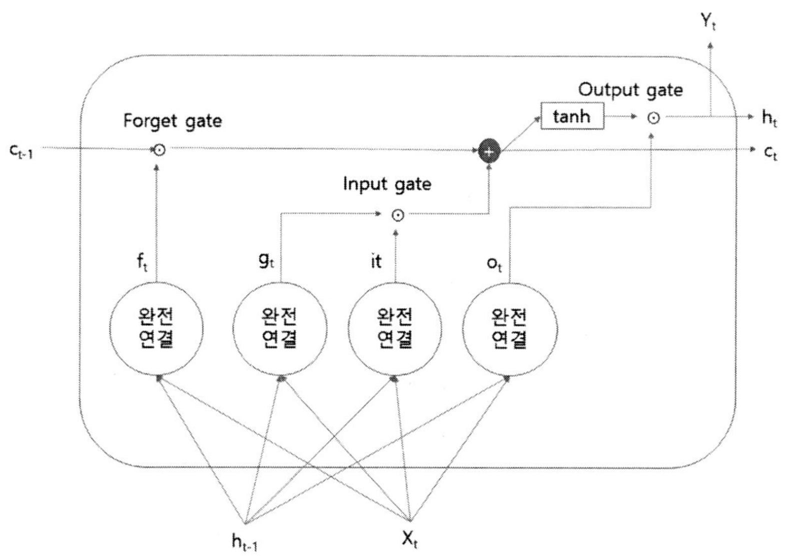

입력과 이전 상태 값이 주어지면 먼저, f_t, g_t, i_t, o_t가 계산된 후, g_t와 c_{t-1}이 합해지는데, 이때 각각의 반영 비율을 i_t와 f_t로 조절을 하며, 합해진 결과를 현재의 장기 상태 값(c_t)으로 변경하고, 그 값의 일부 (o_t로 조절)를 단기 상태 값 (h_t)으로 변경한다. 그 동작 과정을 좀 더 자세히 살펴보면 다음과 같다. 먼저, g_t출력이 장기 상태 값 (장기 메모리 값) c_{t-1}과 합해지는데, 장기 상태 값을 얼마나 반영할 것인가를 forget gate를 통해 결정한다. forget gate는 c_{t-1}와 첫 번째 연결 층의 출력 (f_t)을 대응 원소끼리 곱해주는 역할을 한다. f_t는 0과 1 사이의 값이므로, 이 값에 따라 c_{t-1}의 반영 비율이 결정된다. 만약 f_t가 0 벡터이면 장기 상태 값은 전혀 반영이 되지 않으며, f_t가 1 벡터이면 장기 상태 값은 그대로 반영된다. g_t의 값도 c_{t-1}과 합해지기 전에 먼저 input gate에 의해 그 비율이 결정된다. input gate의 동작도 forget gate의 동작과 동일하다. c_{t-1}과 g_t가 합쳐진 후 output gate에 의해 일정 비율만 단기 상태 값으로 반영된다. output gate의 동작도 forget gate의 동작과 동일하다.

TFLearn 라이브러리에는 LSTM cell을 생성하는 lstm() 함수를 제공한다. activation 패러미터 (위 설명에서 두 번째 완전 연결 층의 활성화 함수를 지정하는 패러미터)의 기본 값이 'sigmoid'에서 'tanh'로 바뀌었고, inner_activation 패러미터와 forget_bias 패러미터 (위 설명에서 나머지 세 완전 연결 층의 활성화 함수와 바이어스를 지정하는 패러미터)가 추가되었다. 이런 추가의 패러미터의 기본 값을 변경하지 않을 경우는 simple_rnn 함수 대신에 lstm 함수로 바꾸어 주기만 하면 기존 프로그램이 그대로 잘 동작한다.

```
tflearn.layers.recurrent.lstm (incoming, n_units, activation='tanh', inner_
activation='sigmoid', dropout=None, bias=True, weights_init=None, forget_
bias=1.0, return_seq=False, return_state=False, initial_state=None,
dynamic=False, trainable=True, restore=True, reuse=False, scope=None,
name='LSTM')
```

앞의 MNIST 데이터를 이용한 분류기 예제에서 simple_rnn 함수 대신에 lstm 함수로 바꾸어 실행해 보자. 실행 결과는 다음 그림과 같다. simple_rnn 함수을 사용한 결과를 비교해 보면, 실행 시간은 2배 가량 더 걸리지만 lstm 함수를 사용한 결과가 성능이 더 향상되었다는 것을 알 수 있다. cos 값을 예측하는 예제에 대해서도 lstm 함수로 바꾸어 실행시켜 보라. 이 예제에 대해서도 성능이 향상되는지 확인해 보라.

```
import numpy as np
import tflearn
import tflearn.datasets.mnist as mnist

X, Y, testX, testY = mnist.load_data(one_hot=True)
X = np.reshape(X, (-1, 28, 28))
testX = np.reshape(testX, (-1, 28, 28))

net = tflearn.input_data(shape=[None, 28, 28])
net = tflearn.lstm(net, 128, return_seq=True)
net = tflearn.lstm(net, 128)
net = tflearn.fully_connected(net, 10, activation='softmax')
net = tflearn.regression(net, optimizer='adam',
                         loss='categorical_crossentropy', name="output1")
model = tflearn.DNN(net, tensorboard_verbose=2)
model.fit(X, Y, n_epoch=1, validation_set=0.1, show_metric=True, snapshot_
step=100)
```

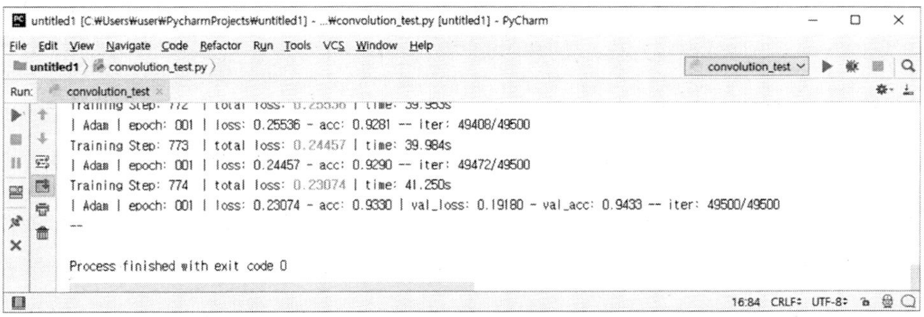

7.6 GRU (Gated Recurrent Unit) Cell 소개

GRU cell은 LSTM cell을 단순화시킨 버전으로, 2014년 Kyunghyun Cho와 그 동료들이 제안하였다. 그 성능이 LSTM에 못지않아 사용이 계속 늘고 있으며, TFLearn 라이브러리에서도 GRU cell 생성을 위한 함수를 제공하고 있다. 그 구조는 다음 그림과 같다.

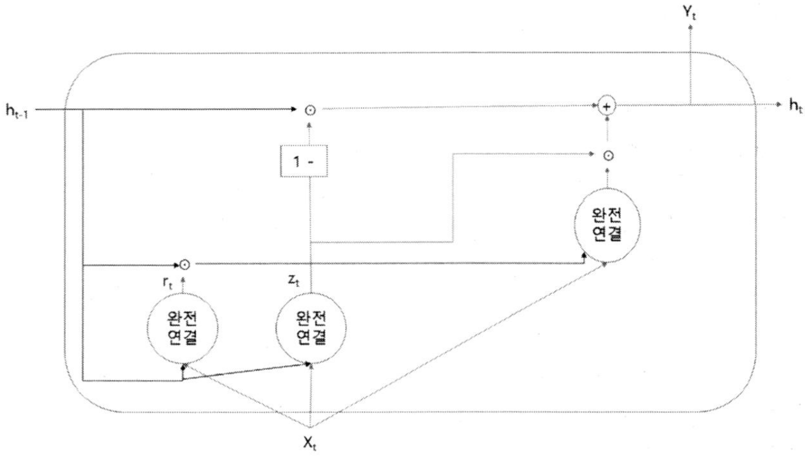

LSTM cell에서는 두 종류의 상태 값이 있었는데 하나로 바뀌었으며, 완전 연결 층이 4개에서 3개로 바뀌었다. 핵심 완전 연결 층, 즉 LSTM cell에서 g_t 값을 출력하는 층에 해당하는 완전 연결 층은 오른쪽 상단의 것이며, 나머지 두 개는 gateway를 제어하기 위한 것이다. 완전 연결 층이 4개에서 3개로 바뀐 이유는 forget gateway와 input gateway를 하나의 값으로 제어하기 때문이다. 아래 두 번째 완전 연결 층의 결과 z_t를 input gateway로 출력하고, 동시에 1에서 그 결과를 뺀 결과를 forget gateway로 출력하기 때문에 이전 상태 값과 핵심 완전 연결 층의 결과를 반대의 비율로 반영하게 된다. 언뜻 봐서는 output gateway가 없어지고, 새로운 gateway (r_t 출력으로 제어되는 게이트웨이)가 추가된 것처럼 보이는데, 실상은 이 gateway가 output gateway의 역할을 담당한다. LSTM cell에서 장기 상태 값 (c_t)에 output gateway를 적용하여 단기 상태 값 (h_t)를 얻은 것처럼, 이전 장기 상태 값 (h_{t-1})에 새로운 gateway를 적용하여 단기 상태 값을 얻고 있다. cell 앞 단에서 적용하느냐, 끝단에서 적용하느냐의 차이에 불과하다.

앞에서 잠시 언급했듯이 TFLearn 라이브러리에는 LSTM cell을 생성하는 gru() 함수를 제공한다. lstm() 함수의 패러미터에서 forget_bias 패러미터가 빠지고 나머지는 동일하다. 따라서, 이 패러미터를 특별히 변경하여 사용하지 않는 이상 lstm 함수 대신에 그대로 사용하여도 된다.

```
tflearn.layers.recurrent.gru (incoming, n_units, activation='tanh', inner_
```

```
activation='sigmoid', dropout=None, bias=True, weights_init=None, return_
seq=False, return_state=False, initial_state=None, dynamic=False,
trainable=True, restore=True, reuse=False, scope=None, name='GRU')
```

앞의 MNIST 데이터를 이용한 분류기 예제에서 lstm 함수 대신에 gru 함수로 바꾸어 실행해 보자. lstm 함수를 사용한 결과와 비교해 보면, 실행 시간은 거의 비슷하지만 gru 함수를 사용한 결과가 더 성능이 향상되었다는 것을 알 수 있다. cos 값을 예측하는 예제에 대해서도 gru 함수로 바꾸어 실행시켜 보라. 이 예제에 대해서도 성능이 향상되는지 확인해 보라.

```
import numpy as np
import tflearn
import tflearn.datasets.mnist as mnist

X, Y, testX, testY = mnist.load_data(one_hot=True)
X = np.reshape(X, (-1, 28, 28))
testX = np.reshape(testX, (-1, 28, 28))

net = tflearn.input_data(shape=[None, 28, 28])
net = tflearn.gru(net, 128, return_seq=True)
net = tflearn.gru(net, 128)
net = tflearn.fully_connected(net, 10, activation='softmax')
net = tflearn.regression(net, optimizer='adam',
                        loss='categorical_crossentropy', name="output1")
model = tflearn.DNN(net, tensorboard_verbose=2)
model.fit(X, Y, n_epoch=1, validation_set=0.1, show_metric=True, snapshot_
step=100)
```

7장. 연습문제

- **다음 물음에 답하시오.**

1. 다음 중 시퀀스 데이터와 거리가 먼 것은 ?

1) 주가 데이터 2) 날씨 데이터 3) 이미지 4) 음성

2. 다음 중 시퀀스 데이터의 패턴을 학습하기에 가장 적합한 모델은 ?

1) SVM 2) CNN 3) RNN 4) Random Forest

3. RNN에 대한 설명 중 옳은 것은 ? 여러 개 선택 가능

(1) 이미지와 같은 시각 정보 처리에 유용한 모델이다.

(2) 순서 정보를 학습할 수 있다.

(3) 원시(raw) 데이터로부터 특징 추출 방법을 자동으로 학습한다.

(4) 분류 문제에 적용 시 보통 재귀 층에 완전 연결 층을 추가하여 사용한다.

4. LSTM에 대한 설명과 거리가 먼 것은?

(1) 1997년에 Sepp Hochreiter와 Jürgen Schmidhuber에 의해 제안된 이후에 여러 연구자에 의해 점차적으로 개선되었다.

(2) Simple RNN과 마찬가지로 LSTM cell의 상태는 두 개의 값으로 구성이 된다.

(3) Simple RNN 보다 학습 속도가 빠르고 데이터에 내재된 긴 시간의 종속 관계를 감지할 수 있다.

(4) LSTM cell의 상태 값 중 단기 상태 값을 출력 값으로 내 놓는다.

5. LSTM cell에 대한 설명으로 맞는 것은 ?

(1) 네 개의 완전 연결 층 중 세 번째 완전 연결 층의 활성화 함수는 tanh이다.

(2) 네 개의 완전 연결 층 중 세 번째를 제외한 나머지 완전 연결 층의 활성화 함수는 logistic이다.

(3) 핵심 완전 연결 층은 세 번째 완전 연결 층으로 Simple RNN에서의 재귀 층에 대응되는 것이다.

(4) 나머지 세 개의 완전 연결 층은 핵심 완전 연결 층의 출력을 조절하는 역할을 하는 층으로 보면 된다.

6. GRU cell에 대한 설명으로

(1) TFLearn 라이브러리에서도 GRU cell 생성을 위한 함수를 제공하고 있다.

(2) LSTM cell에서는 두 종류의 상태 값이 있었는데 하나로 바뀌었다.

(3) output gateway가 사라지고 새로운 gateway가 추가되었다.

(4) 완전 연결 층이 4개에서 3개로 바뀌었는데, 이는 forget gateway와 input gateway를 하나의 값으로 제어하기 때문이다.

- **다음 ( )에 적합한 내용을 채우시오.**

1. 뉴런의 출력이 다시 입력으로 주어지는 형태의 뉴런을 ( ) 뉴런이라 한다.
2. 재귀 층의 재귀 뉴런을 실행하는 방법은 중 재귀 뉴런을 시간 축에 따라 펼쳐 일반 뉴런처럼 실행시키는 방법을 ( ) 방법이라 한다.
3. Simple RNN 보다 학습 속도가 빠르고 데이터에 내재된 긴 시간의 종속 관계를 감지할 수 있는 모델이 ( )이다.
4. LSTM cell에서 장기 상태 값을 얼마나 반영할 것인가를 ( )를 통해 결정한다.
5. ( )은 LSTM cell을 단순화시킨 버전으로, 그 성능이 LSTM에 못지 않아 그 사용이 계속 늘고 있다.

- **다음 물음에 o, x로 답하시오.**

1. 재귀 층도 필요한 경우는 여러 층으로 쌓아서 사용하면 된다.
2. 보통 RNN의 출력을 최종 출력으로 사용하고, 가끔 RNN 다음에 완전 연결 층을 붙여 사용한다.
3. LSTM 셀은 4개의 완전 연결 층으로 구성되며, 각 완전 연결 층은 스택처럼 쌓여 있다.
4. LSTM 셀에서 output gate를 조절하는 역할을 담당하는 완전 연결 층은 (   ) 번째 연결 층이다.

- **다음 물음에 답하시오.**

1. 2차원 벡터를 입력으로 받아 3차원 벡터를 출력하는 재귀 층의 동작 수식은 아래와 같이 정의된다. B = [0.1, 0.2, 0.4], U = $\begin{bmatrix} 0.2 & 0.2 & 0.2 \\ 0.4 & 0.4 & 0.4 \end{bmatrix}$, V = $\begin{bmatrix} 0.1 & 0.5 & 0.9 \\ 0.2 & 0.4 & 0.6 \\ 0.3 & 0.3 & 0.9 \end{bmatrix}$일 때, 입력 X = [[1, 5], [2, 2]]에 대한 출력 Y는 ?

$$Y_t = f\,(X_t \cdot U + Y_{t-1} \cdot V + B)$$

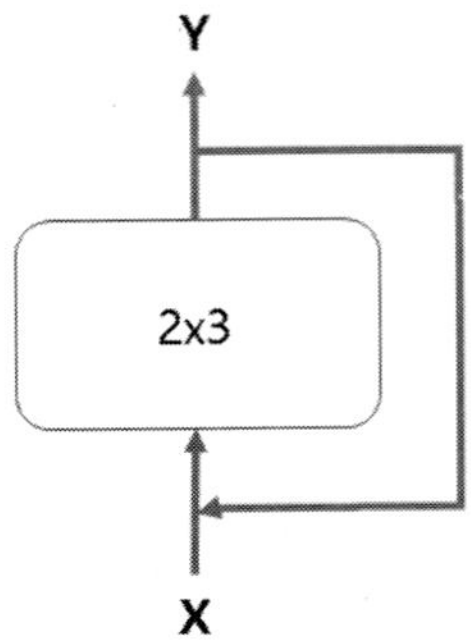

2. 다음 텐서플로우 코드를 보고 아래의 물음에 답하시오.

```
net = tflearn.input_data(shape=[None, 28, 28])
net = tflearn.simple_rnn(net, 128, return_seq=True)
net = tflearn.simple_rnn(net, 128)
net = tflearn.fully_connected(net, 10, activation='softmax')
```

(a) 코드에 대응되는 RNN의 구조를 그림으로 그려보시오.

(b) 한 학습 데이터는 어떻게 구성해야 하는가 ?

(c) "return_seq=True"의 의미는 ?

3. 3일치의 온도, 습도, 풍량 데이터를 이용하여 4일째 비가 올지의 여부를 예측하고자 한다. 두 층의 재귀 층과 하나의 완전 연결 층으로 이루어진 RNN 형태 (첫 번째 재귀 층의 출력은 7차원 벡터이며, 두 번째 재귀 층의 출력은 5차원 벡터)로 구성하고자 한다. 신경망의 구조를 그림으로 그리시오.

Chapter

8

오토인코더 (AutoEncoder)

1. 오토인코더 구조 및 동작
2. Stacked 오토인코더
3. 잡음 제거 오토인코더
4. 콘볼루션 오토인코더
5. 가변 오토인코더

오토인코더는 비지도 학습 형태로 입력 데이터의 효율적인 표현 (코드 (code)라고 함)을 학습할 수 있는 인공 신경망으로, 이러한 코드는 일반적으로 입력 데이터보다 차원이 훨씬 낮아서 차원 축소에 아주 유용하다. 그래서 오토 인코더는 심층신경망을 학습하기에 앞서 학습 데이터의 차원을 축소할 목적으로 비지도 학습 형태로 사전 학습하는데 사용되어 진다. 또한 훈련 데이터 (예 : 얼굴 이미지)와 매우 유사한 새로운 데이터 (새로운 얼굴 이미지)를 무작위로 생성 할 수 있는 능력도 갖고 있어 데이터 생성 모델로도 사용할 수 있다. 이번 장에서는 이런 오토인코더의 기본 동작 원리와 부여 가능한 제약 사항들, 그리고 tflearn 라이브러리를 사용한 그 구현 방법들을 살펴본다.

8.1 오토인코더 구조 및 동작

오토인코더는 입력과 동일한 출력을 내도록 학습하는 방법을 사용한다. 그래서 처음 오토인코더를 접하면 너무 당연한 것을 학습한다고 생각할 수 있다. 제약 사항이 없는 경우에는 그렇다. 하지만 제약을 가하면 학습이 그렇게 당연하지가 않다. 제약 사항에 따라 학습되는 특성들이 달라진다. 예를 들어, 내부에서 사용하는 표현, 즉 코딩의 사이즈를 입력보다 작도록 하는 제약을 사용하면 차원 축소의 효과가 생기게 되며, 입력에 노이즈를 추가하고 출력으로 원 입력이 나오도록 하면, 노이즈 제거 능력을 학습하게 된다.

전형적인 오토인코더의 구조는 우리가 앞서 배운 다층신경망 (MLP)의 구조와 같다. 단, 앞에서 언급한 것처럼 입력과 출력이 같아야 하므로 입력 뉴런의 개수와 출력 뉴런의 개수가 같다. 아래 그림은 은닉층이 하나인 오토인코더의 구조이다. 그 구조가 가운데 은닉층을 기준으로 대칭 (뉴런 연결선의 방향은 제외)인 형태를 띠고 있다. 가운데 은닉층을 code라 하고, code의 앞 부분은 입력을 압축 형태로 만드는 역할을 하기 때문에 인코더 (encoder)라 하며, code의 뒷 부분은 압축된 형태를 원래의 형태로 만드는 역할을 하기 때문에 디코더 (decoder)라 한다.

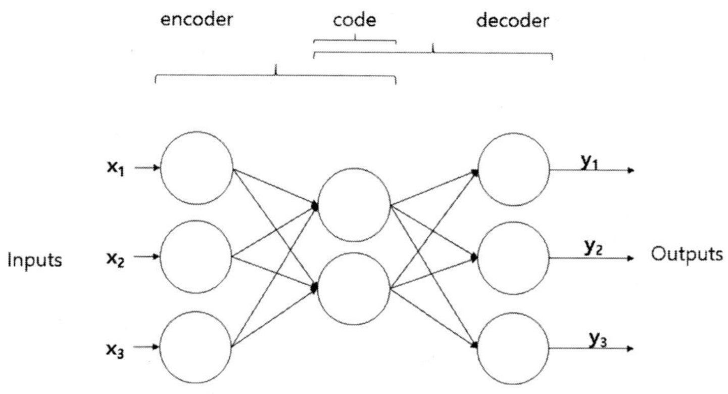

오토인코더는 비지도 학습 형태로 학습 입력 벡터만 주어지고 그에 대응되는 타겟 값은 주어지지 않는다. 하지만 실제 학습은 지도 학습 형태로 진행이 된다. 즉 타겟 값이 주어지지 않았지만 타겟 값을 입력 값과 동일한 것으로 보고 MLP 학습 방법에 따라 학습이 되어지고, 학습 후에는 디코더 부분을 제거한 형태로 사용이 되어진다. 코드의 차원이 입력 벡터의 차원보다 작기 때문에 코드는 단순히 입력 벡터를 복사하는 형태가 아니라 입력벡터를 좀 더 압축된 형태로 표현하기 위해 입력 벡터의 중요한 특징들은 추출되고 덜 중요한 특징들은 버려지는 형태로 입력 벡터를 표현하게 된다.

만약 오토인코더가 활성화 함수로 선형 함수를 사용하고 비용 함수로 MSE (Mean Squared Error)를 사용하면, 1장에서 간단히 소개한 PCA (principal Component Analysis)와 같은 효과를 발휘하는 것으로 알려져 있다. 아래의 코드는 이를 확인하기 위한 코드로 3차원 데이터에 선형 인코더를 적용하여 2차원 데이터로 투영하는 예이다.

```
import numpy as np
import matplotlib.pyplot as plt
import tflearn
from sklearn.decomposition import PCA

from mpl_toolkits.mplot3d import Axes3D
from mpl_toolkits.mplot3d import proj3d

# 데이터 생성
mu_vec1 = np.array([0,0,0])
```

```
cov_mat1 = np.array([[1,0,0],[0,1,0],[0,0,1]])
XX = np.random.multivariate_normal(mu_vec1, cov_mat1, 1000)
X = XX[:800]
testX = XX[801:]

# 오토인코더 구성
encoder = tflearn.input_data(shape=[None, 3])
code = tflearn.fully_connected(encoder, 2) # activation = 'linear'
decoder = tflearn.fully_connected(code, 3) # activation = 'linear'
net = tflearn.regression(decoder, optimizer='adam', learning_rate=0.001,
                         loss='mean_square', metric=None)

# 오토인코더 학습
model = tflearn.DNN(net, tensorboard_verbose=0)
model.fit(X, X, n_epoch=40, validation_set=(testX, testX),
          run_id="auto_encoder", batch_size=256)

# 인코더 이용하여 학습 데이터 인코딩
model = tflearn.DNN(code, session=model.session)
Y = model.predict(X)

# PCA를 이용하여 2차원으로 투영
pca = PCA(n_components=2)
Y2 = pca.fit_transform(X)

# 인코딩 이전 데이터와 인코딩 후 데이타 표시
fig = plt.figure(figsize=(8,8))
ax = fig.add_subplot(311, projection='3d')
ax.plot(X.T[0,:], X.T[1,:], X.T[2,:], 'o', markersize=8, color='blue', alpha=0.5)
ax = fig.add_subplot(312)
ax.plot(Y.T[0,:], Y.T[1,:], 'x', markersize=8, color='red', alpha=0.5)
ax = fig.add_subplot(313)
ax.plot(Y2.T[0,:], Y2.T[1,:], '*', markersize=8, color='green', alpha=0.5)
plt.show()
```

데이터는 다변량 정규분포 (평균 : [0, 0, 0], 공분산 : [[1,0,0],[0,1,0],[0,0,1]])를 따르는 랜덤 생성함수 np.random.multivariate_normal()을 사용하여 1,000개를 생성하였으며, 이 중 800개를 학습용으로, 200개를 검증용으로 사용하였다. 3차원 벡터를 2차원으로 축소하는 방법은 오토인코더를 이용하는 방법과 PCA를 이용하는 방법 두 가지 모두를

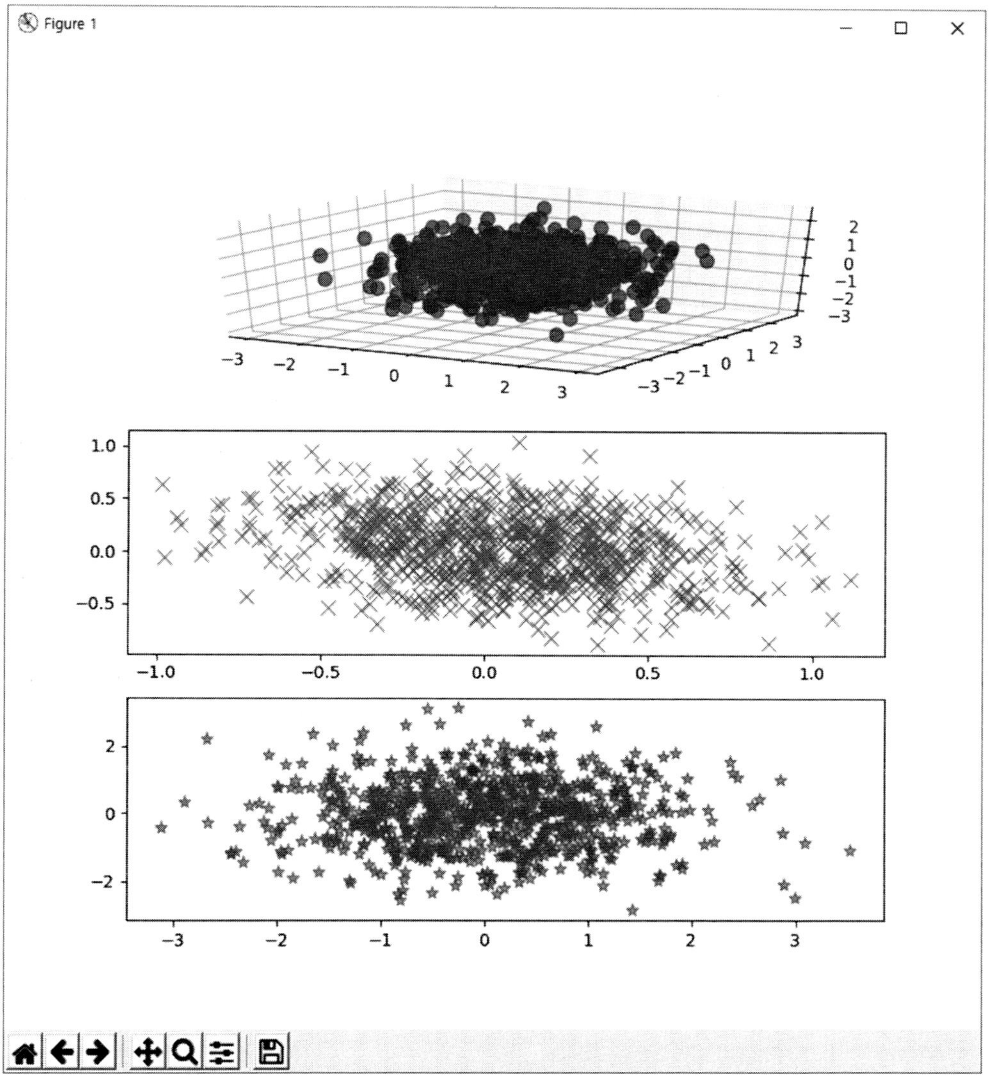

구현하였다. Y가 오토인코더를 이용한 결과이고, Y2가 PCA를 이용한 결과이다. PCA는 scikit-learn 라이브러리에 PCA라는 클래스로 제공되는데, 이 클래스로부터 객체를 생성한 후 fit_transform 메소드를 호출해 주면 변환이 끝나게 된다. PCA 클래스로부터 객체를 생성할 때 컴포넌트 수, 즉 원하는 차원 수를 지정해 주면 된다. 오토인코더인 경우는 입력층은 input_data() 함수에 의해, 은닉층은 첫 번째 fully_connected() 함수에 의해, 출력층은 두 번째 fully_connected() 함수에 의해 구현된다. fully_connected() 함수에서 activation 인자를 사용하여 활성화 함수를 지정해주어야 하는데, 기본이 'linear'여서 별도로 설정하지 않았다. 입력층은 3차원의 입력 벡터를 받아들이게, 은닉층은 2차원으로, 출력층은 3차원 벡터를 출력하게 지정하였다. 그리고 regression() 함수를 사용하여 망을 학습할 수 있는 객체를 생성하는데, 이 때 손실 함수로 MSE를 지정하도록 하였다. 살행 결과는 아래 그림과 같은데, 첫 번째 그림은 원 입력 데이터를 표시한 것이며, 두 번째는 학습된 오토인코더를 이용하여 2차원으로 변환한 데이터, 즉 Y를 표시한 것이고, 세 번째는 PCA를 적용하여 2차원으로 변환한 결과, 즉 Y2를 표시한 것이다. 두 번째와 세 번째의 결과가 완전 동일하지 않지만 유사함을 확인할 수 있다.

8.2 Stacked 오토인코더

은닉층이 두 개 이상인 오토인코더를 stacked 오토인코더 또는 딥(deep) 오토인코더라 하는데, 은닉층이 깊어질수록 더 압축된 형태로 인코딩은 되겠지만 그것이 꼭 학습에 좋다고 할 수 없다. 학습된 인코더를 사용하여 학습 데이터의 입력 벡터들을 압축된 형태로 표현한 후 이를 지도학습에 사용할 경우, 압축이 좋다고 해서 좋은 판별 결과를 얻을 수 있는 것이 아니다. 예를 들어, 층을 계속 깊이 해서 결국 code가 하나의 뉴런으로 구성된 형태로 만들 수 있는데, 이럴 경우 입력 벡터가 스칼라 값으로 변환되게 되고, 이를 회귀분석이나 분류에 적용하면 결코 좋은 결과를 얻을 수 없다.

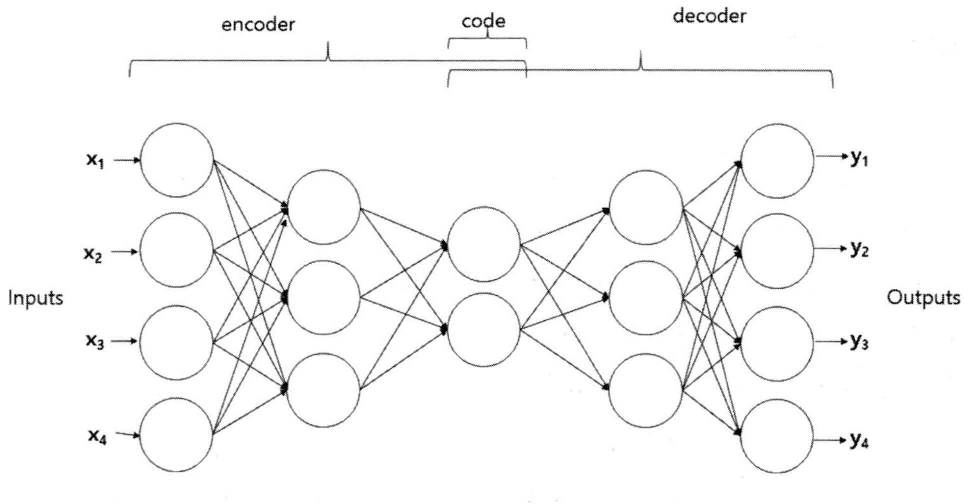

stacked 오토인코더를 다층 신경망처럼 통째로 한 번에 학습해도 되지만 은닉층 한 층씩 학습한 후 이를 쌓아올리는 방법을 사용할 수도 있다. 예를 들어, 위의 그림과 같이 인코더가 2개의 은닉층으로 구성될 경우, 먼저 아래의 그림처럼 아래와 같은 망을 구성한 후, 입력으로 학습 데이터의 입력 벡터를, 그리고 출력으로도 학습 데이터의 입력 벡터를 지정한 후 학습토록 한다. 학습 후, 각 입력 벡터에 대한 은닉층의 출력 벡터를 저장하도록 한다. 이 값이 두 번째 은닉층 학습 시 입력 값으로 사용되어 진다.

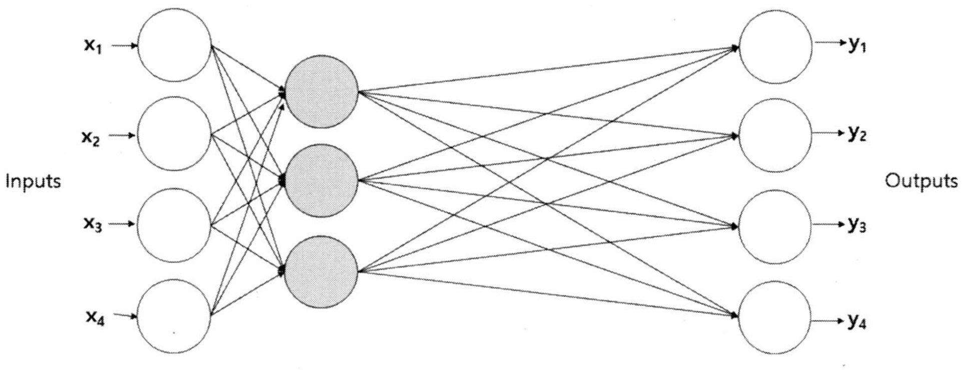

첫 번째 은닉층의 학습 (1단계 학습)이 끝나고 나면 아래와 같은 망을 구성하여 두 번째 은닉층을 학습 (2단계 학습)한다. 입력 벡터로 앞 단계에서 저장해둔 값을 사용하고, 출력 값으로도 동일한 값을 사용한다.

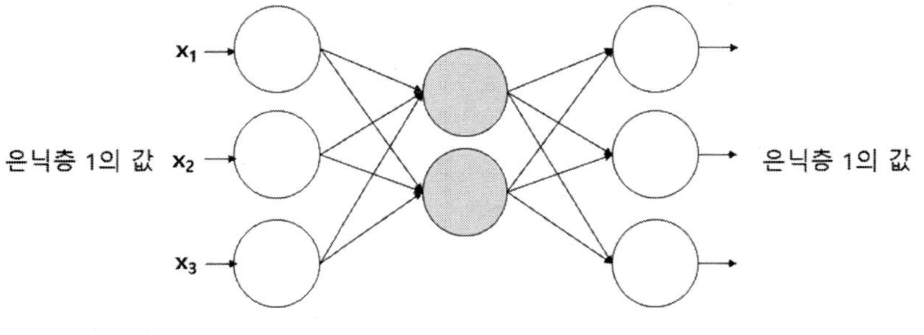

두 번째 은닉층 학습이 끝나고 나면 아래와 같이 최종적인 오토 인코더 망을 구성한 후, 별도로 학습을 하지 않고 1단계와 2단계 에서 학습한 결과, 즉 은닉층의 연결 가중치와

바이어스 값들을 복사하여 오토 인코더를 완성토록 한다.

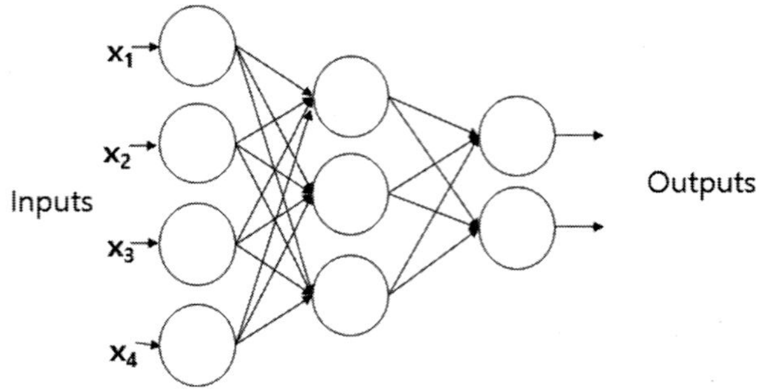

앞 단계에서 학습된 가중치와 바이어스를 복사하는 과정을 시각화 하면 아래와 같다.

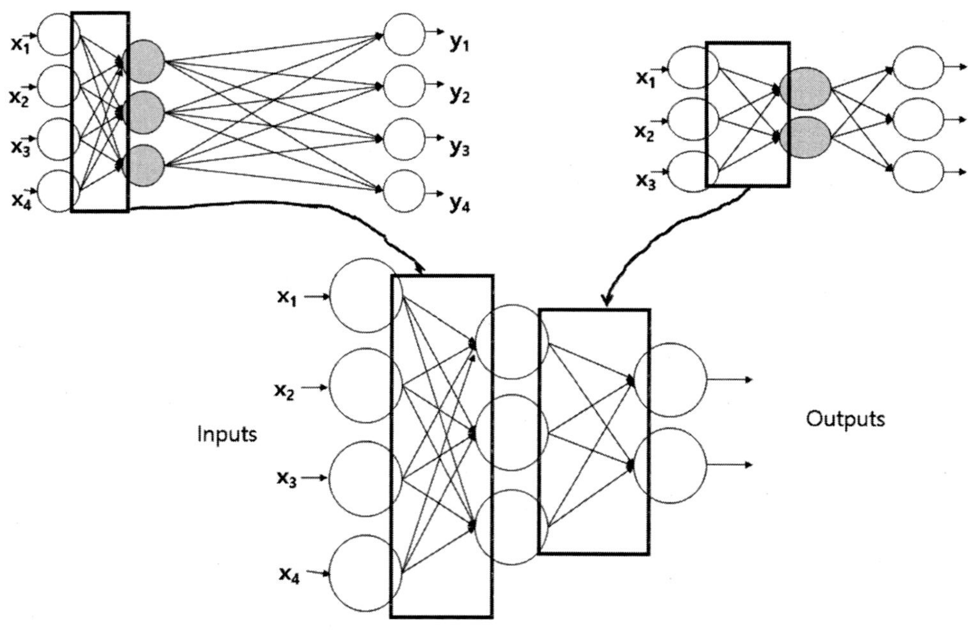

이렇게 한 층씩 학습하는 것이 통째로 학습하는 것보다 일반적으로 빠르다. 그래서 층이 깊은 오토인코더를 학습할 경우에는 이러한 방법이 더욱 효과적이다. 한 층씩 학습한 후 이를 쌓아 올리는 식으로 구현하려면 tflearn 라이브러리를 사용할 수 없고, 앞에서 설명한 저수준의 tensorflow 프로그래밍을 하여야 한다. 그래서 여기서는 기본 아이디어만 설명하고 그 구현 방법은 기술하지 않는다.

TFLearn 튜토이얼 사이트의 오토 인코더 예제 코드 (https://github.com/tflearn/tflearn/ blob/master/examples/images/autoencoder.py)를 수정하여 MNIST 데이터 (이미지의 픽셀 수 784)에 오토 인코더를 적용하여 64 픽셀 수로 압축해 보도록 하자. 먼저 인코더에 해당하는 완전 연결층을 구성해야 하는데, 여기서는 3층 (첫 번째 은닉층 노드의 수는 256, 두 번째 노드의 수는 128, 세 번째 은닉층 수는 64)으로 구성토록 한다.

```
encoder = tflearn.input_data(shape=[None, 784])
encoder = tflearn.fully_connected(encoder, 256)
encoder = tflearn.fully_connected(encoder, 128)
encoder = tflearn.fully_connected(encoder, 64)
```

인코더와 대칭으로 디코더에 해당하는 완전 연결층을 구성토록 한다. 마지막 층의 활성화 함수만 시그모이드 함수로 지정하였다. 나중에 활성화 함수를 선형 함수로 할 경우와 비교해 보기 바란다.

```
decoder = tflearn.fully_connected(encoder, 256)
decoder = tflearn.fully_connected(decoder, 784, activation='sigmoid')
```

망 구성이 끝났으면 이 망과 학습에 필요한 여러 패러미터들을 지정하여 Regression 객체를 생성한다.

```
net = tflearn.regression(decoder, optimizer='adam', learning_rate=0.001,
                         loss='mean_square', metric=None)
```

그리고 생성된 Regression 객체를 이용하여 DNN 객체를 생성하고, 이 객체의 fit() 메소드를 호출하여 학습을 진행토록 한다. 이 때 학습 용 입력 데이터와 출력 데이터를 동일하게 지정토록 한다.

```
model = tflearn.DNN(net, tensorboard_verbose=0)
model.fit(trainX, trainX, n_epoch=20, validation_set=(testX, testX),
          run_id="auto_encoder", batch_size=256)
```

학습이 끝나면 학습된 결과에서 인코더 부분만 사용하면 되는데, 이는 아래와 같이 인코더에 해당하는 서브망을 인수로 하여 DNN 객체를 생성하고 그 객체의 예측 기능을 사용하면 된다. 단, 새로이 생성된 DNN 객체는 전체 망의 학습된 결과의 일부분을 사용하기 때문에 DNN객체 생성 시 session 인수를 전체 망에 해당하는 DNN 객체의 session 과 동일한 session으로 지정해 주어야 한다.

```
encoding_model = tflearn.DNN(encoder, session=model.session)
testX = tflearn.data_utils.shuffle(testX)[0] # 테스트 셋 섞기
encodedTestX = encoding_model.predict(testX)
```

데이터를 로딩하는 부분과 결과를 이미지로 출력하는 부분을 추가한 전체 코드는 아래와 같다. 세 종류의 이미지가 출력되는데, 첫 번째 줄은 원본 이미지이고, 두 번째 이미지는 압축된 이미지를, 세 번째는 원본 이미지에 대한 학습 이미지, 즉 원본 이미지를 입력했을 경우 인코더와 디코더를 거쳐 출력된 이미지이다. 테스트 용 전체 이미지를 출력하지 않고 대신에 전체 이미지를 섞은 후 앞 10개의 이미지만 출력토록 하였다. 전체 이미지를 섞지 않으면 앞 10개의 이미지가 동일 숫자에 대한 이미지여서 다양한 숫자의 결과를 보여주기 위해 그렇게 하였다. 결과 화면에서 보는 바와 같이 원본 이미지와 예측 이미지가 거의 유사함을 알 수 있다. 예측 이미지가 원본 이미지 보다 흐릿하기는 하지만 그 형태는 거의 유사함을 알 수 있다.

```
import tflearn
import tflearn.datasets.mnist as mnist
import matplotlib.pyplot as plt
import numpy as np

# 학습 데이터 로딩
trainX, trainY, testX, testY = mnist.load_data(one_hot=True)

# 인코더 구성
encoder = tflearn.input_data(shape=[None, 784])
encoder = tflearn.fully_connected(encoder, 256)
encoder = tflearn.fully_connected(encoder, 128)
encoder = tflearn.fully_connected(encoder, 64)

# 디코더 구성
decoder = tflearn.fully_connected(encoder, 128)
decoder = tflearn.fully_connected(decoder, 256)
decoder = tflearn.fully_connected(decoder, 784)
```

```
# Regression 노드 생성
net = tflearn.regression(decoder, optimizer='adam', learning_rate=0.001,
                         loss='mean_square', metric=None)

# 모델 학습
model = tflearn.DNN(net, tensorboard_verbose=0)
model.fit(trainX, trainX, n_epoch=20, validation_set=(testX, testX),
          run_id="auto_encoder", batch_size=256)

# 인코더를 이용한 예측 (또는 압축)
encoding_model = tflearn.DNN(encoder, session=model.session)
testX = tflearn.data_utils.shuffle(testX)[0] # 테스트 셋 섞기
encodedTestX = encoding_model.predict(testX)
predictedTestX = model.predict(testX)

# 예측 결과 일부 출력
f, a = plt.subplots(3, 10, figsize=(10, 2))
for i in range(10):
    temp = [[ii, ii, ii] for ii in list(testX[i])]
    a[0][i].imshow(np.reshape(temp, (28, 28, 3)))
    temp = [[ii, ii, ii] for ii in list(encodedTestX[i])]
    a[1][i].imshow(np.reshape(temp, (8, 8, 3)))
    temp = [[ii, ii, ii] for ii in list(predictedTestX[i])]
    a[2][i].imshow(np.reshape(temp, (28, 28, 3)))
plt.show()
```

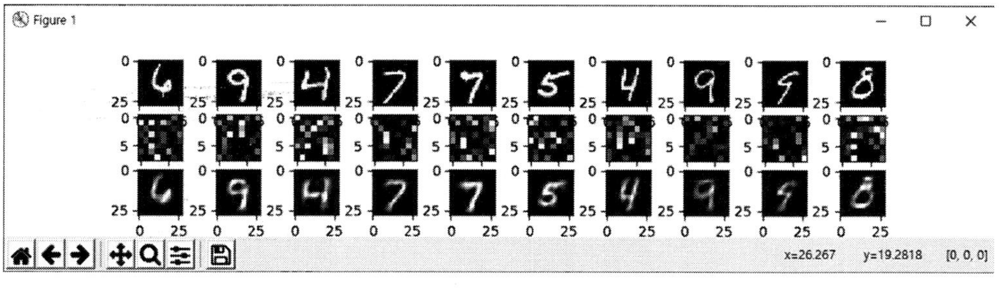

8.3 잡음 제거 (Denoising) 오토인코더

오토인코더의 원리를 이해하면 이를 응용하여 데이터에 포함된 잡음을 제거할 수 있다. 주어진 학습용 입력 벡터에 가우시안 잡음(정규분포를 따르는 잡음)을 섞은 후 이를 오토인코더의 입력으로 사용하고, 원래 주어진 학습용 입력 벡터를 출력으로 주게 되면 오토인코더는 아마 잡음을 제거하는 기능을 학습하게 될 것이다. 단, 데이터의 잡음이 정규분포를 따른다는 가정 하에서 그렇다.

먼저, 주어진 입력 데이터에 정규 분포의 노이즈를 추가하는 함수를 정의한 후, 이를 이용하여 MNIST 데이터에 적용해 보도록 하자. 잡음은 정규 분포를 따르는 랜덤 생성 함수인 np.random.normal() 함수를 이용하면 된다. loc 인수를 통해 분포의 평균을, scale 인수를 통해 표준 편차를, size 인수를 통해 생성할 랜덤 값의 shape을 지정해 주면 된다. 랜덤값이 생성되면 이를 원 데이터에 더해 주면 되는데, 더한 결과가 1을 넘거나 0 보다 작을 수가 있어 (원 데이터 값은 0 ~ 1 사이라고 가정) 이런 경우 1과 0으로 변환하기 위해 np.clip() 함수를 사용하였다.

```
def addNoise(original, std):
    noisy = original + np.random.normal(loc=0.0, scale=std, size=original.
shape)
    return np.clip(noisy, 0., 1.)
```

노이즈가 추가된 학습 및 테스트 데이터는 아래와 같이 생성토록 한다.

```
trainX, trainY, testX, testY = mnist.load_data(one_hot=True)
noisyTrainX = addNoise(trainX, 0.1)
noisyTestX = addNoise(testX, 0.1)
trainNX = trainX + noisyTrainX
testNX = testX + noisyTestX
```

인코더와 디코더의 구성은 앞의 예제와 동일하게 구성토록 하며, Regression 노드와 DNN 노드도 동일하게 구성토록 한다. 단, DNN 노드의 fit() 메소드 호출 시, 입력 및 출력 데이터 그리고 검증 데이터를 아래와 같이 지정토록 한다.

```
model.fit(trainNX, trainX, n_epoch=20, validation_set=(testNX, testX),
          run_id="auto_encoder", batch_size=256)
```

인코더를 이용하여 테스트 데이터를 압축하는 부분과 이를 출력하는 부분이 추가된 전체 코드는 아래와 같다. 결과 화면에서 첫 번째 줄은 노이즈가 추가된 이미지를, 두 번째 줄은 첫 번째 이미지의 압축된 이미지를, 세 번째 줄은 노이즈가 제거된 이미지를 나타낸다.

```
import tflearn
import tflearn.datasets.mnist as mnist
import matplotlib.pyplot as plt
import numpy as np

# 노이즈 추가 함수 정의
def addNoise(original, std):
    noisy = original + np.random.normal(loc=0.0, scale=std, size=original.
shape)
    return np.clip(noisy, 0., 1.)

# 학습 데이터 로딩
trainX, trainY, testX, testY = mnist.load_data(one_hot=True)

# 노이즈 추가
noisyTrainX = addNoise(trainX, 0.1)
noisyTestX = addNoise(testX, 0.1)
trainNX = trainX + noisyTrainX
testNX = testX + noisyTestX

# 인코더 구성
encoder = tflearn.input_data(shape=[None, 784])
encoder = tflearn.fully_connected(encoder, 256)
encoder = tflearn.fully_connected(encoder, 128)
encoder = tflearn.fully_connected(encoder, 64)

# 디코더 구성
decoder = tflearn.fully_connected(encoder, 128)
decoder = tflearn.fully_connected(decoder, 256)
decoder = tflearn.fully_connected(decoder, 784)

# Regression 노드 생성
net = tflearn.regression(decoder, optimizer='adam', learning_rate=0.001,
                         loss='mean_square', metric=None)
```

```
# 모델 학습
model = tflearn.DNN(net, tensorboard_verbose=0)
model.fit(trainNX, trainX, n_epoch=20, validation_set=(testNX, testX),
          run_id="auto_encoder", batch_size=256)

# 인코더를 이용한 예측 (또는 압축)
encoding_model = tflearn.DNN(encoder, session=model.session)
testNX = tflearn.data_utils.shuffle(testNX)[0] # 테스트 셋 섞기
encodedTestX = encoding_model.predict(testNX)
predictedTestX = model.predict(testNX)

# 예측 결과 일부 출력
f, a = plt.subplots(3, 10, figsize=(10, 2))
for i in range(10):
    temp = [[ii, ii, ii] for ii in list(testNX[i])]
    a[0][i].imshow(np.reshape(temp, (28, 28, 3)))
    temp = [[ii, ii, ii] for ii in list(encodedTestX[i])]
    a[1][i].imshow(np.reshape(temp, (8, 8, 3)))
    temp = [[ii, ii, ii] for ii in list(predictedTestX[i])]
    a[2][i].imshow(np.reshape(temp, (28, 28, 3)))
plt.show()
```

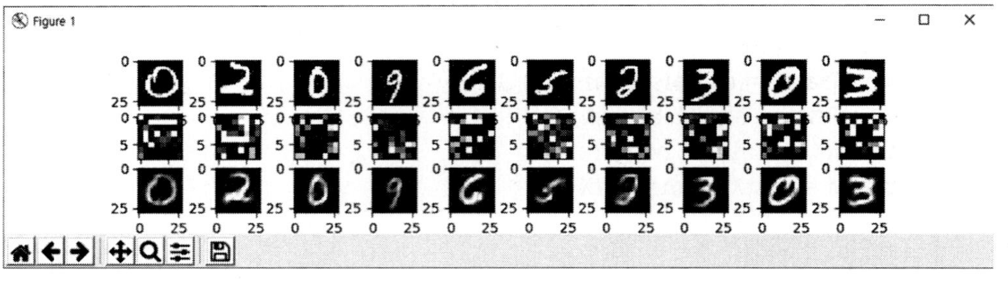

노이즈를 좀 더 추가할 경우는 어떻게 되는지를 시험하기 위해 노이즈가 첨가된 데이터 생성 부분을 아래와 같이 수정한 후 실행시켜 보기 바란다. 표준 편차를 0.1에서 0.3으로 바꾸어 노이즈가 더 추가 되도록 하였다. 결과 화면에서 보는 바와 같이 훨씬 많은 노이즈가 추가되었음에도 불구하고 그 결과가 나쁘지 않음을 알 수 있다.

```
noisyTrainX = addNoise(trainX, 0.3)
noisyTestX = addNoise(testX, 0.3)
trainNX = trainX + noisyTrainX
testNX = testX + noisyTestX
```

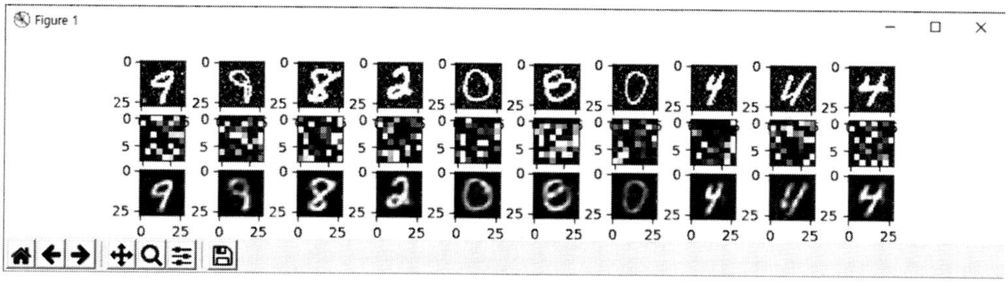

노이즈 생성 함수의 표준 편차를 0.5로 바꾸어 실행시켜 보기 바란다. 이번에도 아래 화면에서 보는 바와 같이 더 많은 노이즈가 추가되었음에도 불구하고, 노이즈 대부분이 제거되는 것을 볼 수 있다. 좀 더 많은 노이즈를 추가해서 어디까지 노이즈가 되는지 확인해 보기 바란다.

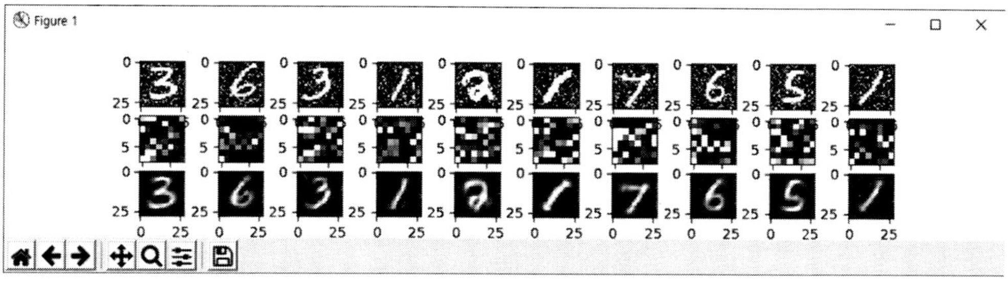

8.4 콘볼루션 오토인코더

콘볼루션 오토인코더는 CNN처럼 오토인코더를 완전 연결층을 이용하여 구성하지 않고 대신에 콘볼루션층과 풀링층을 이용하여 구성한 것이다. CNN에서는 입력 이미지가 주어지면 콘볼루션층을 통하여 특징 맵이 생성되고, 다시 이 특징 맵이 풀링층을 통과하면서 특징 맵이 크기가 줄어들 게 된다. 이런 과정을 원하는 크기의 특징 맵을 얻을 수 있을 때까지 반복하게 된다. 콘볼루션 오토인코더는 이 과정 (인코딩 과정)에다 반대로 특징 맵에서 원래 이미지로 변환하는 과정 (디코딩 과정)이 추가되게 된다. 그래서 디코딩 과정은 특징 맵의 크기를 확대하는 과정과 현 특징 맵으로부터 이전 특징 맵으로 변환하는 과정으로 구성된다. 특징 맵의 크기 확대는 tflearn.upsample_2d() 함수를 이용하며 되는데, 첫 번째 인수로 입력 특징 맵을, 두 번째 인수로 커널 크기를 지정해 주면 된다. 그리고 현 특징 맵으로부터 이전 특징 맵으로 변환하는 과정은 tflearn.conv_2d() 함수를 이용하면 된다. 이 함수의 첫 번째 인수로 입력 맵을, 두 번째 인수로 생성할 특징 맵의 개수, 세 번째 인수로 커널의 사이즈를 정해주면 된다.

MNIST 데이터에 콘볼루션 인코더를 적용하여 보자. 인코더를 통하여 최종적으로 얻고자 하는 이미지의 크기를 4x4, 그리고 이를 얻기 위한 오토인코더의 구조가 그림과 같다고 하자. 그림에서 C는 콘볼루션 층이며, 그 위의 수자는 출력 특징 맵의 개수, 커널 크기, 커널 이동 거리를 각각 나타낸다. P는 Max 풀링층을 의미하며, 그 위의 수자는 커널의 크기를 의미한다. U는 업샘플링층으로 그 위의 수자는 커널의 크기를 의미한다. 그리고 F는 특징 맵을 의미한다.

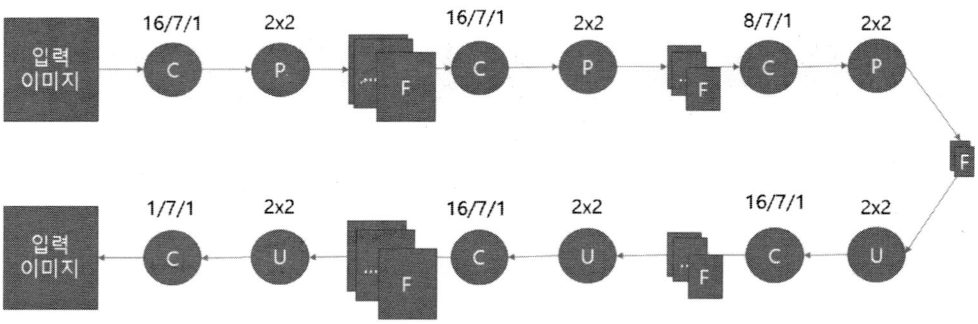

전체 코드는 아래와 같은데, 주의 깊게 볼 것은 MNIST 이미지를 28x28에서 32x32로 변환하여 사용하고 있다는 것이다. 이는 입력 이미지를 28x28로 할 경우, 인코딩 과정을 통과하면서 (28,28) -> (14, 14) -> (7, 7) -> (4, 4)로 바뀌게 되고, 디코딩 과정을 거치면서 (4, 4) -> (8, 8) -> (16, 16) -> (32, 32)로 변하게 된다. 즉, 입력 이미지의 크기와 출력 이미지의 크기가 달라 실행 시 오류가 발생하게 된다. 이미지의 크기를 32x32로 할 경우는 (32,32) -> (16, 16) -> (8, 8) -> (4, 4) -> (8, 8) -> (16, 16) -> (32, 32)로 변하게 되어 별 문제 없이 실행이 되게 된다.

```
import numpy as np
import tflearn
from tflearn.layers.core import input_data, dropout
from tflearn.layers.conv import conv_2d, max_pool_2d, upsample_2d
from tflearn.layers.estimator import regression
#from tflearn.data_preprocessing import ImagePreprocessing
import tflearn.datasets.mnist as mnist
import matplotlib.pyplot as plt

# variables
IMAGE_INPUT_SIZE = (32, 32)
BATCH_SIZE = 16

# 데이터 로딩 및 변환
trainX, trainY, testX, testY = mnist.load_data(one_hot=True)

trainX = np.reshape(trainX, (-1, 28, 28, 1))
trainX = np.pad(trainX, ((0,0),(2,2),(2,2),(0,0)), 'constant') # 28x28 --> 32x32

testX = np.reshape(testX, (-1, 28, 28, 1))
testX = np.pad(testX, ((0,0),(2,2),(2,2),(0,0)), 'constant')  # 28x28 --> 32x32

# img_prep = ImagePreprocessing()
# img_prep.add_featurewise_zero_center()
# img_prep.add_featurewise_stdnorm()

# 모델 정의
encoder = input_data(shape=(None, IMAGE_INPUT_SIZE[0], IMAGE_INPUT_SIZE[1],
1)) #, data_preprocessing=img_prep)
encoder = conv_2d(encoder, 16, 7, activation='relu')
#encoder = dropout(encoder, 0.25)
encoder = max_pool_2d(encoder, 2)
encoder = conv_2d(encoder, 16, 7, activation='relu')
encoder = max_pool_2d(encoder, 2)
encoder = conv_2d(encoder, 8, 7, activation='relu')
encoder = max_pool_2d(encoder, 2)

decoder = upsample_2d(encoder, 2)
decoder = conv_2d(decoder, 16, 7, activation='relu')
decoder = upsample_2d(decoder, 2)
```

```
decoder = conv_2d(decoder, 16, 7, activation='relu')
decoder = upsample_2d(decoder, 2)
decoder = conv_2d(decoder, 1, 7)

conv_autencoder = regression(decoder, optimizer='adam',loss = 'mean_square',
learning_rate = 0.001)

model = tflearn.DNN(conv_autencoder, tensorboard_verbose=3)
model.fit(trainX, trainX, n_epoch=1, show_metric=True,batch_size = BATCH_
SIZE, validation_set=(testX, testX), run_id = 'conv_autoencoder')

# 인코더를 이용한 예측 (또는 압축)
encoding_model = tflearn.DNN(encoder, session=model.session)
testNX = tflearn.data_utils.shuffle(testX)[0] # 테스트 셋 섞기
encodedTestX = encoding_model.predict(testX)
predictedTestX = np.clip(encodedTestX, -1, 1)
predictedTestX = model.predict(testNX[:10])
predictedTestX = np.clip(predictedTestX, -1, 1)

# 예측 결과 일부 출력
f, a = plt.subplots(3, 10, figsize=(10, 2))
for i in range(10):
    temp = [[[testNX[i][r][c][0], testNX[i][r][c][0], testNX[i][r][c][0]] for c in
np.arange(IMAGE_INPUT_SIZE[1])] for r in np.arange(IMAGE_INPUT_SIZE[0])]
    a[0][i].imshow(temp)
    temp = [[[encodedTestX[i][r][c][0], encodedTestX[i][r][c][0], encodedTestX[i]
[r][c][0]] for c in np.arange(4)] for r
            in np.arange(4)]
    temp = np.clip(temp, -1,1)
    a[1][i].imshow(temp)
    temp = [[[predictedTestX[i][r][c][0], predictedTestX[i][r][c][0],
predictedTestX[i][r][c][0]] for c in np.arange(IMAGE_INPUT_SIZE[1])] for r
            in np.arange(IMAGE_INPUT_SIZE[0])]
    temp = np.clip(temp, -1,1)
    a[2][i].imshow(temp)
plt.show()
```

실행 결과는 아래 그림과 같은데, 완전 연결층으로 할 때 보다 더 좋아진 것 같은 느낌이 든다. 아래의 결과는 epoch를 1로 했을 경우의 결과다. 이 값을 높이면 더 좋은 결과

를 얻을 수 있을지 모른다. 한 번 시도해 보기 바란다. 그리고 소스 코드에 이미지 전처리 하는 코드와 드롭아웃을 적용하는 코드가 주석 처리가 되어 있다. 이 각각을 풀어 실행시켜 보고 그 결과를 비교해 보기 바란다. 특징 맵의 개수와 필터의 크기 그리고 층의 개수도 달리하면서 그 결과를 비교해 보기 바란다.

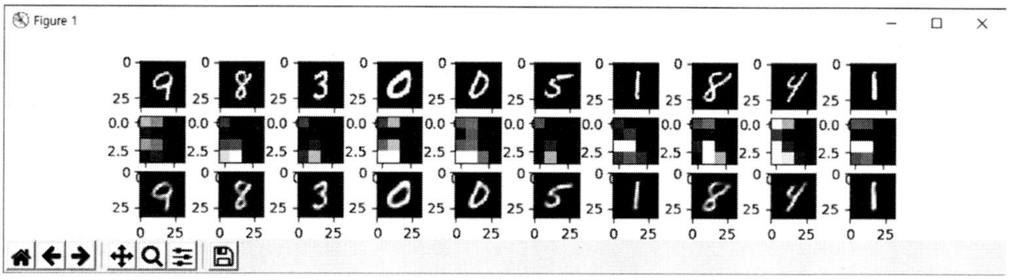

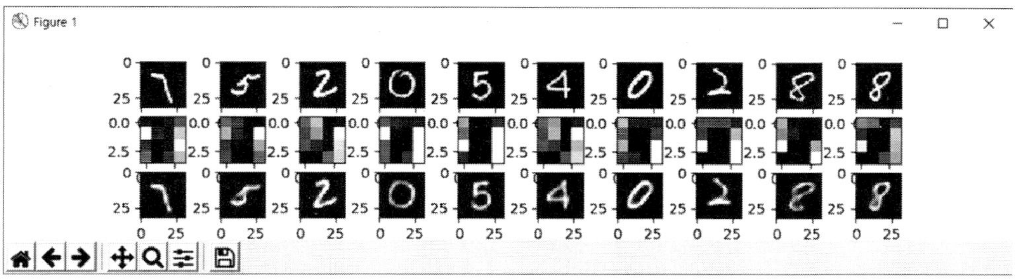

8.5 가변 오토인코더 (Variational Autoencoder)

지난 몇 년 동안, 딥 러닝 기반 생성 모델은 이 분야의 놀라운 개선으로 인해 점점 더 많은 관심을 끌게 되었다. 대량의 데이터, 잘 설계된 네트워크 아키텍처 및 스마트 학습 기술에 의해 딥 생성 모델은 매우 사실적인 콘텐츠 (이미지, 텍스트 및 사운드 등)를 제작할 수 있는 놀라운 능력을 보여주었다. 이러한 딥러닝 기반 생성 모델 중에서 이목을 끌고 있는 것은 VAE (Variational Autoencoders)과 GAN (Generative Adversarial Network)이다.

오토인코더는 인코더와 디코더로 구성되기에 오토인코더를 학습하면 인코더와 디코더를 얻게 된다. 인코더는 입력 벡터를 압축된 벡터로 매핑하는 역할을 담당하며, 디코더는 압축된 벡터를 원래의 벡터 형태로 매핑하는 역할을 담당한다. 따라서 입력 벡터에 대응되는 압축 벡터를 디코더의 입력으로 주면 디코더에 의해 입력 벡터와 유사한 벡터를 얻게 된다. 어떻게 보면 디코더가 생성기의 역할을 담당하는 것으로 볼 수 있다.

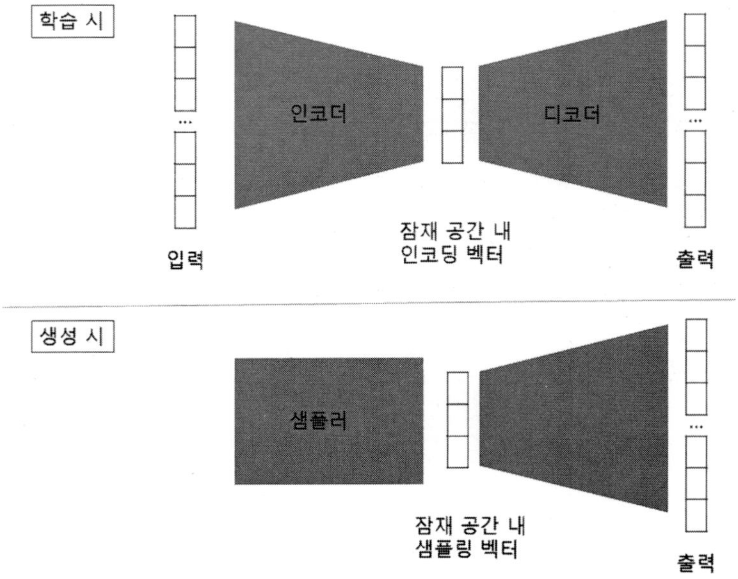

디코더를 생성 모델로 사용하려면 학습 시 입력으로 제공된 압축 벡터가 정규적, 즉 잠재 공간(latent space : 압축 벡터 공간) 내에서 고른 분포를 가져야 한다. 하지만 오토인코더 학습 시 생성되어지는 압축 벡터들은 학습 데이터의 초기 공간분포, 압축 벡터의 차원 및 인코더의 아키텍처에 따라 달라지며 또한 정규 분포를 띄기가 매우 어렵다. 그래서 학습 시 주어진 입력 벡터에 대응되는 압축 벡터들이 잠재 공간을 대표하지 못하고, 이로 인해 오버피팅 될 가능성이 높아진다. 따라서 새로운 압축 벡터를 디코더의 입력으로 줄 경우 엉뚱한 값이 출력될 수 있다.

좀 더 이해를 높이기 위해 아래의 예제를 이용하여 시각적으로 설명토록 한다. 아래의 그림은 삼각형, 사각형, 원 데이터가 인코더에 의해 1차원 데이터로 매핑이 되고, 이 1차원 데이터는 다시 디코더에 의해 원래 데이터로 매핑이 되는 상황을 표시한 것이다. 하지만, 압축된 1차원 데이터의 공간을 보면 매핑된 데이터들이 정규적이지 않음을 알 수 있다. 그래서 보라색차원 공간상의 채워지지 않은 원에 해당하는 1차원 데이터를 디코더의 입력을 주면 의미 없는 결과가 나올 수 있음을 보여준다.

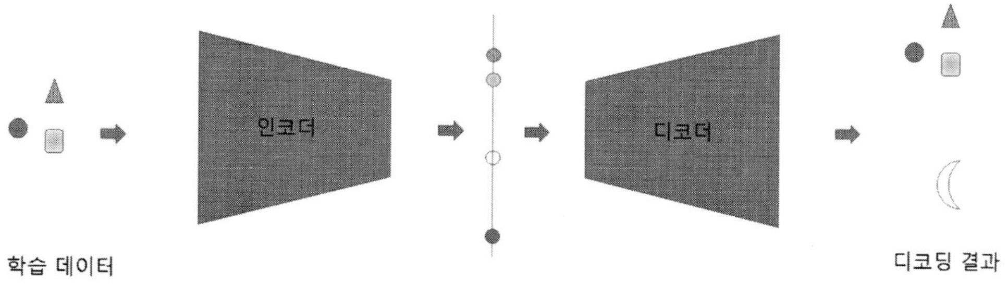

VAE는 이러한 문제를 해결하고자, 즉 잠재 공간에 정규성 (regularisation)을 부여하고자 제안된 모델이다. 표준 오토 인코더와 마찬가지로 가변 오토인코더도 인코더와 디코더로 구성되며, 인코딩 된 뒤 디코딩 된 데이터와 초기 데이터 간의 오류를 최소화하도록 학습된다. 그러나 잠재 공간을 일부 정규화 하기 위해 학습 과정이 약간 수정된다. 입력을 단일 값으로 인코딩하는 대신 잠재 공간에 대한 분포로 인코딩되고, 잠복 공간 상의 한 점이 해당 분포에 따라 샘플링 된다. 샘플링 된 포인트는 디코딩되며, 그 후 재구성 에러 (디코딩 결과와 입력 데이터의 차이)가 계산된다. 마지막으로 재구성 오류가 네트워크를 통해 역 전파된다.

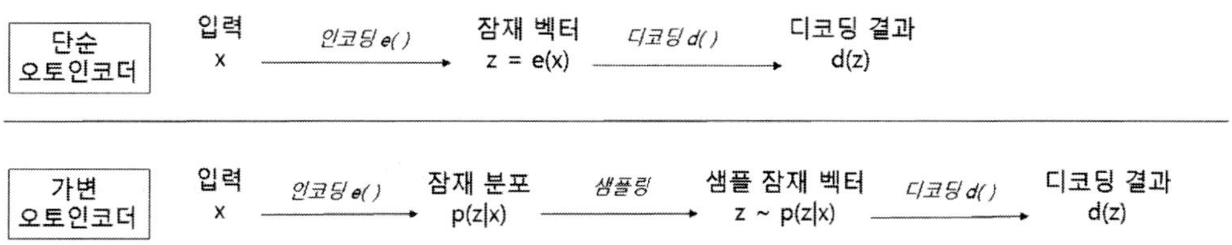

VAE는 latent vector z를 이와 같이 만들기 때문에, 즉 z 생성 과정에 확률이 개입되기에 데이터 x가 동일하다 하더라도 z는 얼마든지 달라질 수 있고, decoder의 최종 결과물 역시 달라지게 된다. 그래서 이러한 방식의 오토인코더를 variational 오토인코더라 한 것 같다.

실제 구현 시 인코딩 된 분포는 가우시안 정규분포를 사용하기에 인코더는 평균 및 공분산 행렬을 반환하도록 훈련되어 진다. 그리고 학습 동안에 손실 함수를 최소화하는 방향으로 진행되는데, 손실 함수는 재구성항 (reconstruction term)과 정규항 (regularisation term)으로 구성이 된다. 재구성항은 오토인코더의 마지막 층에서 계산되는 오류 (입력과 출력의 차이의 제곱)이며, 정규항은 인코더가 반환하는 분산이 표준 정규분포에 가까워지도록 하여 잠재 공간을 정규화 하는 데 사용하는 항목으로 인코더가 반환한 분포와 표준 가우시안 분포의 Kulback-Leibler 발산 (divergence)으로 정의된다. Kulback-Leibler 발산은 두 확률분포의 차이를 계산하는 데에 사용하는 함수로, 어떤 이상적인 분포에 대해, 그 분포를 근사하는 다른 분포를 사용해 샘플링할 경우 발생할 수 있는 정보 엔트로피 차이를 계산한다.

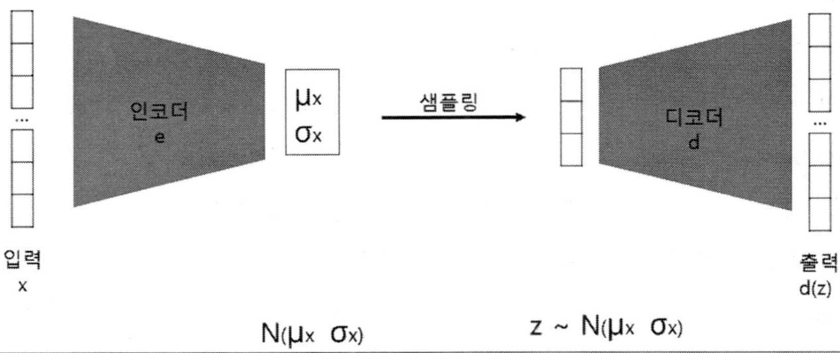

$$loss = \| x - \hat{x} \|^2 + KL[N(\mu_x, \sigma_x), N(0,1)] = \| x - d(z) \|^2 + KL[N(\mu_x, \sigma_x), N(0,1)]$$

MNIST 데이터에 VAE를 적용하여 보자. 참고로 이 예는 tflearn 튜토리얼 사이트의 예제를 기반으로 작성되었다. VAE의 인코더는 아래 그림에서 보는 바와 같이 입력층과 두 개의 은닉층으로 구성되는데, 입력층은 MNIST 이미지 크기에 의해 784(28x28) 개의 뉴런으로 구성되며, 첫 번째 은닉층은 256개의 뉴런으로, 그리고 두 번째 은닉층은 압축 벡터의 평균을 나타내는 두 개의 뉴런과 압축 벡터의 표준 편차를 나타내는 두 개의 뉴런, 총 4개의 뉴런으로 구성된다.

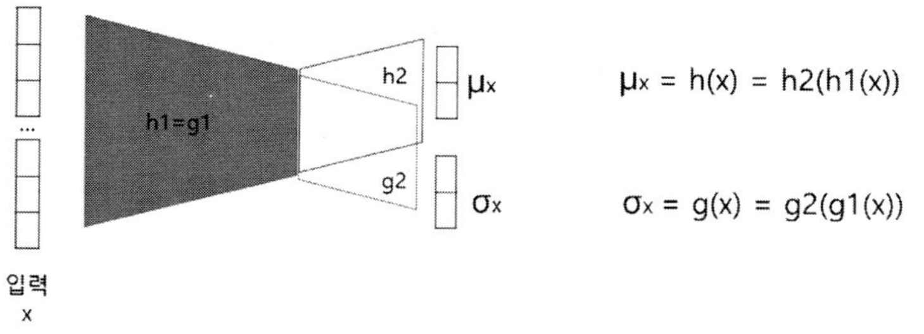

디코더도 두 개의 은닉층과 하나의 출력층으로 구성된다. 첫 번째 은닉층은 인코더에서 출력한 평균과 표준편차에 따라 샘플링된 샘플이 입력되기 때문에 압축 벡터와 차원과 동일하게 두 개의 뉴런으로 구성이되며, 두 번째 은닉층은 인코더와 대칭적으로 256개의 뉴런으로 구성된다. 그리고 출력층은 입력층과 동일하게 784개의 뉴런으로 구성된다.

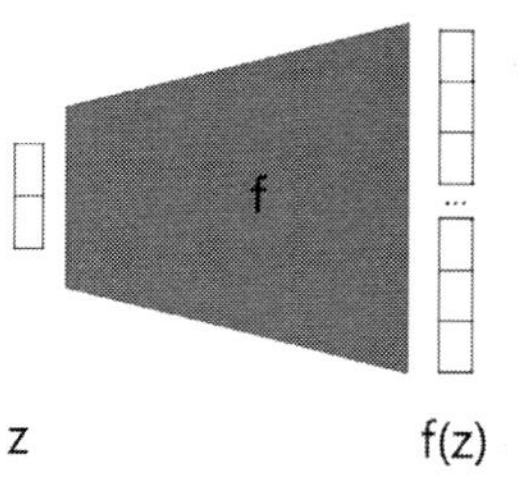

여기서, 주의할 게 있는데 바로 $N(\mu,\sigma)$ 분포에 따른 샘플링 과정이다. 아래 그림 왼쪽처럼 주어진 평균과 표준편차로부터 직접 샘플링하게 되면, 학습 시 역전파 과정 중에 오류를 전파할 수가 없게 된다. 즉, 샘플링 연산에 대한 미분을 할 수 없어 기울기 하강(gradient descent)을 구할 수 없다. 따라서 아래 오른쪽처럼 우회적으로 $N(\mu,\sigma)$ 샘플링을 $N(0,1)$ 을 이용한 샘플링으로 바꾸어 구현하면 된다. 이렇게 되면 오류 역전파 시 평균 μ와 표준편차 σ로 오류값을 전달할 수 있어 학습을 통해 학습 데이터에 맞는 평균과 표준편차를 구할 수 있게 된다.

$$z = h(x)\zeta + g(x) \qquad \zeta \sim \mathcal{N}(0, I)$$

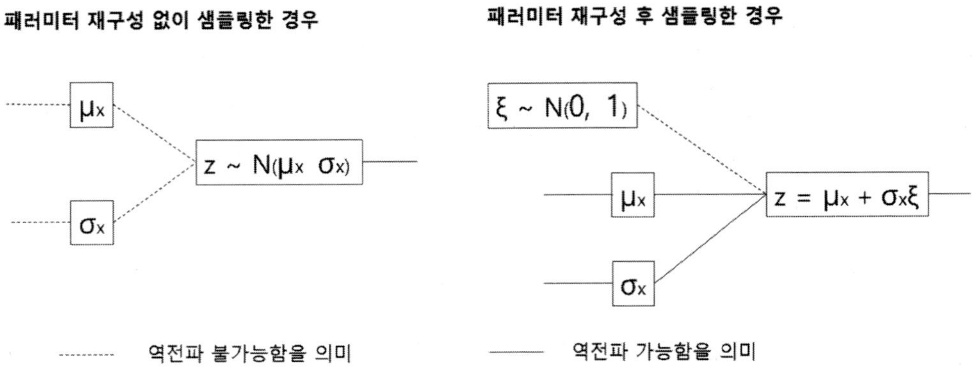

인코더와 디코더를 결합한 전체 VAE의 구조는 아래 그림과 같다.

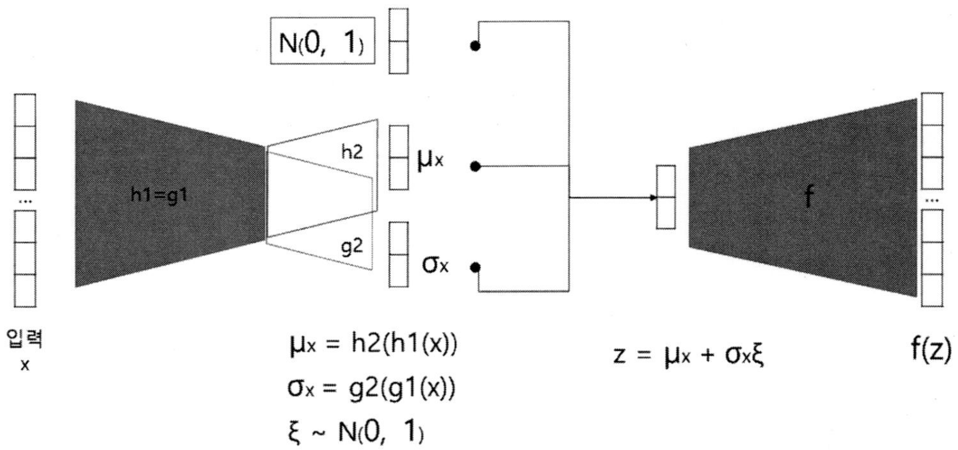

VAE를 학습하기 위한 tflearn 코드는 다음과 같다. 이 예에서는 손실 함수의 재구성항 $\| x-\hat{x} \|^2$ 대신에 아래와 같은 이진 교차 엔트로피 (binary cross-entropy) 함수를 사용하였다. 여기서, y는 실측 벡터이고, $\hat{y}$는 예측벡터이며, N은 벡터의 차원이다.

$$BCE(y,\hat{y}) = -\frac{1}{N}\sum_{i=1}^{N} y_i \log(\hat{y_i}) + (1-y_i)\log(1-\hat{y_i})$$

그리고 이 예에서는 표준편차 σ를 학습하는 것이 아닌 $\log\sigma^2$을 학습하도록 하였다. 그래서 샘플링 하는 코드를 보면 아래의 수식처럼 구현하였다. $e^{d/2}$를 계산하면 바로 σ가 된다.

$$d = \log\sigma^2,\ z = \mu + e^{d/2} \times N(0,1)$$

손실 함수의 정규항 KL[$N(\mu_x, \sigma_x)$, $N(0,1)$]은 학습된 평균과 표준편차를 이용하여 아래와 같이 계산된다.

$$\mathrm{KL}[N(\mu, \sigma),\ N(0,1)] = -\frac{1}{2}\sum_{i=1}^{N}(1 + \log(\sigma_i^2) - \sigma_i^2 - \mu_i^2)$$

```
from __future__ import division, print_function, absolute_import
import numpy as np
import matplotlib.pyplot as plt
from scipy.stats import norm
import tensorflow as tf
import tflearn

# Data loading and preprocessing
import tflearn.datasets.mnist as mnist
X, Y, testX, testY = mnist.load_data(one_hot=True)

# Params
original_dim = 784 # MNIST images are 28x28 pixels
hidden_dim = 256
latent_dim = 2

# Building the encoder
encoder = tflearn.input_data(shape=[None, 784], name='input_images')
encoder = tflearn.fully_connected(encoder, hidden_dim, activation='relu')
z_mean = tflearn.fully_connected(encoder, latent_dim)
z_std = tflearn.fully_connected(encoder, latent_dim)

# Sampler: Normal (gaussian) random distribution
eps = tf.random_normal(tf.shape(z_std), dtype=tf.float32, mean=0., stddev=1.0,
                       name='epsilon')
z = z_mean + tf.exp(z_std / 2) * eps

# Building the decoder (with scope to re-use these layers later)
decoder = tflearn.fully_connected(z, hidden_dim, activation='relu',
                                  scope='decoder_h')
decoder = tflearn.fully_connected(decoder, original_dim,
```

```
        activation='sigmoid',
                                    scope='decoder_out')

# Define VAE Loss
def vae_loss(x_reconstructed, x_true):
    # Reconstruction loss
    encode_decode_loss = x_true * tf.log(1e-10 + x_reconstructed) }
                       + (1 - x_true) * tf.log(1e-10 + 1 - x_
reconstructed)
    encode_decode_loss = -tf.reduce_sum(encode_decode_loss, 1)
    # KL Divergence loss
    kl_div_loss = 1 + z_std - tf.square(z_mean) - tf.exp(z_std)
    kl_div_loss = -0.5 * tf.reduce_sum(kl_div_loss, 1)
    return tf.reduce_mean(encode_decode_loss + kl_div_loss)

net = tflearn.regression(decoder, optimizer='rmsprop', learning_rate=0.001,
                         loss=vae_loss, metric=None, name='target_images')

# We will need 2 models, one for training that will learn the latent
# representation, and one that can take random normal noise as input and
# use the decoder part of the network to generate an image

# Train the VAE
training_model = tflearn.DNN(net, tensorboard_verbose=0)
training_model.fit('input_images': X, 'target_images': X, n_epoch=100,
                   validation_set=(testX, testX), batch_size=256, run_
id="vae")
```

VAE를 학습한 후 디코더를 이용한 generator는 아래와 같이 구현하여 사용하면 된다. generator 구현 시, VAE 학습 시 얻어진 decoder를 활용해야 하기 때문에 완전 연결층 구현 시 fully_connected 함수에서 scope 속성을 VAE 학습 시의 decoder의 완전 연결층의 이름을 지정하고 reuse 속성을 True로 지정해 주면 된다. 그리고 이차원 (압축 벡터의 차원에 해당) 값을 N(0,1) 분포의 무작위로 생성하여 이를 모델 입력으로 사용하여 새로운 이미지를 생성하면 된다.

```
# generator 모델 구현
input_noise = tflearn.input_data(shape=[None, latent_dim], name='input_
noise')
decoder = tflearn.fully_connected(input_noise, hidden_dim, activation='relu',
                                  scope='decoder_h', reuse=True)
decoder = tflearn.fully_connected(decoder, original_dim,
activation='sigmoid',
                                  scope='decoder_out', reuse=True)
generator_model = tflearn.DNN(decoder, session=training_model.session)

# 생성 이미지를 위한 입력 데이터 생성
n = 25
figure = np.zeros((28 * n, 28 * n))
x_axis = norm.ppf(np.linspace(0., 1., n))
y_axis = norm.ppf(np.linspace(0., 1., n))

# 입력 데이터를 이용한 이미지 생성
for i, x in enumerate(x_axis):
    for j, y in enumerate(y_axis):
        samples = np.array([[x, y]])
        x_reconstructed = generator_model.predict('input_noise': samples)
        digit = np.array(x_reconstructed[0]).reshape(28, 28)
        figure[i * 28: (i + 1) * 28, j * 28: (j + 1) * 28] = digit

# 생성 이미지 화면 출력
plt.figure(figsize=(10, 10))
plt.imshow(figure, cmap='Greys_r')
plt.show()
```

VAE 학습 코드와 generator 코드를 하나로 묶어 실행시켜 보기 바란다. 그러면 아래와 같은 실행 결과를 얻을 수 있을 것이다.

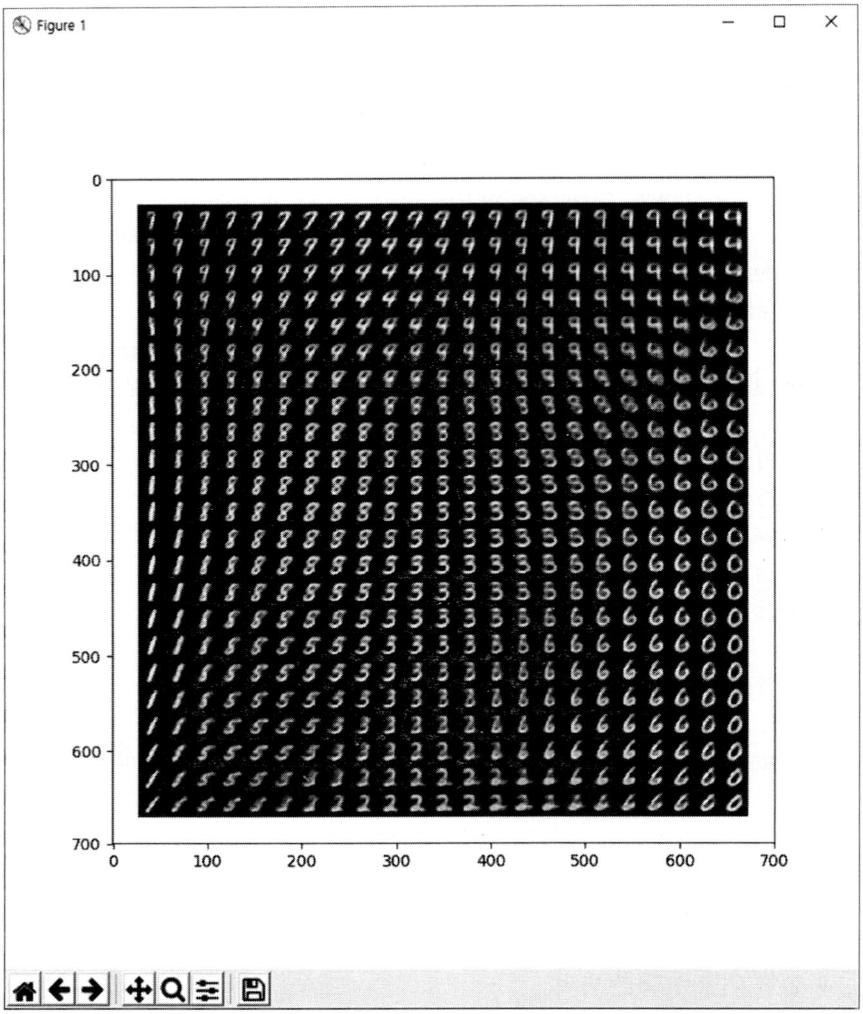

그렇지 않고 "ImportError: No module named 'tensorflow.contrib'"오류 메시지가 출력되면 현재 설치되어 있는 tensorflow 버전이 맞지 않아서 이다. tensorflow 2.0 버전부터는 tensorflow.contrib 패키지가 제거되었기 때문에 1.14 이하 버전의 tensorflow를 설치해야 한다. 현재 설치된 tensorflow 버전 확인은 아래의 코드를 이용한다.

```
import tensorflow as tf; print(tf.__version__)
```

설치된 버전이 2.0 이상인 경우는 당분간 아래의 명령을 이용하여 1.14 버전으로 다운그레이드 하면 된다.

```
pip install tensorflow==1.14 또는 pip install tensorflow-gpu==1.14
```

PyCharm IDE를 이용할 경우는 File 메뉴 〉 Settings 메뉴를 선택한 후, Settings 대화상자에서 Project〉 Project Interpreter 선택하여 Tensorflow 패키지의 현 버전을 확인토록 한다. 아마 2.0 이상일 것이다.

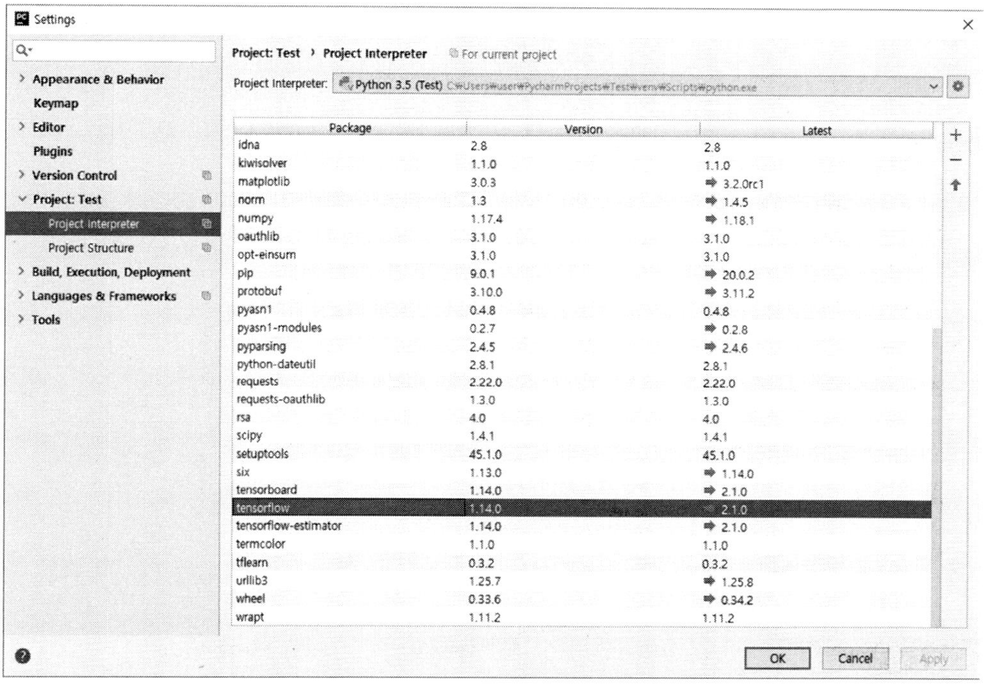

tensorflow 항목을 더블클릭하면 패키지에 대한 자세한 설명을 제공하는 대화상자가 출력되는데, 아래 그림처럼 version 지정 후 'Install Package'버튼을 눌러 원하는 tensorflow 버전을 설치하면 된다.

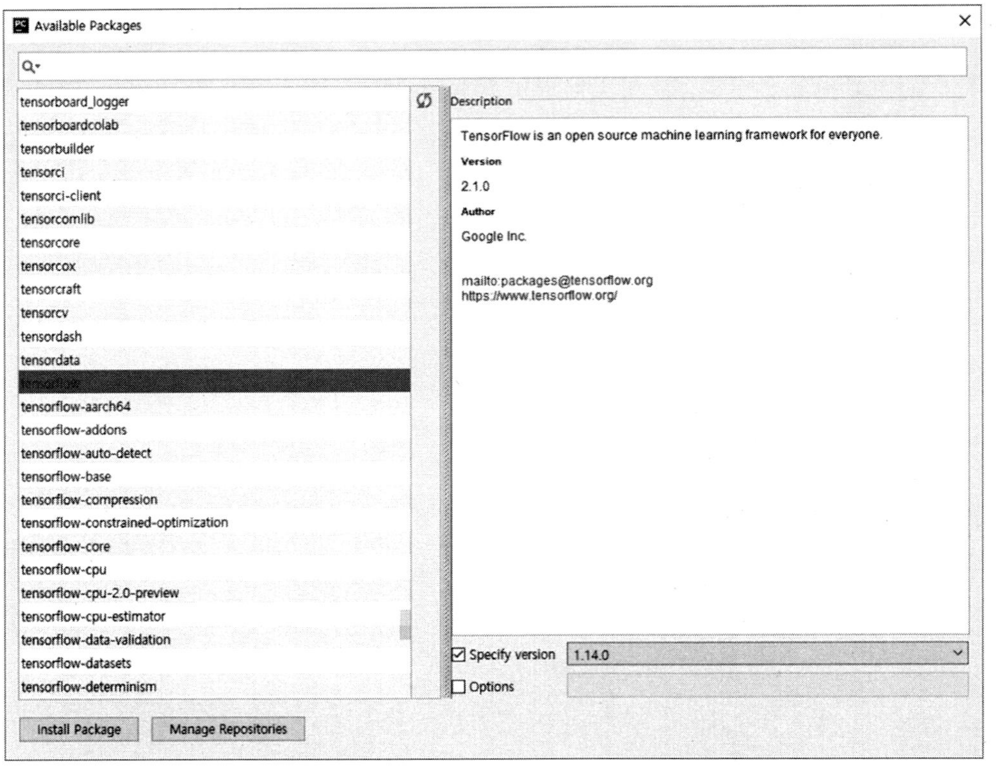
Available Packages
tensorboard_logger
tensorboardcolab
tensorbuilder
tensorci
tensorci-client
tensorcomlib
tensorcore
tensorcox
tensorcraft
tensorcv
tensordash
tensordata
tensorflow
tensorflow-aarch64
tensorflow-addons
tensorflow-auto-detect
tensorflow-base
tensorflow-compression
tensorflow-constrained-optimization
tensorflow-core
tensorflow-cpu
tensorflow-cpu-2.0-preview
tensorflow-cpu-estimator
tensorflow-data-validation
tensorflow-datasets
tensorflow-determinism
Description
TensorFlow is an open source machine learning framework for everyone.
Version
2.1.0
Author
Google Inc.
mailto:packages@tensorflow.org
https://www.tensorflow.org/
Specify version
1.14.0
Options
Install Package
Manage Repositories

8장. 연습문제

• 다음 물음에 답하시오.

1. 다음 설명 중 옳지 않는 것은 ?

(1) 오토 인코더는 심층신경망을 지도 학습 형태로 사전 학습하는데 사용되어 진다.

(2) 훈련 데이터 (예 : 얼굴 이미지)와 매우 유사한 새로운 데이터 (새로운 얼굴 이미지)를 무작위로 생성 할 수 있는 능력도 갖고 있다.

(3) 입력 데이터의 차원을 축소하는 용도로도 사용할 수 있다.

(4) 오토인코더는 입력과 동일한 출력을 내도록 학습하는 방법을 사용한다.

2. 다음 설명 중 옳지 않는 것은 ?

(1) 전형적인 오토인코더의 구조는 입력 뉴런의 개수와 출력 뉴런의 개수가 같다.

(2) 오토인코더를 차원 축소의 용도로 사용할 경우는 가운데 은닉층의 뉴런의 개수는 입력층의 뉴런의 개수보다 많아야 한다.

(3) 오토인코더는 비지도 학습 형태로 학습 입력 벡터만 주어지고 그에 대응되는 타겟 값 (출력 값)은 주어지지 않는다.

(4) 타겟 값이 주어지지 않았지만 타겟 값을 입력 값과 동일한 것으로 보고 MLP 학습 방법에 따라 학습이 되어진다.

3. 은닉층이 두 개 이상인 오토인코더를 무엇이라 하는가 ?

(1) 다층 오토인코더　　(2) Stacked 오토인코더

(3) 디노이징 오토인코더　　(4) 콘볼루션 오토인코더

4. 콘볼루션 오토인코더에 대한 설명 중 올바르지 않는 것은 ?

(1) 오토인코더의 완전 연결층 대신에 콘볼루션층과 풀링층을 이용하여 구성한다.

(2) 입력 이미지에 대한 압축된 특징맵을 얻기 위해 사용한다.

(3) 학습 시 입력으로 원 이미지를, 출력으로 노이즈가 첨가된 이미지를 사용한다.

(4) 디코딩 과정은 특징 맵의 크기를 확대하는 과정과 현 특징 맵으로부터 이전 특징 맵으로 변환하는 과정으로 구성된다.

5. 다음 중 생성 모델로 사용할 수 있는 오토인코더는 ?

(1) 다층 오토인코더 (2) Variational 오토인코더

(3) 디노이징 오토인코더 (4) 콘볼루션 오토인코더

• **다음 ( )에 적합한 내용을 채우시오.**

1. 오토인코더의 입력으로 노이즈가 추가된 입력을 주고, 출력으로 ( )를 주면 노이즈 제거 능력을 학습하게 된다.
2. 오토인코더의 가운데 은닉층을 ( )라 한다.
3. 오토인코더에서 가운데 은닉층의 앞 부분을 ( )라 하며, 뒷 부분을 ( )라 한다.
4. Variational 오토인코더에서 인코더를 통해서 학습되는 것은 입력 이미지들에 대한 잠재 공간에서의 ( )과 ( )을 학습한다.
5. Variational 오토인코더에서 손실 함수는 ( )과 ( )으로 구성이 된다.

• **다음 물음에 o, x로 답하시오.**

1. 오토인코더는 지도 학습 형태로 입력 데이터의 효율적인 표현을 학습 할 수 있는 인공 신경망이다.
2. 오토인코더 구조는 가운데 은닉층을 기준으로 대칭 (뉴런 연결선의 방향은 제외)인 형태를 띠고 있다.
3. 오토인코더가 활성화 함수로 선형 함수를 사용하고 비용 함수로 MSE를 사용하면, PCA와 같은 효과를 발휘하는 것으로 알려져 있다.
4. 오토인코더의 은닉층이 깊어질수록 더 압축된 형태로 인코딩 되어 항상 학습에 더 유리하다.
5. 이미지에 대해 오토인코더를 학습한 후, 이 오토인코더의 디코더를 생성기로 사용하면 입력 이미지와 유사한 이미지를 생성할 수 있다.

• **다음 물음에 답하시오.**

1. 층이 깊은 오토인코더를 학습할 때, 전체를 통째로 학습하는 것이 유리한가? 아니면 한 층씩 학습하는 것이 유리한가 ? 그 이유를 간단히 설명하시오.

2. 오토인코더를 잡음을 제거하는 용도로 사용하려면, 어떻게 해야 하나?

3. 28 x 28 크기의 이미지에 대해 4x4 크기의 특징맵을 얻고자 한다. 이에 맞는 오토인코더를 설계하시오.

4. 3의 모델에서 입력으로 28 x 28 크기의 이미지를 그대로 사용할 경우, 어떤 문제가 발생하며, 이의 해결책은 ?

Chapter 9

GAN (Generative Adversarial Network)

1. GAN
2. DCGAN
3. CGAN

지난 몇 년 동안, 딥 러닝 기반 생성 모델은 이 분야의 놀라운 개선으로 인해 점점 더 많은 관심을 끌고 있다. 대량의 데이터, 잘 설계된 네트워크 아키텍처 및 스마트 학습 기술에 의존하는 딥 생성 모델은 이미지, 텍스트 및 사운드와 같은 다양한 종류의 매우 사실적인 콘텐츠를 제작할 수 있는 놀라운 능력을 보여주고 있다. 이러한 딥 생성 모델 중에서 특별히 눈에 띄는 기술이 Variational Autoencoder (VAE)와 생성적 적대 네트워크 (Generative Adversarial Networks : GAN) 이다. VAE에 대해서는 오토인코더 관련 장에서 설명하였기에 여기서는 GAN에 대해서만 살펴본다.

9.1 GAN

GAN은 이미지, 음악, 연설, 산문 등의 모든 분야에서 실제 세계와 놀랍도록 비슷한 새로운 세계를 창조하도록 학습할 수 있기에 GAN의 잠재능력은 엄청나다고 할 수 있다. 2018년 10월에 인공지능(AI)이 그린 초상화가 미국 뉴욕 크리스티 경매에서 43만 2500

https://og-data.s3.amazonaws.com/media/artstory/post_image/61/28.jpg

달러 (약5억)에 판매되었는데, 이 초상화는 프랑스의 3명의 개발자그룹인 Obvious가 14 ~ 20세기 그려진 초상화 1만 5000개를 토대로 GAN을 이용하였다. 이처럼 GAN이 우리 사회에 미치는 영향은 분야에 불문하고 크다고 할 수 있다. GAN을 처음 제안한 Ian Goodfellow는 그의 논문에서 GAN을 지폐위조범과 경찰에 비유했다. 지폐위조범(generator)은 더욱 교묘하게 속이려고 하고 경찰(discriminator)은 이렇게 위조된 지폐를 감별(classify)하려고 하기 때문에 양쪽 모두 점진적으로 변화하여 결국 두 그룹 모두 속이고 감별하는 서로의 능력이 발전하게 된다고 했다.

GAN 구조

GAN의 일반적인 구조는 아래 그림과 같다. GAN은 목표(target) 출력을 생성하는 것을 배우는 생성자 (generator)와 실제 데이터를 생성자의 출력과 구별하는 것을 배우는 판별자 (discriminator)의 쌍으로 이루어진다. 각각이 별도의 신경망으로 구성되며, 생성자의 출력이 판별자의 입력으로 들어가게 결합이 된다. 생성자는 판별자를 속이려고 하고, 판별자는 속지 않도록 노력하게 되어, 결국은 진짜와 같은 가짜를 생성할 수 있게 된다. 이처럼 두 구성 요소가 서로 겨루는 구조이기 때문에 적대적(Adversarial)이라는 의미가 이름에 포함되었다. 결국, 판별자와 생성자는 적대적 형태로 학습이 이루어져 얼굴이 실제 사람의 것이 아니더라도 사람 얼굴 사진처럼 보이는 이미지를 만들 수 있을 정도의 사실감을 구현할 수 있다.

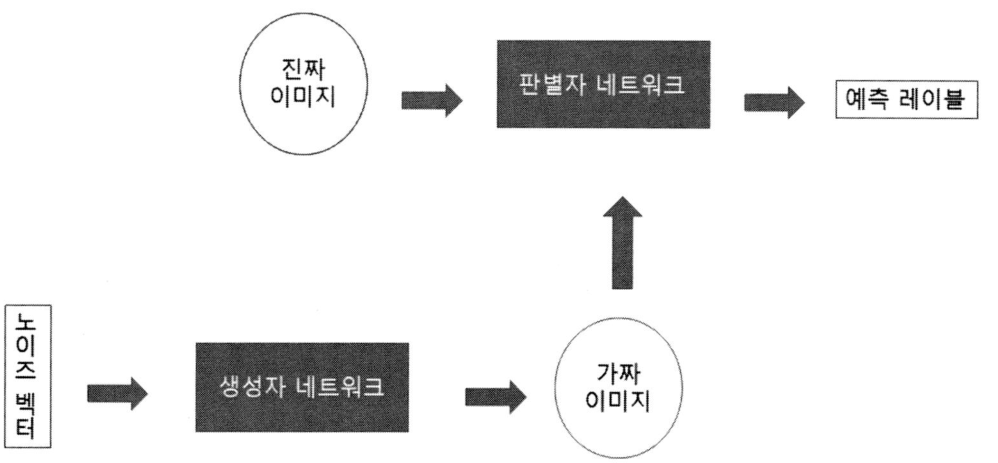

판별자의 구성은 '진짜'데이터와 '가짜'데이터를 판별하는 이진 분류기 형태 또는 0과 1을 예측하는 형태의 다층신경망(MLP) 구조를 띠게 되며, 생성자는 단순 분포 (정규 분포 또는 균등 분포)의 샘플로부터 진짜 같은 '가짜'데이터로 매핑하는 함수를 학습하기 위한 다층신경망 구조를 띠게 된다. 판별자의 입력 벡터의 차원과 생성자의 출력 벡터의 차원이 동일하며, 생성자의 입력 벡터의 차원은 보통 출력 벡터의 차원보다 작다. 생성자의 입력 벡터는 오토인코더에서의 잠재 공간의 압축 벡터와 유사하다.

GAN 손실함수

GAN은 적대적인 두 요소로 구성되는데, min-max 게임처럼 "나"는 내가 "최대"의 이익을 얻을 수 있는 방향으로 움직이며, "상대방"은 나의 이익이 "최소"로 하는 방향으로 움직이게 된다. 여기서 '나'는 판별자가 되며, '상대방'은 생성자가 된다. 목표는 '진짜'와 '가짜'를 판단하는 것이다. 판별자는 정확도를 최대화 시키는 방향으로 학습이 진행되며, 생성자는 정확도를 최소화 하도록 학습이 진행된다. 이를 위해 판별자는 '진짜'데이터들의 판별 확률 로그값과 '가짜'데이터들의 반전(inverted) 판별 확률 로그값을 최대화 하는 방향으로 학습을 하게 된다. 이를 수식으로 표현하면 아래와 같은데, 아래의 수식에서 D는 판별자 함수를, G는 생성자 함수를 뜻한다.

$$\text{maximize} \log D(x) + \log(1 - D(G(z)))$$

위 수식을 최소화 형태로 표현하면 아래와 같다.

$$\text{minimize} -(\log D(x) + \log(1 - D(G(z))))$$

참고로, 위의 손실 함수는 아래의 Binary Cross Entropy로부터 유도가 된다. 여기서, y는 실 목표치이고 $\hat{y}$은 예측 목표치이며, N은 목표치의 차원이다.

$$H(y, \hat{y}) = -\frac{1}{N}\sum_{i=1}^{N}[y_i \log \hat{y}_i + (1 - y_i)\log(1 - \hat{y}_i)]$$

GAN인 경우, N이 1이고, 두 종류의 데이터, 즉 진짜 데이터인 x와 가짜 데이터인 G(z)에 대해서 학습이 이루어지는데, 진짜 데이터인 x에 대해 위 식을 적용하면 y_1는 1이고 $\hat{y}_1$는 D(x) 이 되어 엔트로피는 아래와 같고,

$$H(y,\hat{y}) = -[1\log D(x) + (1-1)\log(1-D(x))] = -\log D(x)$$

가짜 데이터인 G(z)에 위 식을 적용하면 y_1는 0이고 $\hat{y}_1$는 $D(G(x))$이 되어 엔트로피는 아래와 같다.

$$H(y,\hat{y}) = -[0\log D(G(z)) + (1-0)\log(1-D(G(z))] = -\log(1-D(G(z)))$$

이 두 엔트로피를 합치면 판별자를 학습할 때 사용하는 손실 함수가 된다.

생성자는 판별자가 '가짜'데이터를 될 수 있으면 '진짜'데이터로 판별하도록 하여야 하므로 '가짜'데이터들의 반전 판별 확률 로그값을 최소화 하는 방향으로 학습을 하게 된다.

minimize log(1 – D(G(z)))

그런데, 이 손실 함수는 G가 잘 학습하기에 충분한 기울기를 제공하지 않을 수 있다. 학습 초기에 G가 불량한 경우 D는 학습 데이터와 분명히 다르기 때문에 높은 신뢰도로 생성 데이터, 즉 '가짜'데이터를 판별할 수 있다. 그래서 실제 구현에서는 이러한 문제, 즉 포화 손실 함수를 해결하기 위해 비포화 손실 함수를 사용한다. 즉, '가짜'데이터에 대한 반전 판별 확률의 로그를 최소화하는 대신 생성된 '가짜'데이터에 대한 판별 확률의 로그를 최대화하는 형태로 변경하여 사용한다.

maximize log(D(G(z)))

이를 최소화 형태로 표현하면 아래와 같다.

minimize –log(D(G(z)))

GAN 학습 방법

판별자와 생성자 모두를 같이 학습해야 하기에 학습 방법이 그리 단순하지 않다. 그래서 Goodfellow와 그 동료들이 2014년에 작성한 "Generative Adversarial Networks"논문의 알고리즘을 중심으로 어떻게 학습이 이루어지는 지를 살펴보기로 한다. 그 알고리즘은 아래와 같다.

Algorithm 1 Minibatch stochastic gradient descent training of generative adversarial nets. The number of steps to apply to the discriminator, k, is a hyperparameter. We used $k = 1$, the least expensive option, in our experiments.

for number of training iterations **do**

  for k steps **do**

  • Sample minibatch of m noise samples $\{z^{(1)}, \dots, z^{(m)}\}$ from noise prior $p_g(z)$.

  • Sample minibatch of m examples $\{x^{(1)}, \dots, x^{(m)}\}$ from data generating distribution $p_{\text{data}}(x)$.

  • Update the discriminator by ascending its stochastic gradient:

$$\nabla_{\theta_d} \frac{1}{m} \sum_{i=1}^{m} \left[\log D\left(x^{(i)}\right) + \log\left(1 - D\left(G\left(z^{(i)}\right)\right)\right) \right].$$

  end for

  • Sample minibatch of m noise samples $\{z^{(1)}, \dots, z^{(m)}\}$ from noise prior $p_g(z)$.

  • Update the generator by descending its stochastic gradient:

$$\nabla_{\theta_g} \frac{1}{m} \sum_{i=1}^{m} \log\left(1 - D\left(G\left(z^{(i)}\right)\right)\right).$$

end for

The gradient-based updates can use any standard gradient-based learning rule. We used momentum in our experiments.

크게 보면 '진짜'데이터와 '가짜'데이터의 미니배치를 이용하여 먼저 판별자를 학습하고, 그 학습된 결과 위에 '가짜'데이터 미니배치를 이용하여 생성자를 학습하는 과정을 반복한다. 그리고 판별자 학습 시 '진짜'데이터와 '가짜'데이터의 미니배치를 교대로 이용하여 학습을 진행하는데, 생성자의 가중치들은 변경하지 않고 판별자의 가중치만 변경한다. 그리고 생성자 학습 시는 반대로 판별자의 가중치들은 변경하지 않고 생성자의 가중치만 변경한다.

알고리즘의 바깥 루프는 모델을 훈련시키는 단계를 반복하는데, 주의할 것은 이 한 루프가 한 epoch를 뜻하는 것이 아니라는 것이다. 이 한 루프는 판별자 및 생성자 모델에 대한 한 배치에 따른 업데이트이다. 그래서 그 반복 횟수는 훈련 데이터 세트의 크기와 배치 크기를 기준으로 정의해야 한다. 샘플 100개, 배치 크기 10 그리고 500 epoch로 학습할 경우, 먼저 epoch 당 배치 수를 계산 ('샘플 수'/ '배치 크기')하고, 이에 epoch 수를 곱하여 총 훈련 반복 횟수를 계산하면 된다.

MNIST에 적용

GAN 동작 원리를 손글씨 숫자를 생성하는 예(https://github.com/tflearn/tflearn/blob/master/examples/images/gan.py)를 통해 살펴보자. 손글씨 숫자이기에 '진짜'데이터로 MNIST 데이터 셋을 이용하기로 한다. 생성자는 판별자에게 전달할 새로운 이미지를 생성하게 되는데, 이 때 생성한 '가짜'이미지가 '진짜'이미지처럼 보여지 길 원할 것이다. 즉, 생성자의 목표는 판별자가 진짜로 판별하게 만드는 손글씨 숫자를 생성하는 것이다. 반면 판별자는 MNIST의 실제 손글씨 숫자 이미지에 대해서는 참으로, 생성자가 생성한 숫자 이미지에 대해서는 거짓으로 판별하는 것을 목표로 하게 될 것이다. 예에서 사용하는 GAN의 구조는 아래 그림과 같다.

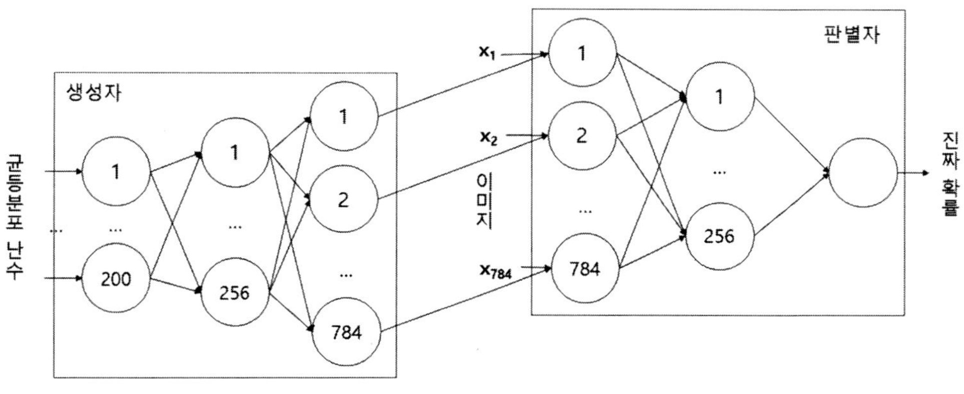

판별자와 생성자 모두 하나의 은닉층으로 구성된 다층신경망으로 구성하였다. MNIST 손글씨 이미지의 크기가 28*28이라 판별자의 입력층은 784개의 뉴런으로, 은닉층은 256개의 뉴런으로, 출력층은 이진 분류, 즉 참/거짓으로 분류 하기에 하나의 뉴런으로 구성하였다. 생성자의 입력은 200차원의 균등분포 난수이며, 은닉층은 판별자와 동일하게 256개의 뉴런으로, 출력층은 '가짜'이미지가 출력되어야 하기에 MNIST 이미지 사이즈와 동일하게 784개의 뉴런으로 구성하였다. 이를 tflearn 라이브러리를 사용하여 구현한 코드는 아래와 같다.

```
from __future__ import division, print_function, absolute_import

import matplotlib.pyplot as plt
```

```
import numpy as np
import tensorflow as tf
import tflearn

# 데이터 로딩 및 전처리
import tflearn.datasets.mnist as mnist
X, Y, testX, testY = mnist.load_data()

image_dim = 784
z_dim = 200
total_samples = len(X)

# 생성자 구성 함수
def generator(x, reuse=False):
    with tf.variable_scope('Generator', reuse=reuse):
        x = tflearn.fully_connected(x, 256, activation='relu')
        x = tflearn.fully_connected(x, image_dim, activation='sigmoid')
        return x

# 판별자 구성 함수
def discriminator(x, reuse=False):
    with tf.variable_scope('Discriminator', reuse=reuse):
        x = tflearn.fully_connected(x, 256, activation='relu')
        x = tflearn.fully_connected(x, 1, activation='sigmoid')
        return x

# GAN 네트워크 구성
gen_input = tflearn.input_data(shape=[None, z_dim], name='input_noise')
disc_input = tflearn.input_data(shape=[None, 784], name='disc_input')

gen_sample = generator(gen_input)
disc_real = discriminator(disc_input)
disc_fake = discriminator(gen_sample, reuse=True)

# 손실함수 정의
disc_loss = -tf.reduce_mean(tf.log(disc_real) + tf.log(1. - disc_fake))
gen_loss = -tf.reduce_mean(tf.log(disc_fake))

# 학습 방법 지정
gen_vars = tflearn.get_layer_variables_by_scope('Generator')
gen_model = tflearn.regression(gen_sample, placeholder=None,
optimizer='adam',
```

```
                                  loss=gen_loss, trainable_vars=gen_vars,
                                  batch_size=64, name='target_gen', op_
name='GEN')
disc_vars = tflearn.get_layer_variables_by_scope('Discriminator')
disc_model = tflearn.regression(disc_real, placeholder=None,
optimizer='adam',
                                  loss=disc_loss, trainable_vars=disc_vars,
                                  batch_size=64, name='target_disc', op_
name='DISC')

# GAN 모델 정의
gan = tflearn.DNN(gen_model)

# 생성자 입력 벡터 생성 (균등 분포)
z = np.random.uniform(-1., 1., size=[total_samples, z_dim])

# 노이즈와 실제 이미지를 이용하여 학습 진행
gan.fit(X_inputs=gen_input: z, disc_input: X, Y_targets=None, n_epoch=100)
```

주의 깊게 볼 부분은, 생성자에 의해 생성된 이미지를 판별하는 판별자 네트워크 (disc_fake) 구성 시, 실제 이미지를 판별하는 판별자 네트워크(disc_real)를 재활용하기 위해 reuse 속성을 true로 설정하여 discriminator() 함수를 호출하였다는 것이다. 그리고 생성자 모델 학습 시 판별자 부분의 변수들은 학습이 되지 않도록, regression() 함수 호출 시에 생성자 모델과 관련된 변수만 파악하여 이 변수들만 학습되도록 하였다. 생성자 모델과 관련된 변수만을 파악하기 위해, 네트워크 구성 시, tf.variable_scope를 사용하여 변수들을 그룹핑하고 그 이름을 부여하였으며, tflearn.get_layer_variables_by_scope() 함수를 사용하여 특정 그룹의 변수들을 파악하였다. 그리고 판별자 모델 학습 시에도 동일하게 판별자 모델과 관련된 변수만 파악하여 이 변수들만 학습되도록 하였다. 또 주의 깊게 볼 부분은 regression() 호출 시나 fit() 호출 시에 '진짜'이미지에 대해서는 1을, '가짜'이미지에 대해서는 0을 taget 값으로 주어야 하나 traget 값을 None으로 지정하였다는 것이다. 이는 target 값이 손실함수에 묵시적으로 포함되어 있어 굳이 지정하지 않아도 되기 때문이다.

위의 코드를 통해 GAN 모델이 학습되면, 생성자를 이용하여 새로운 이미지를 생성할 수 있는데, 이를 위해 먼저 균등분포를 따르는 노이즈 벡터들을 생성하고 이를 생성자의 predict() 메서드의 인자로 넘겨주면 된다. 이를 코드로 구현하면 다음과 같다.

```
f, a = plt.subplots(2, 10, figsize=(10, 4))
for i in range(10):
    for j in range(2):
        # Noise input.
        z = np.random.uniform(-1., 1., size=[1, z_dim])
        # Generate image from noise. Extend to 3 channels for matplot
figure.
        temp = [[ii, ii, ii] for ii in list(gan.predict([z])[0])]
        a[j][i].imshow(np.reshape(temp, (28, 28, 3)))
plt.show()
```

위의 코드를 하나로 합쳐 실행시켜보면 아래와 같은 결과를 얻을 수 있다. 만약 실행 시 화면에 loss 측정값이 'nan'으로 표시되면, 제대로 학습이 이루어지지 않고 있다는 증거이다. 이는 GAN 손실 함수에 log 함수가 사용되는데, 이 함수의 인자로 0이 넘어와서 그렇다. 그래서 이런 경우는 아래처럼 원래 값에 아주 작은 양의 정수를 더해 0이 되지 않도록 해주면 된다.

```
disc_loss = -tf.reduce_mean(tf.log(disc_real + 1e-10) + tf.log(1. - disc_fake
+ 1e-10))
gen_loss = -tf.reduce_mean(tf.log(disc_fake + 1e-10))
```

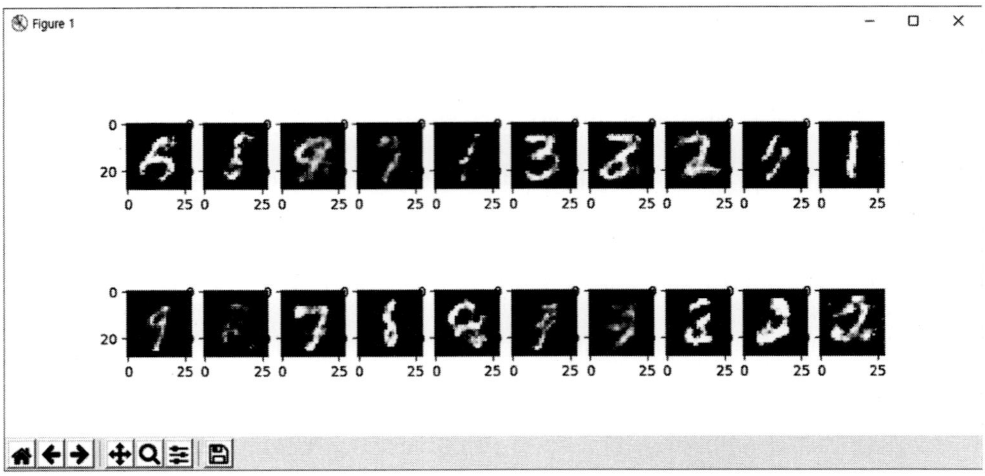

9.2 DCGAN (Deep Convolutional Generative Adversarial Nets)

DCGAN은 이름이 의미하는 것처럼 Deep Convolutional Neural Network을 사용하여 GAN을 구성한 것이다. 완전 연결층 대신에 Deep Convolutional Neural Network을 이용하여 판별자와 생성자를 구현하면 되는데, 문제는 생성자이다. 생성자를 구현하기 위해서는 잠재 공간 상의 한 벡터로부터 이미지를 생성하여야 하며, 이를 위해서는 업샘플링(upsampling) 과정이 필요하다. 즉, 축소된 특징맵에서 복원된 특징맵이 필요하다. 업샘플링에는 2가지 방식 – Unpooling을 통해 복원하는 방식과, Transpose Convolution을 이용하여 복원하는 방식 – 이 있다.

Unpooling

Unpooling에는 Nearest Neighbor Unpooling, Bed of Nails Unpooling, Max Unpooling 등이 있는데, Nearest Neighbor Unpooling는 가장 간단한 방법으로 확대되는 모든 곳에 같은 값으로 복사하는 것이다. Bed of Nails Unpooling는 아래 오른쪽 그림처럼 정해진 위치에만 값을 저장하고, 나머지는 0으로 만드는 방법이다. Max Unpooling은 이전 Max 풀링층에 대하여, max pooling 된 위치를 기억하고, 그 위치에 값을 복원하는 방식이다.

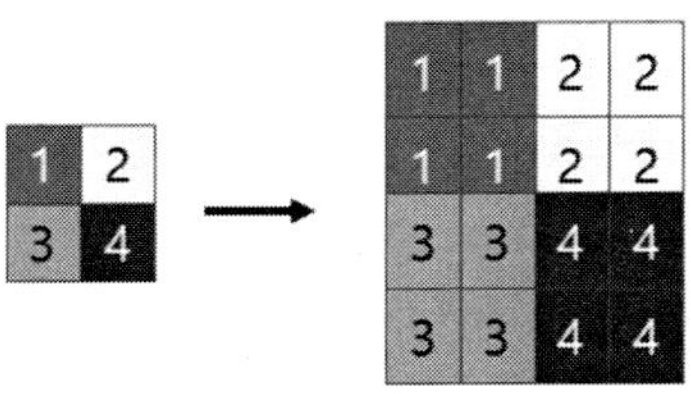

Nearest Neighbor Unpooling

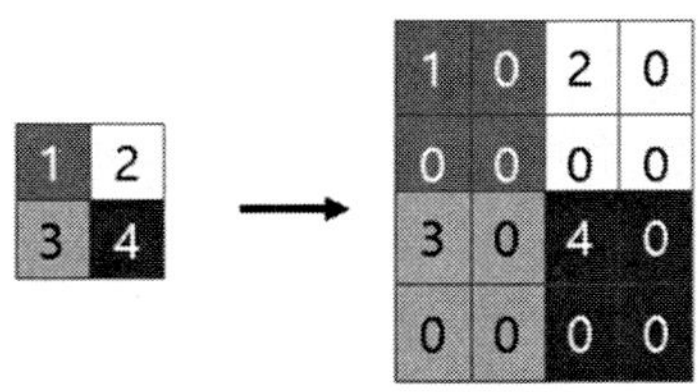

Bed of Nails Unpooling

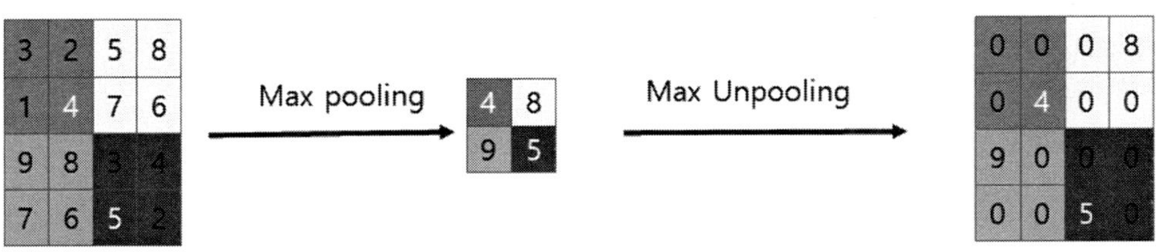

Max Unpooling

Transpose Convolution

Transpose Convolution 방법은 Convolution 행렬의 전치 행렬을 이용한 방법이기 때문에, 먼저 Convolution 행렬을 구해야 한다. 이해를 돕기 위해 padding = 0, stride = 1 로 2x2 kernel을 3x3 input에 적용시킬 때의 예를 들어 Convolution 행렬 구성 방법을 설명키로 한다. 콘볼루션 연산을 행렬 연산으로 표현할 수 있는데, 커널을 콘볼루션 행렬로, 입력은 입력 행렬로, 출력은 출력 행렬로 표현할 수 있다. 콘볼루션 행렬의 크기는 '컨볼루션 연산 횟수'* '입력 특징맵의 원소 개수'이며, 입력 행렬은 '입력 특징맵의 원소 개수'* 1이며, 출력 행렬은 '컨볼루션 연산 횟수'* 1이다. '컨볼루션 연산 횟수'대신에 '출력 특징맵의 원소의 개수를 사용해도 된다. 아래의 예에서 '컨볼루션 연산 횟수'는 4, '입력 특징맵의 원소 개수'는 9이므로, 콘볼루션 행렬의 크기는 4*9, 입력 행렬은 9*1, 출력 행렬은 4*1이 된다. 콘볼루션 행렬의 각 행은 하나의 콘볼루션 연산에 해당된다. 예를 들어 첫 번째 콘볼루션 연산은 '$w_0 \times x_0 + w_1 \times x_1 + w_2 \times x_3 + w_3 \times x_4$'인데, 이는 '$w_0 \times x_0 + w_1 \times x_1 + 0 \times x_2 + w_2 \times x_3 + w_3 \times x_4 + 0 \times x_5 + 0 \times x_6 + 0 \times x_7 + 0 \times x_8$'과 같은 수식이며, 이 수식의 계수를 보면 콘볼루션 행렬의 첫 번째 행과 일치함을 알 수 있다. 나머지 행도 동일하게 생각하면 된다.

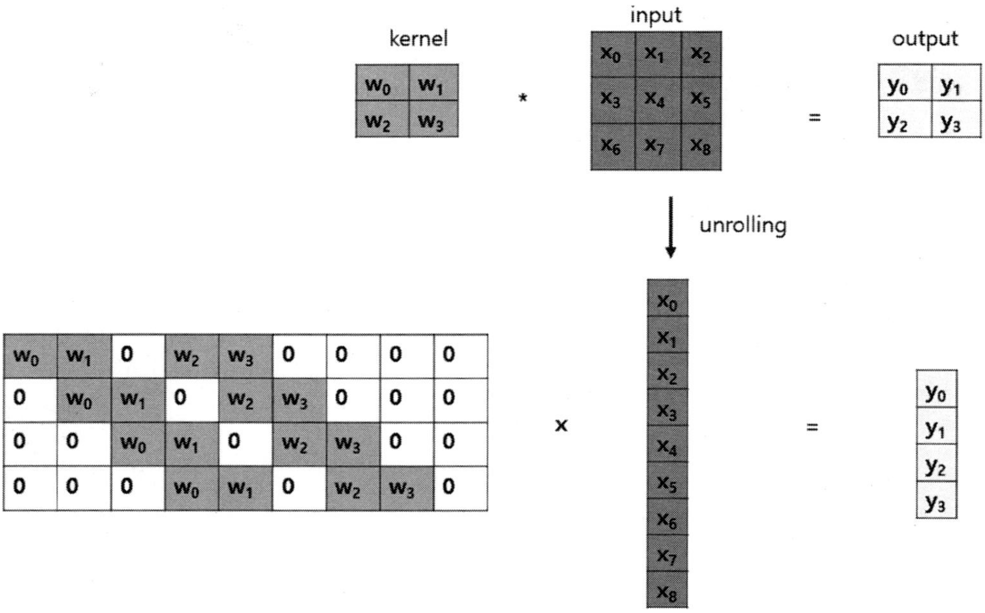

Convolution 행렬을 구했으면 그의 전치행렬을 구할 수 있고, 이 전치행렬에 output을 곱하면 원래 input을 얻을 수 있다. 바로 이렇게 동작하는 것이 전치 콘볼루션이다.

$$\begin{bmatrix} w_0 & 0 & 0 & 0 \\ w_1 & w_0 & 0 & 0 \\ 0 & w_1 & w_0 & 0 \\ w_2 & 0 & w_1 & w_0 \\ w_3 & w_2 & 0 & w_1 \\ 0 & w_3 & w_2 & 0 \\ 0 & 0 & w_3 & w_2 \\ 0 & 0 & 0 & w_3 \\ 0 & 0 & 0 & 0 \end{bmatrix} \times \begin{bmatrix} y_0 \\ y_1 \\ y_2 \\ y_3 \end{bmatrix} = \begin{bmatrix} x_0 \\ x_1 \\ x_2 \\ x_3 \\ x_4 \\ x_5 \\ x_6 \\ x_7 \\ x_8 \end{bmatrix}$$

DCGAN 구조

Radford와 그의 동료들은 "Unsupervised Representation Learning With Deep Convolutional Generative Adversarial Networks"이라는 논문에서 GAN의 불안정성을 해결하기 위한 여러 가지 방법을 제안하였는데, 그 내용은 다음과 같다.

1) 판별자에서는 모든 풀링층을 스트라이드(strided) 콘볼루션으로 바꾸고, 생성자에서는 풀링층을 fractional 스트라이드 콘볼루션으로 바꾼다.

2) 생성자와 판별자에 배치 정규화 (batch-normalization)을 사용한다.

3) 깊은 구조의 신경망을 위해서는 풀링층을 삭제한다.

4) 생성자에서 모든 활성화 함수로 Relu를 쓰되, 출력층에서는 Tanh를 사용한다.

5) 판별자에서는 모든 활성화 함수를 LeakyRelu를 사용한다.

참고로, 스트라이드 콘볼루션은 우리가 보통 얘기하는 콘볼루션을 의미하며, fractional 스트라이드 콘볼루션은 전치 콘볼루션이라고 생각하면 된다. 그리고 저자는 생성자와 판별자에 batch-normalization을 사용하면 깊은 생성자의 초기 실패를 막는다고 하였지만, 모든 층에 다 적용할 경우, 샘플 진동 (sample oscillation)과 모델 불안정성의 문제가 발생하여 생성자의 출력층과 판별자의 입력층에는 적용하지 않았다고 한다. 이렇게 만들어진 GAN이 DCGAN이라고 보면 된다. 즉, GAN과 DCGAN의 전체적인 구조는 거의 유사하다. 다만 각각의 판별자와 생성자의 세부적인 구조가 달라진다. 기존 GAN은 아주 간단하게 fully-connected로 연결되어 있는데, DCGAN에서는 기존 GAN에 존재했던 fully-connected구조의 대부분을 CNN 구조, 즉 콘볼루션층과 풀링층으로 대체했다.

판별자는 보통 이미지를 입력으로서 취하고 입력 이미지가 진짜일 수 있는 확률을 출력하는 네트워크이다. Radford와 그의 동료들이 제안한 DCGAN 아래 그림과 같이 판별자는 64x64x3 크기의 이미지를 입력으로 해서 일련의 Conv2d, BatchNorm2d 및 LeakyReLU 레이어를 통해 처리하고 Sigmoid 활성화 함수를 통해 최종 확률을 출력한다. 이 구조는 문제에 따라 더 많은 계층으로 확장 할 수 있지만 스트라이드 컨볼루션, BatchNorm 및 LeakyReLU를 사용하는 것이 중요하다. Radford와 그의 동료들은 DCGAN 논문에서 네트워크 자체가 풀링 기능을 학습 할 수 있도록 다운 샘플링에 풀링보다는 스트라이드 컨볼 루션을 사용할 것을 권하고 있다. 또한 배치 정규화 및 LeakyReLU 함수를 사용하는 것이 생성자와 판별자의 학습 과정에 중요한 역할을 한다고 한다. 아래 그림에서 C는 콘볼루션을, LR은 LeakyReLU를, BN은 배치 정규화를, F는 특징맵을, Sig는 시그모이드 함수를 나타낸다. 그리고 이미지 및 특징맵 밑의 값은 '폭*높이*채널수'를, 콘볼루션 위의 값은 '출력 채널 수/커널 크기/스트라이드'를 나타낸다.

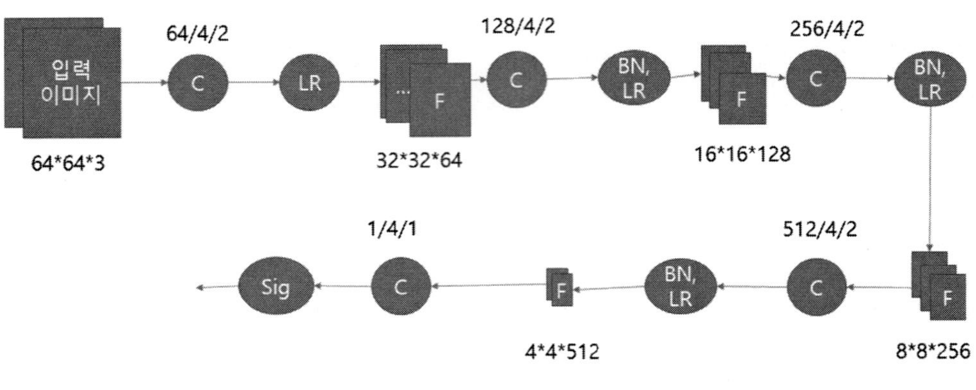

생성자는 잠재 공간 벡터 (z)를 데이터 공간에 매핑 하도록 설계된다. 보통 데이터는 이미지이므로 z를 데이터 공간으로 변환한다는 것은 결국 훈련 이미지와 동일한 크기 (즉, 64x64x3)의 RGB 이미지를 만드는 것을 의미한다. 실제로, 이것은 배치 정규화 및 relu 활성화와 쌍을 이루는 일련의 fractional 스트라이드 콘볼루션을 통해 이루어진다. 생성자의 출력은 tanh 함수를 통해 [−1,1]의 값이 된다. 아래 그림에서 TC는 전치 콘볼루션을, BN은 배치 정규화를, RL은 Relu 함수를, F는 특징맵을, R은 정규분포 또는 균등 분포를 따르는 난수를 의미한다. 그리고 이미지 및 특징맵 밑의 값은 '폭*높이*채널수'를, 콘볼루션 위의 값은 '출력 채널 수/커널 크기/스트라이드'를 나타낸다.

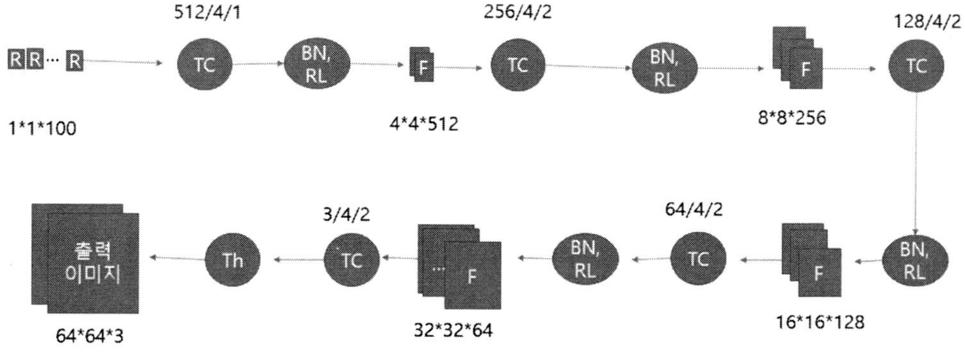

DCGAN 손실 함수 및 학습

DCGAN의 손실 함수는 GAN의 손실 함수 그대로 사용하면 된다. 판별자를 훈련시키는 목표는 주어진 입력을 실제 또는 가짜로 올바르게 분류 할 확률을 최대화하는 것이다. 즉, log (D (x)) + log (1−D (G (z)))를 최대화하려고 하는 것이다. 이를 위해, 먼저 훈련 세트에서 실제 샘플 배치를 구성한 후 판별자의 순방향 계산을 하고, 이를 이용하여 손실 (log (D (x)))을 계산 한 다음 역방향의 그래디언트를 계산한다. 둘째, 현 생성자를 이용하여 가짜 샘플 배치(batch)를 구성하고, 이 배치에 대해 판별자의 순방향 계산을 하고, 손실 (log (1−D (G (z))))을 계산하고, 역방향의 그라디언트를 계산한 후 이를 앞에서 구한 역방향의 그라디언트에 누적한다.

생성기를 훈련시키는 목표는 판별자가 가짜를 진짜처럼 판단하도록 하는 것이다. 이를 위해 앞에서 언급했듯이 log (1−D (G (z)))를 최소화하는 방향으로 생성기를 훈련시켜야 한다. 그러나 학습 초기에 G가 잘 학습하기에 충분한 기울기를 제공하지 않을 수 있어 대신 log (D (G (z)))를 최대화하려는 방향으로 또는 −log (D (G (z))를 최소화하는 방향으로 학습시키게 된다.

MNIST에 적용

MNIST에 DCGAN을 어떻게 적용했는지를 tflearn 사이트 예제를 이용하여 살펴 보도록 한다. 적용하기 위한 망의 전체적인 구조는 아래와 같다. GAN 예제와 다르게 이번 예제에서는 두 종류의 난수를 사용한다. 두 난수 모두 균등 분포를 따르는 200 차원의 벡터이다. 예제 코드에서 난수1은 disc_noise 변수에 해당하며, 난수2는 gen_noise 변수에 해당한다. 난수1은 판별자를 학습하기 위한 가짜 이미지를 생성하기 위한 입력이며, gen_noise는 생성자를 학습하기 위한 가짜 이미지를 생성하기 위한 입력이다. 참고로 GAN 예제에서는 하나의 난수로 판별자와 생성자를 학습하기 위한 가짜 이미지 생성용으로 사용하였다. 그리고 판별자의 출력도 GAN 예제와 달라졌는데, GAN에서는 진짜일 확률, 즉 스칼라 값을 출력한 반면에 이번 예에서는 이진 분류를 출력으로 한다. 판별자를 학습할 경우는 진짜 이미지 입력에 대해서는 타겟을 클래스 '1'로 해서, 가짜 이미지, 즉 G(난수1) 입력에 대해서는 타겟을 클래스 '0'으로 해서 학습하게 된다. 판별자 학습 시에는 생성자는 변경되지 않는다. 생성자 학습 시에는 가짜 이미지, 즉 G(난수2) 입력에 대해서만 타겟을 클래스 '0'으로 해서 학습하게 된다. 이 때 판별자는 학습되지 않는다. 즉 변경되지 않는다.

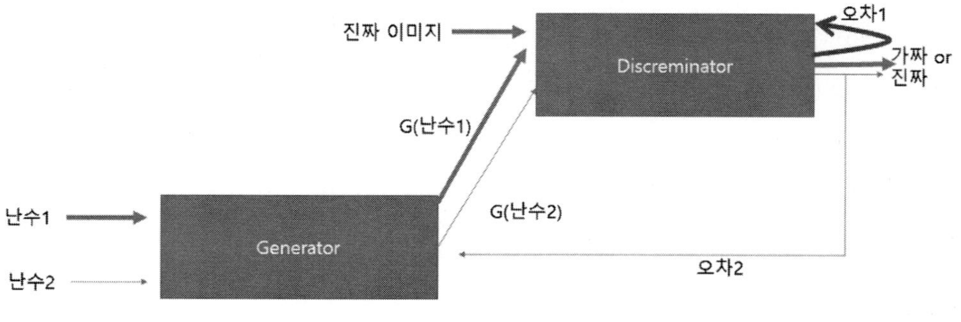

판별자의 세부적인 구조는 다음과 같다. Radford와 그 동료들의 제안과 달리 이 예에서는 풀링층과 완전연결층도 사용하여 구성하였다. 일반적인 CNN 구조 형태로 구성한 것으로 보면 된다. 여기서, C는 콘볼루션을, AP은 Average Pooling을, FCL은 완전 연결층을, Soft는 SoftMax층을 , F는 특징맵을 나타낸다. 그리고 이미지 및 특징맵 밑의 값은 '폭*높이*채널수'를, FCL 위의 값은 '노드수/활성화 함수'를, AP 위의 값은 커널의 크기를, 콘볼루션 위의 값은 '출력 채널 수/커널 크기/스트라이드'를 나타낸다.

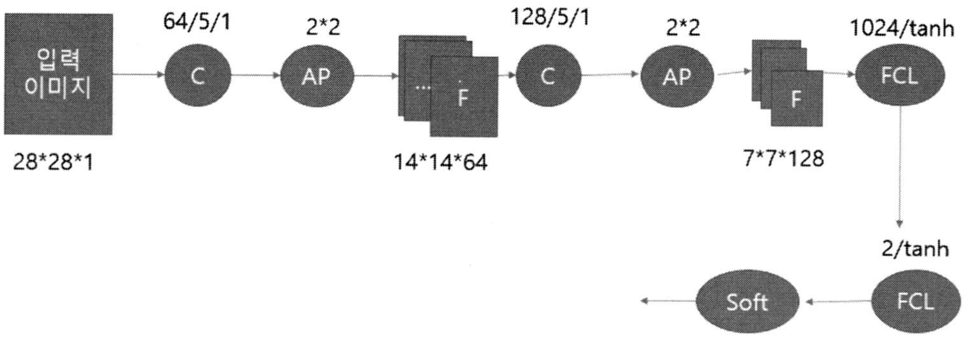

생성자의 세부 구조는 아래 그림과 같다. 판별자에서와 마찬가지로 완전 연결층을 사용하였으며, 업샘플링을 전치 콘볼루션 연산을 사용하지 않고 UnPooling과 콘볼루션 연산을 사용하여 구현하였다. 여기서, UP은 UnPooling을, BN은 배치 정규화를, tanh는 tanh 함수를 나타낸다. 그리고 UP 위의 값은 커널의 크기를 나타낸다.

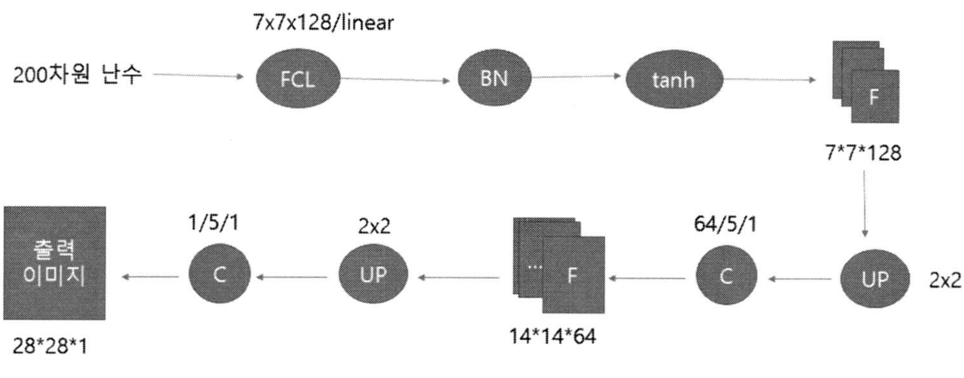

MNIST 손글씨를 생성하기 위한 DCGAN 망구성과 그 학습 방법을 tflearn으로 작성한 예제 코드는 아래와 같다. 여기서 주의 깊게 볼 부분은 진짜 이미지에 대한 판별망와 가짜 이미지에 대한 판별망을 하나로 합쳐 (tf.concat() 함수 사용) 전체 판별망을 구성하였다는 것이다. 그리고 이로 인해, Regression 층을 구성하기에 앞서 진짜 이미지의 타겟값과 가짜 이미지의 타겟값을 하나로 합쳤다 (tflearn.multi_target_data() 사용).

```
from __future__ import division, print_function, absolute_import
import matplotlib.pyplot as plt
import numpy as np
import tensorflow as tf
import tflearn

# Data loading and preprocessing
import tflearn.datasets.mnist as mnist
X, Y, testX, testY = mnist.load_data()
X = np.reshape(X, newshape=[-1, 28, 28, 1])

z_dim = 200 # Noise data points
total_samples = len(X)

# Generator
def generator(x, reuse=False):
    with tf.variable_scope('Generator', reuse=reuse):
        x = tflearn.fully_connected(x, n_units=7 * 7 * 128)
        x = tflearn.batch_normalization(x)
        x = tf.nn.tanh(x)
        x = tf.reshape(x, shape=[-1, 7, 7, 128])
        x = tflearn.upsample_2d(x, 2)
        x = tflearn.conv_2d(x, 64, 5, activation='tanh')
        x = tflearn.upsample_2d(x, 2)
        x = tflearn.conv_2d(x, 1, 5, activation='sigmoid')
        return x

# Discriminator
def discriminator(x, reuse=False):
    with tf.variable_scope('Discriminator', reuse=reuse):
        x = tflearn.conv_2d(x, 64, 5, activation='tanh')
```

```
        x = tflearn.avg_pool_2d(x, 2)
        x = tflearn.conv_2d(x, 128, 5, activation='tanh')
        x = tflearn.avg_pool_2d(x, 2)
        x = tflearn.fully_connected(x, 1024, activation='tanh')
        x = tflearn.fully_connected(x, 2)
        x = tf.nn.softmax(x)
        return x
# Input Data
gen_input = tflearn.input_data(shape=[None, z_dim], name='input_gen_noise')
input_disc_noise = tflearn.input_data(shape=[None, z_dim], name='input_disc_
noise')
input_disc_real = tflearn.input_data(shape=[None, 28, 28, 1], name='input_
disc_real')

# Build Discriminator
disc_fake = discriminator(generator(input_disc_noise))
disc_real = discriminator(input_disc_real, reuse=True)
disc_net = tf.concat([disc_fake, disc_real], axis=0)
# Build Stacked Generator/Discriminator
gen_net = generator(gen_input, reuse=True)
stacked_gan_net = discriminator(gen_net, reuse=True)

# Build Training Ops for both Generator and Discriminator.
# Each network optimization should only update its own variable, thus we
need
# to retrieve each network variables (with get_layer_variables_by_scope).
disc_vars = tflearn.get_layer_variables_by_scope('Discriminator')
# We need 2 target placeholders, for both the real and fake image target.
disc_target = tflearn.multi_target_data(['target_disc_fake', 'target_disc_
real'],
                                        shape=[None, 2])
disc_model = tflearn.regression(disc_net, optimizer='adam',
                                placeholder=disc_target,
                                loss='categorical_crossentropy',
                                trainable_vars=disc_vars,
                                batch_size=64, name='target_disc',
                                op_name='DISC')

gen_vars = tflearn.get_layer_variables_by_scope('Generator')
gan_model = tflearn.regression(stacked_gan_net, optimizer='adam',
```

```
                                  loss='categorical_crossentropy',
                                  trainable_vars=gen_vars,
                                  batch_size=64, name='target_gen',
                                  op_name='GEN')

# Define GAN model, that output the generated images.
gan = tflearn.DNN(gan_model)

# Training
# Prepare input data to feed to the discriminator
disc_noise = np.random.uniform(-1., 1., size=[total_samples, z_dim])
# Prepare target data to feed to the discriminator (0: fake image, 1: real
image)
y_disc_fake = np.zeros(shape=[total_samples])
y_disc_real = np.ones(shape=[total_samples])
y_disc_fake = tflearn.data_utils.to_categorical(y_disc_fake, 2)
y_disc_real = tflearn.data_utils.to_categorical(y_disc_real, 2)

# Prepare input data to feed to the stacked generator/discriminator
gen_noise = np.random.uniform(-1., 1., size=[total_samples, z_dim])
# Prepare target data to feed to the discriminator
# Generator tries to fool the discriminator, thus target is 1 (e.g. real
images)
y_gen = np.ones(shape=[total_samples])
y_gen = tflearn.data_utils.to_categorical(y_gen, 2)

# Start training, feed both noise and real images.
gan.fit(X_inputs='input_gen_noise': gen_noise,
                  'input_disc_noise': disc_noise,
                  'input_disc_real': X,
        Y_targets='target_gen': y_gen,
                  'target_disc_fake': y_disc_fake,
                  'target_disc_real': y_disc_real,
        n_epoch=10)
```

학습 후 새로운 이미지를 생성하기 위해 학습된 생성자를 이용하는 코드는 아래와 같다.

```
gen = tflearn.DNN(gen_net, session=gan.session)

f, a = plt.subplots(4, 10, figsize=(10, 4))
for i in range(10):
    # Noise input.
    z = np.random.uniform(-1., 1., size=[4, z_dim])
    g = np.array(gen.predict('input_gen_noise': z))
    for j in range(4):
        # Generate image from noise. Extend to 3 channels for matplot
figure.
        img = np.reshape(np.repeat(g[j][:, :, np.newaxis], 3, axis=2),
                         newshape=(28, 28, 3))
        a[j][i].imshow(img)
plt.show()
```

이 두 코드를 합쳐 실행시켜 보면 아래와 같은 결과를 얻을 수 있다. GAN을 이용하여 생성한 이미지와 비교해 보라. DCGAN을 사용하여 생성한 이미지가 보다 선명함을 알 수 있다. 참고로 앞의 GAN 예제의 epoch 수는 100이고, DCGAN 예제는 10이다.

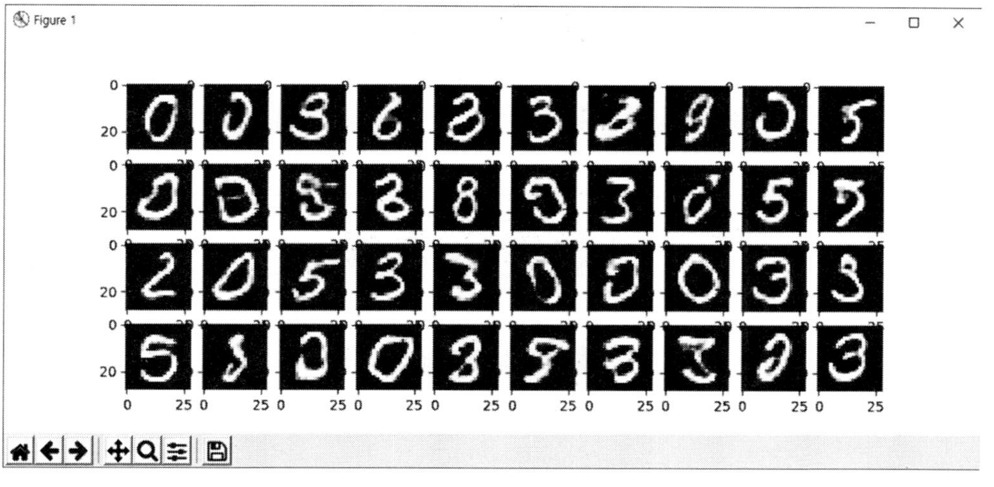

9.3 CGAN (Conditional GAN)

앞에서 설명한 GAN이나 DCGAN을 이용하여 이미지를 생성할 경우, 생성될 이미지 부류를 예측할 수 없다. MNIST 예인 경우, 200차원의 균등 분포 난수를 생성자의 입력으로 줄 경우, 생성될 이미지가 0 ~ 9 사이의 어떤 수자가 될지 알 수 없다. 랜덤하게 생성하는 것이 아닌 사용자가 원하는 부류의 이미지를 생성할 수 있는 GAN의 변형이 바로 CGAN이다.

CGAN 구조

CGAN의 구조 (Mehdi Mirza와 Simon Osindero의 "Conditional Generative Adversarial Nets"논문에서 발췌)는 아래 그림과 같다. 기존 GAN에다 출력을 제어할 수 있는 벡터 (아래 그림에서는 y)를 판별자와 생성자에 추가한 형태이다. 이미지만 제시하는 것이 아니라 그 이미지에 추가 정보 (레이블이나 클래스 등)를 같이 제시하는 구조이다.

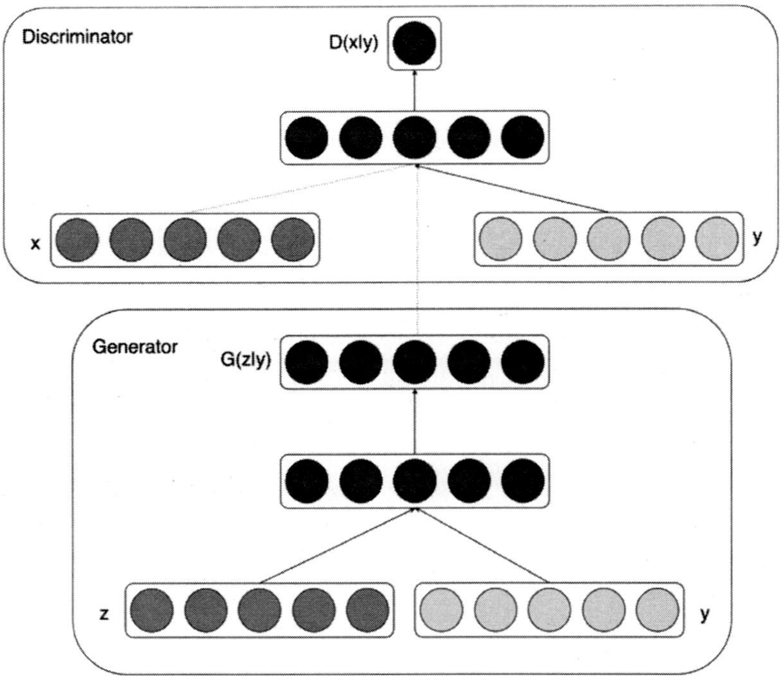

▌손실 함수 및 학습

GAN에서 사용했던 손실 함수는 아래와 같은 목적 함수 (objective function)을 달성하기 위한 것이었다.

$$\min_{G}\max_{D} V(D,G) = E_{x \sim p_{data}(x)}[\log D(x)] + E_{z \sim p_z(z)}[\log(1 - D(G(z)))]$$

그러면 CGAN의 목적 함수는 아래와 같이 변경되어야 한다.

$$\min_{G}\max_{D} V(D,G) = E_{x \sim p_{data}(x)}[\log D(x|y)] + E_{z \sim p_z(z)}[\log(1 - D(G(z|y)))]$$

이 목적 함수로부터 아래와 같은 손실 함수를 유도할 수 있다.

$$-(\log D(x|y) + \log(1 - D(G(z|y))))$$

그런데, y 값에 무관하게 p(*y*)가 동일하다고 가정하면, 조건부 확률 형태로 표현된 위 식을 결합 확률을 사용한 손실 함수로 표현할 수 있다.

$$-(\log D(x,y) + \log(1 - D(G(z,y))))$$

x 벡터와 y 벡터를 내부적으로 결합하여 확장된 벡터 $\bar{x}$로 구현하고, z 벡터와 y 벡터를 내부적으로 결합하여 확장된 벡터 $\bar{z}$로 구현한다면, 아래 수식처럼 GAN의 손실 함수와 동일함을 알 수 있다. 이는 CGAN 학습 시 추가되어진 조건 y를 진짜 및 가짜 이미지에 결합하여 확장된 진짜 이미지를 만들고, 가짜 이미지 생성에 필요한 랜덤 벡터 z와 결합하여 확장된 랜덤 벡터를 만들면 GAN과 동일하게 학습할 수 있음을 의미한다.

$$-(\log D(\bar{x}) + \log(1 - D(G(\bar{z}))))$$

▌MNIST에 적용

MNIST에 CGAN을 적용하여 보자. GAN 예제를 수정할 수도 있고, DCGAN 예제를 수정할 수도 있지만, GAN 예제가 상대적으로 쉬워 이를 기반으로 설명토록 한다. 먼저 조건에 해당하는 y 벡터를 정의해야 하는데, 우리가 하고자 하는 것이 원하는 수자를 생성하고자 하는 것이기에 y 벡터는 이미지에 해당하는 수자가 될 것이다. 수자를 단일값으로 표현하지 않고 이를 one-hot 인코딩하여 10차원의 2진벡터로 변환하여 사용한다. 네트워크 구성은 GAN 예제의 네트워크에 y 벡터에 해당하는 숫자 레이블을 생성자의 입력과 판별자의 입력에 추가해 주면 된다.

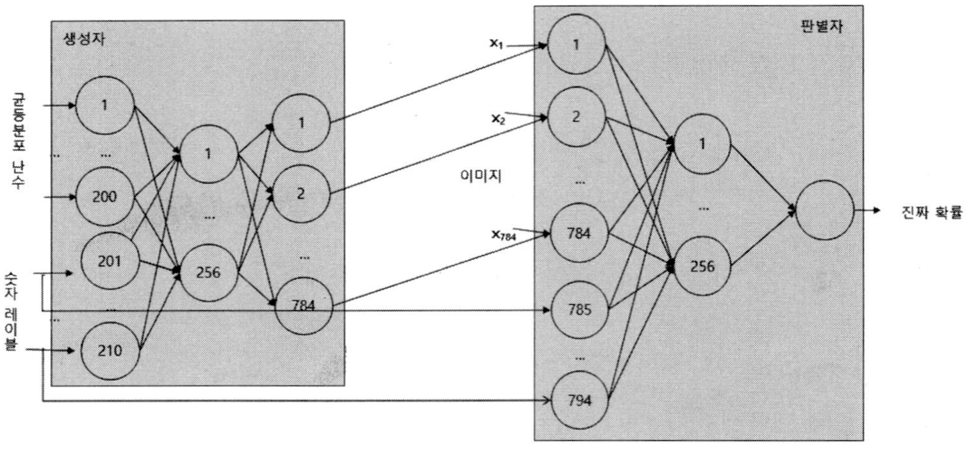

tflearn으로 작성한 CGAN 망 구성 및 학습 코드는 아래와 같다. 판별자 망 구성에 사용되었던 discriminator() 함수와 생성자 밍 구성에 사용되었던 generator() 함수의 인수에 조건 매개변수 cond를 추가하였으며, 두 함수 내부에서 원 입력 (판별자인 경우는 x, 생성자인 경우는 z)과 cond를 tf.concat() 함수를 사용하여 두 벡터를 확장하는 형태 (즉, axis=1)로 결합하였다. 그리고 판별자에 대한 cond 입력층 (disc_cond)과 생성자에 대한 cond 입력층 (gen_cond)을 추가했다. 진짜 이미지에 대한 cond는 MNIST 데이터의 타겟 값인 Y를 one-hot 인코딩한 값을, 가짜 이미지에 대한 cond는 생성자에 대한 cond 값을 그대로 이용하였다. 생성자에 대한 cond 값은 0에서 9 사이의 난수를 생성한 후, 이를 one-hot 인코딩한 값을 사용하였다. 이 cond 값들을 fit() 함수 호출 시 지정하여 학습토록 하였다.

```python
from __future__ import division, print_function, absolute_import

import matplotlib.pyplot as plt
import numpy as np
import tensorflow as tf
import tflearn

# 데이터 로딩 및 전처리
import tflearn.datasets.mnist as mnist
X, Y, testX, testY = mnist.load_data(one_hot=True)

image_dim = 784
z_dim = 200
total_samples = len(X)

# 생성자 구성 함수
def generator(x, cond, reuse=False):
    x = tf.concat((x, cond), axis=1)
    with tf.variable_scope('Generator', reuse=reuse):
        x = tflearn.fully_connected(x, 256, activation='relu')
        x = tflearn.fully_connected(x, image_dim, activation='sigmoid')
        return x

# 판별자 구성 함수
def discriminator(x, cond, reuse=False):
    x = tf.concat((x, cond), axis=1)
    with tf.variable_scope('Discriminator', reuse=reuse):
        x = tflearn.fully_connected(x, 256, activation='relu')
        x = tflearn.fully_connected(x, 1, activation='sigmoid')
        return x

# GAN 네트워크 구성
gen_input = tflearn.input_data(shape=[None, z_dim], name='input_noise')
gen_cond = tflearn.input_data(shape=[None, 10], name='noise_cond')
disc_input = tflearn.input_data(shape=[None, 784], name='disc_input')
disc_cond = tflearn.input_data(shape=[None, 10], name='cond_input')

gen_sample = generator(gen_input, gen_cond)
disc_real = discriminator(disc_input, disc_cond)
disc_fake = discriminator(gen_sample, gen_cond, reuse=True)
```

```
# 손실함수 정의
disc_loss = -tf.reduce_mean(tf.log(disc_real + 1e-10) + tf.log(1. - disc_fake
+ 1e-10))
gen_loss = -tf.reduce_mean(tf.log(disc_fake + 1e-10))

# 학습 방법 지정
gen_vars = tflearn.get_layer_variables_by_scope('Generator')
gen_model = tflearn.regression(gen_sample, placeholder=None,
optimizer='adam',
                                loss=gen_loss, trainable_vars=gen_vars,
                                batch_size=64, name='target_gen', op_
name='GEN')
disc_vars = tflearn.get_layer_variables_by_scope('Discriminator')
disc_model = tflearn.regression(disc_real, placeholder=None,
optimizer='adam',
                                 loss=disc_loss, trainable_vars=disc_vars,
                                 batch_size=64, name='target_disc', op_
name='DISC')

# GAN 모델 정의
gan = tflearn.DNN(gen_model)

# 생성자 입력 벡터 생성 (균등 분포)
z = np.random.uniform(-1., 1., size=[total_samples, z_dim])
cond = np.random.randint(0,10, size=[total_samples, 1])
cond = np.reshape(np.eye(10)[cond], (-1,10))

# 노이즈와 실제 이미지를 이용하여 학습 진행
gan.fit(X_inputs=gen_input: z, disc_input: X, disc_cond : Y, gen_cond :
cond, Y_targets=None, n_epoch=100)
```

학습 후 생성자를 이용하여 새로운 이미지를 생성하는 코드는 다음과 같다. 먼저, 임의의 0과 9사이의 숫자 하나를 추가로 생성한 뒤, 이를 one-hot 인코딩한 후, predict() 함수 호출 시 이를 cond 값으로 지정하여 주면 된다.

```
f, a = plt.subplots(2, 10, figsize=(10, 4))
for i in range(10):
    for j in range(2):
```

```
        # Noise input.
        z = np.random.uniform(-1., 1., size=[1, z_dim])
        one_hot_cond = np.reshape(np.eye(10)[i], (-1, 10))
        # Generate image from noise. Extend to 3 channels for matplot
figure.
        temp = [[ii, ii, ii] for ii in list(gan.predict(gen_input:z, gen_
cond: one_hot_cond)[0])]
        a[j][i].imshow(np.reshape(temp, (28, 28, 3)))
plt.show()
```

위의 두 코드를 합쳐 실행하면 아래와 같은 결과를 얻을 수 있다. 각 숫자마다 두 개의 이미지를 생성하게 되는데, 3을 제외한 나머지 숫자가 사람들의 눈에 보기에도 그럴듯하다.

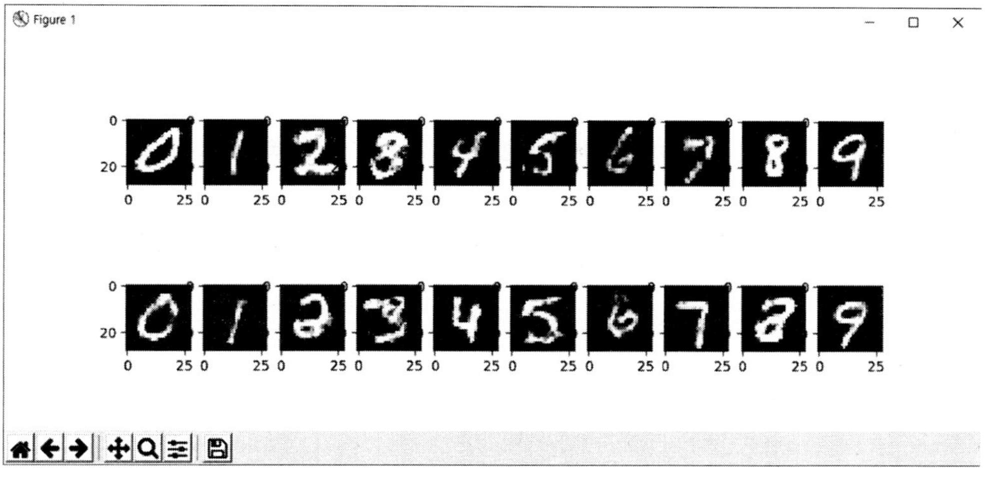

9장. 연습문제

- **다음 물음에 답하시오.**

1. 다음 중 이미지, 텍스트 및 사운드와 같은 다양한 종류의 매우 사실적인 콘텐츠를 제작할 수 있는 놀라운 능력을 보여주고 있는 딥러닝 모델은?

   (1) 콘볼루션 네트워크 (2) 오토인코더
   (3) 재귀 네트워크 (4) 생성적 적대 네트워크

2. GAN에 대한 다음 설명 중 옳은 것은?

   (1) 생성자와 판별자가 하나의 신경망으로 구성된다.
   (2) 생성자는 판별자를 속이려고 하고, 판별자는 속지 않도록 노력하게 되어, 결국은 진짜와 같은 가짜를 생성할 수 있게 된다.
   (3) 판별자의 입력 벡터의 차원이 생성자의 출력 벡터의 차원보다 크다.
   (4) 생성자의 입력 벡터의 차원은 보통 출력 벡터의 차원보다 크다.

3. GAN 학습에 대한 내용 중 옳지 않는 것은?

   (1) 크게 보면 '진짜'데이터와 '가짜'데이터의 미니배치를 이용하여 먼저 판별자를 학습하고, 그 학습된 결과 위에 '가짜'데이터 미니배치를 이용하여 생성자를 학습하는 과정을 반복한다.
   (2) 생성자 학습 시 '진짜'데이터와 '가짜'데이터의 미니배치를 교대로 이용하여 학습을 진행한다.
   (3) 판별자 학습 시 생성자의 가중치들은 변경하지 않고 판별자의 가중치만 변경한다.
   (4) 생성자 학습 시 판별자의 가중치들은 변경하지 않고 생성자의 가중치만 변경한다.

4. 다음 중 unpooling 방법에 해당하지 않는 것은?

   (1) Nearest Neighbor Unpooling (2) Bed of Nails Unpooling
   (3) Transpose Unpooling (4) Max Unpooling

5. unpooling 방법 중 확대되는 모든 곳에 같은 값으로 복사하는 방법은?

   (1) Nearest Neighbor Unpooling (2) Bed of Nails Unpooling
   (3) Transpose Unpooling (4) Max Unpooling

6. 다음 중 GAN의 불안정성을 해결하기 위해 Radford와 그의 동료들이 제안한 방법으로 맞지 않는 것은 ?

(1) 판별자에서는 모든 풀링층을 콘볼루션으로 바꾸고, 생성자에서는 풀링층을 전치 콘볼루션으로 바꾼다.

(2) 생성자와 판별자에 배치 정규화 (batch-normalization)을 사용한다.

(3) 생성자에서 모든 활성화 함수로 Relu를 쓰되, 출력층에서는 Tanh를 사용한다.

(4) 판별자에서는 모든 활성화 함수를 시그모이드 함수를 사용한다.

- **다음 ( )에 적합한 내용을 채우시오.**

1. GAN은 목표 출력을 생성하는 것을 배우는 (　　　　)와 실제 데이터를 (　　　　)의 출력과 구별하는 것을 배우는 (　　　　)의 쌍으로 이루어진다.
2. 손글씨 생성을 위한 GAN을 MNIST 데이터 (한 이미지의 크기는 28x28)를 이용하여판별자와 생성자 모두 하나의 은닉층으로 구성된 다층신경망으로 구성할 경우, 판별자의 입력층은 (　　　　)개의 뉴런으로 구성된다.
3. 문제 2의 경우, 판별자의 출력층은 (　　　　)개의 뉴런으로 구성된다.
4. 문제 2의 경우, 생성자의 출력층은 (　　　　)개의 뉴런으로 구성된다.
5. unpooling 방법 중 (　　　　)은 정해진 위치에만 값을 저장하고, 나머지는 0으로 만드는 방법이다.
6. 랜덤하게 생성하는 것이 아닌 사용자가 원하는 것을 생성할 수 있는 GAN의 변형이 바로 (　　　　)이다.

- **다음 물음에 o, x로 답하시오.**

1. GAN 판별자의 구성은 '진짜'데이터와 '가짜'데이터를 판별하는 이진 분류기 형태 또는 0과 1을 예측하는 형태의 다층신경망(MLP) 구조를 띤다.
2. 판별자의 입력 벡터의 차원과 생성자의 출력 벡터의 차원이 동일하다.
3. 판별자는 정확도를 최소화 시키는 방향으로 학습이 진행되며, 생성자는 정확도를 최대화 하도록 학습이 진행된다.
4. 완전 연결층 대신에 Deep Convolutional Neural Network을 이용하여 판별자와 생성자를 구현한 모델이 DCGAN이다.
5. 콘볼루션 연산에 해당하는 콘볼루션 행렬의 전치행렬을 구한 후, 이 전치행렬에 출력을 곱해 원래 입력을 얻는 방법이 전치 콘볼루션이다.

6. transpose convolution도 일종의 업샘프링 방법 중의 하나이다.

- **다음 물음에 답하시오.**

1. MNIST 데이터 (이미지의 크기는 28x28)를 이용하여 손글씨를 생성하기 위한 GAN 모델을 구성하시오. 판별자와 생성자 모두 하나의 은닉층으로 구성된 다층신경망으로 구성하며, 생성자의 입력은 100차원의 균등분포 난수를 사용하라.

2. Max Unpooling 방법에 대해 설명하시오.

   이전 Max 풀링층에 대하여, max pooling 된 위치를 기억하고, 그 위치에 값을 복원하는 방식이다. 아래의 그림처럼 Max pooling 단계에서 max 값이 발생한 위치를 기록해 두었다가, unpooling 단계에서 이 위치에만 값을 저장하고 나머지 위치에는 0으로 채우면 된다.

3. 아래와 같은 콘볼루션 연산에 해당하는 콘볼루션 행렬을 구하는 방법을 설명하시오.

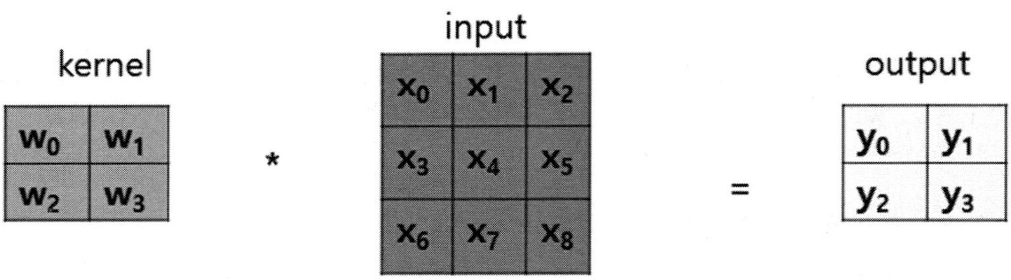

4. mnist 데이터를 이용하여 사용자가 원하는 숫자에 해당하는 손글씨 이미지를 생성하는 GAN을 설계하시오.

부록

부록 1. 파이썬 개발 환경 PyCharm 설치 및 사용

부록 2. 텐서플로우 실행 환경 구축하기

부록 3. 파이썬을 이용한 데이터 시각화

[부록 1] 파이썬 개발환경 PyCharm 설치 및 사용

파이썬 프로그램을 개발할 때 도스창에서 실행할 수도 있지만 프로그램 작성, 실행, 디버깅에 이르기까지 모든 과정을 한 곳에서 할 수 있는 다양한 통합개발 환경(IDE : Integrated Development Environment)들을 제공한다. IDE의 종류와 그 주요 특징은 파이썬 위키 사이트를 참고하기 바라며, 여기서는 이 중에 PyCharm에 대해서 그 설치 방법과 사용 방법 그리고 디버깅 방법에 대해서 소개한다.

◆ 설치

PyCharm은 컴퓨터 프로그래밍, 특히 Python 언어용으로 사용되는 통합 개발 환경 (IDE)으로 체코 회사인 JetBrains에 의해 개발되었다. 코드 작성, 코드 분석, 그래픽 디버거, 통합 유닛 테스터, 버전 제어 시스템 (VCSes)을 제공하며 장고 (Django)를 사용한 웹 개발을 지원한다. Windows, macOS 및 Linux 등에서 돌아가며, Community Edition과 Professional Edition을 제공한다. Community Edition은 아파치 라이센스에 따라 배포되며, 추가 기능을 제공하는 Professional Edition은 독점 라이센스 하에서 제공된다.

PyCharm 설치 과정은 다음과 같다.

a) PyCharm 공식 홈페이지(https://www.jetbrains.com/pycharm/download/)에 접속한다. 접속하면 아래와 같은 화면이 나오는데, 여기서 Community Edition을 선택한다.

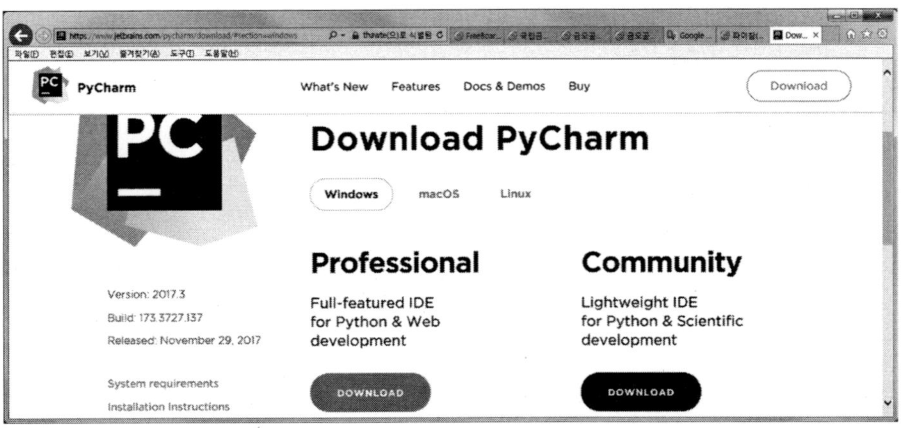

b) Community Edition 다운로드 링크를 누르면 설치 프로그램 실행을 묻는 대화창이 뜨는데, 실행을 선택한다.

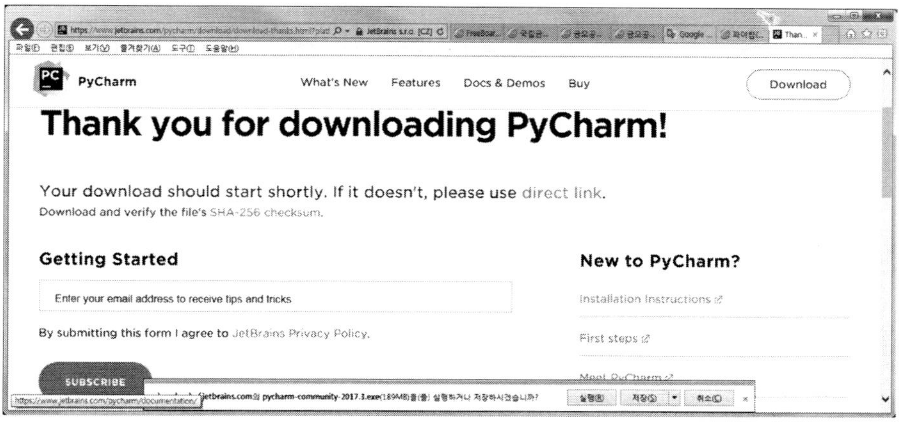

c) 실행을 선택하면 아래와 같은 setup 초기 화면이 뜨게 된다. Next 버튼을 누른다.

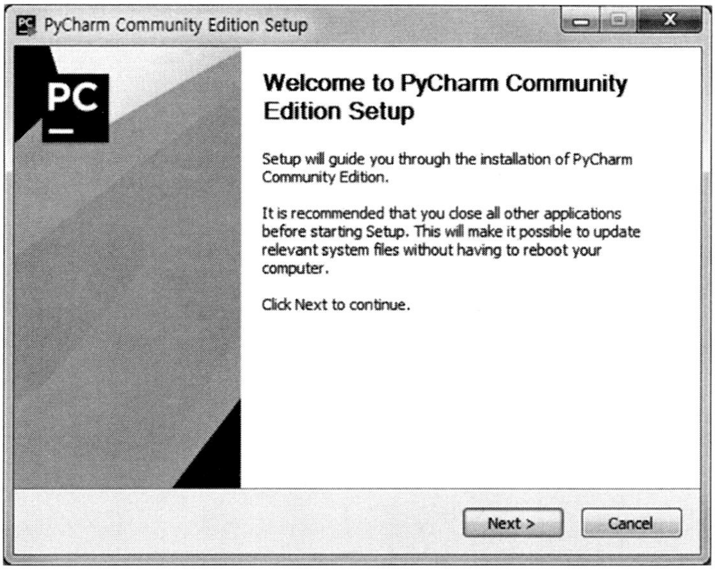

e) 설치 위치를 선택하라는 창이 뜨면 원하는 위치를 지정한다. 여기서는 기본 위치를 그대로 사용한다. Next 버튼을 누른다.

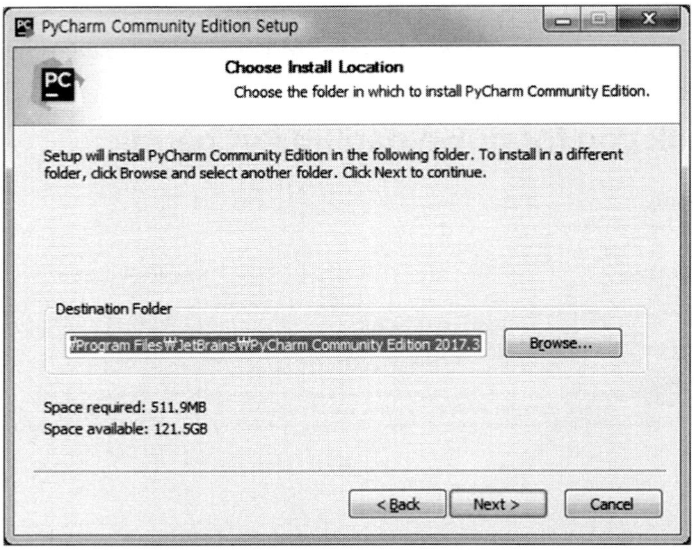

f) 설치 옵션을 하드웨어 사양에 맞게 선택한 후, Next 버튼을 누른다. 두 번째 옵션인 "create associations"는 확장자가 ".py"인 파일 오픈 시 PyCharm을 사용할 지를 지정하는 옵션이다.

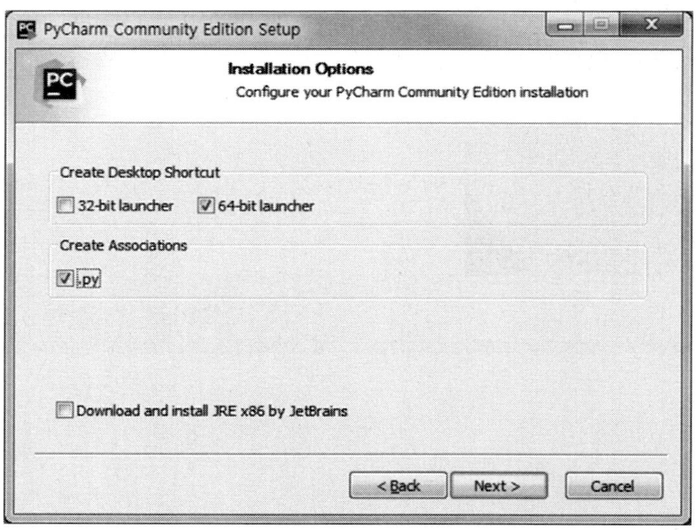

g) 윈도우 시작 메뉴에 설정되는 파이참 시작 메뉴 이름 지정 화면에서 원하는 이름을 지정한다. 여기서는 기본 이름으로 지정한다. 지정되었으면 Install을 누른다.

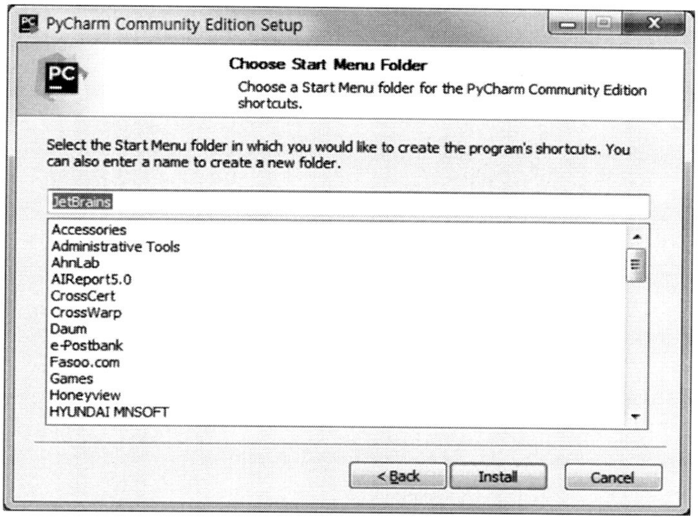

h) 설치 중 화면이 나오고, 설치가 완료되면 finish 버튼을 누른다.

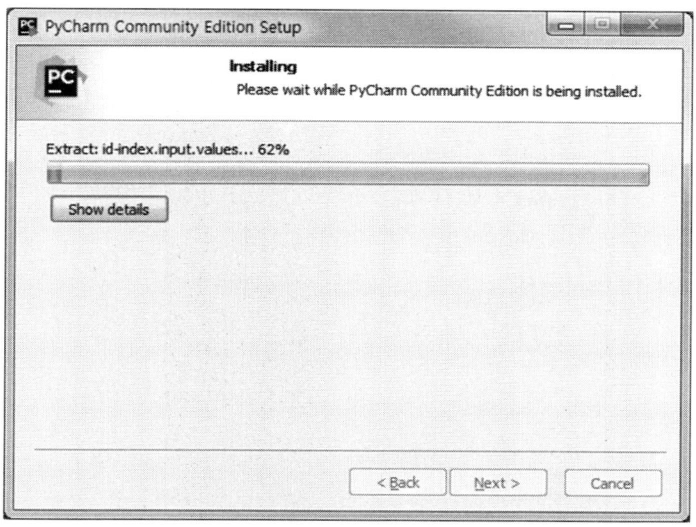

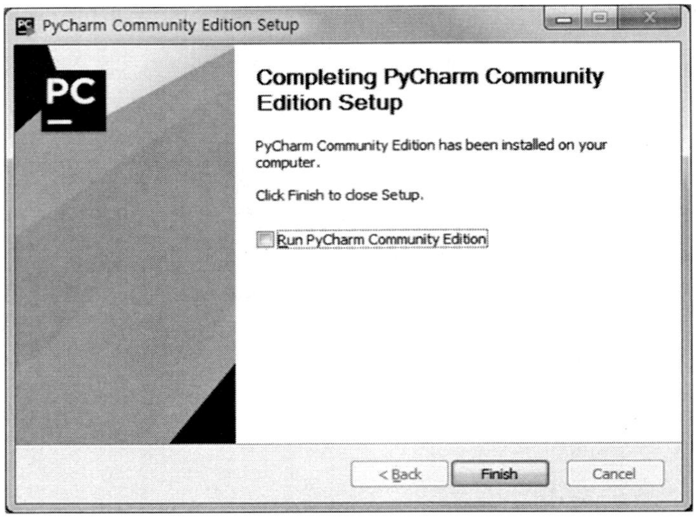

◆ 프로그램 작성

윈도우즈 시작 메뉴를 눌러 조금 전에 설치한 파이썬 커뮤니티 에디션을 선택한다. 설치 시 시작 메뉴에 등록될 이름을 jetBrains로 하였으니 그 이름의 폴더를 찾으면 된다.

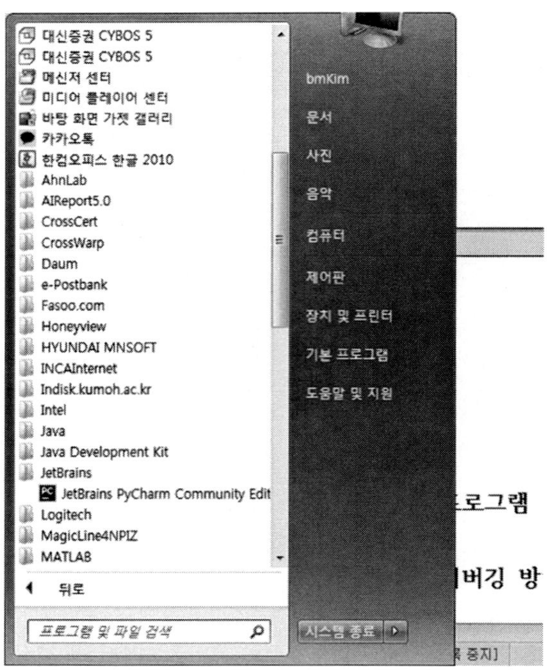

a) 설치 후 처음 프로그램을 실행시키면 아래와 같이 기존 세팅을 불러 올지를 묻는 대화상자가 뜨는데 어떤 것을 선택해도 되지만 추천해주는 옵션을 선택한다.

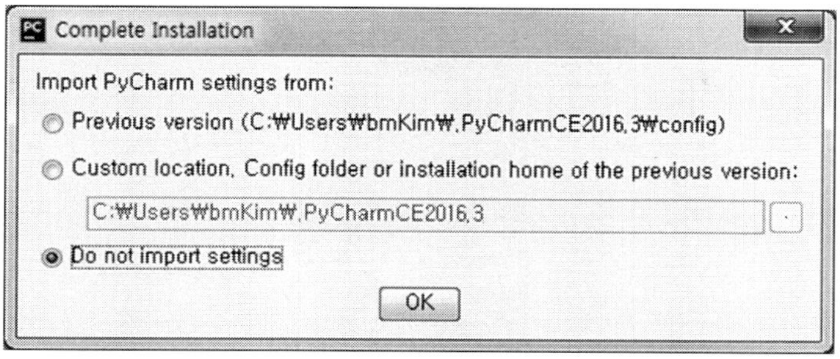

b) UI 테마 선택 대화상자가 뜨면 원하는 테마를 선택한다. 여기서는 Skip Remaining and Set Defaults 버튼을 선택한다.

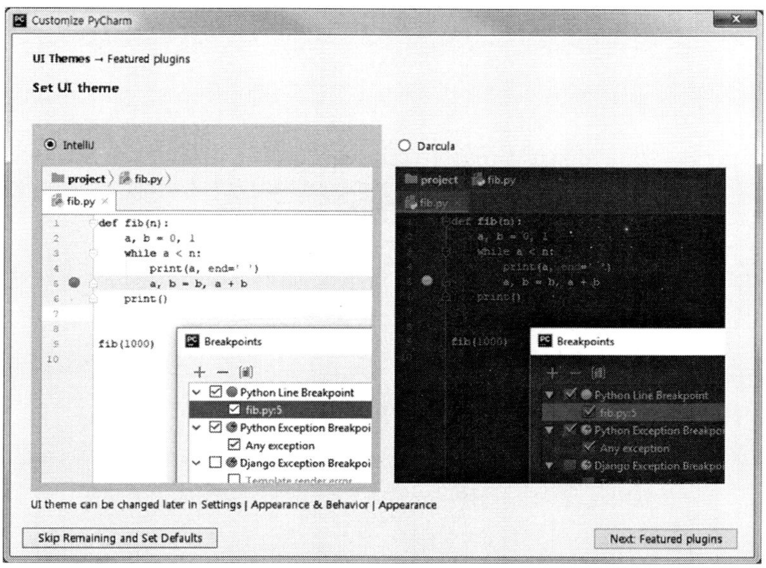

c) PyCharm 소개 화면에서 "Create New Project"를 선택한다.

d) 프로젝트명을 입력한 후, create 버튼을 누른다. 기본 이름은 "untitled"로 되어 있는데, 좀 더 개발 프로젝트를 의미를 담을 수 있는 이름을 부여한다. 여기서는 "test"로 지정한다.

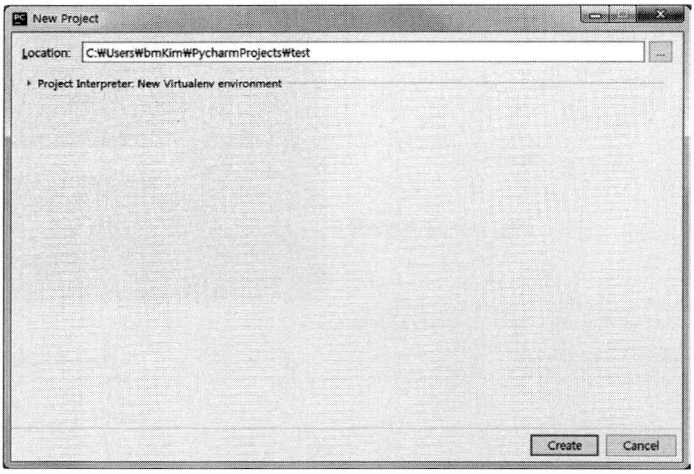

e) "Tip of Day"대화 상자가 뜨면 닫으면 PyCharm 메인 화면이 뜨는데, 이 화면에서 File 〉〉 New 을 선택한다. New 서브 메뉴에서 Python File 메뉴 항목을 선택한다. 왼쪽에 있는 작은 창이 프로젝트 탐색기로 작업 중인 프로젝트의 구조를 보여주는 역할을 한다.

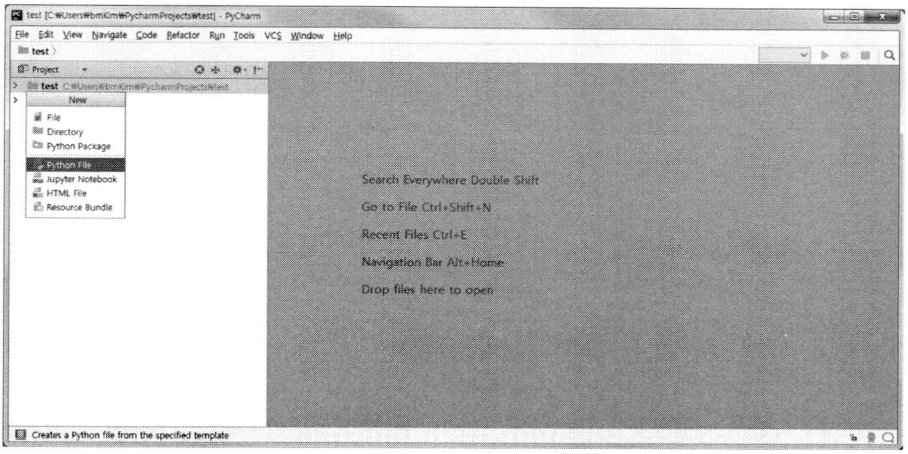

f) Python 파일명을 입력한 후, Ok 버튼을 누른다. 여기서는 파일명을 first로 지정하였다.

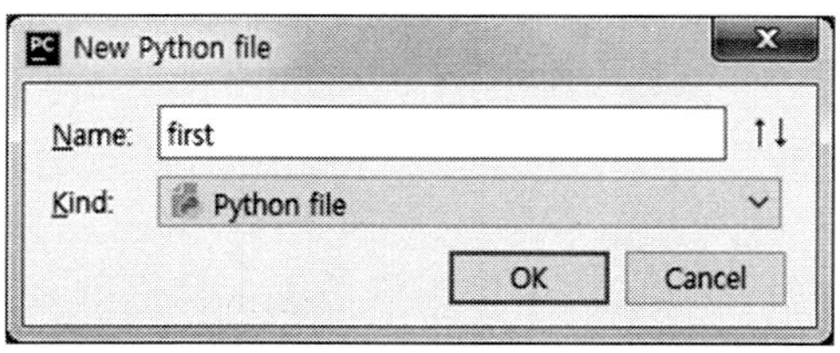

g) 다음 화면에서 보는 바와 같이 프로젝트 탐색기의 test 프로젝트에 first.py가 생성되어 있는 것을 확인할 수 있으며, 그 오른쪽에 소스 편집창이 떠 있는 것을 확인할 수 있다.

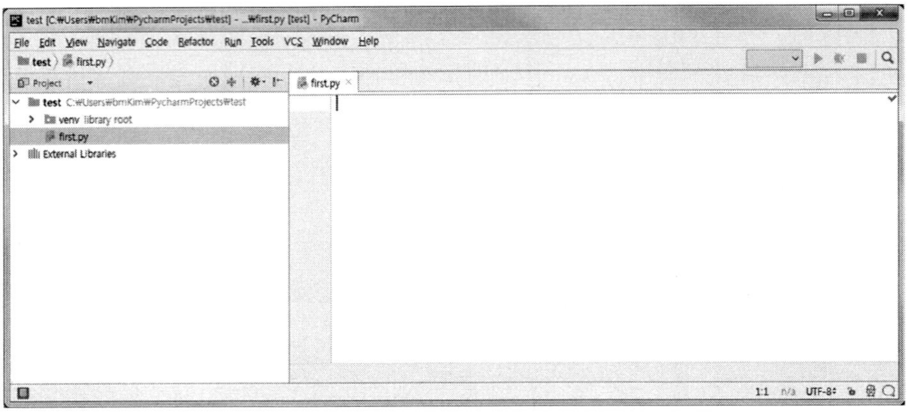

h) 소스 창에 아래와 같이 인사말을 출력하는 코드를 입력한다.

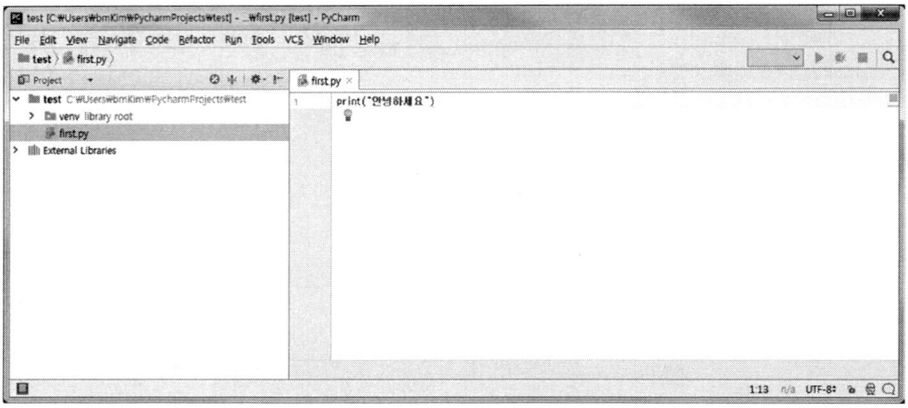

i) 작성한 코드를 실행시키기 위해 Run 〉〉 Run 메뉴를 선택한다.

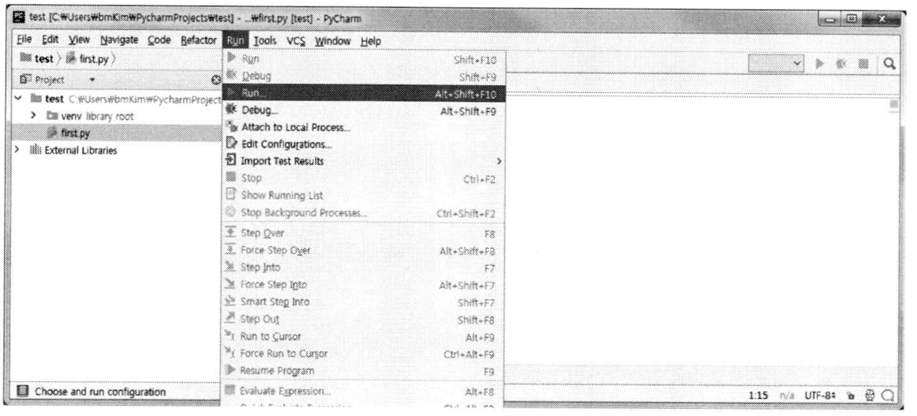

아니면 프로젝트 탐색기에서 실행하고자 하는 파일을 선택한 후, 마우스 우클릭하여 팝업 메뉴를 띄운 후, Run 메뉴 항목을 선택해도 된다.

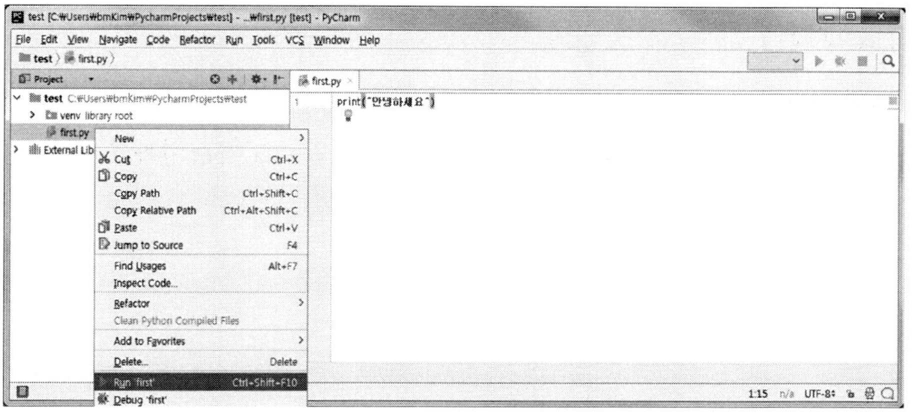

j) 프로그램을 실행하면 실행 결과가 다음과 같이 출력 창으로 출력된다.

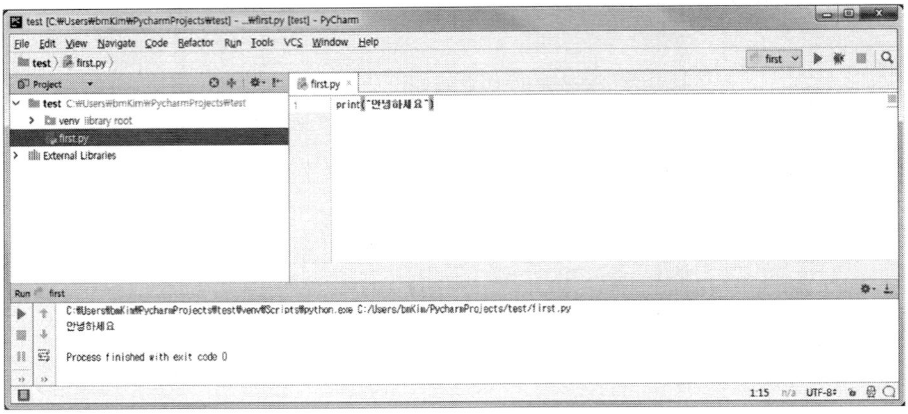

참고로, 처음 시작할 때에만 a) ~ c)까지의 화면이 출력이 되고, 이후에는 PyCharm 메인 화면의 File 메뉴에서 "New Project"를 선택하여 생성한다. PyCharm 메인 화면의 File 메뉴에서 "New Project"를 선택하면 d) 단계부터 시작된다.

◆ 대화식 작업

지금까지 설명한 내용은 스크립트 형식으로 프로그램을 개발하는 방법이고 대화식으로 작업을 할 경우는 메인 화면의 Tools 메뉴의 "Python Console"메뉴 항목을 선택하면 된다. 그러면 아래 그림처럼 콘솔창이 뜨고 파이썬 프롬프트 ("〉〉〉")가 출력이 된다. 콘솔창에 필요한 명령어를 입력하여 실행시키면 된다.

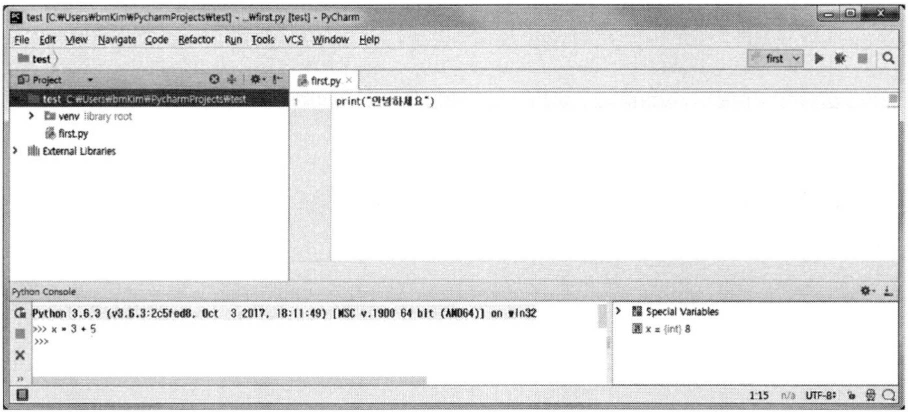

◆ 디버깅 방법

디버깅 절차를 설명하는 데 사용할 예제 프로그램은 간단한 메뉴 기반의 영화관 예약 시스템이다. 메뉴는 "예약 현황", "예약하기", "예약 취소", "종료"로 구성된다. 메뉴 표시 기능, 예약 현황 보여주는 기능, 예약 기능, 예약 취소 기능은 별도의 함수로 작성되어 있다.

```
import numpy as np

# 상수 정의
ROWS = 10
COLS = 5

# displayNselectMenu 함수 정의
def displayNselectMenu():
    print("s : 예약현황 보기")
    print("r : 예약하기")
    print("c : 예약 취소")
    print("e : 프로그램 종료")

    item = input("원하는 메뉴 글자 (s, r, c, e) 중 하나를 입력하세요 : ")

    return item

# showReservationStatus 함수 정의
def showReservationStatus(a):
    print("가 예약 가능한 자리입니다.")
    for r in a:
        for c in r:
            if (c == 1): print("o", end=" ")
            else: print("x", end=" ")
        print()
    print()

# reserveSeat 함수 정의
def reserveSeat(a):
    row = int(input("원하는 좌석의 행 (1 ~ " +  str(ROWS) + ") 번호를 입력하
세요. "))
    col = int(input("원하는 좌석의 열 (1 ~ " + str(COLS) + ") 번호를 입력하
세요. "))
```

```
    if (row >= 1 and row <= ROWS and col >= 1 and col <= COLS):
        if (a[row-1][col-1] == 1): a[row-1][col-1] = 0
        else: print("이미 예약되어 있는 자리입니다.")
    else: print("좌석 행 번호나 열 번호가 잘못되었습니다.")

# cancelReservation 함수 정의
def cancelReservation(a):
    row = int(input("원하는 좌석의 행 (1 ~ " +  str(ROWS) + ") 번호를 입력하
세요. "))
    col = int(input("원하는 좌석의 열 (1 ~ " + str(COLS) + ") 번호를 입력하
세요. "))
    if (row >= 1 and row <= ROWS and col >= 1 and col <= COLS):
        if (a[row-1][col-1] == 0): a[row-1][col-1] = 1
        else: print("예약되어 있지 않는 자리입니다.")
    else: print("좌석 행 번호나 열 번호가 잘못되었습니다.")

#
# 메인 모듈
#
seats = np.ones((ROWS, COLS)) # 배열 0으로 초기화

while(True):
    menu = displayNselectMenu()
    if (menu == 's'): showReservationStatus(seats)
    elif (menu == 'r'): reserveSeat(seats)
    elif(menu == 'c'): cancelReservation(seats)
    elif(menu == 'e'): print("시스템 종료되었습니다."); break;
```

프로그램을 디버깅하려면 먼저 해당 프로그램을 오픈한 후 아래의 절차에 따라 진행하면 된다. 참고로, 이 디버깅 절차는 https://waterprogramming.wordpress.com/2015/09/10/debugging-in-python-using-pycharm/ 사이트의 내용을 기초로 작성되었다.

a) 디버깅 모드로 전환

디버깅 모드로 전환하는 여러 방법이 있는데 그 중의 하나가 Python 콘솔을 사용하는 것이다. 먼저 Tools 메뉴의 Python Console 항목을 선택하여 콘솔창을 띄운 후 콘솔창 왼쪽에 있는 콘솔 메뉴의 녹색 버그 아이콘을 선택하면 된다. 또 다른 방법은 툴바의 녹색

버그 아이콘을 선택하거나 아니면 Run 메인 메뉴에서 "Debug 프로젝트명"메뉴 항목을 선택하면 된다.

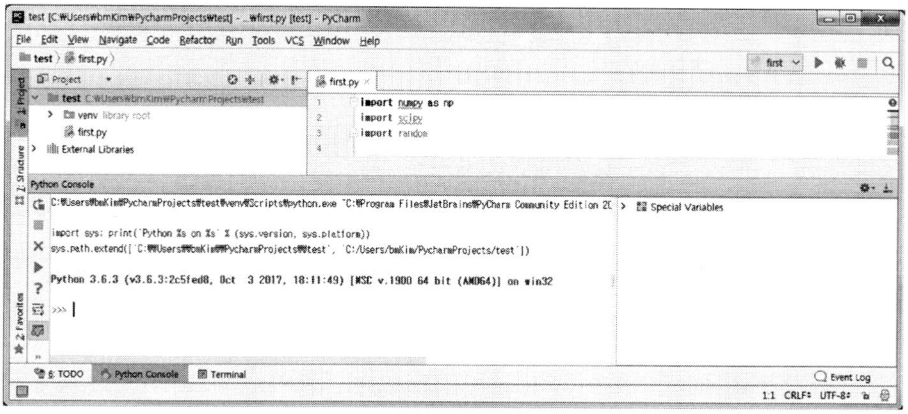

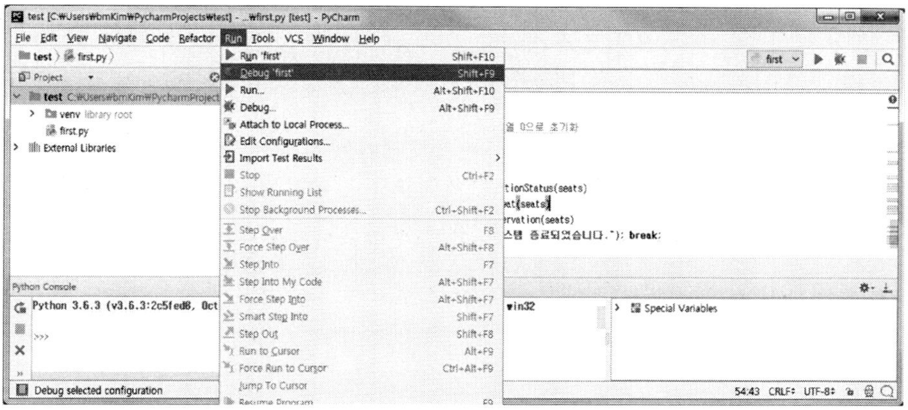

b) 중단점 (break point) 설정

프로그램 첫 줄부터 하나씩 실행하며 디버깅할 수도 있지만 보통 의심이 가는 줄부터 검사하게 된다. 특정 줄부터 디버깅하기 위해서는 그 줄 실행 전에 멈추는 기능이 필요한데, 이때 사용되는 것이 중단점이다. 중단점은 코드에서 실행을 일시적으로 중단하여 프로그램 작동을 살짝 엿볼 수 있게 해주는 지점이다. 멈추고자 하는 줄 번호 오른쪽을 마우스로 선택하면 빨간색 원이 표시되는데 이것이 바로 중단점이다. 중단점이 표시된 상태에서 다시 누르면 중단점이 해제된다. 만약 소스 코드에 라인 번호가 출력되지 않으면 코드 영역 왼쪽 옆 회색 영역을 마우스 우클릭하면 팝업 메뉴가 뜨는데, 여기서 "Show Line Numbers"항목을 선택하면 된다.

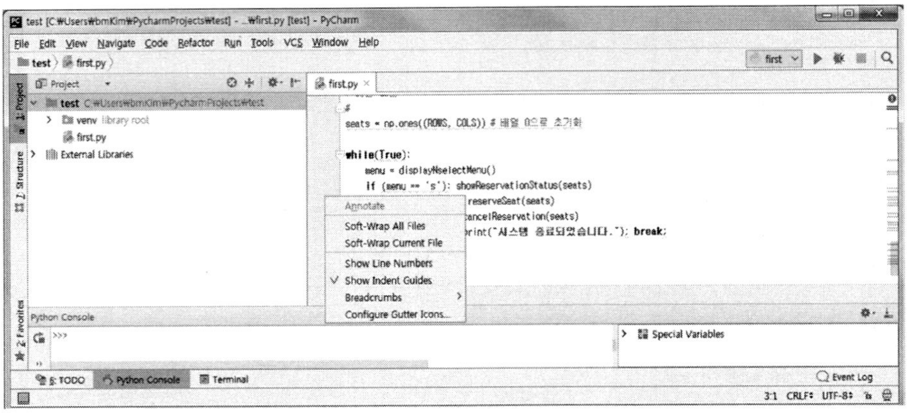

예제에서는 49번째 줄에 중단점을 설정하였다. 중단점은 디버그 모드에서 프로그램을 실행할 때만 사용된다. 즉, 콘솔 메뉴의 버그 아이콘을 다시 클릭하여 디버깅을 끄면 프로그램이 중단 점에서 멈추지 않고 실행된다. 또한 중단점은 프로그램의 변수 값 등을 보는 것뿐만 아니라 프로그램이 특정 코드 영역으로 들어가는 지 확인하는 데 유용하다. 프로그램이 설정한 중단점에서 중지하지 않으면 프로그램이 해당 중단점이 있는 코드 영역에 들어오지 않은 것이므로 매우 중요한 정보가 될 수 있다.

c) 명령행 인수 (command line argument) 설정

경우에 따라 프로그램 실행 시 필요한 데이터를 넘겨 줄 필요성이 있는데, 즉 명령행 인수를 지정해 줄 필요가 있다. 이때 Run 메뉴의 Edit configurations 항목을 선택한 후, Parameters 입력상자에 원하는 명령행 인수들을 기술해 주면 된다.

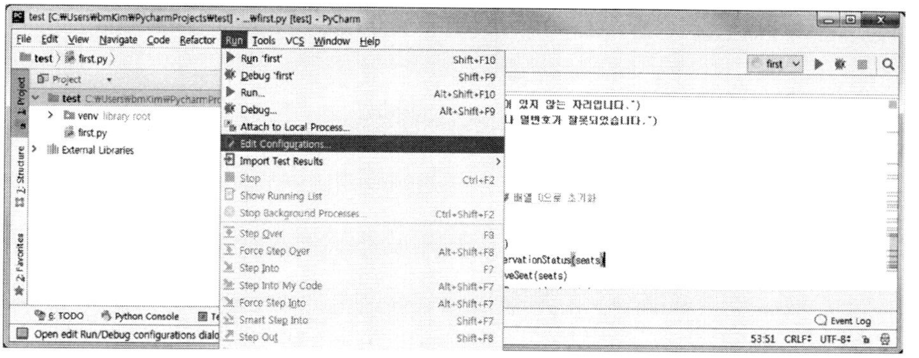

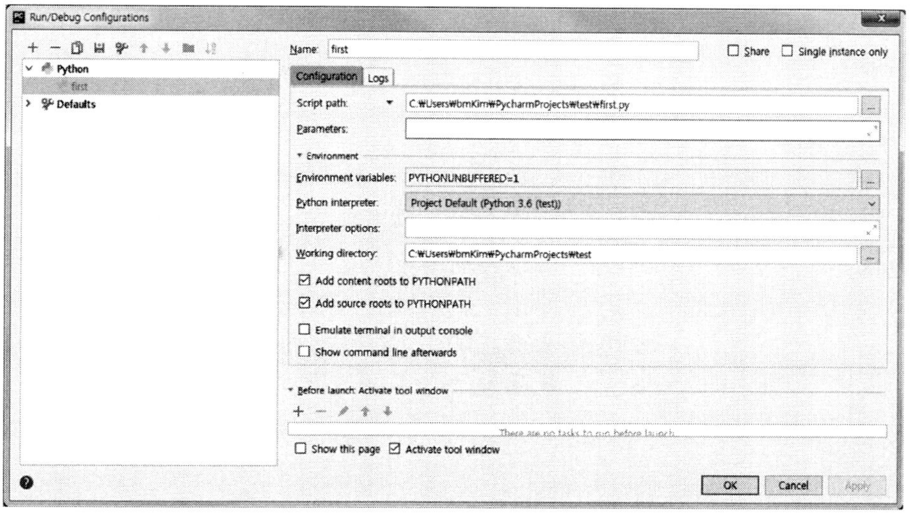

d) 조사할 변수 (watch) 등록

디버깅 아이콘을 눌러 실행시키면 실행되다가 중단점에서 멈추게 되는데, 이때 하단의 디버거 창 “variables”부분에 접근 가능한 변수들의 목록과 현재 값을 보여준다. 만약 추가로 조사할 변수가 있다면 녹색 ‘+’를 눌러 원하는 변수를 입력하면 된다.

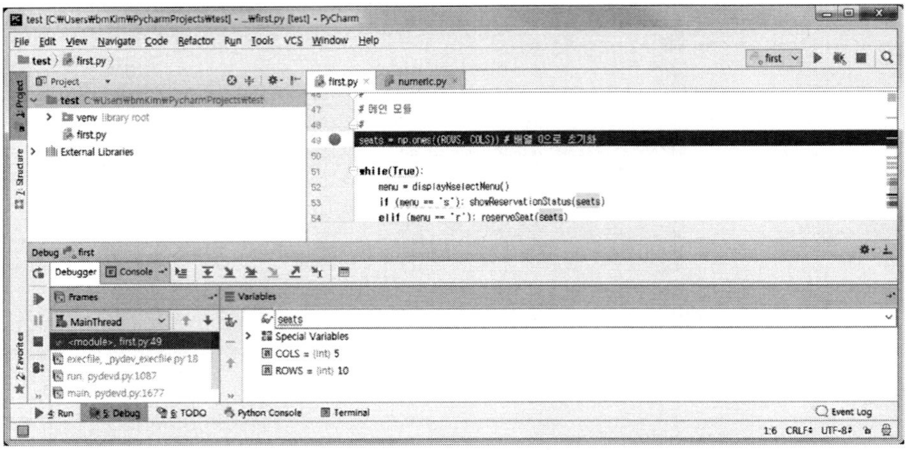

e) 디버깅 진행

중단점에 멈추어 있는 상태에서 한 단계씩 실행하면서 디버깅을 할 수 있는데, 이때 "variables"창 위의 화살표 아이콘들을 사용하면 된다.

아니면 Run 메뉴의 여러 디버깅 항목들을 사용하거나 그에 대응되는 키를 사용하면 된다. 디버깅 키에 대한 설명은 아래의 표를 참고하기 바란다.

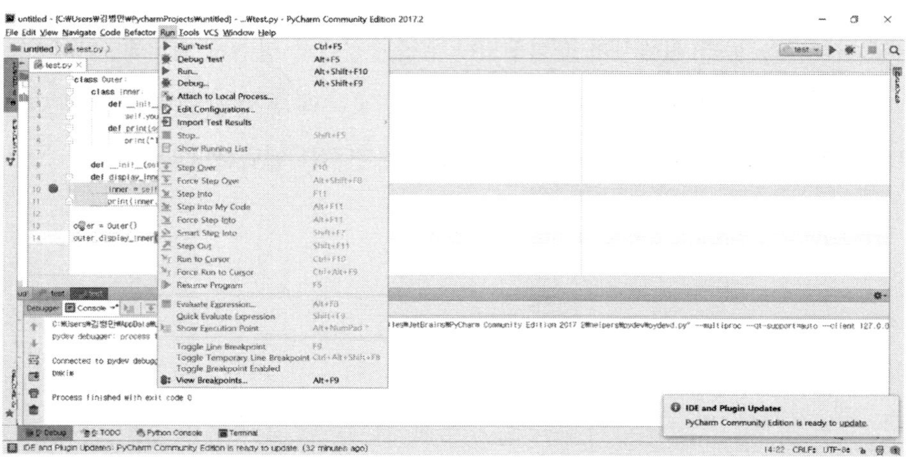

step over (F10)	다음 라인으로 이동. 현 라인이 함수나 메소드 호출이더라도 스텝-인, 즉 그 안으로 들어가지 않음
force step over (Alt Shift F8)	중단점을 무시한 채 메서드 호출을 건너뜀
step into (F11)	현 라인이 함수나 메소드 호출일 경우 그 안으로 들어감
step into my code (Alt F11)	라이브러리 소스는 스텝-인 하지 말고, 즉 스킵하고 자신의 코드로만 스텝-인 하게 함
force step into (Alt F11)	스테핑이 억제된, 즉 들어갈 수 없는 코드 안으로 들어가게 함. 스테핑이 억제된, 코드는 File/Settings 설정 대화 상자에서 "Buld, Execution, Deployment"노드를 확장한 후, Debugger 밑의 Stepping을 선택하여 스테핑 페이지에서 필터를 지정하면 됨. 자세한 내용은 https://www.jetbrains.com/help/phpstorm/ stepping-through-the-program.html 를 참고
smart step into (Shift F7)	현 실행 라인에 여러 개의 메서드 호출이 있을 경우 스텝-인 할 메서드를 선택하게 함
step out (Shift F11)	현재 메서드나 함수에서 복귀. 즉 함수나 메서드 호출을 빠져나오게 함
run to cursor (Ctrl F10)	마우스 커서가 있는 라인 직전까지 실행
force run to cursor (Ctrl Alt F9)	중단점을 무시하고 마우스 커서가 있는 라인 직전까지 실행
resume (F5)	프로그램을 중단 위치에서부터 재개
Run (Ctrl F5)	프로그램 실행
choose configuration and run (Alt Shift F10)	디버깅 구성을 선택한 후, 프로그램 실행
Debug (Alt F5)	디버깅 모드 시작
Choose configuration and debug (Alt Shift F9)	디버깅 구성을 선택한 후, 디버깅 시작
toggle breakpoint (F9)	현 라인에 대한 중단점 토글
view breakpoints (Alt F9)	설정된 모든 중단점을 보여줌
evaluate expression	원하는 수식을 입력한 후, 그 결과를 확인

[부록 2] 텐서플로우 실행 환경 구축하기

텐서플로우를 실행시키려면 먼저 tensorflow 패키지를 추가로 다운로드하여 설치하여야 한다. 먼저 Python에서 추가의 모듈을 다운로드하고 설치하는 방법을 소개한 후 tensorflow 패키지를 설치하는 방법을 소개한다.

◆ 추가 모듈 다운로드 및 설치

Python과 함께 제공되는 기본적인 라이브러리 모듈 외에 많은 개발자가 Python을 더 광범위하게 사용할 수 있도록 독자적인 모듈을 개발해왔다. 이 제삼자 제공(Third Party) 모듈을 설치하는 가장 손쉬운 방법은 pip 툴을 사용하는 것이다. 이 툴은 설치하고자 하는 모듈 (또는 패키지)을 자동으로 다운로드하고 빌드하고 설치해주는 프로그램이다. 이 pip 툴은 Python 공식 웹사이트(https://pypi.python.org/)에서 다운받아 설치하면 된다.

Python 3.4부터 설치할 때 윈도우와 맥에서는 pip이 자동으로 설치되지만, 리눅스는 따로 설치해줘야 한다. 우분투나 데비안 같은 리눅스 운영체제에 pip3를 설치하려면 터미널을 열고 sudo apt-get install python3-pip를 입력한다. sudo 명령을 쓰려면 관리자 암호를 입력해야 한다. 참고로, 윈도우즈 운영체제에서 python이나 pip 설치 위치를 파악하려면 command 창에서 "where python"또는 "where pip"를 입력하면 된다.

제삼자 제공 모듈을 설치하기 위한 pip 툴은 커맨드 라인에서 실행한다. install 명령어와 설치하려는 모듈 이름만 입력하면 된다. 윈도우에서는 "pip install 패키지명"을 입력하면 되고, 맥과 리눅스는 관리자 권한을 위해 앞에 sudo를 추가하고 pip대신 pip3라고 바꿔서 "sudo pip3 install 패키지명"라고 입력한다. 모듈이 이미 컴퓨터에 설치되어 있고 PyPI (파이썬 패키지 저장소 : Python Package Index)의 최신 버전으로 업그레이드만 하는 경우라면 "pip install —upgrade 패키지명"라고 입력하면 된다. 맥과 리눅스는 pip대신 pip3라고 바꿔서 입력해야 한다. 모듈 선택 시 설치하고자 하는 모듈에 대한 제약 조건을 아래와 같이 기술할 수도 있다.

```
python -m pip install SomePackage==1.0.4          # 특정 버전
python -m pip install "SomePackage>=1.0.4"        # 최소 버전
python -m pip install "SomeProject~=1.4.2"        # 호환 버전
```

아래의 화면은 requests 모듈을 설치하는 화면이다. 단지 "python -m pip install numpy"라고만 입력하였는데, 관련된 패키지들을 알아서 다운로드하고 설치하는 것을 확인할 수 있을 것이다.

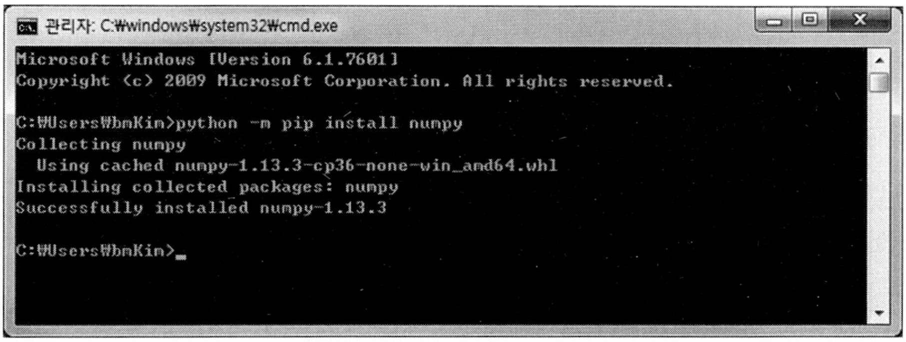

◆ 텐서플로우 패키지 설치

텐서플로우 패키지를 설치하는 기본적인 방법은 pip 툴을 이용하는 것이다. 아래의 그림과 같이 "python -m pip install tensorflow" 명령을 도스창에 입력하면 pip 툴이 자동으로 패키지를 다운로드받아 설치하게 된다.

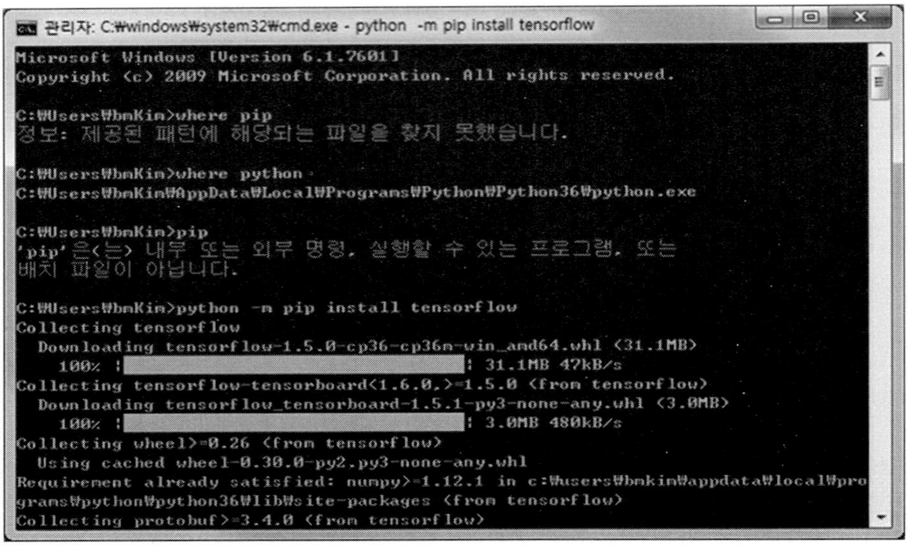

여기서 주의할 것이 있는데, 만약 PyCharm 같은 통합 개발 환경을 사용하고 있다면, 위의 방식으로 설치한 모듈이 인식되지 않은 경우가 발생할 수 있다. 이는 PyCharm을 설치하면서 Python 인터프리터가 별도로 다시 설치되는데, 이 위치와 기존 설치 Python 인터프리터의 위치가 달라서 발생한다. 도스창에서 where 명령을 사용하여 Python의 설치 위치를 파악해 보면 아래와 같은데, PyCharm File 메뉴의 Settings 항목을 선택하면 아래와 같이 PyCharm에서 사용하는 Python 인터프리터의 위치가 다름을 확인할 수 있다.

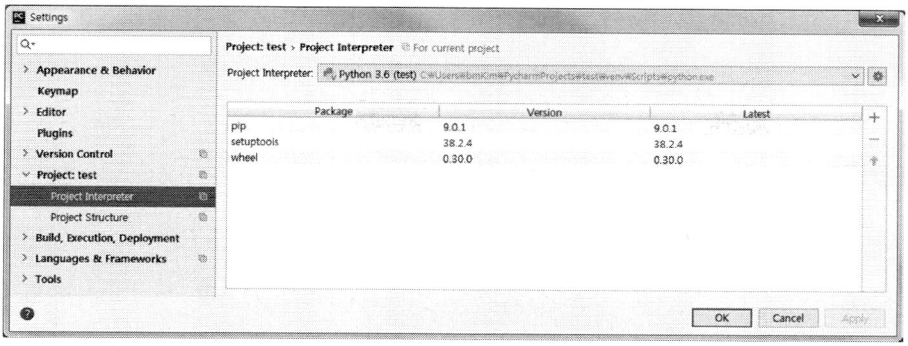

Python 설치 위치 밑 "Libpackages" 밑에 가보면 추가로 설치한 모듈들을 확인할 수 있는데, 분명히 tensorflow 라이브러리가 설치되어 있음을 확인할 수 있다. 하지만 PyCharm에서 외부에서 다운로드받은 라이브러리를 저장하는 폴더로 이동해 보면 tensorflow 라이브러리가 설치되지 않았음을 확인할 수 있다. 도스창에서 pip를 통해 tensorflow 모듈을 설치하였지만 PyCharm 관련 폴더에 설치되지 않고 원 Python 관련 위치에 설치되어 Pycharm에서 import를 할 경우 오류가 발생하게 되는 것이다. PyCharm 관련 폴더에도 tensorflow 라이브러리를 설치하고자 할 경우는 아래 화면에서 오류가 생기는 부분에 마우스를 이동시킨 후 "Alt + Enter"키를 누르면 문제 해결 제안 창이 뜬다. 여기서 "Install package numpy"를 선택하면 된다.

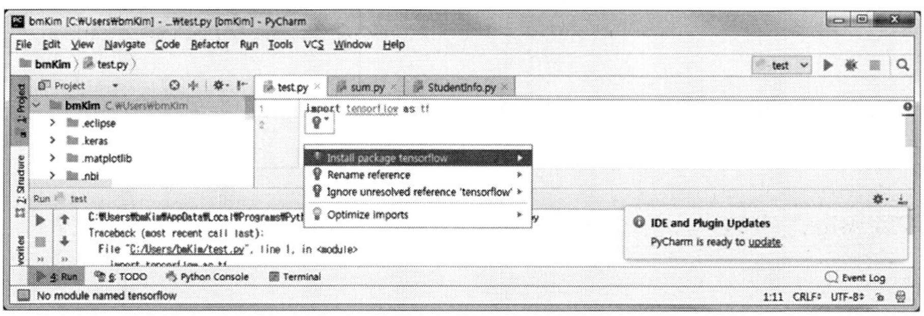

설치 후 다시 PyCharm 관련 폴더로 이동하여 확인해 보면 tensorflow 패키지가 설치되어 있음을 확인할 수 있고 더 이상 import 오류가 발생하지 않음을 알 수 있다. 이렇게 하면 문제는 해결되지만 tensorflow 패키지가 두 번 설치되게 된다. 따라서 도스 창에서

pip 명령으로 설치하지 말고 처음부터 PyCharm을 통해서 설치하는 것이 더 현명한 방법이다.

◆ 파이썬 다운 그레이드 하기

설치된 파이썬 버전이 최신 (예 : 3.7 버전)일 경우 텐서플로우의 버전과 맞지 않아 설치가 제대로 되지 않을 수 있다. 이러한 경우 파이썬을 낮은 버전 (예 : 3.5 또는 3.6 버전)으로 재설치해야 한다. 재설치는 아래와 같이 pip 툴을 이용하여 재설치하거나,

```
python -m pip install python==3.5 혹은
python -m pip install python==3.6
```

아니면 PyCharm을 이용하여 아래와 같이 재설치하면 된다.

(1) 해당 파이썬 버전 (예 : 3.6.8 버전)의 다운로드 페이지 (https://www.python.org/downloads/release/python-368/)로 들어가서 파이썬을 설치한다.

(2) PyCharm 실행 후, File 〉 Setting 〉 Project interpreter 선택 후, Project interpreter에서 Show All 클릭 후, '+'선택한 후 Existing environment를 선택한다.

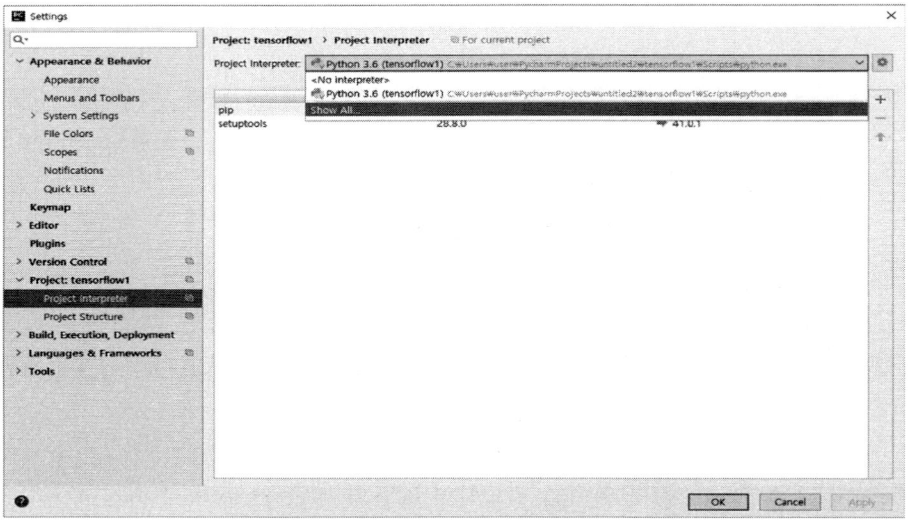

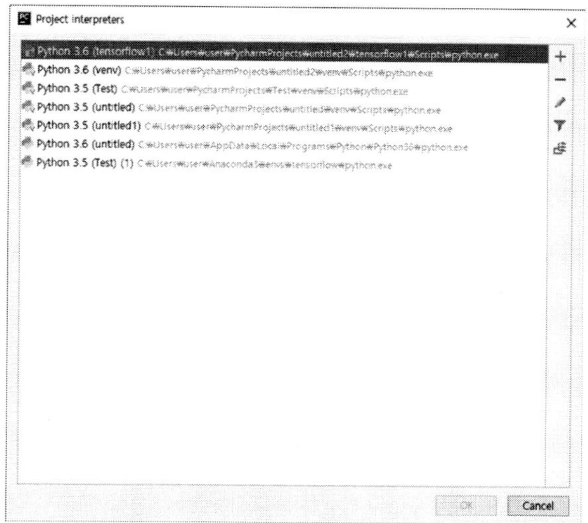

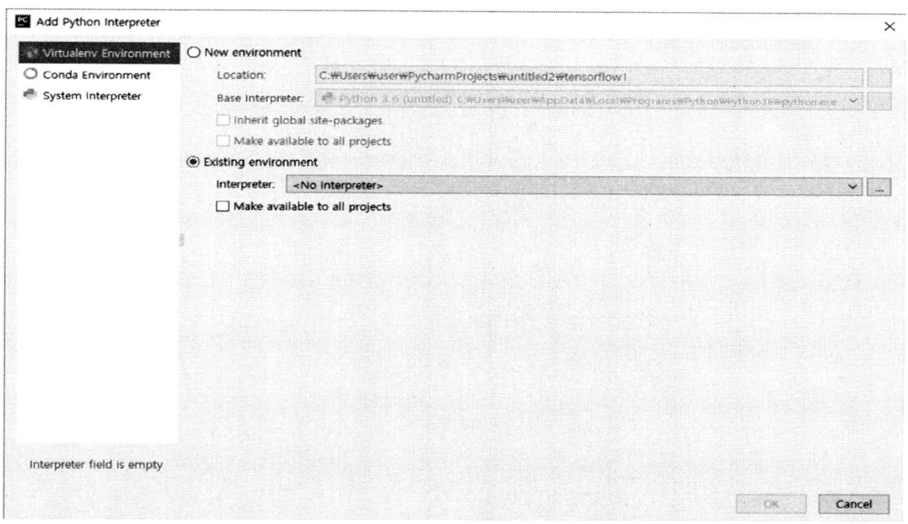

(3) Existing environment 옆의 '…'을 눌러 url 창에 앞에서 설치한 파이썬 폴더를 입력한다.

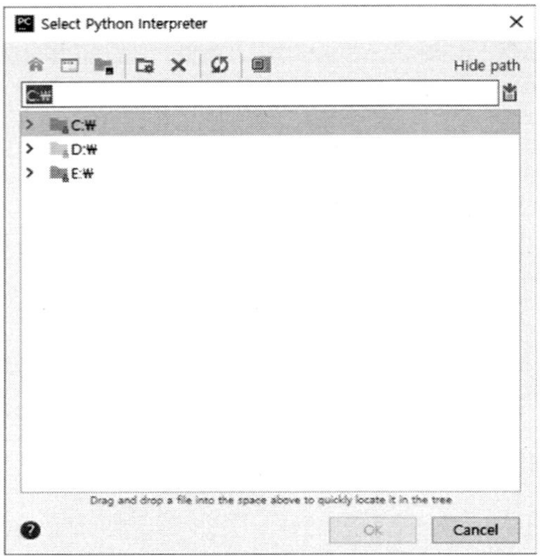

◆ 텐서플로우 설치 테스트

텐서플로우가 제대로 설치되었는지는 아래와 같은 파이썬 파일 하나를 새로이 생성한 후 실행시켜 보면 된다.

```
import tensorflow as tf

hello = tf.constant('Hello, TensorFlow!')
sess = tf.Session()
print(sess.run(hello))
```

실행 결과 'Hello, TensorFlow!'가 출력되면 제대로 설치된 것이다.

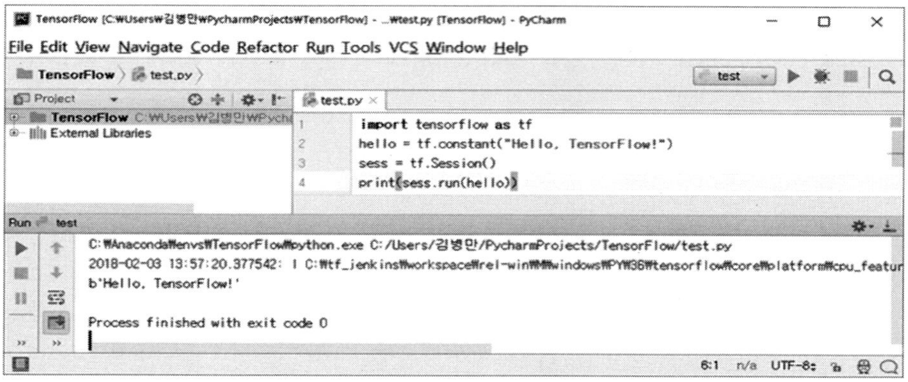

◆ 텐서플로우 GPU 버전 설치

(1) 먼저 알고리즘을 GPU 상에서 병렬 처리할 수 있는 CUDA Toolkit (예 : 8.0 버전)이 필요하다. 해당 링크(https://developer.nvidia.com/cuda-downloads)에 들어가서 자신의 OS 환경에 맞는 Toolkit 다운받아서 설치해야 한다.

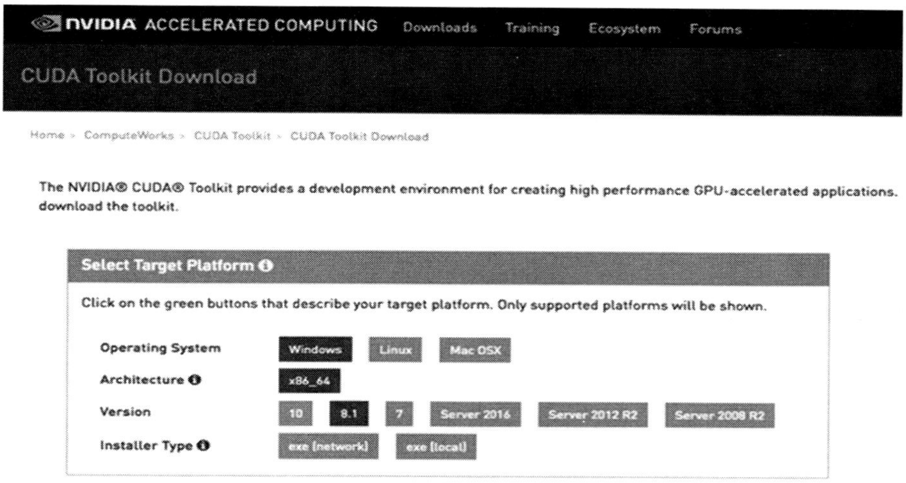

Windows의 경우 Install Type이 network와 local 두 가지 버전이 있는데, 설치 프로그램을 서버에서 실행할지, 아니면 PC로 다운받은 후 PC에서 실행할지에 따라 선택하면 된다. 네트워크에 특별한 문제가 없는 경우 local 버전으로 다운받도록 한다.

(2) CUDA Toolkit이 설치되었으면 CUDA에서 제공하는 Deep Neural Network 라이브러리인 cuDNN (예 : 5.1 버전)을 해당 링크(https://developer.nvidia.com/cudnn)로 접속한 후 다운로드를 진행한다. 이때 NVIDIA 계정이 없다면 가입한 후에 진행한다.

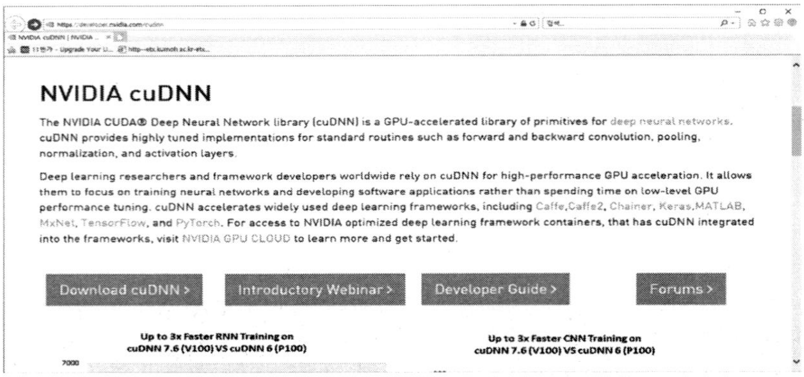

CUDA 8.0을 위한 cuDNN을 누르면 자신의 OS 환경에 맞는 cuDNN 압축 파일을 다운받을 수 있는데, 다운받은 cuDNN 압축 파일의 압축을 풀면 cuda라는 폴더 안에 다음과 같이 bin, include, lib 세 가지 폴더가 존재한다.

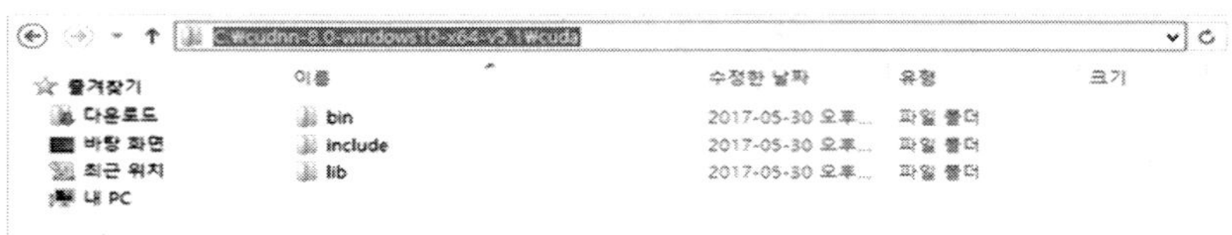

위 폴더의 내용을 cuda의 설치 경로인 C:FilesGPU Computing Toolkit에 복사한다.

(3) CUDA Toolkit 8.0과 cuDNN 5.1 설치를 완료했다면, 이제 명령 프롬프트 창에서 다음의 명령어로 텐서플로우 GPU 버전을 설치한다.

```
pip install --upgrade tensorflow-gpu
```

아래의 명령어가 잘 작동한다면 제대로 설치된 것이다.

```
$ python
...
>>> import tensorflow as tf
>>> hello = tf.constant('Hello, TensorFlow!')
>>> sess = tf.Session()
>>> sess.run(hello)
b'Hello, TensorFlow!'
>>> a = tf.constant(10)
>>> b = tf.constant(32)
>>> sess.run(a + b)
42
>>>
```

◆ 아나콘다 이용하여 텐서플로우 설치하기

Pyyhon 패키지에는 pip 툴만 포함되어 있어, 필요한 패키지나 라이브러리 등을 설치할 때 모두 수동으로 설치해야 하는 번거로움이 있다. 만약 아나콘다 (Anaconda) 패키지를 설치하며 이런 번거로움을 줄일 수 있다. 아나콘다는 Python 기본 패키지에 각종 수학/과학 라이브러리들을 같이 패키징해서 배포하는 버전으로 panda, numpy, scipy, sklearn, matplotlib, Jupyter Notebook 등의 패키지가 포함된다.

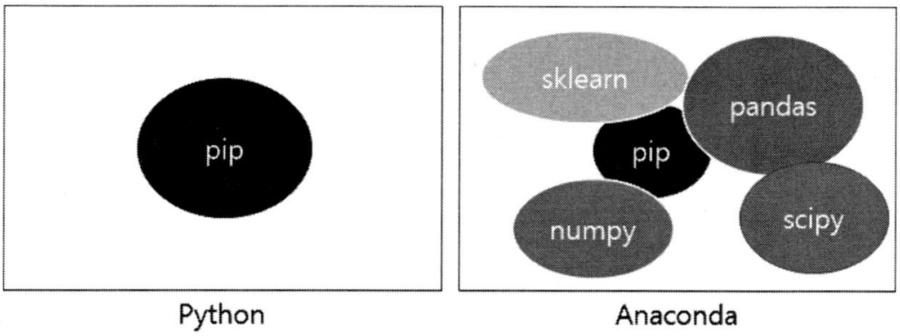

아나콘다에는 파이썬 패키지를 포함하고 있으므로, 둘 다 설치할 경우 중복되는 파일들이 많으며 환경 변수 충돌 등의 문제가 발생할 수도 있다. 파이썬이나 아나콘다 중 하나만 설치하는 것을 추천한다. 아나콘다에 포함되어 있는 라이브러리들이 불필요한 경우에는 기본 Python만 설치해도 무관하지만, 인공지능이나 빅데이터에 관련된 개발을 할 경우에는 결국 아나콘다에 포함된 라이브러리들을 설치할 가능성이 높기 때문에 애초에 아나콘다를 설치하는 것이 더 유리하다. 일일이 라이브러리들을 설치하다 보면 의존성 문제 등으로 어려움을 겪을 수도 있다. 따라서 자신이 없을 경우에는 아나콘다 패키지를 처음부터 설치하는 것이 좋을 것 같다.

먼저, 아나콘다 패키지를 설치하도록 하자. 아나콘다 설치 절차는 다음과 같다.

(1) 아나콘다 다운로드 페이지(https://www.anaconda.com/download/)로 가서 운영체제와 파이썬 버전 그리고 CPU 유형에 맞는 다운로드 버튼을 클릭한다.

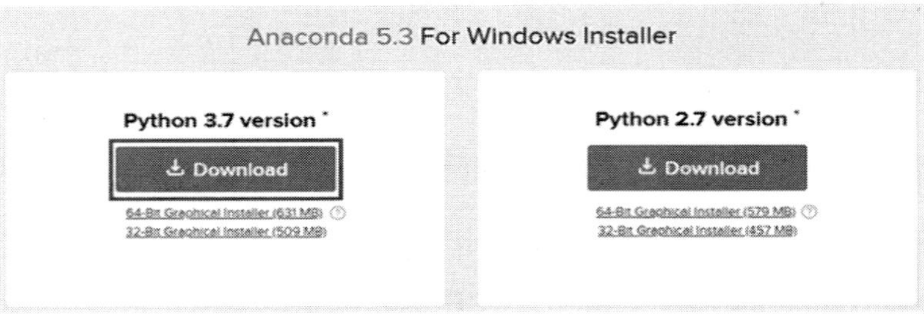

(2) 셋업 창의 Welcome 화면에서 'Next>'버튼을 클릭한다.

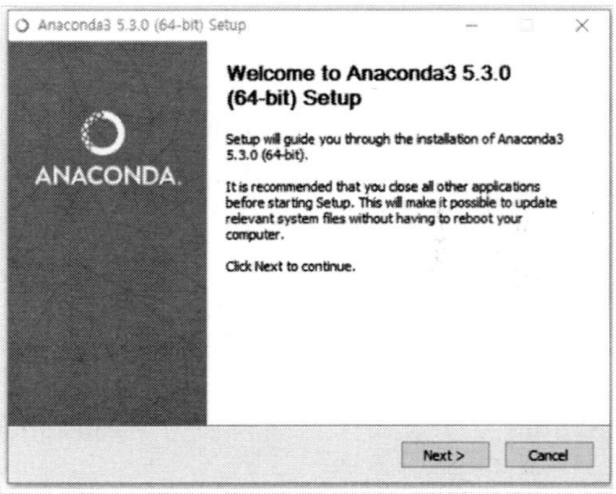

(3) 셋업 창의 Licence Agreement 화면에서 'I Agree'버튼을 클릭한다.

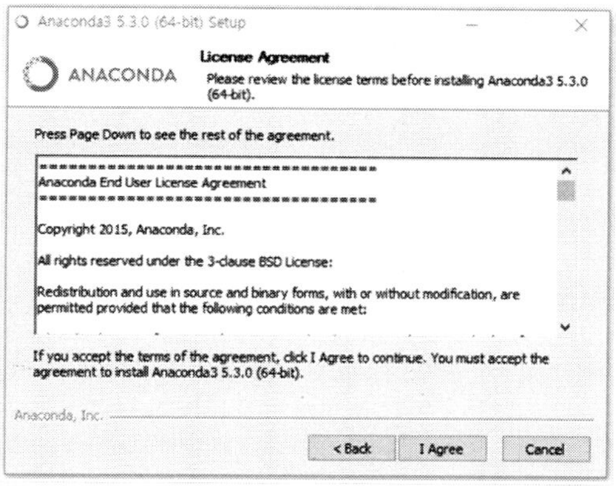

(4) 셋업 창의 Select Installation Type 화면에서 'Just Me'옵션을 선택한다.

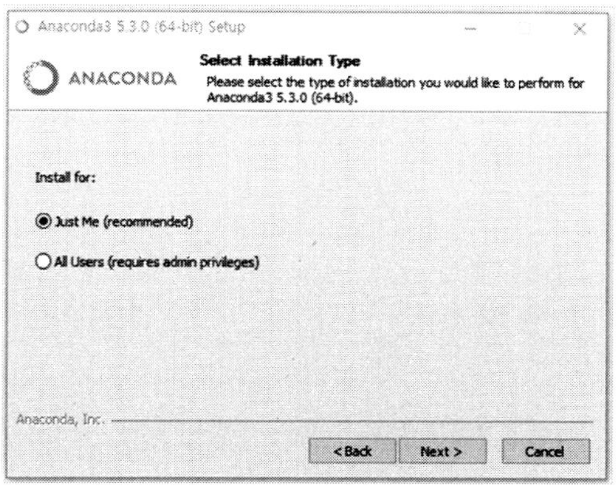

(5) 셋업 창의 Choose Install Location 화면에서 아나콘다 패키지를 설치할 폴더를 입력한다.

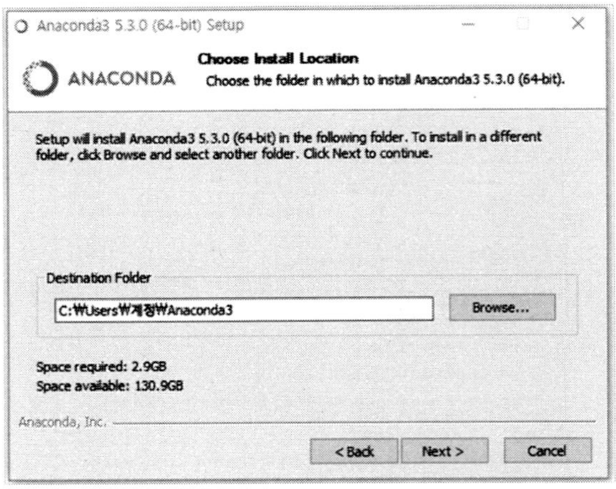

혹, 경로명에 한글과 같이 아스키 코드가 없는 문자를 포함할 경우는 아래와 같은 오류 메시지가 출력되니, 이런 경우는 한글이 포함되지 않는 경로명을 입력하기 바란다.

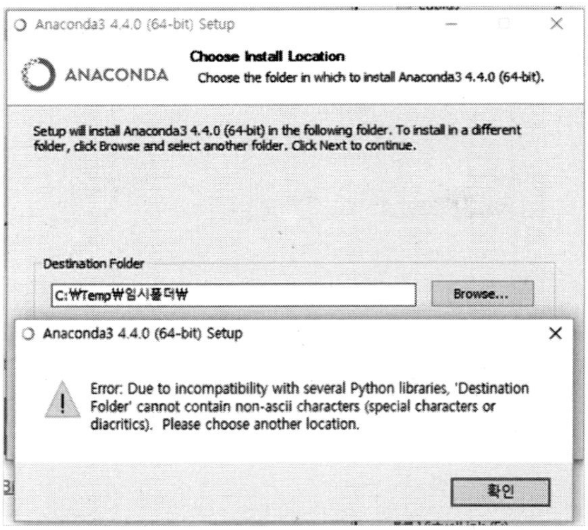

(6) 셋업 창의 Advanced Installation Options 화면에서 "PATH 환경 변수에 Anaconda를 추가할지 여부"와 "아나콘다를 기본 파이썬으로 등록할지 여부"를 선택한 후 'Install' 버튼을 클릭한다.

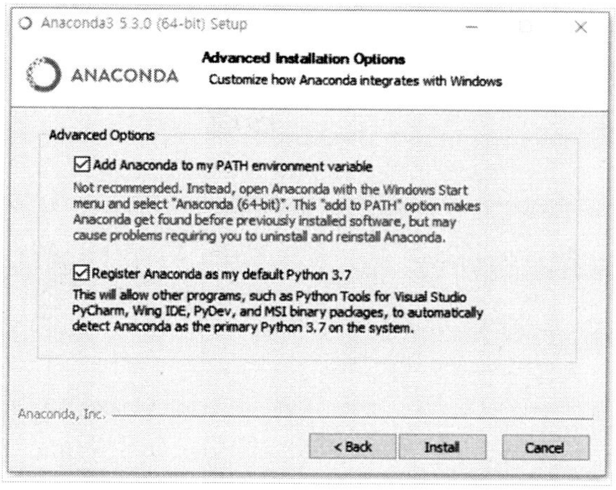

(7) 설치 도중에 마이크로소프트 비주얼스튜디오 코드 설치를 묻는 창이 뜨면, 이미 설치되어 있거나 불필요한 경우 'Skip' 버튼을 클릭한다.

8) 셋업 창의 Thanks 화면에서 'Finish' 버튼을 클릭한다.

아나콘다 패키지가 설치되었으면 아래의 순서대로 텐서플로우 패키지를 설치한다.

(1) 윈도우즈 시작프로그램에서 'Anaconda Prompt'를 실행한다.

(2) 'Anaconda Prompt'에서 아래와 같이 TensorFlow를 위한 가상환경을 생성한다.

```
C:>conda create -n TensorFlow python=3.6
```

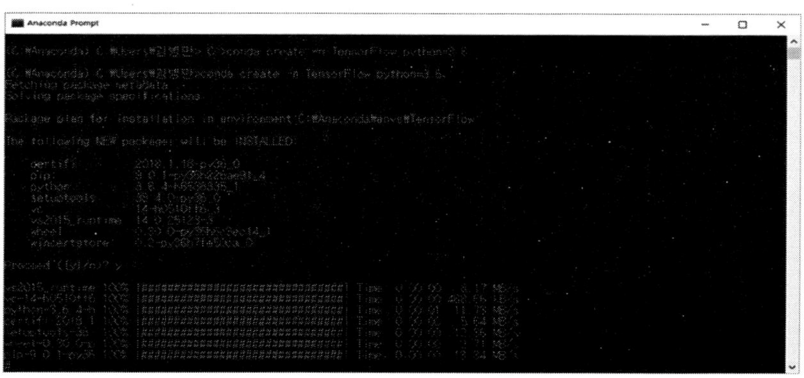

(3) 'Anaconda Prompt'에서 아래와 같이 TensorFlow 가상환경을 활성화한다.

```
C:>activate TensorFlow
```

(4) 'Anaconda Prompt'에서 PIP를 통해 TensorFlow를 설치한다. 참고로 GPU 버전을 설치할 경우에는 추가로 NVIDIA 사이트에서 CUDA Toolkit 및 cuDNN(가입필요)을 설치해야 한다.

```
CPU 버전 : (TensorFlow) C:>pip install tensorflow
GPU 버전 : (TensorFlow) C:>pip install tensorflow-gpu
```

아나콘다 환경에서 텐서플로우 설치를 마친 후, PyCharm에서 작업을 진행할 경우 먼저 Create New Project 눌러 새로운 프로젝트 생성하도록 한다. 이때 최초 한 번은 프로젝트와 관련된 인터프리터를 아나콘다 내의 파이썬 인터프리터로 지정하기 위해 'Existing Interpreter' 옵션을 선택토록 한다.

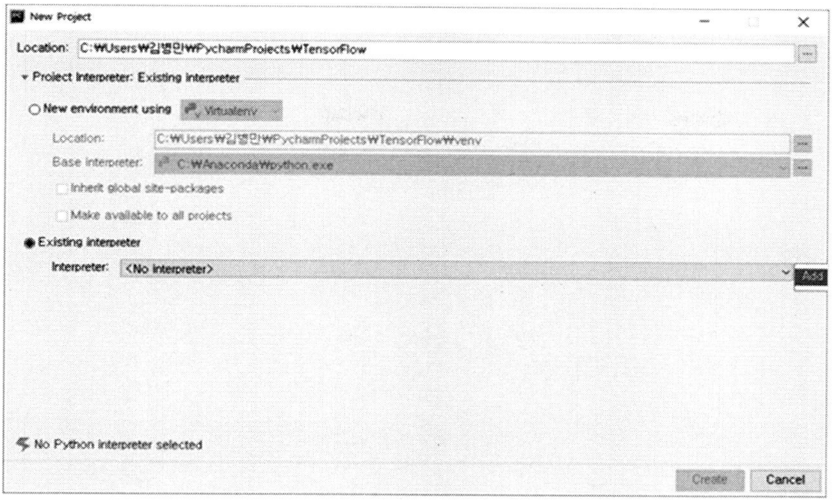

그런 다음 위 화면의 Add 버튼을 눌러 'Select Python Interpreter' 창을 띄운 후, 아나콘다 폴더 내의 파이썬 인터프리터를 선택하도록 한다.

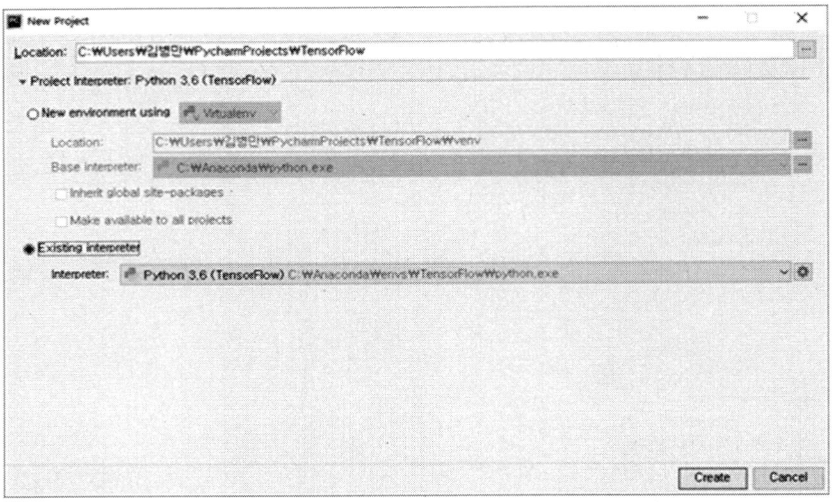
New Project
Location: C:₩Users₩김병만₩PycharmProjects₩TensorFlow
Project Interpreter: Python 3.6 (TensorFlow)
New environment using Virtualenv
Location: C:₩Users₩김병만₩PycharmProjects₩TensorFlow₩venv
Base interpreter: C:₩Anaconda₩python.exe
Inherit global site-packages
Make available to all projects
Existing interpreter
Interpreter: Python 3.6 (TensorFlow) C:₩Anaconda₩envs₩TensorFlow₩python.exe
Create
Cancel

[부록 3] 파이썬을 이용한 데이터 시각화

데이터 시각화(Data Visualization)는 데이터를 쉽게 이해할 수 있도록 시각적으로 표현하고 전달하는 과정을 뜻한다. 학습에 앞서 데이터의 특성을 파악하는 것이 중요하기에 데이터 시각화 기술은 머신러닝에 있어서도 중요한 역할을 한다. 학습에 사용되는 데이터에는 텍스트 데이터, 이미지 데이터, 오디오 데이터 등이 있는데, 데이터에 맞는 시각화 방법을 사용해야 한다. 여기서는 데이터 종류별 시각화 방법에 대해 살펴본다.

Matplotlib 사용하여 데이터 시각화

Matplotlib는 파이썬에서 데이타를 차트나 플롯(Plot)으로 그릴 때 가장 널리 사용되는 데이타 시각화(Data Visualization) 패키지 중 하나로 라인 플롯, 바 차트, 파이 차트, 히스토그램, Box Plot, Scatter Plot 등을 비롯하여 다양한 차트와 플롯 스타일을 지원한다. Matplotlib.org 갤러리에서 다양한 샘플 차트를 볼 수 있다.

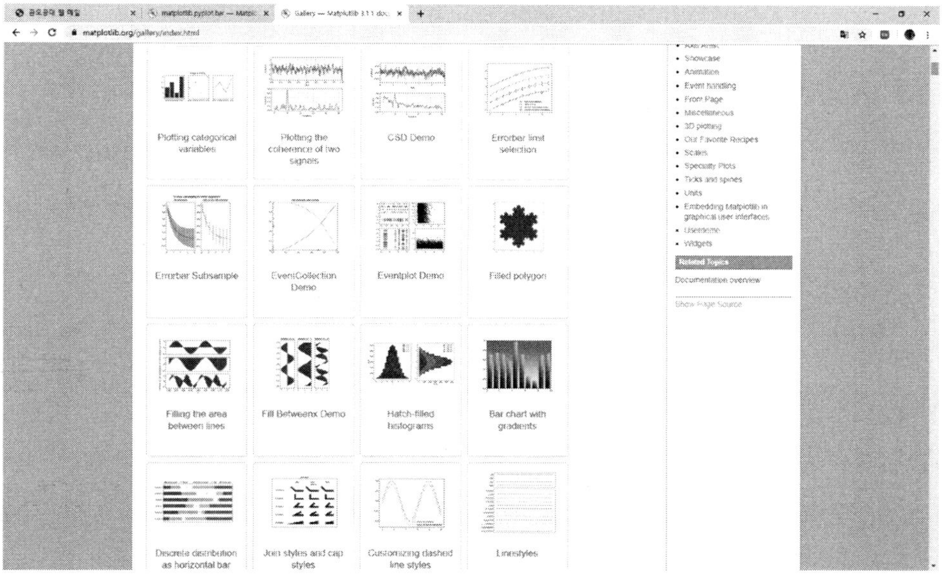

◆ 라인 그래프 그리기

Matplotlib를 사용하기 위해서는 먼저 matplotlib.pyplot을 import한 후, plot() 함수를 사용하여 그리기를 하면 된다. 그리고 마지막으로 실제 그림을 화면에 표시하는 함수인 plt.show()을 호출하여 화면으로 출력해 주면된다.

```
from matplotlib import pyplot as plt
plt.plot([10,20,30], [11,30,20])
plt.show()
```

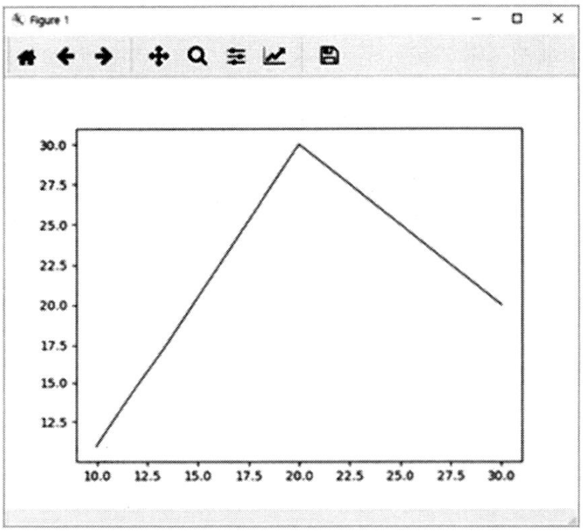

◆ 제목과 축 레이블

아래 예제처럼 플롯에 제목을 달 경우는 pyplot.title() 함수를, x축과 y 축의 레이블을 부여하고자 할 경우는 pyplot.xlabel() 함수와 pyplot.ylabel() 함수를 각각 이용하면 된다. 아래의 코드에서는 기본 폰트를 사용할 경우 한글이 깨지는 현상이 발생할 수 있어, 'C:/Windows/Fonts/' 밑에 있는 한글 폰트를 지정하여 주었다.

```
from matplotlib import pyplot as plt
font_location = 'C:/Windows/Fonts/HMKBS.ttf'
font_name = fm.FontProperties(fname=font_location).get_name()
plt.rc('font', family=font_name)
```

```
plt.title('실험 결과')
plt.xlabel('나이')
plt.ylabel('점수')
plt.plot([10, 20, 30], [11, 30, 20])
plt.show()
```

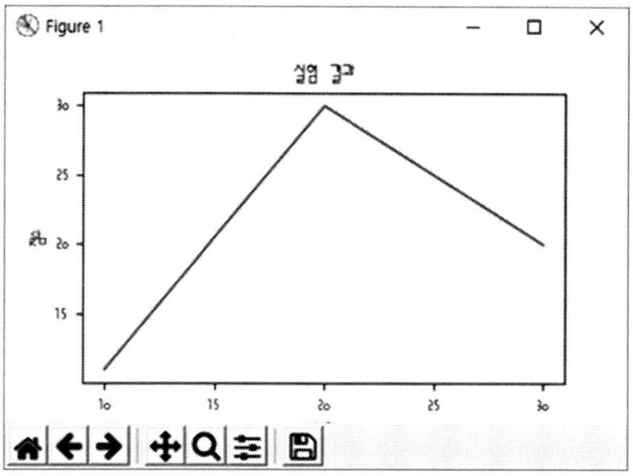

◆ 범례 추가

경우에 따라서는 여러 데이터를 같이 그려서 비교해 볼 필요가 있는데, 이 때 라인을 그리는 pyplot.plot() 함수를 각각의 데이터에 대해서 호출한 후 pyplot.show() 함수를 최종적으로 호출해 주면 된다. 여러 데이터를 한 그래프 내에 그릴 경우는 데이터 구분을 위해 보통 범례를 붙여주는데, 아래의 코드처럼 plot 함수 호출 시에 label 속성을 이용하여 범례에 사용할 레이블을 지정한 후, legend() 함수를 이용하여 범례를 생성하여 주면 된다.

```
from matplotlib import pyplot as plt
import matplotlib.font_manager as fm

font_location = 'C:/Windows/Fonts/HMKBS.ttf' # For Windows
font_name = fm.FontProperties(fname=font_location).get_name()
plt.rc('font', family=font_name)
```

```
plt.plot([10, 20, 30], [11, 30, 20], label='상반기')
plt.plot([10, 20, 30], [20, 10, 30], label='하반기')
plt.legend()
plt.show()
```

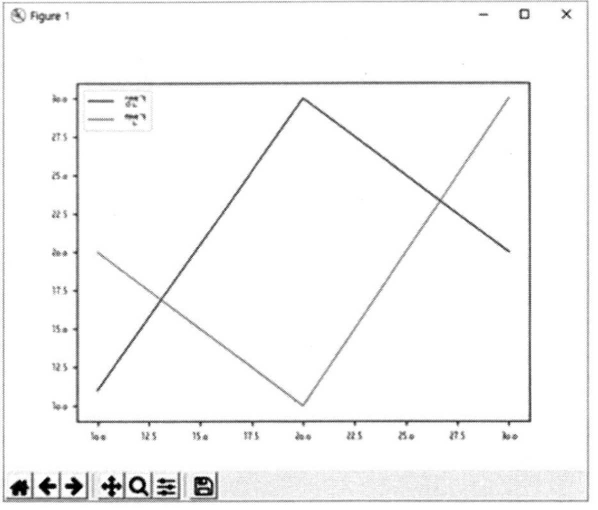

◆ 선 스타일 지정하기

선 스타일을 지정하고 싶은 경우는 라인 칼라와 타입을 칼라 문자열 (r: red, b:blue, g:green 등)과 라인 스타일 문자열 (o: 동그라미, s:사각형, ^:삼각형, -- : 대시선, : : 점선, -. : 대시점선, - : 실선 등)을 사용하여 지정하면 된다.

```
import matplotlib.pyplot as plt
import numpy as np

t = np.arange(0., 7., 0.2)

plt.plot(t, t, 'yo', t, -t,'r--', t, t**2, 'bs', t, t**3, 'g^')
plt.show()
```

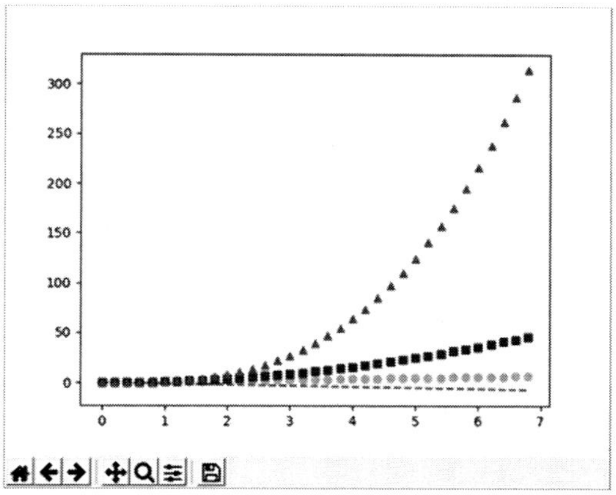

라인 두께나 색 그리고 라인 스타일 등은 plot() 함수의 해당 속성을 이용하여 지정하면 된다.

```
import matplotlib.pyplot as plt
import numpy as np

t = np.arange(0., 7., 0.2)

plt.plot(t, t, linewidth = 2.0)
plt.plot(t, -t, color = 'yellow')
plt.plot(t, t**2, linestyle=':')

plt.show()
```

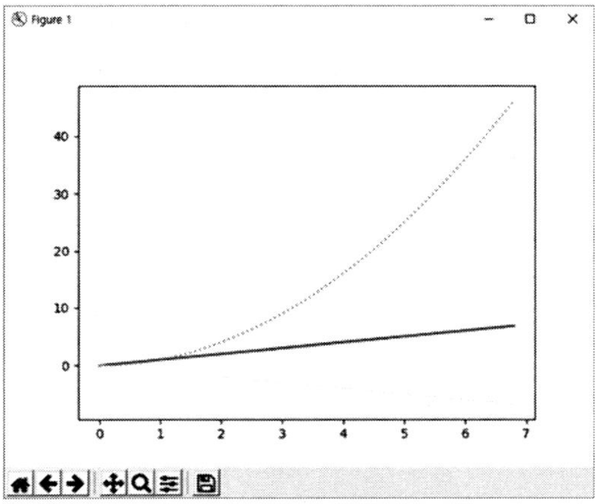

◆ 그래프 위에 주석 달기

그래프 위에 주석을 달고자 할 경우는 text() 함수를 사용하면 된다. 첫 번째 인수로 주석문을 표시할 위치의 x 좌표 값을, 두 번째 인수로 y 좌표 값을, 그리고 세 번째 인수로 주석문을 지정하면 된다. 아래의 예제는 (2, 1.0) 위치에 "x=2, sin(x) = 0.9..." 주석을 출력하는 예이다.

```
import matplotlib.pyplot as plt
import numpy as np

x = np.arange(0, 10, 0.1)

plt.xlabel('X')
plt.ylabel('Sin(X)')
plt.title('Text Example')
plt.text(2, 1.0, 'x=2, sin(x) = ' + str(np.sin(2)))
plt.plot(x, np.sin(x))
plt.grid(True)

plt.show()
```

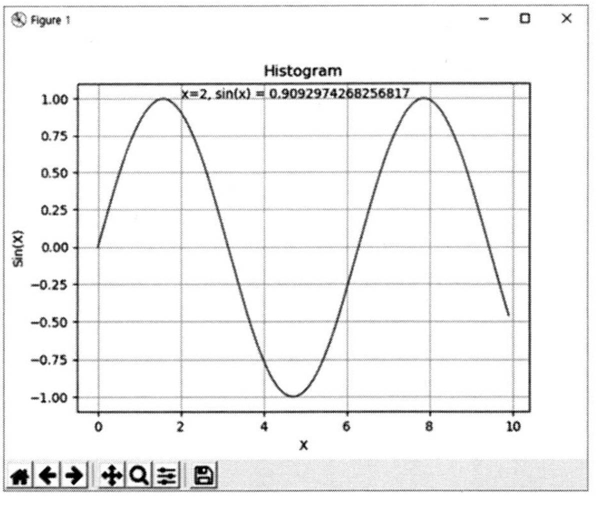

또 다른 방법은 annotate() 함수를 사용하는 것이다. 이 함수는 두 개의 위치 값을 요구하는데, 첫 번째는 주석 위치이고, 두 번째는 주석문이 표시될 위치이다. 주석 위치와 문자열 위치 사이에 화살표가 표시된다. 첫 번째 인수로 주석문을, 그리고 xy 인수를 통해 주석 위치를 튜플 형태로, xytext 인수를 통해 주석문이 표시될 위치를 튜플 형태로 지정해 주면 된다. 아래의 예제는 위의 예제를 annotate 함수를 사용하여 비슷하게 구현한 예이다.

```
import matplotlib.pyplot as plt
import numpy as np

x = np.arange(0, 10, 0.1)

plt.xlabel('X'); plt.ylabel('Sin(X)')
plt.title('Text Example')
plt.annotate('x=2, sin(x) = ' + str(np.sin(2)),
xy= (2, 1.0), xytext=(3, 1.5), arrowprops=dict(facecolor='black', shrink=0.05))

plt.plot(x, np.sin(x)); plt.grid(True); plt.ylim(-1.5, 2.0)

plt.show()
```

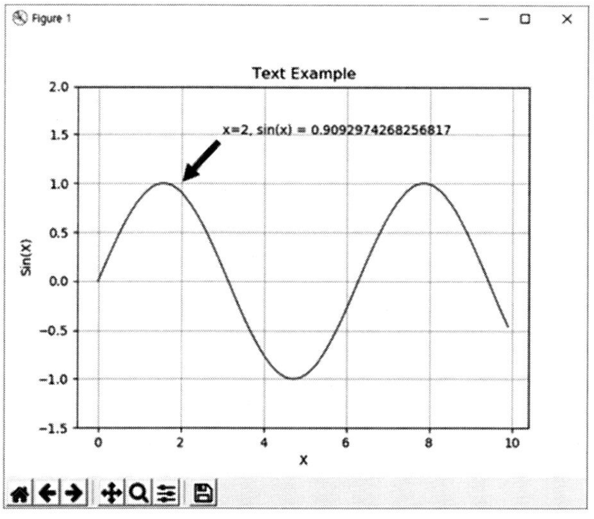

◆ 여러 그래프 그리기

앞에서 pyplot.plot() 함수를 이용하여 데이터를 라인 형태로 그렸는데, 내부적으로 figure.Figure 객체 위에 axes.Axes 객체를 이용하여 그리기 작업을 한 것이다. 우리가 작업하는 Figure 객체와 Axes 객체를 얻으려면 pyplot.subplots() 함수를 이용하면 된다. 인수 없이 subplots() 함수를 호출하면 기본적으로 하나의 Axes 객체만 생성되어 반환되는데, 이 객체의 plot() 메소드를 이용하여 그리기 작업을 수행하면 된다. 아래의 코드를 실행하여 확인해 보기 바란다.

```
import matplotlib.pyplot as plt
import numpy as np

x = np.arange(0, 10, 0.1)
y = np.sin(x)

fig, ax = plt.subplots()
ax.plot(x, y)

plt.show()
```

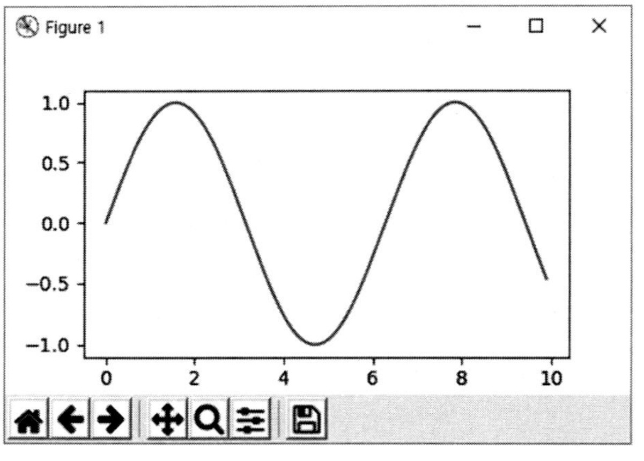

앞에서 우리가 사용했던 pyplot.plot() 함수는 결국 아래와 같은 의미를 갖는 것이다.

```
_, ax = plt.subplots()
ax.plot(x, y)
```

따라서, 한 화면에 여러 그래프를 그리고자 할 경우는 먼저 subplots() 함수를 사용하여 여러 개의 Axes 객체를 생성하여야 한다. 생성할 영역 (Axes 객체에 해당)의 행수와 열수를 인수로 해서 subplots() 함수를 호출하면 Figure 객체와 Axes 객체 목록을 얻을 수 있다.

```
from matplotlib import pyplot as plt

fig, ax_lst = plt.subplots(2, 2) # 2x2 영역으로
fig.suptitle('No axes on this figure')

plt.show()
```

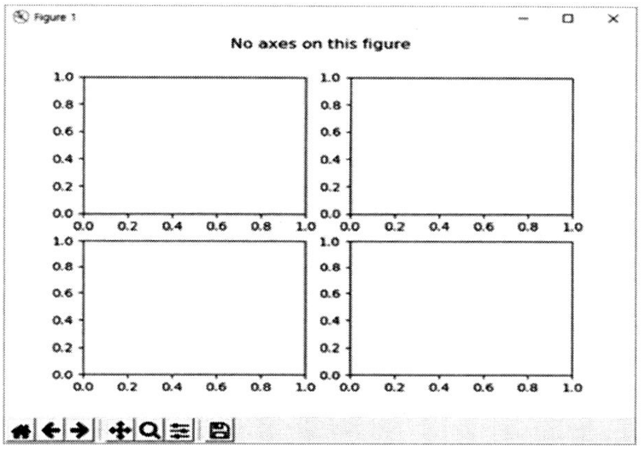

Axes 객체 하나가 하나의 영역에 해당하기 때문에 원하는 영역에 해당하는 Axes 객체의 plot() 메소드를 이용하여 그리기 작업을 하면 된다. 원하는 Axes 객체는 아래의 코드처럼 Axes 배열의 원소를 접근하면 된다.

```
import matplotlib.pyplot as plt
import numpy as np

data1, data2, data3, data4 = np.random.randn(4, 100)
fig, (ax1, ax2) = plt.subplots(1, 2)
ax1.plot(data1, data2, marker='x')
ax2.plot(data3, data4, marker ='o')

plt.show()
```

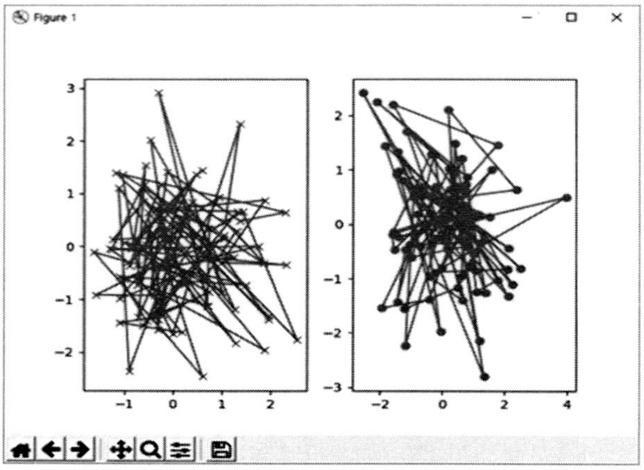

아니면 아래처럼 접근하여도 된다.

```
fig, axes = plt.subplots(1, 2)
axes[0, 0].plot(data1, data2, marker='x')
axes[0, 1].plot(data3, data4, marker ='o')
```

앞에서처럼 서브그래프의 개수를 미리 정의한 후 작업하는 방법도 있지만 필요한 경우에 하나씩 생성하면서 작업하는 방법도 있다. 후자의 방법을 사용할 경우는 빈 Figure 객체를 생성한 후, subplot() 함수를 이용하여 원하는 영역을 생성한 후 작업하면 된다. 영역 생성은 subplot() 함수를 사용하되, 첫 번째 인수로 전체 행수를, 두 번째 인수로 전체 열수를, 세 번째 인수로 해당 영역의 위치 (1부터 시작)를 지정해 주면 된다. 예를 들어, 2행 3열의 서브그래프들 중에서 네 번째의 그래프를 생성 할 경우, subplot(2, 3, 4) 형태로 호출하거나 아니면 subplot(234) 형태로 호출하면 된다. 아래의 예제는 2행 1열 형태로 두 개의 그래프를 그리는 예제이다. 첫 번째 서브그래프는 subplot(211)로, 두 번째 서브그래프는 subplot(212)를 호출하여 생성함을 알 수 있다.

```
import matplotlib.pyplot as plt
import numpy as np

t1 = np.arange(0.0, 5.0, 0.02)

plt.figure()
```

```
plt.subplot(211)
plt.plot(t1, np.sin(2*np.pi*t1))

plt.subplot(212)
plt.plot(t1, np.cos(2*np.pi*t1), 'r--')
plt.show()
```

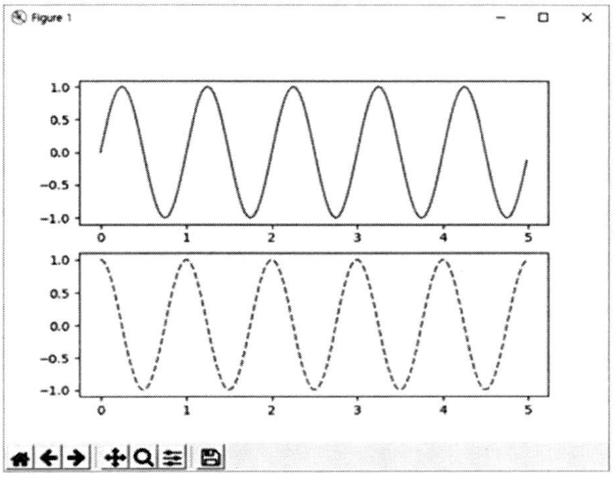

◆ 여러 Figure 생성하기

Figure 객체를 생성할 경우는 figure 번호를 인수로 figure() 함수를 호출하면 된다. 각 Figure 객체는 별도의 창으로 표시된다. Figure 객체를 생성한 후에는 앞에서 설명한 방법들을 이용하여 각 Figure 위에 원하는 그래프들을 작성하면 된다. 아래의 예제는 두 개의 Figure 객체를 생성한 후, 첫 번째 Figure에는 하나의 그래프를, 두 번째 Figure에는 두 개의 그래프를 그리는 예이다. 이미 생성된 Figure를 지칭할 경우에도 figure(번호) 형식을 사용하면 된다. figure() 함수를 인수 없이 사용할 경우는 새 객체가 생성되며, 계속해서 figure() 함수를 호출하면 번호가 하나 증가된 Figure 객체가 생성된다.

```
import matplotlib.pyplot as plt

plt.figure(1)                # 첫 번째 figure 지정
plt.plot([4, 5, 6])
```

```
plt.figure(2)                # 두 번째 figure 지정
plt.subplot(211); plt.plot([1, 2, 3])
plt.subplot(212); plt.plot([4, 5, 6])

plt.figure(1)                #  첫 번째 figure 지정
plt.title('test')

plt.show()
```

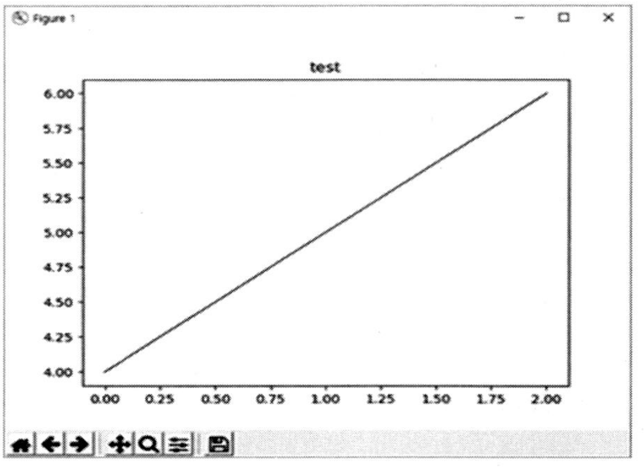

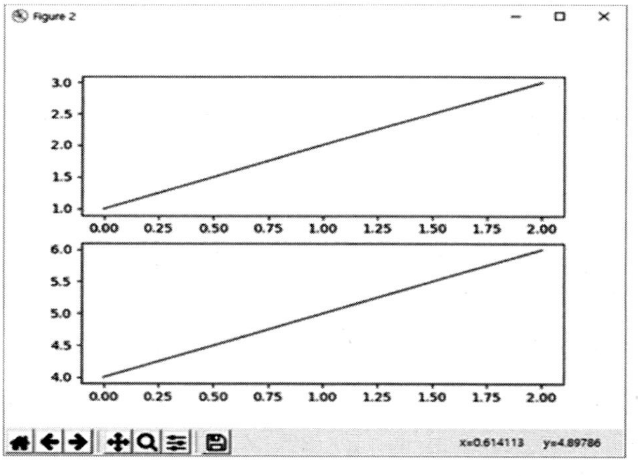

◆ 바 차트 그리기

데이터를 바 차트 형태로 그릴 경우는 plot() 함수 대신에 bar() 함수를 이용하면 된다. 첫 번째 인수로 x좌표 값 목록을, 두 번째 인수로 y 값 목록, 즉 바의 높이 목록을 지정해 주면 된다. 아래의 예제에서는 x 값이 수치 값이 아니고 범주 값이므로 이를 수치화하기 위해 numpy.arrange(len(범주목록)) 함수를 사용하였고, 표시할 때는 수치 대신에 범주를 표시하기 위해 x_ticks(틱위치, 틱레이블) 함수를 사용하여 범주 값을 출력토록 하였다.

```
import matplotlib.pyplot as plt
import numpy as np
import matplotlib.pyplot as plt

objects = ('Korea', 'China', 'America', 'France', 'Japan', 'Africa')
y_pos = np.arange(len(objects))
skill = [10,8,6,4,2,1]

plt.bar(y_pos, skill, align='center', alpha=0.5)
plt.xticks(y_pos, objects)
plt.ylabel('Skill')
plt.title('Skill of Country')

plt.show()
```

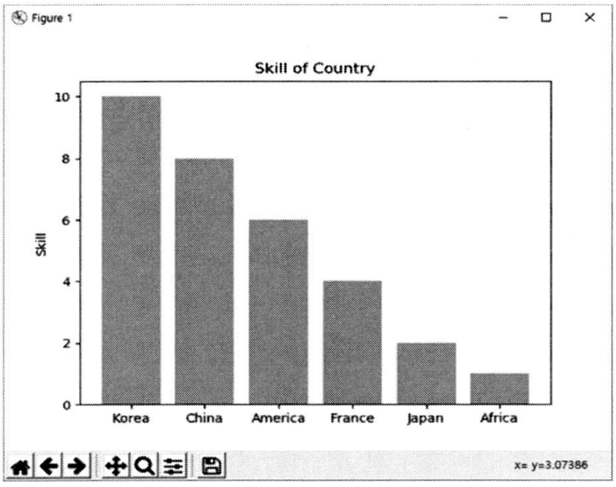

옆으로 바를 그리고자 할 경우는 barh() 함수를 이용하면 된다. 첫 번째 인수로 y좌표 값 목록을, 두 번째 인수로 x 값 목록, 즉 바의 높이 목록을 지정해 주면 된다.

```
import matplotlib.pyplot as plt; plt.rcdefaults()
import numpy as np
import matplotlib.pyplot as plt

objects = ('Korea', 'China', 'America', 'France', 'Japan', 'Africa')
y_pos = np.arange(len(objects))
skill = [10,8,6,4,2,1]

plt.barh(y_pos, skill, align='center', alpha=0.5)
plt.yticks(y_pos, objects)
plt.xlabel('Skill')
plt.title('Skill of Country')

plt.show()
```

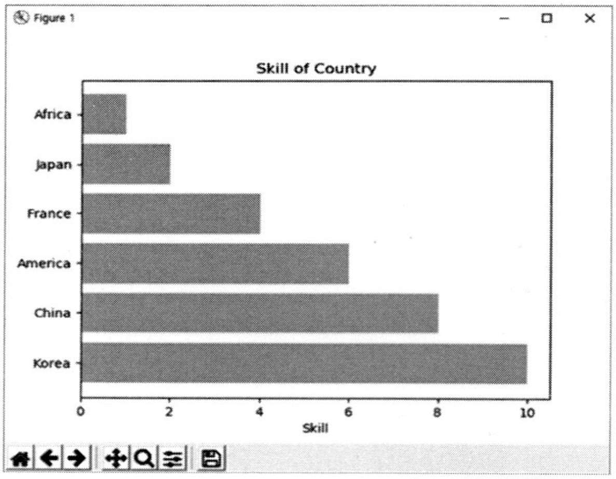

여러 종류의 바를 그릴 경우는 바의 좌표를 달리 하면서 bar() 함수 또는 barh() 함수를 호출하여 주면 된다. 시각적으로 구별하기 위해 바의 색깔도 같이 지정하도록 한다. 그리고 각 바에 대한 범례도 같이 출력토록 한다. 바의 폭은 bar() 함수의 세 번째 인수로 지정해 주면 된다. 아래의 예에서는 두 번째 바의 x 좌표를 첫 번째 바의 x 좌표에다 바의 폭을 더해 겹치지 않게 딱 붙여 출력되도록 하였다. 그리고 xtick도 두 바의 중앙에 위치토록 위치를 조정하였다.

```
import numpy as np
import matplotlib.pyplot as plt

means_kor = (90, 80, 40, 75)
means_eng = (80, 60, 45, 25)

index = np.arange(len(means_kor))
bw = 0.35 # bar width

bar1 = plt.bar(index, means_kor, bw, color='b', label='Kor')
bar2 = plt.bar(index + bw, means_eng, bw, color='g', label='Eng')

plt.xlabel('Student')
plt.ylabel('Scores')
plt.title('Scores by student')
plt.xticks(index + bw/2, ('A', 'B', 'C', 'D'))
plt.legend()
plt.show()
```

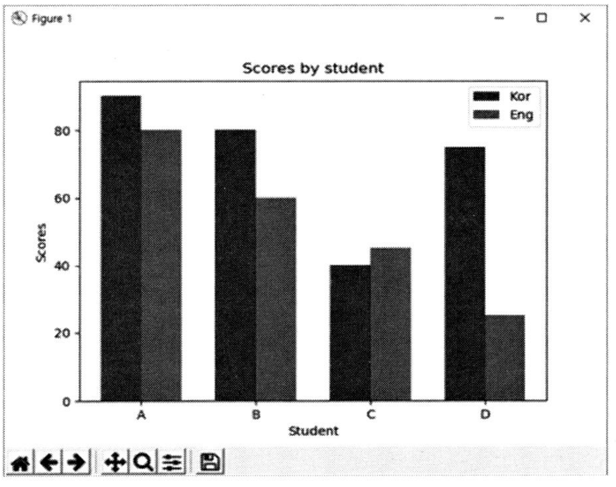

◆ 산점도 그리기

데이터를 점 형태로 표현할 경우, scatter() 함수 이용한다. 첫 번째 인수로 점들의 x 좌표 값들을, 두 번째 인수로 점들의 y 좌표 값들을, 그리고 s 인자를 통해 점의 크기를, c 인자를 통해 점의 색을 지정해 주면 된다. 아래의 예제는 모든 점을 동일 색깔과 동일 크기로 출력하는 예이다. 색깔과 크기를 달리할 경우는 시퀀스 형태로 지정해 주면 된다.

```
import numpy as np
import matplotlib.pyplot as plt


N = 100
x = np.random.rand(N)
y = np.random.rand(N)
colors = 'red'
area = np.pi*5

plt.scatter(x, y, s=area, c=colors, alpha=0.5)
plt.title('Scatter Example')

plt.show()
```

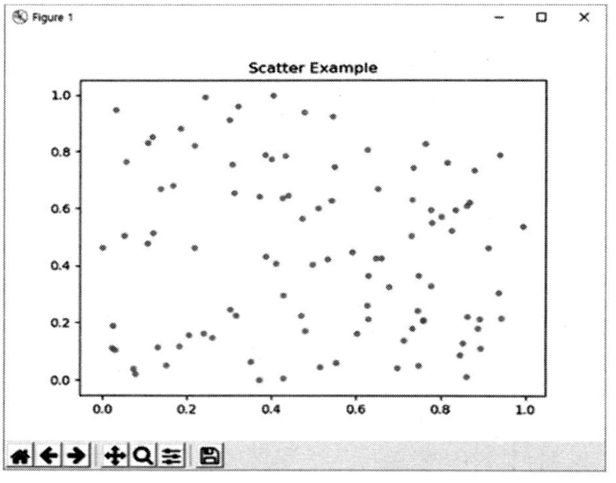

여러 그룹의 데이터를 산점도 형식으로 그릴 때는 튜플 형태로 데이터와 색상 그리고 사이즈를 지정해 주면 된다. 아래의 예제는 세 개의 그룹 데이터를 다른 색깔로 표시하고 각 색깔에 대한 범례를 출력하는 예이다.

```
import numpy.random as rnd
import matplotlib.pyplot as plt

N = 40
g1 = (0.7 + 0.6 * rnd.rand(N), rnd.rand(N))
g2 = (0.4 + 0.3 * rnd.rand(N), 0.5*rnd.rand(N))
g3 = (0.3 + 0.3 * rnd.rand(N),0.3*rnd.rand(N))

data = (g1, g2, g3)
colors = ("red", "green", "blue")
groups = ("korea", "china", "america")

for data, color, group in zip(data, colors, groups):
    x, y = data
    plt.scatter(x, y, c=color, s=30, label=group)

plt.title('multiple group scatter plot')
plt.legend(loc=2)

plt.show()
```

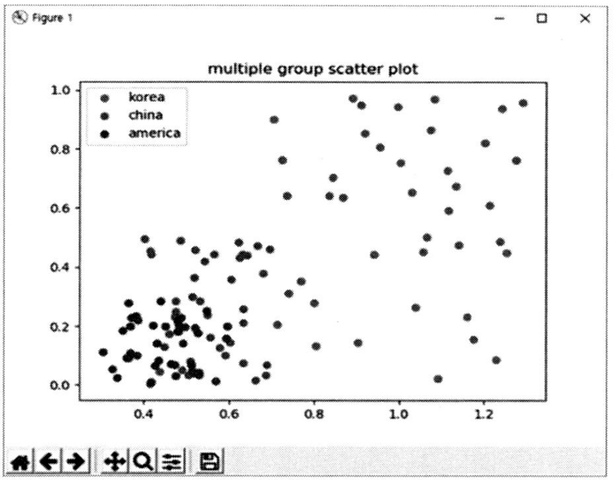

◆ 파이 차트로 그리기

파이 형식으로 데이터를 시각화 할 경우는 pyplot.pie() 함수 사용한다. 첫 번째 인수로 각 파이의 데이터 값들을, explode 인수로 각 파이의 explode 정도를, lable 인수로 각 파이의 레이블을, colors 인수로 각파이의 색깔을, autopct 인수로 데이터 출력 형식을, shadow 인수로 그림자 여부를, startangle 인수로 첫 파이의 위치를 지정해 주면 된다. 아래의 예는 네 개의 데이터 값을 파이 형식으로 출력하는 예이다.

```
import matplotlib.pyplot as plt

labels = 'Korea', 'Japan', 'China', 'England'
sizes = [89, 55, 65, 70]
colors = ['gold', 'yellowgreen', 'lightcoral', 'lightskyblue']
explode = (0.1, 0, 0, 0)

plt.pie(sizes, explode=explode, labels=labels, colors=colors, }
autopct='%1.1f%%', shadow=True, startangle=140)

plt.show()
```

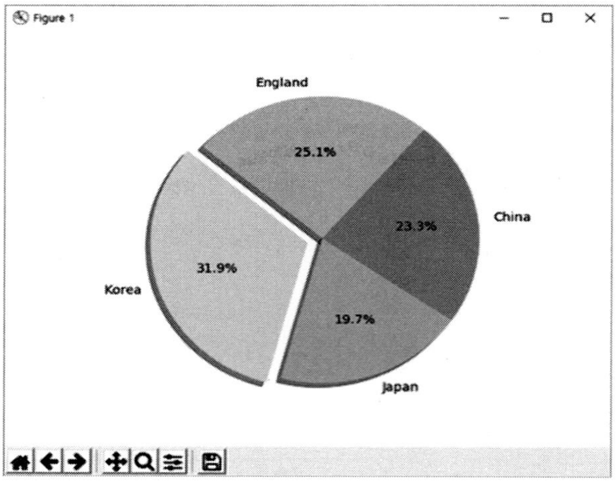

◆ 히스토그램

값들의 발생 빈도 분포를 보고자 할 경우에는 np.histogram() 이용하면 된다. 첫 번째 인수로 데이터를, bins 인수로 빈의 개수를, range 인수로 값의 범위를 지정해 주면 된다.

결과로 빈도 배열과 빈 경계값 배열을 반환한다.

```
x = np.random.randint(low=0, high=100, size=100)
frequency, bins = np.histogram(x, bins=10, range=[0, 100])

print(bins)
print(frequency)
```

위 코드를 실행하면 아래와 같은 결과를 얻을 수 있다. 여기서 주의할 것은 빈 경계값은 빈의 개수보다 하나 더 많다는 것이다. 즉 빈 경계 값은 11개이고 빈도의 수는 10개이다.

```
C:₩Users₩user₩PycharmProjects₩untitled2₩untitled3₩Scripts₩python.exe
C:/Users/user/PycharmProjects/untitled3/matplot.py
[  0.  10.  20.  30.  40.  50.  60.  70.  80.  90. 100.]
[ 4 11  9 13  9 11 11 11  7 14]

Process finished with exit code 0
```

히스토그램을 그리고자 할 경우는 pyplot.hist() 함수를 이용하면 된다. 인자는 np.histogram()과 유사하다.

```
import numpy as np
import matplotlib.pyplot as plt

plt.rcParams.update('figure.figsize':(7,5), 'figure.dpi':100)

x = np.random.normal(size = 1000)
plt.hist(x, bins=50)

plt.show()
```

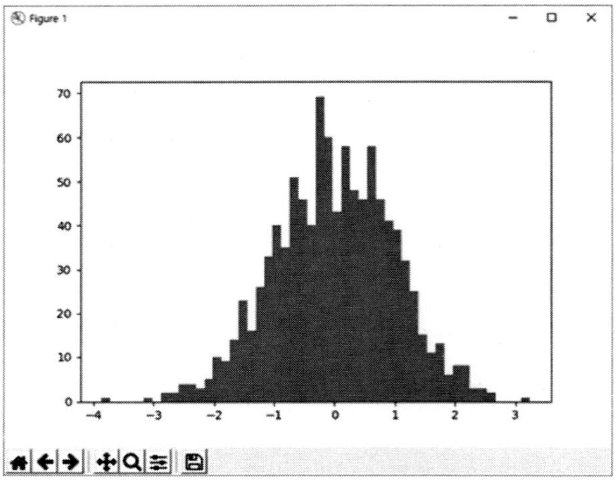

그룹별 히스토그램을 원할 경우는 그룹별로 hist() 함수를 호출해 주면 된다. 이 때 구별을 위해 색상 (color 인자)과 라벨 (label 인자)을 지정해 주면 된다.

```
import numpy.random as rnd
import matplotlib.pyplot as plt

N = 40
g1 = 0.7 + 0.6 * rnd.rand(N)

g2 = 0.4 + 0.3 * rnd.rand(N)
g3 = 0.3 + 0.3 * rnd.rand(N)

plt.hist(g1, bins=5, color='g', label='Ideal')
plt.hist(g2, bins=5, color='b', label='Fair')
plt.hist(g3, bins=5, color='r', label='Good')

plt.legend()
plt.show()
```

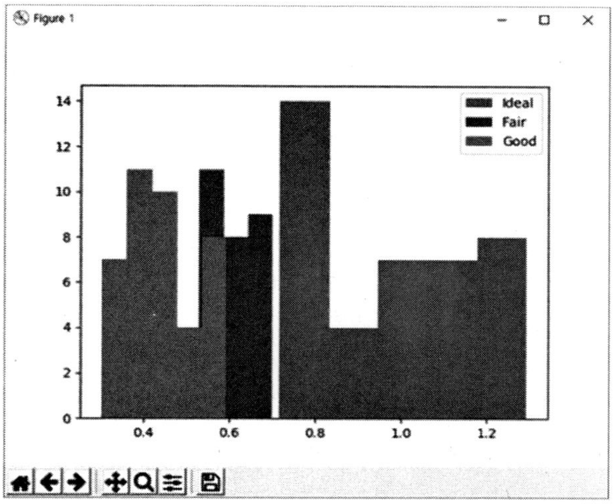

이미지 데이터 시각화

생각 외로 이미지 데이터에 딥러닝 기법을 적용시켜야 할 경우가 많은데, 여기서는 pillow 패키지와 OpenCV 패키지를 이용한 간단한 이미지 시각화 방법을 살펴본다.

◆ pillow 패키지 활용

이미지 파일을 읽거나 쓸 경우는 pillow 패키지의 Image 모듈의 open() 함수와 Image 클래스의 save() 메소드를 이용하면 된다. open 함수의 인자로 이미지 파일의 경로를 지정해 주면 된다. 결과로 Image 객체가 반환된다. 이 객체의 여러 속성이나 메소드를 사용하여 이미지의 특성이나 기능들을 사용하면 된다. Image 객체를 변경한 후 이를 파일로 저장할 경우는 save() 메소드를 사용하여 원하는 이미지 확장자를 갖는 이름으로 저장하면 된다. 그리고 이미지를 출력할 경우는 Image 클래스의 show() 메소드를 이용하면 된다.

```
from PIL import Image

im = Image.open('C:.jpg') # 이미지 열기

print(im.size) # 이미지 크기 출력

im.save('img100_copy.jpg') # 이미지 JPG로 저장

im.show() # 이미지 출력
```

이미지의 썸네일을 생성할 경우는 Image 클래스의 thumbnail() 메소드를 사용하면 된다. 인수로 썸네일의 크기를 튜플 형태로 지정해 주면 된다. 주의할 것은 썸네일 객체가 반환되는 것이 아니라 Image 객체 자체가 썸네일로 변경된다는 것이다. 그러므로 thumbnail() 메소드를 적용하기에 앞서 먼저 Image 객체를 복사한 후 복사된 객체에 대해 이 메소드를 적용토록 한다.

```
from PIL import Image

im = Image.open('C:.jpg')

im_copy = im.copy() # 이미지 복사
size = (64, 64)
im_copy.thumbnail(size) # 이미지 썸네일로 변환

im_copy.show() # 썸네일 출력
```

이미지의 일부분을 잘라 내거나 크기를 변경하거나 회전시키거나 등의 조작을 할 경우는 Image 클래스의 해당 메소드를 이용하면 된다. 잘라 낼 경우는 잘라낼 사각형 좌표값을 튜플 형태로 지정하여 crop() 메소드를 호출하면 되고, 크기를 변경할 경우는 원하는 크기를 튜플 형태로 지정한 후 resize() 메소드를 호출해 주면 된다. 회전할 경우는 원하는 각도를 인수로 하여 rotate() 메소드를 호출해 주면 된다. 이 세 메소드 모두 결과로 새로운 Image 객체를 반환한다.

```
from PIL import Image

im = Image.open('C:.jpg')

cropImage = im.crop((100, 100, 1000, 1000))
ressizedImage = im.resize((600, 600))
rotatedImage = im.rotate(90)

cropImage.show()
ressizedImage.show()
rotatedImage.show()
```

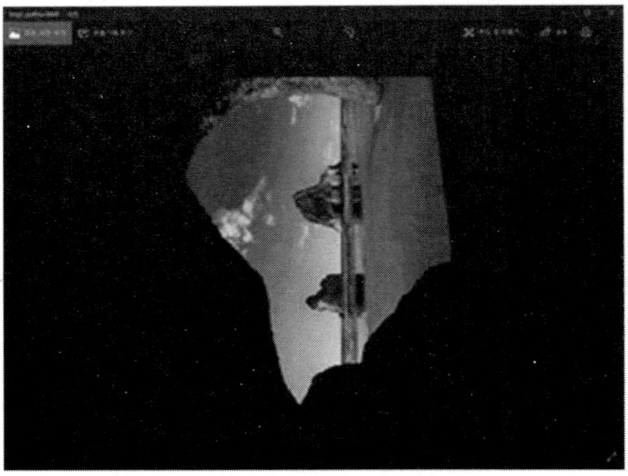

이미지에 특수한 효과를 줄 경우에는 Image 클래스의 filter() 메소드를 이용하면 된다. 다양한 필터가 제공되는데, 원하는 필터를 인수로 해서 이 메소드를 호출해 주면 된다. 아래의 코드는 SHARPEN 필터를 이용하여 이미지의 경계선을 도드라지게 한 후 FIND_EDGES 필터를 적용하여 선분 요소만 추출한 예이다.

```
from PIL import Image, ImageFilter

im = Image.open('C:.jpg')

blurImage = im.filter(ImageFilter.SHARPEN)
edgeImage = blurImage.filter(ImageFilter.FIND_EDGES)

edgeImage.show()
```

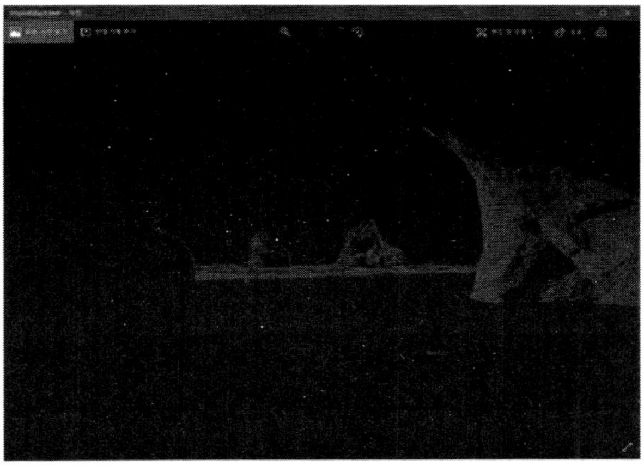

◆ OpenCV 활용

OpenCV (Open source Computer Vision)는 실시간 컴퓨터 비젼을 처리하는 목적으로 만들어진 크로스 플랫폼 라이브러리로서 윈도우즈, 리눅스, Max 등에서 무료로 사용 가능하다. 기본적으로 C++로 쓰여져 있고, C/C++, Python, Java, C#, Ruby 등 여러 언어에서 사용 가능하다. 이미지, 동영상처리, Object Detection, Motion Detecton 등 매우 다양한 기능들을 제공하며, 파이썬에서 사용하기 위해서는 OpenCV의 파이썬 버전인 opencv-python을 설치해야 한다. 제대로 설치되면 cv2 패키지를 import 하여 사용하면 된다.

OpenCV를 이용하여 이미지를 읽으려면 cv2.imread() 함수를, 저장할 경우는 cv2.imwrite() 함수를 사용한다. 그리고 이미지를 화면에 표시할 경우는 cv2.imshow() 함수를 사용한다. 아래의 예는 'C:.jpg' 이미지 파일을 화면에 출력한 후 임의의 키를 누르면 윈도우를 닫은 후 다시 이미지를 'test2.png' 파일로 저장하는 예이다.

```
import cv2

img = cv2.imread('C:.jpg', cv2.IMREAD_COLOR)

cv2.imshow('Test Image', img)
cv2.waitKey(0) # 임의의 키 기다림
cv2.destroyAllWindows()

cv2.imwrite('test2.png', img)
```

OpenCV를 이용하여 카메라(웹캠)로부터 영상을 전달받아 처리할 경우는 VideoCapture 클래스를 사용하면 된다. VideoCapture 객체 생성 시에 카메라 id를 지정하게 되는데, 일반적으로 0 을 쓰면 첫 번째 카메라(디폴트 카메라)를, 두 번째 카메라를 사용하려면 1을 사용하면 된다. 단, 카메라가 아니고 동영상 파일에서 영상 데이타를 가져올 때는 디바이스 번호 대신 파일명을 지정하면 된다.

카메라 이미지(프레임)를 가져올 때는 VideoCapture 클래스의 read() 메서드를 호출하면 된다. 호출 결과로 2개의 값이 반환되는데, 첫 번째는 프레임을 성공적으로 읽었는지 여부이고, 두 번째는 프레임 자체이다. 프레임을 화면에 출력하기 위해서는 cv2.imshow()

함수를 사용하면 되는데, 첫 번째 인자로 윈도우 창 제목을, 두 번째로 카메라에서 전달 받을 프레임을 지정해 주면 된다. 그리고 카메라의 현 상태가 영상 캡쳐가 가능한 지는 isOpened() 메서드 사용하면 되고, 카메라 사용을 종료할 때는 release() 메서드를 사용하면 된다.

아래의 예는 디폴트 카메라를 이용하여 영상을 촬영하면서 출력하는 예이다. 영상 출력 후 1초 안에 Esc 키를 누르면 프로그램을 종료하게 되고, 그렇지 않을 경우 다시 영상을 촬영하고 출력하게 된다.

```
import cv2

cap = cv2.VideoCapture(0)  # cap = cv2.VideoCapture("test.mp4")

while cap.isOpened():
    success, frame = cap.read()
    if success:
        cv2.imshow('Camera(0)', frame)
        key = cv2.waitKey(1) & 0xFF
        if (key == 27): # ESC를 누르면 종료
            break

cap.release()
cv2.destroyAllWindows()
```

카메라(웹캠)로부터 전달받은 영상을 저장할 경우는 VideoWriter 클래스를 사용하면 된다. 첫 번째 인자로 영상을 저장할 파일명을, 두 번째로 영상을 어떤 포맷을 저장할 지를 표시하는 fourcc ID를, 세 번째로 프레임수를 지정하고, 네 번째로 프레임의 너비와 높이를 튜플로 지정해 주면 된다. 참고로 fourcc는 four character code의 약자로서, 비디오 코덱(Codec)을 지정하는 4 바이트 코드이다. 저장할 프레임의 너비와 높이는 VideoCapture 클래스의 get() 메서드를 사용하여 파악하면 된다. 프레임 저장은 VideoWriter 클래스의 write() 메서드를 사용하며, 저장이 모두 끝나면 release() 메서드를 호출하여 파일을 닫아 주도록 한다.

아래의 예는 'q'를 입력하기 전까지 촬영 영상을 'tets.avi'로 저장하는 코드이다.

```
import cv2

cap = cv2.VideoCapture(0)
width = cap.get(cv2.CAP_PROP_FRAME_WIDTH) # 프레임 크기 파악
height = cap.get(cv2.CAP_PROP_FRAME_HEIGHT)

fourcc = cv2.VideoWriter_fourcc(*'XVID') # XVID MPEG-4 코덱을 의미
writer = cv2.VideoWriter('test.avi', fourcc, 24, (int(width), int(height)))

while cap.isOpened():
    success, frame = cap.read()
    if success:
        writer.write(frame)
        cv2.imshow('Camera(0)', frame)

        if cv2.waitKey(1) & 0xFF == ord('q'):  # q 를 누르면 종료
            break
    else:
        break

cap.release()
writer.release()
cv2.destroyAllWindows()
```

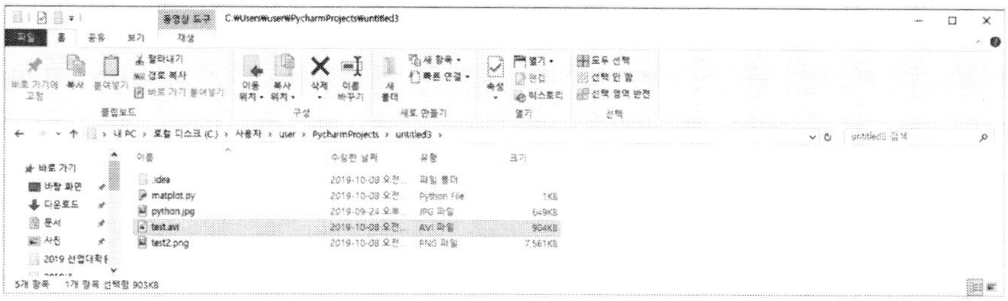

만약 OpenCV로 획득한 이미지를 Matplotlib에서 활용하고자 할 경우는 포맷 변환을 해 주어야 한다. OpenCV의 imread()는 BGR 포맷이고, pyplot은 RGB 포맷을 사용하기 때문에 원래의 이미지 색을 표현하기 위해서는 cv2.cvtColor()를 사용하여 BGR 포맷을 RGB 포맷으로 변환해 주어야 한다.

```
import cv2
from matplotlib import pyplot as plt

img = cv2.imread('C:.jpg', 1)
img = cv2.cvtColor(img, cv2.COLOR_BGR2RGB)
plt.imshow(img)
plt.show()
```

▌오디오 데이터 시각화

오디오 데이터도 다양한 포맷이 있지만 여기서는 기본이 되는 WAV 포맷 형태의 오디오 데이터를 읽고 이를 화면에 출력하는 방법을 살펴본다.

◆ wave 파일 읽기

먼저, 과학기술계산을 위한 Python 라이브러리 중 입출력 관련 패키지인 scipy.io에서 wavfile 모듈을 import 하도록 한다. 오디오 데이터를 파일로 읽어올 경우는 wavfile.read() 함수를 이용하면 된다. 인수로 오디오 파일명을 지정해 주면 된다. 결과로 wave 파일의 샘플링 rate와 오디오 데이터가 반환이 된다. 아래의 예제는 'C:₩Alarm01.wav' 오디오 파일을 읽은 후 샘플링 rate와 데이터의 크기를 출력한 예이다.

```
from scipy.io import wavfile

samplingrate, data = wavfile.read("C:\Alarm01.wav")

print(samplingrate, data.shape)
```

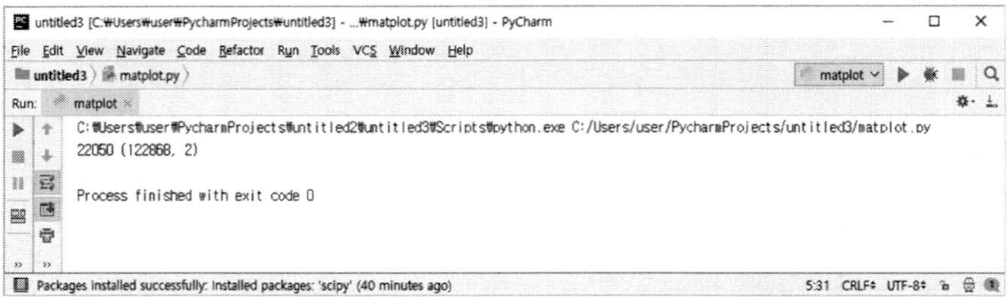

◆ wave 파일 출력하기

읽어드린 오디오 데이터를 시각적으로 표시하고자 할 경우는 matplotlib.pyplot을 이용하면 된다.

```
from scipy.io import wavfile
import matplotlib.pyplot as plt

samplingrate, data = wavfile.read("C:\Alarm01.wav")

plt.plot(data)

plt.show()
```

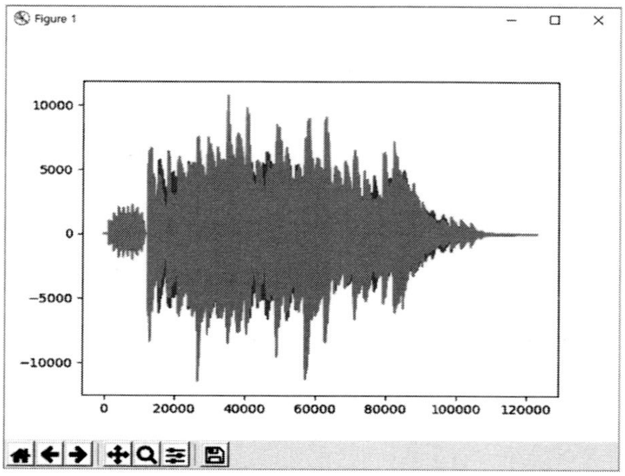

예제로 사용하는 오디오 데이터가 스테레오 데이터여서 두 개의 채널로 구성되어 있고, 그래서 plot으로 그리며 두 개의 색으로 표시가 된다. 두 채널의 데이터가 비슷하여 한 채널이 데이터가 거의 보이지 않는다. 만약 특정 채널이 데이터만 보고자 할 경우는 아래처럼 해당 채널의 데이터만 표시토록 해 주면 된다.

```
plt.plot(data[:,0])
```

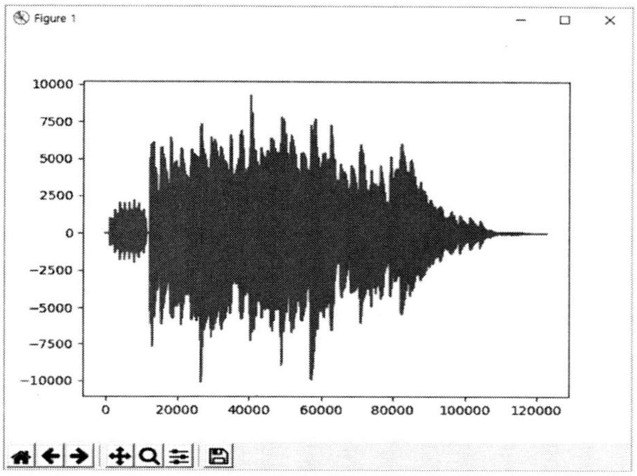

특정 구간만 확대해서 보고자 할 경우는 아래와 같이 데이터의 범위를 지정해 주면 된다.

```
plt.plot(data[20000:40000,1])
```

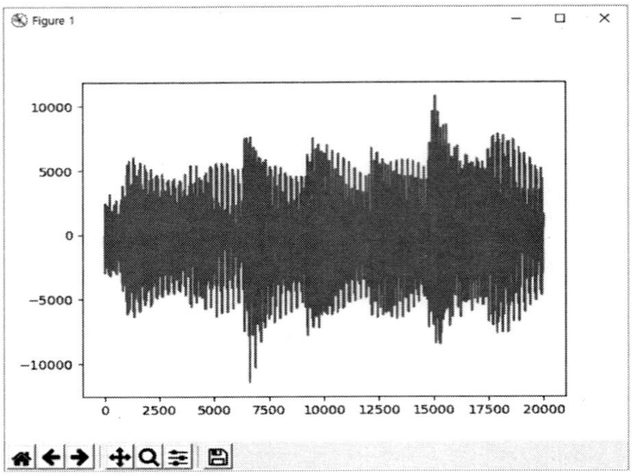

◆ 주파수 성분 출력하기

오디오 데이터를 다룰 경우 자주 주파수 성분을 분석하게 되는데, 이 때 scipy.fftpack 패키지를 이용하면 된다. 이 패키지 안에 오디오 데이터를 이산 푸리에 변환해 주는 fft() 함수와 샘플 주파수 목록을 반환하는 fftfreq() 함수가 있는데, 이를 이용하여 주파수 성분을 시각화해서 출력할 수 있다. 먼저 오디오 데이터에 대해 fft() 함수를 호출하여 푸리에 변환을 한 후, 그 결과에 abs() 함수를 적용하여 절대값을 얻도록 한다. 이 값이 plot() 함수의 y 값으로 사용된다. plot() 함수의 x 값은 샘플 주파수들인데, 이는 fftfreq() 함수를 이용하여 얻으면 된다. 데이터의 개수와 샘플링 rate를 인수로 주면 샘플 주파수 목록을 얻을 수 있다.

```
from scipy.io import wavfile
import matplotlib.pyplot as plt
from scipy.fftpack import fft,fftfreq

samplingrate, data = wavfile.read("C:\Alarm01.wav")
datafft = fft(data[:,0])
fftabs = abs(datafft)

freqs = fftfreq(data.shape[0],1/samplingrate)

plt.plot(freqs,fftabs)

plt.show()
```

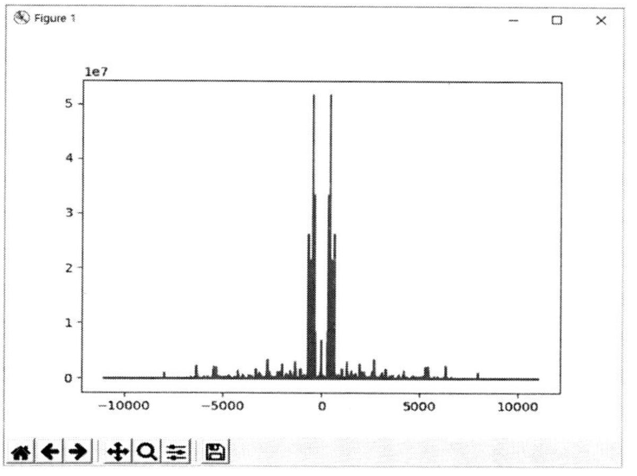

경우에 따라 특정 주파수 대역만 시각화 해야 하는 경우가 있는데, 이 경우에는 pyplot.xlimit() 함수를 사용하여 left 값과 right 값을 지정해 주면 된다. 그리고 값을 스케일 하여 출력하고자 할 경우는 pyplot.xscale() 또는 pyplot.yscale() 함수를 사용하여 x 값 또는 y 값을 스케일 하면 된다. 아래의 코드는 앞의 예제에서 –samplingrate/2 ~ samplingrate/2 대의 주파수 중 10 ~ samplingrate/2 부분만 그리고 x 값을 log 스케일하여 출력하는 예이다.

```
from scipy.io import wavfile
import matplotlib.pyplot as plt
from scipy.fftpack import fft,fftfreq

samplingrate, data = wavfile.read("C:\Alarm01.wav")

datafft = fft(data[:,0])
fftabs = abs(datafft)

freqs = fftfreq(data.shape[0],1/samplingrate)

plt.xlim( 10, samplingrate/2 )
plt.xscale( 'log' )
plt.grid( True )
plt.xlabel( 'Frequency (Hz)' )
plt.plot(freqs[:int(freqs.size/2)],fftabs[:int(freqs.size/2)])

plt.show()
```

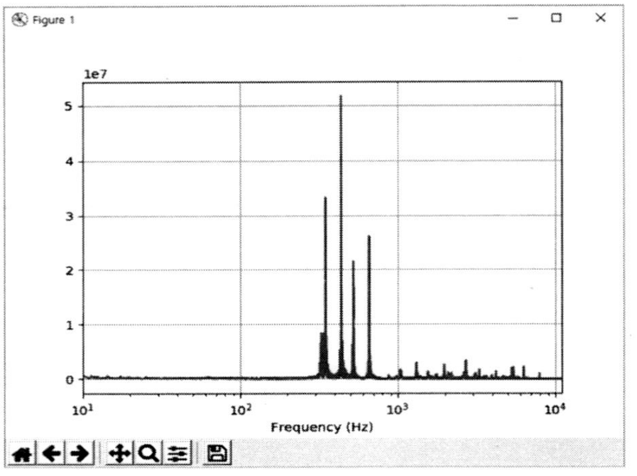
Figure 1
1e7
5
4
3
2
1
0
10^1
10^2
10^3
10^4
Frequency (Hz)